BIBLIOTHECA INDOLOGICA ET BUDDHOLOGICA 22

言葉の「正しさ」をめぐって

――インド新論理学派による言語情報の哲学――

In Search of Correct Words:
The Philosophy of Verbal Information of the School of New Logic

岩﨑陽一（Yoichi IWASAKI）

TOKYO: THE SANKIBO PRESS 2017

BIBLIOTHECA INDOLOGICA ET BUDDHOLOGICA
edited in chief by Kenryo MINOWA

22

In Search of Correct Words:
The Philosophy of Verbal Information of the School of New Logic

Written by
Yoichi IWASAKI

Printed in September 2017 by the SANKIBO PRESS, Tokyo

Distributed by the SANKIBO PRESS
5-28-5 Hongo, Bunkyo-ku, Tokyo 113-0033 Japan

BIBLIOTHECA INDOLOGICA ET BUDDHOLOGICA 22

言葉の「正しさ」をめぐって

――インド新論理学派による言語情報の哲学――

In Search of Correct Words:

The Philosophy of Verbal Information of the School of New Logic

岩﨑陽一（Yoichi IWASAKI）

TOKYO: THE SANKIBO PRESS 2017

はじめに

本書の読者は、本書に書いてあること――筆者が調べ、理解し、説き明かす「インド新論理学派による言語情報の哲学」――を、正しい情報と考えてくれるだろうか。もしそう考えてくれる場合、その根拠は何だろうか。筆者が、まだ駆け出しながらも、インドの新論理学派（「新ニヤーヤ学派」と呼ばれる）の専門家だからか。それとも、筆者のことは信用しないけれども、個々の論述が原典や実績のある著者の論文に依拠しているからか。どのような理由であれ、本書の内容を信頼していただくのは筆者としてはたいへんありがたいのだが、初期新ニヤーヤ学派を代表するガンゲーシャならば、いま例示したような理由にもとづくのであれば、「ちょっと待て（nanu!）」と言うだろう。書物の信頼性を著者の能力や典拠で判断するのは、古典ニヤーヤ学派の手法である。ガンゲーシャに追随する新ニヤーヤ学派の遵奉者ならば、とりあえず著者がどんな人物かには目を瞑り、書物を読んでみて、その内容にしたがって信頼性を判断すべきである。

本書が問題とするのは、上記のような議論である。知識ソースあるいは知識の獲得手段（それをインドの伝統的学問では「プラマーナ」と呼ぶ）としての「言葉」に、インドの伝統的な学者（パンディット）たちは古くから強い関心を示してきた。私たちは言葉を通して、伝聞というかたちで情報を得る。その情報は、当然ながら、すべてが正しいわけではない。パンディットたちは、妥当な推理とそうでない推理を判別するために論理学を構築したように、信頼すべき言葉とそうでない言葉を判別するための認識論を発展させてきた。それは複数の学派を巻き込んでの盛んな議論を引き起こすのだが、その背景には、インドの思想文化に特有の事情があると思われる。言葉は、人知を超えた領域の事柄に関する唯一の情報源であるとされていた。つまり、感覚器官で知覚できず、また理性によって推し量ることもできない事柄、すなわち彼岸の世界に関する情報は、宗教聖典を通してのみ得ることができる。パンディットたちには、ヴェーダという「言葉」が正しい情報を伝えていることを、認識論的に根拠づけることが求められていた。それは、異宗教やカルト宗派が跋扈するなかで、正統バラモン教の宗教的権威と秩序を護るために不可欠であっただろう。

彼らはまた、私たちがどのようにして言葉から情報を得ているのか、或いは得るべきなのかという問題にも関心を寄せる。口頭で伝えられる言葉は、実際には音のシークエンスに過ぎない。そこから情報を得るには、個々の形態素の意味と係り受け構造を適切に把握したうえで、意味構造体としての文意を理解しなければならない。文意を正しく理解するために必要な手続きは、宗教聖典の正しい理解に必要なものとして、古くから理論化されている。そしてこの理論化は、実際に私たちがどのように文意を理解しているのかという点に目を向けた認知機構の分析により支えられている。認知機構の分析は、聖典解釈という文脈を離れ、人間の言語機能を明らかにするための学問として発達した。

本書では、14 世紀頃に北インドで活動した新ニヤーヤ学派のパンディット、ガンゲーシャが言語情報という対象に対して行った、(1) ひとはどのようにして言語理解を獲得するのかを追求する認知論的アプローチによる議論と、(2) 言葉から得られる情報の正しさないし信頼性はどのようにして評価されるべきかという認識論的アプローチによる議論とを検討する。これにより、ガンゲーシャの言語情報の哲学の全体像が見えてくる。本書の第 2 部と第 3 部は、それぞれ (1) と (2) の論題に対応している。主たる研究対象文献は、ガンゲーシャの唯一の著作とされる『真実の如意宝珠』(*Tattvacintāmaṇi*, 以下『宝珠』) である。

情報源としての言葉に対する関心は、現代の諸科学でも高まっている。人間の言語理解は認知科学の諸分野で研究され、言語情報の信頼性に関する議論は哲学や情報学で深化している。その背景は、もちろん、ガンゲーシャをはじめとするインドの伝統的学者たちのそれと少なからず異なる。しかし、その差異は本質的なものではないかもしれない。言葉を通してひとの知性の微細なはたらきに迫ろうとする認知論的関心や、爆発的に生産される情報から正しい情報を特定しようとする認識論的関心は、時代と場所に関わらず、私たち人間が共有するものなのではないだろうか。ガンゲーシャの言語理論がそれ以前のニヤーヤ学派の理論と根本的に異なるのは、オウムの口真似、学者の言葉、そして聖典という 3 種の言語情報を或る意味ではすべて対等に扱うという点にある。どういうことかというと、誰が吹き込んだのか想像もつかないオウムの言葉であっても、それが真実を伝える、つまり私たちがそこから正しい認識を得ることができるのであれば、立派な情報源として扱おうではないかという考えが、ガンゲーシャにはある。これは、発信者の分からない言葉からの情報獲得とその活用を可能にするためにどうしても必要な前提となっているに違いない。むしろこの前提のうえに成り立つガンゲーシャの理論から、何らかの普遍的な視座を得られると筆者は考えている。

もっとも、ガンゲーシャをはじめとするパンディットたちが「言語情報」に相当する概念をもっていたわけではない。彼らの議論の核にあるのは「プラマーナであるところの言葉 (pramāṇa-śabda)」という概念であり、これが、本書の全編にわたるキーワードとなっている。これを本書では、「正しい言葉」と訳した。行き過ぎた意訳であり、批判を受けるだろうことは承知しているが、こう訳すことにより、ガンゲーシャの言語情報の哲学がより鮮明に見えてくるのではないかと考えている。プラマーナとしての「正しい言葉」とは、私たちがそこから、世界に関する知識を獲得するところの言葉である。その、言語理解をもたらすはたらきに目を向けると認知論的な議論が生まれ、またその理解に真実性または信頼性をもたらす条件に目を向けると認識論的な議論が生まれる。本書は、これらふたつの側面における言葉の「正しさ」を論じる。つまり、それにより言語理解が得られるという、認知論的な意味での「正しさ」と、それにより得られる言語理解が真であるという、認識論的な意味での「正しさ」とである。これが、「言葉の『正しさ』をめぐって」という本書のタイトルの意味するところである。なお、認識にとっての正しさとは何かという問題も、言葉にとっての正しさと合わせて検討することになる。

本書でガンゲーシャの言語理論を研究する目的は、上述のような議論に筆者が関心をもったからだけではない。新ニヤーヤ学派の研究において、学派の根本典籍とされる『宝珠』自体の研究は、意外なほど進んでいない。新ニヤーヤ学派は生きた学問伝統であり、ガンゲーシャ以降も学派は理論に改良を積み重ね、17 世紀頃に黄金期を迎える。現在行われている新ニヤーヤ学派の言語理論の研究は、もっぱらこの黄金期に著されたモノグラフや綱要書に依拠して学派の理論を分析している。しかし、そのような理論がいかにして形成されたのか、それは歴史的にどのようなインパクトをもつのか、といった思想史研究は立ち後れているのが現状である。その思想史研究において、まさに最優先課題となるのが、『宝珠』とその諸註釈の議論の解明であろう。ガンゲーシャは、古典ニヤーヤ学派の最後を飾るウダヤナの思想を受け継いで新ニヤーヤ学派の枠組みを作り上げ、そして続く者たちが彼の『宝珠』に註するかたちで、学派の理論が高度に発達していったからである。本書では、思想史研究に本格的に取り組むことはしないが、ガンゲーシャの言説を前後の思想史的文脈を踏まえて分析することにより、今後の思想史研究につながる下地を形づくることを目的のひとつとしている。

実は筆者は、10 年前、指導教員の丸井教授にガンゲーシャを研究してはどうかとの助言をいただいたとき、あまり乗り気ではなかった。筆者はそれまでインドに留学し、生きたニヤーヤ学派の空気のなかで勉強していたため、ガンゲーシャなんて古すぎる、自分も新ニヤーヤ学派黄金期の、難解さを極める文献を用いてバリバリ新時代をつくっていきたいと思っていた。しかし実際にガンゲーシャの著作を精緻に読み始めてみると、感動の新発見の連続に心を躍らせる研究生活を迎えることになった。そこには新ニヤーヤ学派の後代の理論の萌芽が散りばめられており、その芽を集めて廻ることで、新ニヤーヤ学派の理論に対する理解が深められていく。それは、研究を続けていくうえでの最大のよろこびであった。また、ガンゲーシャという人間そのひとに対する関心も高まっていった。彼の議論は、インドの文献の多くがそうであるように、前主張（pūrva-pakṣa）と後主張（uttara-pakṣa）とで構成されることが多い。前主張とは対立学派や先行思想の見解を引くものであり、それへの批判として、前主張の難点を克服した後主張が示される。他の文献では、後主張は著者の自説であることが多いのだが、『宝珠』では多くの場合、後主張はニヤーヤ学派の伝統説である。ガンゲーシャは後主張を提示した後、しばしば、最後の最後に「実のところは（vastutas tu）」や「私たちはこう言おう（vayan tu brūmaḥ）」という書き出しで、ボソリと本音を述べる。その大胆な本音は、後代の新ニヤーヤ学者たちに無視されることもあるのだが、それらをつなぎ合わせると、ガンゲーシャが何を考えたのか、何を言いたかったのかの全体像が見えてくる。あまり話し上手とは言えないガンゲーシャの議論に耳を傾け、その本音を探ることも、研究の大きな楽しみとなった。

本書は次の構成をとる。序論となる第 1 部では、まず、本書の研究対象を詳しく規定したうえで、それに関する先行研究を概観し、本書が研究史においてどのような立場を取り、何を行おうとするのかを明確にする。また、主たる研究対象となるガンゲーシャと『宝珠』について、年代論や概要を手短に整理する。序論の第2章では、第2部、第3部を理解するために必要な新ニヤーヤ学派の意味論の基本事項をまとめている。第1章の内容の一部は拙稿 2015b で既に論じたものである。また、第2章は 2013 年 8 月に京都大学で行われた応用哲学・倫理学教育研究センターのワークショップ「哲学とインド学のコラボレーション　Aspects of Philosophy of Language」での発表原稿をもとにしている。

第2部と第3部では、ガンゲーシャの言語情報理論を文献にもとづいて解明する。それぞれが扱う問題は、先に示した通りである。第2部は、『宝珠』言語部第1章（言葉の正しさ章）から第5章（指向論章）までを主な資料とする。この箇所に関する批判的研究は、拙稿以外に Mukhopadhyay 1992 や Saha 1991 などでも部分的には行われているものの、体系的・俯瞰的になされたことがなかった。本書第5章は既発表の拙稿 2009、2011、2014b、Forthcoming-b にもとづいており、第6章は拙稿 Forthcoming-a を、第7章は拙稿 2014aを改稿したものである。第3部は『宝珠』真理論章を資料としている。第8章は拙稿 2010で論じた内容を含み、第9章は拙稿 2012 を改稿したものである。また、第2部と第3部で主な資料として用いた『宝珠』の各章については、補遺として日本語訳を収録した。第7章については『インド論理学研究』誌を発行するインド論理学研究会の金沢篤教授から、また第9章については『比較思想研究』誌を発行する比較思想学会から、論文の再録を快く許諾して頂いた。この場を借りて謝意を申し上げる。

本書は、筆者が 2015 年に東京大学大学院人文社会系研究科に提出した博士学位請求論文『ガンゲーシャの言語情報理論——言葉の「正しさ」をめぐって——』をもとに、論文に寄せられた意見を踏まえて改稿したものである。この研究は、筆者が東京大学大学院で修士論文「新ニヤーヤ学派における文意認識論の解明——*Tattvacintāmaṇi* śabda 巻を中心に——」を執筆した時から継続している。その後、学位論文の完成に至るまで、主に以下の三つの研究助成を受けた。それぞれの助成団体にこの場を借りて深く謝意を表する。

1. 日本学術振興会特別研究員（DC1）2008 ～ 2011 年　課題番号 20・5860　課題名「インド哲学における言語コミュニケーション原理——初期新論理学派の文意認識論解明」
2. 日本学術振興会学術研究助成基金助成金（若手研究（B））2012 ～ 2015 年　課題番号 24720024　課題名「インド新論理学派前期の言語理論思想史の解明——ラグナータまでの主要文献の調査と解読」
3. 公益財団法人風樹会研究奨励金　2013 ～ 2015 年　課題名「インド新論理学派（11–17 世紀）の言語哲学の解明」

筆者が 2006 年に東京大学インド哲学仏教学研究室の門を叩いて以来、学位論文の完成に至るまで、常に手厚いご指導と激励とをくださった、学位論文の主査でもある丸井浩先生には、感謝の言葉が見つからない。丸井先生はテキストの読み方、研究の仕方をご指導くださるだけでなく、古典哲学文献の議論から本質的な問題を発見し、それを自分の頭で考える、そういった哲学的思索の仕方が身に付くまで筆者を鍛えてくださった。同じく筆者の院生時代、厳しくかつ温かい指導をいただいた斎藤明先生、下田正弘先生、蓑輪顕量先生、土田龍太郎先生、永ノ尾信悟先生、高橋孝信先生にも深く感謝する。学外では特に、桂紹隆先生、和田壽弘先生、小川英世先生、永崎研宣先生に、多くの研究会に参加させていただき、ご指導を賜った。インド留学中は、B. K. ダライ先生、V. N. ジャー先生、故バリラーマ・シュックラ先生に新ニヤーヤを、マヘーシュ・デオカル先生とサロジャ・バテー先生にパーニニ文法学をご指導いただいた。シュックラ先生からは個人指導を1年半ほど受け、ナイヤーイカとしての基本をすべて叩き込まれた。そのスパルタ教育を筆者は「男塾」と呼んでいたが、いま筆者がこうしてニヤーヤ研究者を名乗れるのも、すべて男塾の特訓の賜物である。マヘーシュ先生には2年間ほど、ご自宅でパーニニのスートラを教えていただいた。これもまたスパルタであったが、そこで培った文法学の素養は、本書でガンゲーシャの言語理論を研究するための欠かせない基礎となった。また研究室の先輩と学友たちすべて、とくに勉強会等でいつもご指導いただいた先輩の藤井隆道氏、小野卓也氏、加藤隆宏氏、志田泰盛氏、堀田和義氏に感謝する。同級であり妻である日比真由美には、本書の草稿すべてに目を通し、校正をしてもらった。そのたいへんな労力に、改めて謝意を記す。学位論文の審査をしてくださった桂先生、和田先生、斎藤先生、下田先生、またインド学仏教学叢書の編集委員である高橋晃一先生には、手厳しい、しかしきわめて有益なご意見を寄せていただいた。とくに、新ニヤーヤ研究の第一人者である和田先生からは、論文の全編にわたって詳細なコメントをいただいた。心から感謝の意を述べたい。しかし、その上で本書にまだ過誤や説明不足があるとしたら、当然ながらその責任はすべて筆者にある。

最後に、本書の出版を承認してくださったインド学仏教学叢書編集委員会のみなさま、そして出版を引き受けていただいた山喜房佛書林の浅地康平氏のご厚意にあつく御礼を申し述べ、謝辞を結びたい。

2017年9月4日
岩崎陽一

凡例

- 本書では、発話される、または記述される言語表現を鉤括弧で括り、それが表示する意味を二重山括弧で括る。たとえば、「壺」という語が表示する意味は《壺》という物体であり、「壺がある」という文が表示する意味は《壺がある》という事態である。
- 先行研究に言及する場合、「著者 刊行年」という形式で示し、巻末の文献表で参照できるようにする。刊行年は、筆者の参照した版がリプリントである場合、リプリントの刊行年を括弧に入れて示す。著者名は邦人の場合は和文で、それ以外の場合は欧文で示すが、邦人以外であっても頻出する場合は和文で表記することがある。
- 歴史上の人物の年代については原則として Karl Potter の Bibliography of Indian Philosophies オンライン版（http://faculty.washington.edu/kpotter/xhome.htm）に従い、それ以外の場合は註記した。
- 一次資料に言及する場合の表記規則については、「略号と使用テキスト、人名表記」の冒頭に記した。一次資料の著者である人名の片仮名表記も、同じ箇所にまとめて提示してある。
- 新ニヤーヤの概念を図示する際は、基本的に和田 2007b で示されている図示規則に従う。すなわち、上下の実線は基体と属性の関係（dharma-dharmi-bhāva）を示し、線が点線の場合、その関係が否定されていることを意味する。また、制限者属性（avacchedaka-dharma）と被制限者の関係は一重実線の矢印、特定者（nirūpaka）と被特定者の関係は二重実線の矢印で表す。なお、和田 2007b には規定されていないが、基体と属性の関係を構成しない関係を左右の鎖線で表記することにする。下図はこの図示規則の使用例である。

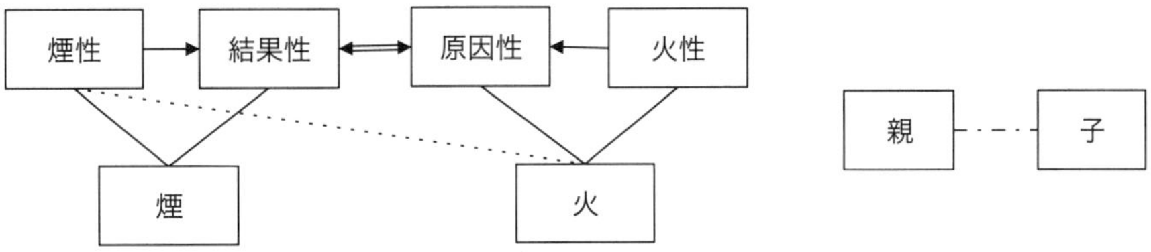

略号と使用テキスト、人名表記

インド哲学の学術論文においては、一次資料はラテン転写の頭文字の略号で表記するのが一般的である。しかし本書では可読性を優先し、本文中ではなるべく片仮名あるいは和訳の略称を略号として用いる。脚註で原文を提示する際は原則としてラテン文字の略号を用いるが、一度しか引用しないような文献については略号を作成するまでもないため、書名をスペルアウトしている。また、頻出する人名は本文中で片仮名で表記するため、本略号表の末尾に表記名と年代とを記す。

和文

『宝珠』	*TC*
『花束』	*NKus*
『アーローカ』	*TCA*
『ヴィスタラ』	*NKusVis*
『ヴィユトパッティヴァーダ』	*Vyutpattivāda*
『ヴェーダーンタ・パリバーシャー』	*VedPar*
『カーリカーヴァリー』	*Kārikāvalī*
『カンダナ・カンダ・カーディヤ』	*KhKhKh*
『キラナーヴァリー』	*Kir*
『ジャイミニ・スートラ』	*JS*
『シャクティヴァーダ』	*Śaktivāda*
『シャバラ註』	*ŚBh*
『シャブダ・シャクティ・プラカーシカー』	*ŚŚP*
『シュローカ・ヴァールッティカ』	*ŚV*
『タートパリヤ・ティーカー』	*NVTṬ*
『タルカ・アムリタ』	*Tarkāmṛta*
『タントラ・ヴァールッティカ』	*TV*

『ニヤーヤ・ヴァールッティカ』	*NV*
『ニヤーヤ・カンダリー』	*Nyāyakandalī*
『ニヤーヤ・コーシャ』	*Nyāyakośa*
『ニヤーヤ・シッダーンタ・ディーパ』	*NSD*
『ニヤーヤ・スートラ』	*NS*
『ニヤーヤ・バーシュヤ』	*NBh*
『ニヤーヤ・ボーディニー』	*Nyāyabodhinī*
『ニヤーヤ・マンジャリー』	*NM*
『バーシャー・プラディーパ』	*B. N.*
『パリシュッディ』	*NVTP*
『プラカーシャ』	*TCP*
『プラカラナ・パンチカー』	*PP*
『プラシャスタパーダ註』	*PDhS*
『ボーダニー』	*NKusBodhanī*
『マートゥリー』	*TCR*
『マーナ・メーヤ・ウダヤ』	*MMU*
『マニダルパナ』	*Manidarpaṇa*
『ムクターヴァリー』	*Muktāvalī*
『ヤージュニャヴァルキヤ法典』	*Yājñavalkyasmṛti*
『リーラーヴァティー』	*Nyāyalīlāvatī*

欧文

Apte	Apte 1998.
Aṣṭādhyāyī	*Aṣṭādhyāyī* of Pāṇini. In Böhtlingk 1887 (1977).
BI	Bibliotheca Indica.
B. N.	*Navyanyāyabhāṣāpradīpa* or *Brief Notes on the Modern Nyāya System of Philosophy and Its Technical Terms* of Maheśa Candra. In 宇野 1996: 120–135.
Dinakarī	*Dinakarī* of Dinakarabhaṭṭa on *Muktāvalī*. In H. Śukla 1997.
JS	*Jaiminisūtras* of Jaimini. In K. V. Abhyankar and G. A. Jośī 1929–1953.
Kārikāvalī	*Bhāṣāpariccheda* a.k.a. *Kārikāvalī* of Viśvanātha. In H. Śukla 1997.
KhKhKh	*Khaṇḍanakhaṇḍakhādya* of Śrīharṣa. In Dvivedi 1990.

Kir	*Kiranāvalī* of Udayana on *PDhS*. In Jetly 1971.
Manidarpaṇa	*Maṇidarpaṇa* by Rājacūḍāmaṇi. In Ganapati 1913.
MBh	*Mahābhāṣya* of Patañjali on *Aṣṭādhyāyī*. In Kielhorn 1985.
MMU	*Manameyodaya* of Nārāyaṇa. In C. K. Raja and S. S. Suryanarayana 1975.
Muktāvalī	*Nyāyasiddhāntamuktāvalī* of Viśvanātha. In H. Śukla 1997.
NBh	*Bhāṣya* of Vātsyāyana on *NS*. In Thakur 1997a.
NKus	*Nyāyakusumāñjali* of Udayana. In Padmaprasāda and Dhuṇḍhirāja 2002.
NKusBodhanī	*Bodhanī* of Varadarāja on *NKus*. In Padmaprasāda and Dhuṇḍhirāja 2002.
NKusVis	*Vistara* of Viraraghavacharya on *NKus*. In Viraraghavacharya 1980.
NM	*Nyāyamañjarī* of Jayanta. Vol. 1 in K. S. Varadacharya 1969, Vol. 2 in K. S. Varadacharya 1983.
NS	*Nyāyasūtra*s of Gautama. In Thakur 1997a.
NSD	*Nyāyasiddhāntadīpa* by Śaśadhara. In Matilal 1976.
NV	*Vārttika* of Uddyotakara on *NBh*. In Thakur 1997b.
NVTP	*Tātparyapariśuddhi* of Udayana on *NVTṬ*. In Thakur 1996.
NVTṬ	*Tātparyaṭīkā* of Vācaspati on *NV*. In Thakur 1996.
Nyāyabodhinī	*Nyāyabodhinī* of Govardhana on *Tarkasaṅgraha*. In *Athalye*1897.
Nyāyakandalī	*Nyāyakandalī* of Śrīdhara. In Jetly and Parikh 1991.
Nyāyakośa	Jhalakīkar and V. S. Abhyankar 1996.
Nyāyalīlāvatī	*Nyāyalīlāvatī* of Vallabha. In H. Śāstrī 1991.
PDhS	*Padārthadharmasaṅgraha* of Praśastapāda. In Bronkhorst and Ramseier 1994.
PP	*Prakaraṇapañcikā* of Śālikanātha. In Subrahmanya 1961.
PPV	*Viṣamasthalaṭippaṇī* by Subrahmaṇya Śāstrin on *PP*. In Subrahmanya 1961.
Śaktivāda	*Śaktivāda* of Gadādhara. In Damodar 1929.
ŚBh	*Śābarabhāṣya* of Śabara on *JS*. In K. V. Abhyankar and G. A. Jośī 1929–1953.
ŚD	*Śāstradīpikā* of Pārthasārathi. In Dharmadatta 1915.
ŚŚP	*Śabdaśaktiprakāśikā* of Jagadīśa. In Dhundhirāja 1991.
ŚV	*Ślokavārttika* of Kumārila on *ŚBh*. In Rai 1993.
Tarkāmṛta	*Tarkāmṛta* of Jagadīśa. In V. N. Jha 2001.
Tarkasaṅgraha	*Tarkasaṅgraha* of Annambhaṭṭa. In *Athalye*1897.
Tarkasaṅgraha-dīpikā	*Dīpikā* of Annambhaṭṭa on *Tarkasaṅgraha*. In *Athalye*1897.

TC	*Tattvacintāmaṇi* of Gaṅgeśa. In Kamakhyanath 1888–1901 (1990).
TC_{1V}	*Tattvacintāmaṇi* of Gaṅgeśa, pratyakṣa khaṇḍa. In Tatacharya 1973.
TCA	*Āloka* of Jayadeva on *TC*, śabda khaṇḍa. In Iwasaki 2015a. 引用のロケーションは、左記校訂テキストで使用したアディヤール図書館写本の貝葉番号によって示す。
TCP	*Prakāśa* of Rucidatta on *TC*, śabda khaṇḍa. In Saha and Mukhopadhyay 1991a.
TCP_{1T}	*Prakāśa* of Rucidatta on *TC*, pratyakṣa khaṇḍa. In Tatacharya 1973.
TCP_{4C}	*Prakāśa* of Rucidatta on *TC*, śabda khaṇḍa. In Kamakhyanath 1888–1901 (1990).
TCR	*Rahasya* of Mathurānātha on *TC*. In Kamakhyanath 1888–1901 (1990).
TV	*Tantravārttika* of Kumārila on *ŚBh*. In K. V. Abhyankar and G. A. Jośī 1929–1953.
VedPar	*Vedāntaparibhāṣā* of Dharmarāja Adhvarin. In Suryanarayana 1942 (1984).
VLM	*Vaiyākaraṇalaghumañjūṣā* of Nāgeśa. In Bhandari et al. 1989.
Vyutpattivāda	*Vyutpattivāda* of Gadādhara. In J. P. Gauḍa 2004.
Yājñavalkyasmṛti	*Yājñavalkyasmṛti* of Yājñavalkya. In Setlur 1912.

人名（年代順）

カーティヤーヤナ	Kātyāyana, 年代不詳
ガウタマ	Gautama, 150 年頃
パタンジャリ	Patañjali （文法家）, 年代不詳
シャバラ	Śabara, 400 年頃
バルトリハリ	Bhartṛhari, 450 年頃
ヴァーツヤーヤナ	Vātsyāyana, 450 年頃
クマーリラ	Kumārila, 660 年頃
プラバーカラ	Prabhākara, 700 年頃
シャーリカナータ	Śālikanātha, 825 年頃
ウダヤナ	Udayana, 9–10 世紀
シュリーハルシャ	Śrīharṣa, 1140 年頃
ヴァッラバ	Vallabha, 1140 年頃
ヴァラダラージャ	Varadarāja, 1150 年頃
パールタサーラティ	Pārthasārathi, 1075 年頃
シャシャダラ	Śaśadhara, 1300 年頃

マニカンタ	Maṇikaṇṭha, 1300 年頃
ガンゲーシャ	Gaṅgeśa, 1320 年頃
ヴァルダマーナ	Vardhamāna, 1345 年頃
ヤジュニャパティ	Yajñapati, 1460 年頃
ジャヤデーヴァ	Jayadeva = Pakṣadhara, 1470 年頃
ヴァースデーヴァ・サールヴァバウマ	Vāsudeva Sārvabhauma, 1490 年頃
ルチダッタ	Rucidatta, 1505 年頃
ラグナータ	Raghunātha, 1510 年頃
ラーマバドラ	Rāmabhadra, 1570 年頃
ジャガディーシャ	Jagadīśa, 1620 年頃
ラーマ	Rāma, 1620 年頃
ラージャチューダーマニ	Rājacūḍāmaṇi, 1630 年頃
ハリラーマ	Harirāma, 1635 年頃
マトゥラーナータ	Mathurānātha, 1650 年頃
ガダーダラ	Gadādhara, 1660 年頃
ナーゲーシャ	Nāgeśa Bhaṭṭa, 1714 年頃

目次

はじめに iii

第 1 部　序論 3

第 1 章　本書の扱う問題の概要 5

第 2 章　新ニヤーヤ学派の意味論摘要 31

第 3 章　先行研究概観と本研究の方法 43

第 4 章　ガンゲーシャとその著作 51

第 2 部　言語理解の獲得 67

第 5 章　文意理解の認知機構 69

第 6 章　喋るオウム 99

第 7 章　不完全な文に対する要素の補充 105

第 3 部　言語情報の認識論 113

第 8 章　事実を伝える言葉 115

第 9 章　情報の信頼性の理論へ——情報学との比較研究の試み 127

結論 135

補遺 1　『宝珠』言語部第 1 章〜第 5 章の和訳と解説 141

第 1 章　言葉の正しさ 143

第 2 章　期待論 229

第1部

序論

第1章

本書の扱う問題の概要

本書を始めるにあたって、「はじめに」で手短に述べた本書の主題を、本章で詳しく説明する。先述のとおり、本書で行うのは、初期新ニヤーヤ学派を代表する学者ガンゲーシャの論じる、プラマーナ（知識ソース或いは知識の獲得手段）のひとつとしての言葉に関する研究である。そこで、以下では「初期新ニヤーヤ学派」と「プラマーナとしての言葉」について詳述しよう。

第1節　新ニヤーヤと新ニヤーヤ学派

1　ニヤーヤとニヤーヤ学派

ニヤーヤという学問

論理、理屈などを意味する「ニヤーヤ」というサンスクリット語は、ひとつの学問の名でもあり、また「学派」と呼ばれる集団・伝統の名でもある。つまり、「ニヤーヤ」または「ニヤーヤ学（nyāya-śāstra）」という学問があり、またその学問と結びついた「ニヤーヤ学派」と呼ばれる伝統がある。

ニヤーヤを学ぶのはニヤーヤ学派だけではなく、また、ニヤーヤ学派はニヤーヤだけを研究するのではない。たとえば、仏教徒たちはニヤーヤ学派のものとは異なるニヤーヤの体系を構築し、『ニヤーヤ入門』（*Nyāyapraveśa*）や『ニヤーヤの滴』（*Nyāyabindu*）といった著作を残している。ニヤーヤはニヤーヤ学派の専売品ではなく、インドの学者たちが共通して学ぶ基礎学問のひとつであった。そのような基礎学問として、『ヤージュニャヴァルキヤ法典』（紀元前6世紀頃）等に示される14種または18種がバラモン教の学者たちに認知されており、ニヤーヤはこのうちのひとつに数えられている[*1]。ガンゲーシャもま

[*1] *Yājñavalkyasmṛti* ācāra-adhyāya v. 3: "purāṇanyāyamīmāṃsādharmaśāstrāṅgamiśritāḥ | vedāḥ sthānāni vidyānāṃ dharmasya ca caturdaśa ||"（訳：(1) 古譚、(2) ニヤーヤ、(3) 聖典解釈、(4) 法典、(5–10)［六つの］ヴェーダ補助学を合わせた（11–14）［四つの］ヴェーダという14［領域］が学識および法の基礎である。）プラーナ文献では、これらに医学（āyus-veda）、弓術（dhanus-veda）、音楽（gāndharva）、実利学（artha-śāstra）を加えた18種が伝えられている。詳しくは Preisendanz 2010 および 丸井 2014: 123–130 を参照。

た、18 の学問のひとつにニヤーヤ（そこでは「探求の学（ānvīkṣikī）」と呼ばれる）を位置付けている[*2]。ガンゲーシャによれば、それは諸学問のなかで「最も誉れ高いもの（abhi-arhita-tama）」である。

では、このニヤーヤとは、どのような学問なのか。古い時代、それは論証・論争術と深く関わるものであったと考えられている[*3]。しかし紀元 2 世紀頃に学派の根本典籍である『ニヤーヤ・スートラ』が編纂され、さらに紀元 5 世紀頃にそれに対して註釈者ヴァーツヤーヤナが『ニヤーヤ・バーシュヤ』を著す過程で、ニヤーヤは、承認された知識獲得手段である「プラマーナ」による認識を理論化する、認識の学としての姿を確立していく。「ニヤーヤ」という語がときに「論証式」を意味するように、妥当な推理を定式化するための論理学はニヤーヤの核となる部分にあり、ニヤーヤが狭義には論理学を指すことがある。しかし理論体系としてのニヤーヤは、推理と同様に私たちに正しい認識をもたらす知覚や言葉（伝聞または聖典）の分析、またそれに先立つものとして正しい認識とは何か、その正しさはどのように保証されるのか、といった西洋哲学の「認識論（epistemology）」に相当する議論も含む。ニヤーヤのこのような領域拡大は、論証・論争術というその起源による必然的な要請と考えることもできるだろう。知覚や伝聞は主張の論拠となりうるのか、なりうるとしたらなぜか、といった問題を論じずには、論証の学は完成しない。

『ニヤーヤ・スートラ』およびその註釈文献群では、論理学や認識論に留まらず、形而上学や解脱論といった広範な論題が扱われている。しかし、これらのすべてがニヤーヤに必須の論題と考えるべきではない。これらは、次に述べる「ニヤーヤ学派」の学者たちが、ニヤーヤにもとづく思弁により導いた帰結を示すものと言えるだろう。インドではしばしば、『ニヤーヤ・スートラ』の扱う論題が幅広いことにもとづいて、古典ニヤーヤは「認識対象の学（プラメーヤ・シャーストラ）」であり、一方、考察対象をプラマーナに限定する新ニヤーヤは「認識手段の学（プラマーナ・シャーストラ）」である、と言われる。しかしニヤーヤは、遅くとも『ニヤーヤ・バーシュヤ』の時代には、プラマーナに関心の中心を置く学問、またはそれにもとづく思弁の技術としての姿を見せていた。それはまた、先述した仏教徒による『ニヤーヤの滴』等の文献が、プラマーナを中心に構成されていることからも想像できる。

---

*2　『宝珠』真理論章の冒頭、『宝珠』執筆の趣意を示す箇所で述べられている。*TC* 1 p. 114–116: “atha jagad eva duḥkhapaṅkanimagnam uddidhīrṣur aṣṭādaśavidyāsthāneṣv abhyarhitatamām ānvīkṣikīṃ paramakāruṇiko muniḥ praṇināya. tatra prekṣāvatpravṛttyarthaṃ pramāṇādiṣoḍaśapadārthānāṃ tattvajñānān niḥśreyasādhigama ity ādāv asūtrayat, teṣv api pramāṇādhīnā sarveṣāṃ vyavasthitir iti pramāṇatattvam atra vivicyate.”（訳：さて、苦しみの泥沼に沈む世界を引き上げることを願う、この上なく慈しみ深い聖者（ガウタマ）は、18 の学問分野のなかで最も誉れ高い「探求の学」をもたらした。そこ（探求の学）において、[ガウタマは、] 思慮深い者 [たち] の活動意欲 [を導く] ため、冒頭に、プラマーナを始めとする 16 の項目についての真実の認識から至福の獲得がある、というスートラを記した。そして、それら（16 の項目）のうちのいずれも、[その] 確定はプラマーナに依存するので、ここ（本書）ではプラマーナの真理が検討される。）「探求の学」はカウティリヤ（Kauṭilya）の実利論書で、王位に就く者が修得することを求められる 4 種の学問のひとつとして言及されることで知られており、しばしば「哲学」に相当する語と言われる。ヴァーツヤーヤナは『ニヤーヤ・バーシュヤ』で、ニヤーヤ学はこの「探求の学」に他ならないと述べている。*NBh* p. 2: “imās tu catasro vidyāḥ pṛthakprasthānāḥ prāṇabhṛtām anugrahāyopadiśyante, yāsāṃ caturthīyam ānvīkṣikī nyāyavidyā.” 十四学および「探求の学」とニヤーヤとの関係については、片岡 2008 および 丸井 2014: 142–143 を参照。

*3　赤松 1988、中村 1996: 15–16 を参照。

ニヤーヤ学派

ニヤーヤ学派、ヴェーダーンタ学派といった「学派（school）」に対応する言葉は、サンスクリット語には見出せない。サンスクリット語の古典文献に見られるのは、主に複数形で用いられる「ニヤーヤ遵奉者（naiyāyika）」、「ヴェーダーンタ遵奉者（vedāntin）」といった表現のみである。彼らを「学派」という言葉で括ったのは、近代西洋の研究者たちである[*4]。

「ニヤーヤ遵奉者」たちとは誰か。ニヤーヤを学ぶ者たち、という意味ではない。ニヤーヤという学問自体は、仏教徒を含め、あらゆる学者たちに開かれている。古典文献で「ニヤーヤ遵奉者」と呼ばれているのは、『ニヤーヤ・スートラ』や『ニヤーヤ・バーシュヤ』で主張される理説を保持し、それを師から弟子へと受け継ぐ伝統に位置する者たちである。同様に、「ヴェーダーンタ遵奉者」は『ブラフマ・スートラ』等の立場を保持する者たちであり、「ヴァイシェーシカ遵奉者」は『ヴァイシェーシカ・スートラ』等の立場を保持する者たちである。彼らには、一種の学派意識と呼べるものが見受けられる。自分たちと異なる学派の者たちを「ミーマーンサー遵奉者たちは〜〜（mīmāṃsakās ...）」というように括り、また、自分たちの立場について「私たちの考え方では〜〜（asmākaṃ mate ...）」というように語ることがよく行われる。このような「遵奉者」たちを「学派」というタームで理解した近代の研究者たちの見方は、なかなか的を射ているように思われる。本書では、ニヤーヤ遵奉者たちのそうした伝統を「ニヤーヤ学派」と呼び、また慣例に倣い、個々のニヤーヤ遵奉者を「ニヤーヤ学者」と呼ぶことにする。

ニヤーヤという学問の領域と、ニヤーヤ学者が扱う問題の領域は、必ずしも一致しない。ニヤーヤ学者たちは、ニヤーヤを最も重視する方法論にもとづいて、形而上学や解脱論といった様々な領域の問題を論じる。そうして、ニヤーヤの体系よりも巨大な、ニヤーヤ学派の理論体系（そこには宗教的な教義群も含まれる）が構築されていく。

2　古典ニヤーヤと新ニヤーヤと新ニヤーヤ学派

古典ニヤーヤと新ニヤーヤ

ニヤーヤ、或いはニヤーヤ学派を時代により新古のふたつに分け、「古典（prācīna）ニヤーヤ［学派］」、「新（navya）ニヤーヤ［学派］」と呼称することが広く行われている。これもまた、多分に近代の研究の影響と思われる。古典文献にも「昔の学者たちの考えでは〜〜」（prācīnānāṃ mate ...）や「新派は〜〜」（navyās tu ...）といった表現がしばしば見られるが、新古の区別は著者からみた相対的なものであると考えられ、ある時代を境に新ニヤーヤが始まった、という理解をそこに見出すのは難しい。しかし、新古を特定のイベントによって区分する見方は、現代に生きるインドのパンディットにも広く浸透している。彼らの多くは、ガンゲーシャが 14 世紀に著した『真実の如意宝珠』（*Tattvacintāmaṇi*，以下『宝珠』）により新ニヤーヤが始まり、それ以前の、『ニヤーヤ・スートラ』に対する註釈文献の時代に行われていたニヤーヤが古典ニヤーヤである、と考えているようである。

[*4] 丸井 2015 を参照。

たしかに、ニヤーヤという学問も、またニヤーヤ学派という伝統も、10～14世紀頃に大きな変貌を遂げている。この時期を境とした新古の区別をニヤーヤの歴史の理解に導入することは有益であろう。ただしこの場合も、ニヤーヤとニヤーヤ学派の区別に注意したい。つまり、新ニヤーヤという学問の始まりと、新ニヤーヤ学派という伝統の始まりは、必ずしも連動しない。

新ニヤーヤの起源

新ニヤーヤの時代のニヤーヤ学者たちの文献を紐解くと、そこには、制限者（avacchedaka）や特定者（nirūpaka）といったテクニカルな概念の多用、基体・属性・関係という三要素による世界分析、プラマーナの議論の偏重といった、古い時代のニヤーヤにはみられない特徴が存在することがすぐに分かる。新ニヤーヤとは何か、それはいつ始まったのか、という問いには、こういった新ニヤーヤの文献の特徴の本質を探り、その起源を求めることにより答えられるだろう。

この問題については、和田壽弘氏（1999c, 2007a: 9–23）が詳しい研究を行っている。和田によれば、新ニヤーヤの特徴として把握されている諸要素は、「〈関係〉というキータームで説明できる[*5]」。新ニヤーヤは、「関係による世界構造の把握[*6]」を本質的な特徴とする。制限者や特定者といった概念は、この〈関係〉を規定または同定するために用いられるものであり、また〈関係〉を把捉するものとしての認識、さらには認識の手段（プラマーナ）が重要視される。そして和田は、この本質的特徴が既にウダヤナにみられることを根拠に、ウダヤナを新ニヤーヤの創始者としている。筆者もまた、和田の見解を支持している。

新ニヤーヤ学派の起源

ニヤーヤの分析方法が上記のように変化したことに依拠して、ウダヤナを境にニヤーヤ学派は新ニヤーヤ学派と呼ぶべき時代に入った、とみなすことができる。本書で示すように、ウダヤナの著作がガンゲーシャの理論形成に強く影響していることを考えても、新ニヤーヤ学派の体系の構築はウダヤナの頃に始まり、ガンゲーシャの『宝珠』の完成によって一応のまとまりを見せたと言うべきであろう。

一方、その伝統の変化に注目するならば、やはり『ニヤーヤ・スートラ』に代わる根本典籍『宝珠』の誕生をもって新ニヤーヤ学派が始まる、とすることもできる。しかし、この視点により時代を区分しようとする場合も、根本典籍の変化はすでにウダヤナに始まっていたと言わねばならない。ウダヤナは『ニヤーヤ・スートラ』に対する複註を著す一方で、『ニヤーヤの花束』（*Nyāyakusumāñjali*, 以下『花束』）と『アートマ・タットヴァ・ヴィヴェーカ』（*Ātmatattvaviveka*）を始めとする独立の論書を著した。これは、『ニヤーヤ・スートラ』の枠組みに従っていては学派の理論を発展させていくことが困難になっていたことを暗示している。ウダヤナの後も、『宝珠』が登場する前にシャシャダラの『ニヤーヤ・シッダーンタ・ディーパ』やマニカンタの『ニヤーヤ・ラトナ』（*Nyāyaratna*）とい

[*5] 和田 1999c: 28 を参照。
[*6] 和田 1999c: 28 を参照。

ったニヤーヤ学派の独立論書がいくつも著されている。『ニヤーヤ・スートラ』を根本典籍とする伝統は、この時点で破綻していた。新ニヤーヤ学派という伝統が『宝珠』の成立によって突然始まった、或いは『宝珠』により古典ニヤーヤ学派に引導が渡された、と理解するのは適切でない。

新ニヤーヤの対象領域

先に、新ニヤーヤの特徴としてプラマーナの議論の偏重に言及した。和田の研究では、「古典ニヤーヤは認識対象の学、新ニヤーヤは認識手段の学」という理解が、この特徴により新ニヤーヤを捉える考えを示すとされている。筆者は先述のとおり、ニヤーヤは古典ニヤーヤの頃からプラマーナを核とする学問または技術であったと考えている。新ニヤーヤに至ってニヤーヤの対象領域が変化したのではなく、「関係」にもとづく概念分析を導入することにより、その方法が大きく変化したと言うべきであろう。

或いは、17 世紀以降の新ニヤーヤに限れば、新ニヤーヤこそが、認識手段の学ではなく認識対象の学であると言うこともできるだろう。新ニヤーヤの時代に、範疇論による世界分析を主たる研究対象とするヴァイシェーシカ学派がニヤーヤ学派と合流した、ということがよく知られている。両学派は古典ニヤーヤ学派の時代から相性がよく、ニヤーヤ学派は基本的にヴァイシェーシカの範疇体系を認めている。両学派の結びつきは、ウダヤナがヴァイシェーシカ学派の註釈文献『キラナーヴァリー』を著し、それが後のニヤーヤ学者たちに好んで註釈されるようになると、決定的なものとなる。新ニヤーヤの綱要書の多くは、両学派の領域、すなわちプラマーナと範疇論の両方を扱っている。代表的な綱要書である『ムクターヴァリー』と『タルカ・サングラハ』は、ヴァイシェーシカの範疇体系をすべて説明するという構成をとる。そのなかで、「性質（guṇa）」範疇に入る「認識」の下位区分として「正しい認識」が触れられ、その正しい認識の原因としてプラマーナ（知覚、推理、言葉等）が詳細に論じられる。上記の綱要書ではこのプラマーナ論の部分に膨大な紙数が割かれているため、それらが全体としてプラマーナ論の書物であるかのような印象を受けるが、実際には範疇論の書物である。プラマーナ論が「性質」論の一部として展開されるのは、プラマーナなるものが範疇体系のどこにも適切に位置付けられないためである。ヴァイシェーシカ学派は、世界に存在するもの（すなわち認識されるもの）をすべて範疇体系に入れ込む。ヴァイシェーシカ学者の目で見て、世界に存在するのは、プラマーナという捉えどころのないものではなく、現にそこにある「正しい認識」である。プラマーナは、範疇としては、感覚器官と対象の接合（「結合」という性質や、内属等に分類される）、証相の反省知（「認識」という性質に分類される）、言葉（「音声」という性質に分類される）等に割り振られ、プラマーナがまとめて格納される範疇はない。それに居場所を与えるのであれば、「正しい認識」の原因という場所が最も収まりがよい。このように、存在するもの、認識されるものすべての体系的説明に、その一部としてプラマーナ論を組み込んだ学問は、認識対象の学と呼んでよいだろう。

新ニヤーヤとはいったい何を対象とする学問なのか。上述の綱要書に依拠して言えるのは、新ニヤーヤは、世界の全存在者（非存在や現象を含む）の分析と、それを分析するための論理学や認識論を含む方法の体系化を対象とするということである。しかしこれは、ヴァイシェーシカ学派とニヤーヤ学派が合流したことの結果であり、古典ニヤーヤから継続的に発展し、ウダヤナによって大きな進歩を遂げたニヤーヤの姿ではない。新ニヤーヤの根底にあるのは、ガンゲーシャが執筆の目的に掲げているとおり、やはりプラマーナ論と、それに依拠した世界の分析・探求であると言えるだろう。その方法は、古典ニヤーヤにおいては論証・論争術として有効に機能するように開発されていたが、新ニヤーヤでは世界の全存在者を適切に説明できるように複雑化していく。

本書が扱うのは、新ニヤーヤ学派の言語情報理論であり、新ニヤーヤの言語情報理論ではない。プラマーナに最大の重きを置く新ニヤーヤ学者であるガンゲーシャが、プラマーナに依拠した分析方法を用いて、言葉というプラマーナの解明に挑んだ。その結果が『宝珠』の言語情報理論である。プラマーナによりプラマーナを分析する、ということに何ら誤謬はない。新ニヤーヤ学者は、対象がプラマーナであれ何であれ、対象の分析にはプラマーナを用いる。それが「探求の学（ānvīkṣikī）」の方法である。

新ニヤーヤ学派の時代区分

新ニヤーヤ学派は千年を超える歴史をもつ。その思想史において、ウダヤナ、ガンゲーシャに次いで大きな足跡を残したのは、16世紀初頭のラグナータである。彼が『宝珠』に対する註釈『ディーディティ』（*Dīdhiti*）を著すと、学派においてそれが大きな権威となる。さらに、17世紀にジャガディーシャとガダーダラが『ディーディティ』に対する複註を著してからは、彼らの複註が基本文献となった。また、言語理論の領域では、この二名がそれぞれ独立した著作を著しており、写本の残存数や註釈の多さから察するに、それらの著作が『宝珠』の言語理論よりも熱心に学習されるようになったと思われる。アンナンバッタの『タルカ・サングラハ』やヴィシュヴァナータの『ムクターヴァリー』といった綱要書が作成されたのもこの時期である。また、『宝珠』に対して直接解説した17世紀のマトゥラーナータの註釈は、とにかく言語明瞭、意味明瞭で、たいへん広く読まれたと察せられる。

ラグナータ以降の新ニヤーヤ学派の特徴としては、理論体系が『宝珠』のオリジナルの体系から乖離していくという点がある。とくにジャガディーシャやガダーダラ以降はその傾向が顕著であり、註釈者たちは解釈の技術を競うかのように、それぞれ技巧を凝らして高度に緻密な議論を展開することに精力を費やしている。筆者はジャガディーシャ派に入門し、おそらく数百ページに上るテキストを教わったが、『宝珠』の本文は数ページ程度しか読んでいないのではないだろうか。師匠の指導では『ディーディティ』の理解を目標に、ジャガディーシャの註釈と、その更に複註とを用いて、緻密な議論の理解に力を注いだ。

以上のような歴史理解にもとづいて、本書では、試みとして新ニヤーヤ学派を次のような時代区分に分けて呼称する。

<table>
<tr><td rowspan="2">前期</td><td rowspan="2"></td><td>初期</td><td>ウダヤナ以降、ガンゲーシャまで</td></tr>
<tr><td colspan="2">ウダヤナ以降、ラグナータの前まで</td></tr>
<tr><td rowspan="2">後期</td><td colspan="3">ラグナータから現代まで</td></tr>
<tr><td></td><td>最後期</td><td>17世紀（ガダーダラ、ジャガディーシャ等）以降、現代まで</td></tr>
</table>

前期と後期は、また、それぞれが拠点を置いた土地の名前にしたがってミティラー時代とベンガル時代と呼ぶこともできるだろう。Umesh Mishra（1965）は、新ニヤーヤ学派を時代ではなく地域によって、ミティラー学派とベンガル学派に分ける。これは上記のラグナータの改革と連動している。ウダヤナもガンゲーシャもミティラー[*7]の学院で活動した学者であり、ニヤーヤ学派の拠点は長らくミティラーに置かれていた。しかし、ラグナータは学説に改革をもたらすと同時に、拠点を自らの故郷であるベンガルのナヴァ・ドヴィーパ[*8]に移した。ラグナータ以降の、上で名前を挙げたような学者たちはベンガルで活動したため、ベンガル学派と呼ばれている[*9]。ただし、ミティラーにはベンガル学派の開始以降もニヤーヤ学者のコミュニティが残り、そこでも伝統が続いた。

第2節　プラマーナとしての言葉

1　世界と認識

世界、その認識、その原因としてのプラマーナ

本節では、本書で行う議論の鍵となる「プラマーナ」という概念を論じる。そのために、ひとつ、論述上の工夫をしてみたい。インドの古典的学術文献によくみられる形式として、まず、批判されるべき暫定見解が示され、それの批判を通して自説が示される、というものがある。暫定見解は「前主張（pūrva-pakṣa）」、自説は「後主張（uttara-pakṣa）」または「確定見解（siddhānta）」と呼ばれる[*10]。暫定見解は他学派や先行する思想家の見解であることもあれば、著者がみずから仮定することもある。筆者もいまこれに倣い、「プラマーナ」すなわち「正しい認識の獲得手段」を仮に「世界をありのままに捉える認識の原因」とする理解を暫定見解として立て、この見解が厳密には受け容れがたい、或いは不充分であることを本節で示すなかで、新ニヤーヤ学派の「プラマーナ」観を描き出したい。そのためにまず、新ニヤーヤ学派において「世界をありのままに捉える認識」とは何を意

[*7] 現在のビハール州ダルバンガー（Darbhanga）県に位置する。

[*8] 現在の西ベンガル州ノディヤー（Nadia）県に位置する。

[*9] Umesh Mishra（1965: 351）は、ジャガディーシャはミティラーの出身であると推定し、彼をミティラー学派に含めている。また、アンナンバッタはいずれにも含められず、“Southern Contribution”というセクションで扱われている。

[*10] “siddhānta”は「定説」と訳されることが多い。確かに“siddhānta”には、承認されている理論、とくに学派内で承認されている理論という側面もある。しかし、論述の構成として、学派の定説が前主張として批判され、その批判を克服するものとして著者の自説が示されるということも多いため、“siddhānta”を一律に「定説」と訳し、またそう理解することは混乱を招くだろう。筆者は「確定見解」という訳語を支持している。

味するのか、それを考えるために、世界と認識に関する彼らの前提を素描する。以下の概説は、本書における議論の全体に関わるものとなる。

ヴァイシェーシカ学派の範疇論

インドにも、外界世界は実在しないとする考えがあるが、新ニヤーヤ学派は、外界世界はまさしく、私たちが知覚するとおりに実在するという存在論的立場に立っている。彼らは、古典ニヤーヤ学派の時代から、存在論についてはヴァイシェーシカ学派に追随してきた。そのヴァイシェーシカ学派の存在論を特徴づけるのが、いわゆる範疇（カテゴリー）による世界の分析である。彼らの分析の対象には、外的世界だけでなく、心的現象や自我といった内的な存在者も含まれている。

ヴァイシェーシカ学派において、範疇の数は、古くは六つとするのが一般的であった。すなわち、①実体（dravya）、②性質（guṇa）、③運動（karman）、④普遍（sāmānya. 後に jāti と呼ばれる）、⑤特殊（viśeṣa）、⑥内属（samavāya）である。新ニヤーヤ学派の時代には、これに⑦非存在（abhāva）を加えた七つの範疇を数える体系が標準となる。これ以外に、範疇を 10 種とする『勝宗十句議論』の体系や、範疇の数を躊躇なく増やしていくラグナータの立場も知られているが、いまは七範疇体系に従って彼らの世界観をみてみる。

①実体は地、水、火、風、虚空、時間、方位、自我、意*[11]という 9 種に区分される。ヴァイシェーシカ学派は原子論的物質観を支持しており、有形の実体はすべて、地、水、火、風という 4 種の原子により構成されていると考えられている。②性質は色や香等の 24 種に、③運動は伸張や収縮等の 5 種に分類される。これら下位区分はさらに細分されており、範疇体系は多層構造を成す。

④普遍とは、たとえばすべての壺が共有する壺性、すべての青色が共有する青色性といった抽象属性を指す。或る壺が「壺である」と判断されるのは、それがもつ壺性が認識者に捉えられるからである。普遍は階層構造で分析される。つまり、動物性の下に哺乳類性や魚類性があり、哺乳類性の下に牛性や馬性がある。⑤「特殊」と訳した “viṣeśa” は、普遍と逆のはたらきをする。つまり、普遍は壺 *A* と壺 *B* が共に壺であると認識するための共通化要因としてはたらくのに対し、特殊は、それ以上分割できない実体を互いに異なるものと認識するための特殊化要因としてはたらく*[12]。⑥内属は、性質が実体に存在すると

---

*[11] 意（manas）とは、認識の発生を説明するために措定される実体であり、大きさは原子大とされる。ひとりひとつを体内にもち、それが体中を動き回っていると考えられている。

*[12] 『ムクターヴァリー』の説明に基づく。*Muktāvalī* pp. 62: “ghaṭādīnāṃ dvyaṇukaparyantānāṃ tattadavayavabhedāt parasparaṃ bhedaḥ. paramāṇūnāṃ parasparaṃ bhedasādhako viśeṣa eva. sa tu svata eva vyāvṛttaḥ, tena tatra viśeṣāntarāpekṣā nāstītyarthaḥ.”（訳：壺など、二原子体（原子がふたつ結合した粒子）までの［実体］は、それぞれの部分の差異によって互いの差異がある。［一方、］原子を互いに区別するものが特殊である。それ（特殊）は自ずから［他の特殊と］区別されるので、そこ（特殊）に更なる特殊が要請されることはない。［*Kārikāvalī* の偈文で言われているのは］このような意味である。）『ヴァイシェーシカ・スートラ』や『勝宗十句議論』に見られる古いヴァイシェーシカ学派の体系では、普遍と特殊の中間に「特殊かつ普遍」というものが認められていた。普遍の階層構造を俯瞰したとき、その最上位にある普遍、すなわち全存在者に共有される「有性（sattā）」が「純粋に普遍（sāmānyam eva）」とされ、その下の実体性や壺性、青性等はすべて「普遍かつ特殊」とされた。その階層構造の最下位にあるものが「特殊」である。これらはすべて、共通性と差異の認識に関わるものと言える。最上位の普遍は共通性のみを、最下位の特殊は差異の認識のみをもたらす。3 者のうち「普遍かつ特殊」が体系から削除されてしまったので、特殊の役割が捉えづらくなってしまったが、このような歴史的背景のもとに理解すれば、その役割は明らかであろう。

き、また運動が実体に存在するとき等に想定される関係である。

最後の⑦非存在は、「〜〜がない」および「〜〜ではない」といった認識の対象として、外界にその存在が措定されるものである。非存在は必ず何かの非存在であり、その非存在により否定されている存在者（それを「反存在（pratiyogin）」と呼ぶ）が何であるかにより、諸々の非存在同士は互いに区別される。つまり、壺の非存在（壺を反存在とする非存在）と布の非存在（布を反存在とする非存在）は互いに異なるふたつの非存在である。したがって、たとえば本が置いてあるだけの机には、カップの非存在、ペンの非存在、犬の非存在、流体性の非存在、上昇運動の非存在、椅子性の非存在など、数限りない非存在が同時に存在している。

非存在の種類について述べておこう。非存在には、「〜〜がない」という認識の原因となる「関係非存在（saṃsarga-abhāva）」と、「〜〜ではない」という認識をもたらす「相互非存在（anyonya-abhāva）」とがある。関係非存在は、「まだない」と認識される「未然非存在（prāg-abhāva）」、「もうない」と認識される「已滅（dhvaṃsa）」、時間に縛られず、ただ「ない」と認識される「恒常非存在（atyanta-abhāva）」とに分類される[*13]。

範疇はサンスクリット語で「パダールタ（pada-artha）」と呼ばれる。「パダ」は語、「アルタ」は意味を意味するため、パダールタとは語の意味である、つまり、語或いは形態素の表示する対象が世界を構成する範疇であると理解されている[*14]。実際に、ヴァイシェーシカ学派の世界分析では、或る言語的営為（vyavahāra. 言語表現、および言語化された認識）に対応するものを外界に措定するという方法が多用されており、範疇による彼らの世界分析は、言語的営為の分析に大きく依拠していると言える。しかしその範疇体系には、言語分析だけでは得られず、論理的にその存在が措定されるもの、たとえば主宰神や虚空等も含まれている。彼らの範疇体系は、言語的営為のみでなく、世界のあらゆる現象を説明づけることを目的とするものと考えるべきである。

なお、「パダールタ」という語は、六つないし七つの範疇を指すほか、それらに所属して存在している個々の存在者を指して、「事物」という意味で用いられることもある。一方、地水火風、色や香といった各範疇の下位区分、英語で言うなら「サブカテゴリー」が

---

*13　恒常非存在の理解については注意が必要である。恒常非存在は、たとえば「兎に角がない」という場合に認識されるような、兎と角の間の、そもそも成立しえない関係を否定するものと理解されることが多い。しかし、例えば著者がデスクに居たり居なかったりするような、未然でも已滅でもない非存在を、恒常非存在によって説明することもある。恒常非存在は消失することがないので、筆者がデスクに居るときも、そこには筆者の恒常非存在がある。筆者の存在により、その非存在が認識されることが妨げられているだけである、と言われる。*Muktāvalī* pp. 73–74: “nityasaṃsargābhāvatvam atyanābhāvatvam. yatra tu bhūtalādau ghaṭādikam apasāritaṃ punar ānītañ ca, tatra ghaṭakālasya sambandhāghaṭakatvād atyantābhāvasya nityatve ’pi ghaṭakāle na ghaṭātyantābhāvabuddhiḥ. tatrotpādavināśaśālī caturtho ’yam abhāva iti ke cit.”（訳：恒常非存在とは恒常の関係非存在である。しかし、［たとえば］地面等において壺を取り去った後、また［その壺を］もってくる場合、壺が存在する時間は［地面と壺の］関係の制限者でないので、恒常非存在は恒常ではあるけれども、壺が存在するときは壺の恒常非存在は認識されない。［一方、］或る者たちは、その場合の非存在は生成と消滅［の両方］の基体となる第 4［の関係非存在］であると言う。

*14　*Tarkasaṅgraha-dīpikā* p. 2: “padasyārthaḥ padārthaḥ.”（訳：パダールタとはパダのアルタである。）ただし、筆者はこの見解に対して懐疑的である。というのも、たしかに、実体、性質、運動はそれぞれ名詞、形容詞、動詞という語の意味として考えられる。普遍も一般名詞の意味とされる。しかし特殊や内属は特定の言葉に明確には対応づけられていない。また、否定辞や疑問詞といった言葉の意味に対応する範疇は設定されていない。(否定辞の意味は、後代にいたって「非存在」として範疇に加えられる。)このような齟齬が多くみられるため、筆者の疑義の当否はさておくとしても、「パダールタは語の意味である」という理解を前提としてヴァイシェーシカ学派の範疇体系を考察することには無理があると思われる。

「パダールタ」と呼ばれることはないように思われる。

存在者間の関係

諸々の存在者は、互いに関係し合い、構造体としての世界を構成している。或いは、世界は互いに関係し合った諸々の存在者のネットワークとして分析される、と言った方が適切かもしれない。

存在者と存在者の関係には3種ある。ひとつは「結合（saṃyoga)」と呼ばれ、物と物の物理的接触を意味する。これは実体と実体の間にしか成立せず、性質の一種とされている[*15]。たとえば地面に壺があるとき、両者は結合により関係している。

ふたつ目の関係は、第6範疇として挙げられている内属である。内属は、互いに分離せずに成立している2者の間に存在すると言われている[*16]。新ニヤーヤ学派の文献では、次の五つの場合に、2者は内属により関係していると言われる。すなわち、(1) 性質と実体、(2) 運動と実体、(3) 普遍とその所属者、(4) 全体と部分、(5) 特殊と恒常性の実体が関係するときである[*17]。内属は方向性をもっており、これら各項において先に示したものが後に示したものに内属すると言われる。

地面が壺と結合するとき、その結合は地面に、内属により存在している。言い換えると、地面には、壺との結合が内属している。では、その内属は、地面に、いかなる関係により存在するのだろうか。この問いを突き詰めると、関係と関係項を結びつける関係を無限に想定しなければならないという無限遡及に陥ってしまう[*18]。ヴァイシェーシカ学派はこれを解決するため、内属は両関係項に、その関係項自体のちからにより存在していると説明する。これが「自体関係（svarūpa-sambandha)」と呼ばれる第3の関係である。英語では "self-linking relation" などと訳される[*19]。

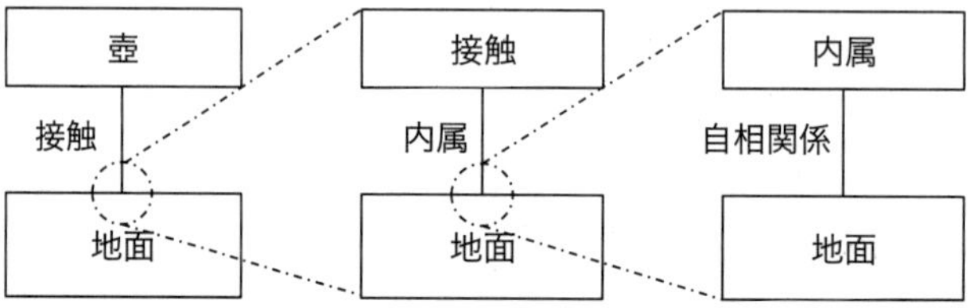

[*15] 性質と運動は実体にしか存在しない、ということは公理とされている。もし或るものが実体以外に存在するならば、この公理に反するため、性質や運動のひとつとしては扱えない。たとえば普遍は実体、性質、運動のいずれにも存在するので、独立した範疇とされている。結合はそうではないので、性質か運動に分類することができる。なぜ運動でなく性質に分類するのか、その根拠は明確ではない。性質と運動の差異はヴァイシェーシカ学派の範疇論では説明づけがたく、運動もすべて性質ということにしてもよいではないか、という問題提起を行うバーサルヴァジュニャのようなニヤーヤ学者もいる。Ganeri 2014: 64 および 日比 2015: 32 を参照。

[*16] *PDhS* §373: "ayutasiddhānām ādhāryādhārabhūtānāṃ yaḥ sambandha ihapratyayahetuḥ sa samavāyaḥ." (訳：互いに分離せずに成立している、依拠されるものと依拠するものの関係にある［存在者間の］関係であり、「ここに」という認識の原因であるもの、それが内属である。)「互いに分離せずに成立している（ayuta-siddha)」を始めとする内属の性質については、平野克典氏が多くの文献を用いて検討している。たとえば平野 2012, 2015 を参照。

[*17] *Muktāvalī* p. 65: "avayavāvayavinoḥ, jātivyaktyoḥ, guṇaguṇinoḥ, kriyākriyāvatoḥ, nityadravyaviśeṣayoś ca yaḥ sambandhaḥ sa samavāyaḥ."（訳：部分と全体、普遍と個物、性質と性質をもつもの（すなわち実体)、行為と行為をもつもの（すなわち実体)、恒常的な実体と特殊の［間の］関係が内属である。)

[*18] Matilal 1968b: 40 を参照。西洋哲学における同種の議論と対比されている。

[*19] 山本和彦 1994, 1995b を参照。この発想は古く『プラシャスタパーダ註』にもみられる。*PDhS* §§ 383–384: "kayā punar vṛttyā dravyādiṣu samavāyo vartate.... na, tādātmyāt."（訳：〔**対論者**〕では、内属

結合と内属以外の関係は、すべて自体関係に分類される。因果関係や親子関係といったものは、すべて自体関係の一種である。なお、因果や親子といった、ペアの間に存在する関係は、関係各項に存在する、それらをペアとならしめている抽象属性により呼ぶこともできる。たとえば父と息子の親子関係は、父親に存在する父親性をとって「父親性関係」と呼んでもよいし、逆の観点から「息子性関係」と呼んでもよい。もちろん、これを「父子関係」と呼ぶこともできる。

存在者間のあらゆる関係は、属性（dharma）と基体（dharmin. 属性を保持するもののこと）の構造を成立させるものと、成立させないものの 2 種に分けられる。前者は「居在決定関係（vṛtti-niyāmaka-sambandha）」、後者は「居在非決定関係（vṛtti-aniyāmaka-sambandha）」と呼ばれる。たとえば地面に壺が結合関係により存在するとき、この関係は「壺が地面に居在する（vartate）」という認識をもたらす。このような、「居在する（vartate）」という認識を成立させる関係が「居在決定関係」である。一方、火と煙は因果関係で結ばれているが、因果関係は「火が煙に居在する」という認識をもたらさない。これは「居在非決定関係」である。両者を、下記のように図示しよう。

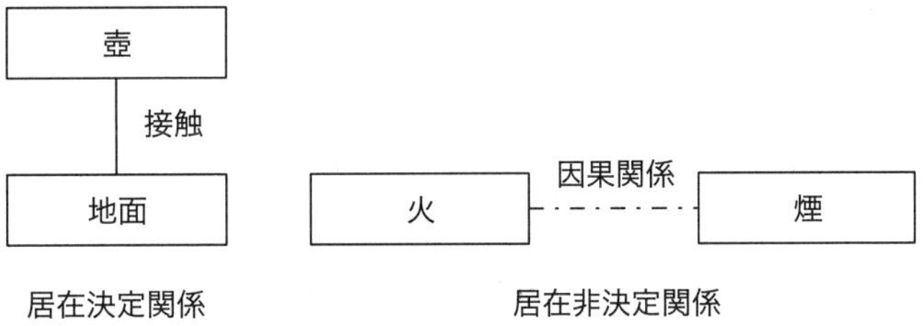

世界を捉える認識

ひとが或る事物を認識するという現象は、ヴァイシェーシカ学派の範疇体系では、その事物と結びついた認識が認識者の自我に発生することとして説明される[*20]。

対象は同一でも、時と場合によってそれはさまざまに認識される。たとえば、机の上の赤いボールペンを、さまざまな人が、さまざまな仕方で認識する。何か書くものを探しているひとであれば「筆記具だ」と認識し、黒でなく赤いインクのペンを探しているひとであれば「赤いペンだ」と認識し、コピー機のリセットボタンを突くピンを探しているひとであれば「先の尖ったものだ」と認識する。このような、或る対象に関する、それがどうであると判断する認識を、新ニヤーヤ学派では「概念作用を伴う認識（savikalpaka-jñāna）」と呼ぶ。一方、その対象をそのままに捉える、判断を介在させない認識は「概念作用を伴わない認識（nirvikalpaka-jñāna）」と呼ばれる。

はいかなる関係によって実体等に存在しているのか。［いかなる関係によっても存在できないだろう。］……〔**プラシャスタパーダ**〕そうではない。同一性関係［によって存在している］からである。）

*20　ここで「認識」と訳したサンスクリット語 “jñana” の訳語をめぐって、英語文献では多くの議論がなされている。1970 年代までの研究では “jñāna” は英語で “knowledge” と訳されることが多いように思われるが、“knowledge” は西洋哲学では “justified true belief” と理解されるのが一般的であり、それがサンスクリット語の “jñāna” とは似ても似つかぬものであることが批判されている。現代の研究者たちは “awareness” や “cognition” といった訳語をあてるのが一般的である。たとえば Matilal 1968b: 6–7、Potter 1984: 1984、Mohanty 1984: 333 を参照。日本語では、漢訳仏典で親しまれている「知」という訳語をあてることも多いが、本書では現代語として一般的な「認識」という訳語を用いた。

「筆記具だ」という認識は、赤いペンに存在する《筆記具性》という属性を捉えている。「赤いペンだ」という認識は《'赤いペン' 性》という属性を、「先の尖ったものだ」という認識は《先の尖ったもの性》という属性を捉えている。このように、xをyとして捉える認識は、対象xを、それに存在するy性という属性に限定された構造体として捉えていると分析される。新ニヤーヤ学派では、このような認識を「限定的認識（viśiṣṭa-jñāna）」と呼ぶ。概念作用を伴う認識は、すべて限定的認識である。「限定的」というのは、認識が限定されているのではなく、認識の対象が限定構造を有しているということを意味している。認識対象はxだけではない。y性によりxが限定された、その構造体が捉えられているのであり、xとy性のいずれもが認識対象である。

認識対象の限定構造は、世界における存在者の基体・属性構造と対応している。すなわち、被限定者（viśeṣya）xと限定者（viśeṣaṇa）y性は、存在論的には基体と属性として分析される。或いは、世界の存在者が基体と属性の構造によって捉えられるとき、それは認識において、被限定者および限定者として表れると言ってもよいだろう。限定者となる属性は、抽象属性に限らない。或る基体の属性となりうるものは、すべてその限定者として機能する。たとえば「馬が走る」という認識は、《馬》を被限定者、《走行》を限定者とする構造体を捉えている。「地面に壺がある」という認識は、《地面》を被限定者、《壺》を限定者とする構造を捉えていると言える。一方、壺がどこにあるか問われ、「壺は地面の上にあるよ」という情報を与えられるとき、この認識は《壺》を被限定者、《地面の上への存在》を限定者としている。限定者はまた、認識の「規定者（prakāra）」とも呼ばれる。限定者は、その認識において被限定者がどう捉えられるかを規定するものであるためであろう[*21]。

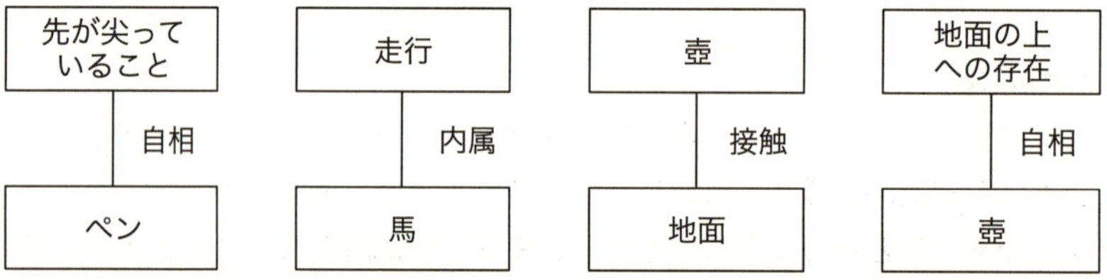

「先の尖ったものだ」　「馬が走る」　「地面に壺がある」　「壺は地面の上にある」

繰り返しになるが、認識の対象はひとの心の中にではなく、外界に存在している。「白い馬が走る」という認識は、外界で走っている《白い馬》と結びついている。それが認識の対象となるとき、《馬》と、そこに存在する《白色》と《走行》、さらにそれらの要素を結びつける《内属関係》とに「認識対象」というラベルが貼られる。《馬》には「被限定者」というラベルが貼られ、《白色》と《走行》には「限定者」または「規定者」のラベルが貼られる。ひとの認識という活動は、このように、存在者にぺたぺたとラベルを貼る作業と考えてよいだろう。自分が貼ったラベルは、他人には見えない。つまり、白い馬が走っているところは第三者にも見えていても、《馬性》と《哺乳類性》のどちらに「規定者」のラ

[*21] 限定者と規定者は区別されないのが一般的であるが、Ingalls（1951 (1988): 43）はこれを区別し、規定者を "chief qualifier" と訳している。本書はこの解釈には従わない。両者を区別しない理解は、たとえば『ニヤーヤ・コーシャ』に引用されている。*Nyāyakośa* s.v. prakāratā: "viśeṣaṇatvāparanāmā vilakṣaṇaviṣayatāviśeṣaḥ."

ベルが貼られているかは見えない。なお、「属性」と「基体」は認識者が勝手に貼り付けてよいラベルではなく、客観的に成立しており、複数の観察者が共有できるラベルである。

これらのラベルは、新ニヤーヤにおいては、「認識対象性（viṣayatā）」、「被限定者性（viśeṣyatā）」、「限定者性（viśeṣaṇatā）」または「規定者性（prakāratā）」という、認識対象に存在する属性として扱われる[*22]。認識対象性は、認識と認識対象というペアを成立させるための抽象属性であり、先述のとおり、認識と認識対象を結びつける一種の自体関係である[*23]。限定的認識においては、限定者と認識の関係は限定者性、被限定者と認識の関係は被限定者性、というように分析される。（図 1.1）

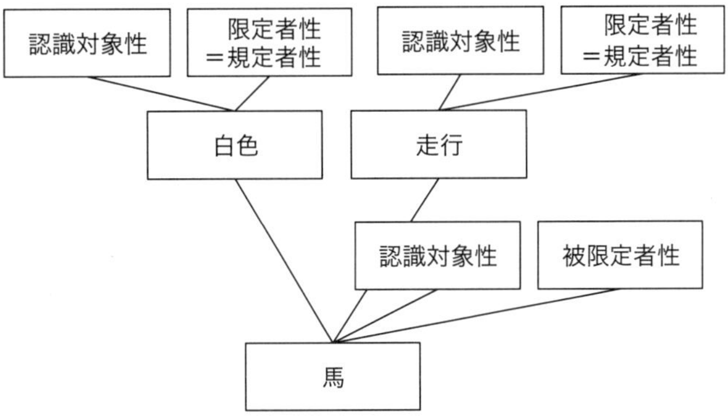

図 1.1

命題と限定構造

認識対象の限定構造は、主語・述語により構成される命題の構造に似ている。たとえば「馬が走る」という認識が対象とする《馬》と《走行》の限定構造は、《馬》を主語、《走行》を述語とする命題として扱うことができると言えそうである。後に述べるように、新ニヤーヤ学派の真理論では、認識の正誤は、被限定者と規定者の構造により決定される[*24]。これは、論理学が真理値を命題の属性と考える仕方に似ている。この対応関係もまた、限定構造＝命題という想定の根拠となるだろう。

たしかに、命題のかたちで表現しうる認識は、すべて限定構造を対象としていると言ってよいだろう。しかし、その逆はどうであろうか。たとえば、ガンゲーシャがカレーを食べているところを見て、「哲学者がごはんを食べているぞ」という限定的認識を得るとする。この認識の主語を構成する「哲学者」という部分、また述語の一部である「ごはん」という部分のそれぞれもまた、限定的認識である。前者は《ガンゲーシャ》を被限定者、

---

*22 モーハンティーは、これらの属性が対象の側に何の変化をもたらさないことを根拠に、これらの属性はむしろ認識の側に関与するものであると述べる。Mohanty 1966: 33: “Though the Nyāya speaks, e.g., of ‘*viṣayatā* that is attached to the pot’ (*ghaṭaniṣṭhaviṣayatā* [sic]), yet considering the fact that for the Nyāya knowledge does not generate any feature in the object we may presume that the words ‘attached to’ have to be taken as a sort of transferred epithet, so that strictly speaking the *viṣayatā* attaches to the knowledge, or rather constitutes it.” 彼は viṣayatā は認識の「内容（content）」であると理解している。

*23 なお、ラグナータは認識対象性を独立範疇としている。Potter 1957: 88、V. N. Jha 1987b を参照。

*24 正しい認識はすべて、被限定者に実在する属性を規定者として捉えるとされる。p. 22 を参照。

《哲学者性》を規定者とする限定構造を有している。しかし、「哲学者」という認識は命題としては分析できない。(図 1.2)

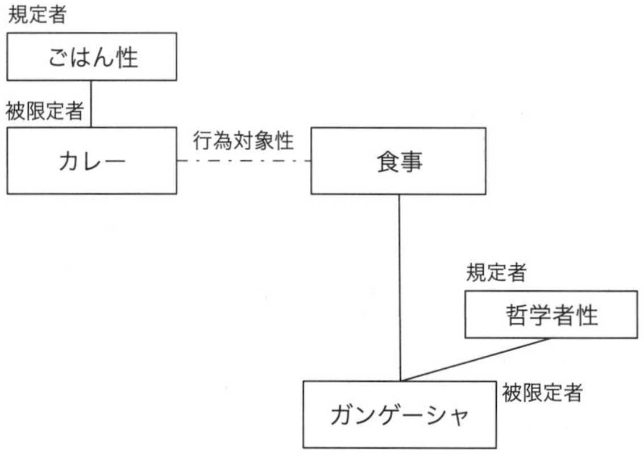

「哲学者がごはんを食べている」

図 1.2

被限定者と規定者がそれぞれ主語と述語として捉えられる認識については、それを命題として扱ってもよい。しかし、すべてを命題に還元することはできない。新ニヤーヤにおける被限定者と規定者の限定構造は、命題構造よりも抽象度の高い構造である。それは「S は P である」という認識ではなく、x を y として捉える認識すべてに適用しうる。つまり、《馬》を《走行をもつもの》として捉える命題形式の認識にも、《ガンゲーシャ》を《哲学者》として捉える名辞の認識も、限定構造により分析される[*25]。

限定構造が、命題と同様、正誤の値を担うという点には誤りはない。命題形式を取らない認識も、それが限定構造をもつかぎり、真理値をもつ。たとえば《ガンゲーシャ》を《哲学者》として捉える認識は正しく、それを《小説家》として捉える認識は誤っている。

基体・属性構造による認識の支配

基体・属性構造を、被限定者と規定者の構造よりさらに抽象度の高い汎用的構造と考えることができる。これは認識の文脈のみではなく、世界の諸存在者を分析する枠組みとしても用いられる。基体・属性構造に新ニヤーヤの分析方法の核心を見出す研究は少なくない[*26]。

限定構造が外界の基体・属性構造に必ず対応するのであれば、ひとの判断には、基体・属性構造しか捉えることができないという制約があるとも言える。しかし、先述のとおり、世界にはこの構造に落とし込めない存在のあり方もある。ひとはそれを、どう捉えるのか。たとえば、火と煙の因果関係をどうやって捉えられるのか。その場合、何らかの仕

[*25] H. Banergee 1972 は別の観点から、規定者を「述語」とする理解を批判している。彼は、「男は棒を持っている」という認識において《棒》が規定者であるが、それは述語とは言えないだろうと指摘する。
[*26] 先駆的なものとしては Matilal 1975 や立川武蔵 1981 がある。

方で、やはり基体・属性構造に落とし込むしかない。火と煙の因果関係を認識する仕方には、少なくとも 3 通りが考えられる。ひとつは、火を基体、‘煙の原因’ 性を属性として、「火は煙の原因である」と認識する仕方。もうひとつは、煙を基体、‘火の結果’ 性を属性として「煙は火の結果である」と認識する仕方。さらに、火と煙を基体、因果関係を属性として「火と煙は因果関係をもつ」と認識することもできる。いずれの場合も、基体と属性の関係は結合や内属ではないため、自体関係である。

‘煙の原因’ 性という属性をさらに分析すると、原因性と煙というふたつの要素に分解できる。このふたつは、火の保持する原因性が何に対する原因であるかを煙が「特定 (nirūpaṇa)」するという関係にあるため、両者には特定・被特定関係（nirūpya-nirūpaka-bhāva-sambandha）がある、と言われる。原因性と結果性に限らず、ペアになってはじめて成立する属性は、すべてパートナー同士が互いに特定し合う関係にある。たとえば徳川家康のもつ父親性は秀忠たちにより特定されており、また秀忠たちのもつ息子性は家康に特定されている[*27]。このように分析すると、火と煙の因果関係は次のように図示できる。特定・被特定関係は居在非決定関係なので、図式では横に並べて配置している。

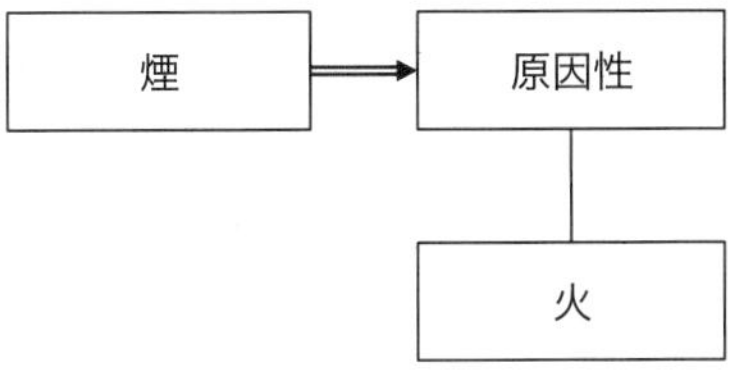

「火は煙の原因である」

以上のような 3 種の基体・属性構造は、いずれも外界において客観的に成立しているものであり、認識者が勝手にこしらえるのではない。ただひとつの事象の、どの側面を認識者が捉えるかにより、発生する認識が異なることになる。いずれの認識も、事象を正しく捉えている。

なお、三つ前の段落で、限定構造が外界の基体・属性構造に「必ず対応するのであれば」という条件を附したのは、このように断言することができるか、筆者には疑問があるからである。居在非決定関係により結びつけられた存在者を、ひとは、ほんとうに基体・属性構造に落とし込んで認識しているだろうか。居在非決定関係の代表格として、上述の因果関係の他に非別異性関係（abheda）が挙げられる。たとえば、《獣》は《生物》と非別異性関係により結びついている。その事実を対象として、「獣は生物と非別異である (prāṇy-abhinnāḥ paśavaḥ)」という認識が生じる。これまでの議論に従うならば、この認識は、《獣》を被限定者とし、《生物との非別異性》を規定者とする基体・属性構造を捉えていると分析すべきであろう。それは「獣は生物との非別異性を有する（prāṇy-abhedavantaḥ

[*27] “nirūpaṇa” を「特定」と訳したが、他に「表述」と訳されることもある。たとえば 和田 1999c。英語では “describe” と訳すのが一般的である。例えば Ingalls 1951 (1988) がそうしている。これは新ニヤーヤの関係理論を支えるきわめてテクニカルな概念であり、精緻な理解のためにはさらに説明を要するが、和田（1990a: 66–80）が詳細かつ的確な解説を行っているので、そちらを参照されたい。「特定者」と並ぶ重要な新ニヤーヤの概念である「制限者」については、同じく和田 1990a: 81–98、および本書補遺 p. 169 の解説を参照。

paśavaḥ)」と表現されうる。しかし、「非別異性を有する」という認識と、「非別異である」という認識は、やはり異なるのではないか。ガンゲーシャは、非別異性関係により対象を捉える「獣は生物と非別異である」という認識が成立することを認めているが、それ以外の見解も存在することに言及している*28。またそこでは、非別異性関係による認識は限定者と被限定者の構造を捉えていないと考えられているようである。しかし、非別異性関係による認識も概念作用を伴う認識である以上、その対象を限定関係により捉えるとする必要があるだろう。被限定者と規定者が必ず基体と属性の構造を構成するかどうかは、まだ検討の余地があるように思われる。

基体、属性、関係の3要素構造

新ニヤーヤの分析方法も時代を下るにつれ、厳密さを増していく。マトゥラーナータやガダーダラといった後期新ニヤーヤ学派の学者たちは、世界と認識を分析するにあたり、基体と属性だけでなく、両者をつなぐ「関係」にも強い関心を寄せる。彼らの註釈文献をひもとけば、執拗なまでに緻密な「関係」の記述が目に留まるだろう。

世界と認識を厳密に分析するには、基体と属性の間の関係を正確に記述しなければならない。たとえば馬が走っているとき、《走行》は《馬》に《内属》によって存在しているが、《結合》によっては存在していない。属性が基体に、どのような関係によって存在しているかを明らかにしなければ、世界を正しく記述することはできない。

基体・属性構造に代わり期待・属性・関係の3要素構造を分析の枠組みとするとき、認識対象は被限定者、規定者、関係（saṃsarga）の3要素で分析される。テクニカルには、認識対象性（viṣayatā）は被限定者性（viśeṣyatā）と規定者性（prakāratā）と関係性（saṃsargatā）の3種に分類されると言われる。「馬が走る」という認識は、《馬》を被限定者として、《走行》を規定者として、《内属》を両者の関係として捉えていると分析される。

筆者がインドに留学しているとき、新ニヤーヤのV. N. ジャー先生から、「新ニヤーヤの核心は、基体・属性・関係の3要素構造による分析にある」と、繰り返し教えられた。ジャー先生の合宿ワークショップで行われた、新ニヤーヤの習熟度ペーパーテストの第1問が、これに関する問いであったことをよく覚えている。

2　プラマーナ

プラマーナとは何か

前節でみた、世界とその認識に関する新ニヤーヤ学派の見解をふまえたうえで、彼らの「プラマーナ」観をさぐるのが本節の目的である。プラマーナという概念の内包と外延は、時代によって、また学派によって、さまざまである。小野基氏（2012: 158）はプラマーナという概念の歴史的な源泉を尋ね、それが「人間の行為の規範・基準となる存在を意味していた」と指摘する。これは重要な指摘であり、プラマーナが本質的に「規範」であることは注意されるべきである。認識論で用いられるプラマーナという概念は、しばしば「正

*28 本書補遺1『宝珠』言語部期待論章第2節2（p. 235）を参照。

しい認識手段」として理解されるが、ここでもまた、プラマーナは単なる認識手段ではなく、認識において依拠されるべき、規範としての「正しい」認識手段である。

本節の冒頭でプラマーナを「正しい認識の獲得手段」と言い換えたが、これは語源解釈に裏づけられている。プラマーナという語は、「正しく認識する」を意味する動詞 “pramā” に、行為手段を表す接辞 “ana” を附したものと解釈されている。こうして、「それによって対象を正しく認識するところのもの (pramīyate ’nena)」という意味が得られる。また、“pramā” は名詞として使われる場合、まったく同じ語形で「正しい認識」を意味する。それゆえ、新ニヤーヤ学派では、プラマーナは「正しい認識の獲得手段 (pramā-karaṇa)」であると説明されることが多い。この概念を厳密に理解しようとするとき、ふたつの検討すべき問題を設定できる。

1. 正しい認識とは何か。
2. その手段は確実に正しい認識をもたらすのか。

ガンゲーシャの『宝珠』にみられるプラマーナの概念について、上記の 2 点に関し、現代の研究者らが大きな論争を交わしたことがある。以下、その論争を概観しながら、ガンゲーシャの考えるプラマーナの姿を探っていきたい。その作業により、本節冒頭で述べたように、「正しい認識」を「世界をありのままに捉える認識」と考える理解も、また「獲得手段」を漠然と「原因」と捉える理解も、問題をはらんでいることが分かるだろう。なお、本書では名詞 “pramā” を「正しい認識」と訳し、正しい認識がもつ属性 “prāmāṇya” を「正しさ」と訳している。いずれも曖昧な訳語であるが、日本語の「正しさ」は何らかの規範または理想に合致することを意味しているため、この訳語により、その認識が望ましい認識と考えられている、そのことを表現できているのではないかと思う。“pramāṇa” は「正しい認識の正しい獲得手段」と理解されるべきだが、そのようには訳さず、「プラマーナ」という音写によって訳すことにする。

「手段」と因果関係

上で述べた「手段 (karaṇa)」という言葉の意味を確認するために、ここで、新ニヤーヤ学派の因果論の基礎をみておきたい。「原因 (kāraṇa)」の定義にはさまざまなものがあるが、新ニヤーヤ学派では「原因は結果に必ず先行するものである[*29]」というもの、或いはこれに類する定義がよく知られている。結果の成立に対しては、多くの原因が関与する。それらの原因なかで最も中心的な役割を果たすものが「手段」と呼ばれる、という考えが、多くの学派で認められている。パーニニの「[結果すなわち行為の] 達成手段のうち最も主要なものが手段である[*30]」という定義がよく知られているが、新ニヤーヤ学派の定義「それ特有の原因が手段である[*31]」も、似た考えを示すものであろう。壺という結果の生成に対して、制作者となる陶工、材料となる泥、泥を運ぶロバ、泥をろくろで廻すときの棒といったさまざまなものが原因として関与するが、そのうち棒こそが壺の生成に

*29 *Tarkasaṅgraha* p. 25: “kāryaniyatapūrvavṛtti kāraṇam.”
*30 *Aṣṭādhyāyī* 1.4.42: “sādhakatamaṃ karaṇam.”
*31 *Tarkasaṅgraha* p. 25: “asādhāraṇaṃ kāraṇaṃ karaṇam.”

「特有」な原因であり、手段であると言われる[32]。このように定義される「手段」は、その日常的な意味といささか乖離しており、その乖離が顕著な際は本書ではテクニカル・タームとして扱って「主原因」と訳している。

なお、新ニヤーヤ学派では手段すなわち主原因の要件に「媒介作用（vyāpāra）をもつこと」が加えられることがある[33]。これにより、たとえば木こりが樹を切るとき、切断の手段は斧と樹の結合ではなく、そのような結合を媒介作用としてもつ斧であるとされる。『ニヤーヤ・コーシャ』によれば、新ニヤーヤ学者のなかでも新派の者たちはこの要件を立てないようだが[34]、ガンゲーシャはこの要件を満たすものを手段すなわち主原因と考えていることが、『宝珠』言語部の冒頭からも察せられる[35]。手段がこのように捉えられるとき、原因と結果は点と点で理解されるのではなく、結果の生成に到るプロセスが原因として理解されていることに注意したい。

認識の正しさ

認識の正しさとは、一般的には、対象をありのまま、事実のとおりに捉えていること、或いは真なる命題を捉えるものであること、などと言うことができるかもしれない。それも認識の正しさの一側面ではあるが、インドの学者たちが考えた「正しさ」の意味は、そう単純ではない。ジテーンドラ・モーハンティー（Jitendra Mohanty）は『宝珠』真理論（prāmāṇyavāda）章の部分的な英訳研究を出版している（1966）。同書の長い序において、モーハンティーは、「正しい認識」とは何か、或いは認識の「正しさ」とは何か、という問いを立てて、さまざまな学派の見解を検討している。モーハンティーの提示する資料から、ミーマーンサー学派やヴェーダーンタ学派においては、認識の正しさを事実との一致として捉える理解はむしろ稀であることが分かる。これらの学派における認識の「正しさ」概念を、モーハーンティー（1966: 77–78）は3種に区別する。(1) ひとつは「心理的（psychological）な」概念としての正しさである。これは認識の「正しさ」が、認識される事柄が既知の事実により否定されていないこと（abādhitatva）等として定義される場合を想定しての区分である[36]。或る認識について、それが事実を捉えているかの保証はないが、それが誤っていると決定されていない限り、その認識は意思決定の根拠となりうる。そのような意味で "prāmāṇya" という語が用いられることがある、と理解してよいだろう。(2) もうひとつは「認識論的（epstemological）な」概念としての正しさである。それは、「それを規定者としていること（tat-prakārakatva）」や「それをもつものを被限定者とするときに、それを規定者としていること（tad-vad-viśeṣyakatve sati tat-prakārakatva）」と定義される。これは後述するガンゲーシャの定義にみられるものと同じ表現であるが、モーハンティーは、ミーマーンサー学者が言うときのこの性質は事実との一致を含意しておらず、純粋に認識論的な性質であると言う。(3) 第3の「正しさ」概念は、認識すべて

---

[32] *Nyāyabodhinī* p. 25 を参照。

[33] *Nyāyabodhinī* p. 25: "vyāpāravad asādhāraṇaṃ kāraṇam karaṇam ity arthaḥ."（訳：媒介作用をもつ特殊な原因が主原因である、という意味である。）

[34] *Nyāyakośa* s.v. vyāpāraḥ を参照。

[35] 本書補遺1『宝珠』言語部言葉の正しさ章第2節2（p. 147）を参照。

[36] Mohanty 1966: 16.

に共通の、すなわち「認識性」と等価な属性としての「正しさ」である。この第 3 の概念は本節の主題から外れるので、ここでは深く立ち入らない。

ニヤーヤ学派の「正しさ」概念は、モーハンティーによれば、以上のいずれとも異なるという[*37]。ガンゲーシャは「正しい認識」を下記のように定義する。

> 正しい認識とは、或るところ (*A*) に或るもの (*B*) があるときの、それ (*A*) におけるそれ (*B*) の経験である。或いは、或るもの (*B*) をもつもの (*A*) に対する、それ (*B*) を規定者とする経験である[*38]。

そしてモーハンティーは、こう定義される概念を、認識論的要素と存在論的要素とを共に含む「ハイブリッド」なものと捉える[*39]。つまり、定義の前半部「或るものをもつ (tad-vati/yatra tad asti)」という要素は世界において成立する事態という存在論的な状態に言及し、後半部「それを規定者とする (tat-prakāraka)」は認識の側の状態に言及していると言う[*40]。このように理解される認識の「正しさ」は、認識と事実との一致という、対応説的な概念であると言ってよいだろう。

カール・ポッター (Karl Potter) (1984) はこれに疑義を唱える。彼は、認識の「正しさ」概念に多様性を見出すのは誤りであり、単一の概念として捉えるべきであるという趣旨を述べる[*41]。そして「正しさ」の単一の意味として、プラグマティズムの言葉を借りて「実効性 (workability)」を提案する。「正しい認識」とは、一貫して、実効性のある認識、つまり目的に沿う認識のことをいう、というのが彼の主張である[*42]。ポッターの解釈は、"yathā-artha" という語の解釈に依拠している。この語は、認識の「正しさ」の説明としてしばしば用いられ、通常は「対象に即した (as the object is)」と訳される。しかしポッターはそれを「目的に沿う (in accordance with the purpose)」という意味に理解する。"yathā-artha" にある "artha" という語は多義語であり、言葉の意味、認識の対象、外界の事物、そして目的等を意味する[*43]。しかし、真理論の文脈で用いられる "artha" は一律に「目的」の意味に理解されるべきである、というのが、上記の解釈を支えるポッターの主張で

---

*37 Mohanty 1966: 78.

*38 *TC* 1 p. 401: "yatra yad asti tatra tasyānubhavaḥ pramā. tadvati tatprakārakānubhavo vā." モーハンティーは次のように訳す。Mohanty 1966: 42: "The resulting definition is stated in two stages. First comes a simpler form: If x is in y, then the experience of x in y is true knowledge (*Yatra yadasti tatra tasyānubhavaḥ pramā*).... A more formal definition follows: true knowledge is an experience whose qualifier is such that it belongs to the object (*tadvati tatprakārakatvam*)."

*39 Mohanty 1966: 43, 45.

*40 Mohanty 1966: 43: "The expression '*tatprakārakatva*' refers to an epistemological situation, namely to the fact that the knowledge under consideration has *that* (*tat*) as its qualifier. The expresion '*tadvati*' refers to a correlative ontological situation, namely to the fact that that which is the qualifier of the knowledge under consideration (also) really belongs to the object of that knowledge.".

*41 Potter 1984: 310: "A *pramā* is an awareness which has a certain essential property, called *prāmāṇya*. Mohanty renders 'prāmāṇya' as 'truth' and argues that there are 'different types of concepts of truth to be met with in the different versions of the *svataḥ* theory.' But I do not find that he demonstrates this claim. He has not shown that the several versions of the *svataḥ* theory represent different meanings of 'prāmāṇya'. They may be different theories about how we become aware that something answers to a single concept. Indeed, Gaṅgeśa clearly assumes the latter to be the case. Otherwise he would hardly have proposed his account of what the several versions of the *svataḥ* theory have in common with his own, i.e., what *prāmāṇya* is."

*42 Potter 1984: 318.

*43 これについては p. 33 も参照。

ある[*44]。そして彼は、モーハンティーが言及した各学派の「正しさ」の定義が、すべてこの実効性解釈に従って説明できることを示す。

モーハンティー（1984）はこれに反論する。彼はまず、"artha" の解釈をひとつに固定するのには無理があることを論じる。そして、"yathā-artha" は「目的に沿う」という意味かもしれないが、そう考える必要性はないということを述べる[*45]。また、ガンゲーシャやヴェーダーンタ学派の「正しさ」定義を、ポッターの実効性解釈に従って説明するのは困難であることを示す[*46]。ただし、ポッターが言及する仏教のダルモーッタラ（Dharmottara）の真理論については、実効性解釈が成り立つことを認めている[*47]。

これに対するポッターの再反論はなされていないようであるが、彼は1992年の論文でも、語調は多少弱くなっているが、実効性解釈に従うインド認識論の理解を改めて提案している[*48]。一方、シバジーバン・バッターチャーリヤとの共著名義で出版された *Encyclopedia of Indian Philosophies* 第6巻（Potter and S. Bhattacharyya 1993）の "Epistemology" の項目（pp. 53–67）には、1984年の論文を改稿したものが載せられているが、そこでは実効性解釈の影が弱められている。しかしなお、ガンゲーシャが論じている認識の「正しさ」は他学派と共有できる概念であること、そしてそれが行為と関連づけられたものであることが主張されており、基本的な路線に変更は見られない[*49]。

現代の研究者の多くは、モーハンティーの見解に同調するだろう。しかしながら、「正しい認識」を「事実を捉える認識」或いは「真なる認識」とするその解釈だけで新ニヤーヤ学派の議論をすべて説明するのは、困難であるように思われる。その根拠をひとつだけ述べよう。新ニヤーヤ学派では、認識は経験（anubhava）と想起（smṛti）のふたつに分けられる。経験と想起のどちらにも、対象に即したもの（yathā-artha）と対象に即していないもの（ayathā-artha）とがある[*50]。そしてニヤーヤ学派は、認識の「正しさ」を、対象に即した経験の方にのみ認めている。つまり、事実と一致する想起を「正しい認識」の領域から排除している。それは前掲のガンゲーシャの定義からも明らかである[*51]。これを考慮するならば、ガンゲーシャの考える「正しい認識」には、それが単に事実と一致するだけではなく、経験にのみ存在する性質が要件として求められていたと言わなければならない。その特性を、モーハンティーは「独立性（independence）」と考えている。想起は、過去の経験に依存しているため、独立性をもたないという。しかし、独立性により規定され

[*44] Potter 1984: 312.

[*45] Mohanty 1984: 335.

[*46] Mohanty 1984: 336.

[*47] Mohanty 1984: 335. 仏教認識論における実用主義的性格については桂紹隆氏（1984）が分析を行っている。

[*48] Potter 1992: 358: "My account so far strongly suggests that in Indian thought there is a 'pragmatist theory of knowledge and truth' at work."

[*49] Potter and S. Bhattacharyya 1993: 54. なお、Potter 1984 とPotter and S. Bhattacharyya 1993 の両方で、ガンゲーシャが "tadvati tatprakārakatvam" としての認識の「正しさ」を行為と関連づけて論じているとポッターが解釈する箇所（*TC* 1 p. 171, Phillips and Tatacharya 2004: 77–80）は、ミーマーンサー学派の発言を想定したものではないかと思われる。

[*50] この図式を明確に与えているのは、ガンゲーシャよりもかなり後、17世紀の綱要書『タルカ・サングラハ』である。しかし、ウダヤナも対象に即した想起というものの存在を認めていたことは明らかであり、またおそらく、プラシャスタパーダもそれを認めていたと考えられる。これらの点についてはNyman 2005が精緻に整理している。

[*51] ヴァーチャスパティとウダヤナもそう考えていることについてはMohanty 1966: 39–40を参照。

る「正しさ」概念がいかなる内包をもつのか充分に論じられておらず、結局のところ「正しさ」がいかなる属性であるのか判然としない。ここで、経験の特性、或いはモーハンティーが「独立性」と呼ぶものを、ミーマーンサー学派バッタ派が「正しい認識」の要件として重視する「新規性（anadhigatatva）」に等しいものとは考えられないだろうか。片岡（2003a）はこの新規性を、実用主義的な性格を示すものとして論じている。その解釈に従うならば、ガンゲーシャの定義する認識の「正しさ」にも、バッタ派が想定していたような、実用主義的性質を認めることができるかもしれない。それ以外の仕方で、なぜガンゲーシャが「正しい認識」の領域から対象に即した想起を排除したのかを説明する方法は、筆者には思い当たらない。しかし、いまだこの想定を論証するには至っていない。本書では暫定的に、ガンゲーシャが言うところの認識の「正しさ」を「事実との一致」として捉えるモーハンティーの理解に従う。

モーハンティー 1966 に対する書評で、マーティラール（1968a）は、インドの真理論と聖典論の関係を指摘している。それによれば、ミーマーンサー学派においては、ヴェーダの絶対的な信頼性を論証するため、言葉から得られる認識は、その話し手に過失が見られるか、或いはその内容が否定されるかしない限り、正しいとみなされるべきであると考えられた*52。ヴェーダから得られる知恵を「正しい」と主張するには、「正しい」という言葉の意味をこのように定めなければならなかったのだろう。それに対してガンゲーシャを始めとするニヤーヤ学者が取った対応は、そんなものは「正しい」という言葉の意味ではない、事実との一致こそがそれなのだ、と主張して、その存在論と認識論が結びついた真理論を打ち立てることであった。本書の第 2 部、第 3 部でみる議論は、主に、このような本質的な前提の違いを抱えるミーマーンサー学派とガンゲーシャの対話である。それを理解するためには、マーティラールの指摘する、この背景を踏まえておかなければならない。

認識の「正しさ」と正当化

モーハンティーは上記のポッターへの応答論文（1984）において、新ニヤーヤ学派における認識の「正しさ」に、西洋哲学認識論で言うところの「正当化されていること（justified）」と「真であること（true）」のふたつの性質を認めることができると述べている。偶然事実と一致する認識は「正しい認識」とは言えない。それは、権威が認められた手段、すなわちプラマーナにより得られた、必然的に事実と一致する認識でなければならない、というのがモーハンティーの理解である*53。この問題についてもさまざまな研究者が見解を示しているが*54、筆者はこの点についてはモーハンティーに同意しがたい。ガンゲーシャは「正しい認識」の定義で事実との一致に言及しているが、その一致が何に由来しているかは問題としていない。また、モーハンティーの考えは、新ニヤーヤ学派による認識の「正しさ」の検証理論とも相容れない。

検証理論について、簡単に説明しておこう。新ニヤーヤ学派は、認識の「正しさ」を発生（utpatti）と検証（jñapti）というふたつの側面から論じる。発生論は、認識に「正しさ」

---

*52 Matilal 1968a: 323.
*53 Mohanty 1984: 333.
*54 Ganeri 2007: 351 を参照。

という属性が生じるのは何を原因としているかということを論じる領域である。新ニヤーヤ学派は、「正しさ」の成立のためには、認識が生じる原因に加え、そこに「正しさ」をもたらす付加的要因が必要だと考える。この付加的要因を「美質（guṇa）」と呼ぶ。たとえば視覚認識の成立に関しては、周囲の充分な光量等が美質とされる。一方、認識の「正しくないこと」をもたらす要因も付加的なものとして考えられており、それは「瑕疵（doṣa）」と呼ばれる。視覚認識について言えば、眼病等が瑕疵である。

一方の検証論は、認識の「正しさ」をひとはいかにして検証できるか、或いはすべきかということを論じる領域である。新ニヤーヤ学派は、或る認識にもとづいて生じる活動意欲（pravṛtti）の整合（saṃvāda）、つまり期待した結果を得られることにより、その認識の「正しさ」を検証することができると考える[*55]。例えば或る対象を水として認識したとき、それに手を差し延べて手が濡れれば、認識が正しかったことが確認される。このようにして検証される「正しさ」は事実との一致のみであり、それがプラマーナに由来するという出自までは確認できない。したがって、認識の「正しさ」に西洋哲学で言う「正当化」の意味合いを持たせることは難しいだろう。

プラマーナの確実性

プラマーナは、正しい認識の獲得手段、すなわち主原因である。一般的に言って、結果があれば必ず原因があるが、原因があっても結果が生じるとは限らない。たとえば、宝くじ券という億万長者の原因があっても、宝くじ券が必ず当たるわけではない。では、プラマーナという主原因について、ガンゲーシャはどう考えていたのだろうか。正しい認識の主原因としてのプラマーナがあっても、正しい認識が生じるとは限らないのだろうか。この問題をめぐって、ジョナードン・ガネリ（Jornardon Ganeri）は、スティーヴン・フィリップス（Stephen Phillips）およびマシュー・ダスティ（Matthew Dasti）と論争を行った。

フィリップスは現代のパンディット、ターターチャーリヤ（Ramanuja Tatacharya）と共著で、真理論章を含む『宝珠』知覚部全体の英訳研究を出版している（2004）。これに対する書評において、ガネリが批判を行う。ガネリによれば、フィリップスはガンゲーシャの言うプラマーナを無謬的（infallible）なものと理解しているが、それは適切ではない。ガネリは、『宝珠』におけるプラマーナは可謬的（fallible）なものであると主張する。前者は、プラマーナは正しい認識という結果の生成において誤ることがないという解釈、後者は、プラマーナを用いても正しくない認識が生じることがありうる、という解釈である。ガネリの論拠は、プラマーナはそれ自体では生じる認識の正しさを保証せず、そのためには美質の存在を要請する、という点にある[*56]。たとえば、プラマーナのひとつである知覚

[*55] “pravṛtti” は「活動」または「行為発動」と訳されることが多い。しかし新ニヤーヤ学派において、“pravṛtti” は精神的な作用を意味し、“kṛti”（決意）や “yatna”（努力）と同じ意味で用いられる。新ニヤーヤ学派では、ひとの行為の成立を次のようなステップで説明する。〔1: jñāna〕対象を認識する〔2: icchā/dveṣa〕それを得たい、捨てたいと願う〔3: pravṛtti/nivṛtti〕それを得よう、捨てようという意思決定を行う〔4: ceṣṭā〕実際に行動を取る。*Nyāyakośa* の “pravṛtti” の項、および 丸井 1987a を参照。この第 3 ステップまでは、ひとの心のなかでの出来事である。このような理解を古い文献にもそのまま適用してしまうのは拙速かもしれないが、『ニヤーヤ・バーシュヤ』の冒頭にあるよく知られたプラマーナ論（p. 117 に引用）も、この枠組みによって解釈して差し支えないように思われる。

[*56] Ganeri 2007: 352.

は、感覚器官と対象の結合として定義される。そこに美質は含まれない。これに、付加的要因である美質が加わってはじめて、正しい認識が生じると言える。これと関係して、ガネリは、スカランジャン・サハ（Sukaranjan Saha）による、プラマーナとは結果の正しさを保証するものではなく、信頼のおける（reliable）ものであるという見解を紹介する[*57]。一方のフィリップスは、ガネリの理解によれば、プラマーナの概念は美質を内包していると考えているようである[*58]。美質を伴わないプラマーナは、はたしてプラマーナなのかどうか。議論の対立の焦点はここにある。

ガネリの批判に対して、フィリップスの弟子であるダスティがフィリップスと共著で反論する（2010）。ふたりが言うには、Phillips and Tatacharya 2004 で意図されていたのはプラマーナの無謬性ではなく、叙実性（factivity）である。つまり、「プラマーナにより認識された」という表現は、その認識が正しいことを含意しており、たとえば「プラマーナで認識したけれど誤っていた」という表現は自己矛盾である。この考えのもとでは、上記の論点に対する態度もひとつしか取れない。美質を伴わない知覚が、結果として正しい認識をもたらさなかったのであれば、それはプラマーナと呼ばれるに値しない。それはそもそも知覚ではなく、疑似的知覚（pratyakṣa-ābhāsa）に過ぎない。これを受けたうえで、ガネリ（2010）はなおプラマーナの叙実性を否定し、その可謬性を強調する。ガネリに対するフィリップス陣営の再反論は、筆者の知る限りでは出版されていない。

この議論に決着を付けるには、徹底した用例研究が必要であろう。しかし両陣営の提示する資料をみるかぎりでは、フィリップス＝ダスティ陣営の方が優勢に思われる。とくに、プラマーナのひとつとしての言葉に関して言えば、次にみるように、正しい認識の発生を保証する言葉が想定されていると思われる。たとえ言葉が真実を述べていても、聞き手がその言葉を理解しないのであれば、正しい認識は生まれない。言葉がプラマーナであると言われるとき、そこには、聞き手の側の認知活動も含めての正しい認識の生成プロセスが考えられている。

3　プラマーナとしての言葉

プラマーナの種類をめぐる議論

プラマーナにはどのような種類があるか、という問いが、インド哲学史を通してさまざまに議論されている。この議論には、プラマーナとしての妥当性を問うものと、プラマーナとしての独立性を問うものとのふたつがある。唯物論者たちが「プラマーナは知覚のみである」と言うとき、そこでは他の認識手段のプラマーナとしての妥当性が否定されており、知覚以外の認識手段は正しい認識をもたらさないと主張されている。一方、ヴァイシェーシカ学派が「プラマーナは知覚と推理の 2 種のみである」と言うとき、そこでは、ニヤーヤ学派が認める言葉のプラマーナとしての独立性が否定されており、言語による認識は推理の一種として説明できるので、それとは別種のものとして認める必要はないと

[*57] Ganeri 2007: 352. ここでガネリは Saha 2003: 61 を引用する。
[*58] Ganeri 2007: 352.

主張されている。この議論において、ニヤーヤ学派は一貫して、知覚（pratyakṣa）、推理（anumāna）、類推（upamāna）、言葉（śabda）の4種が、妥当な、互いに別種のプラマーナであるという立場を採っている。いま問題とするのは、このうちのひとつ、言葉である。

プラマーナとしての言葉

プラマーナとしての言葉とされるものは、聴覚器官によって捉えられる発話であり、副次的に、記述された文や文章も意味する。もちろん、すべての言葉がプラマーナであるわけではない。つまり、あらゆる発話が正しい認識をもたらすわけではない。特定の条件を満たす言葉のみがプラマーナとみなされる。

「正しい認識をもたらす言葉」という概念を西洋哲学の "testimony" になぞらえ、これに「証言」という訳語が充てられることが多い。しかし、証言というものが証言者との関係を強く意識させるのに対し、プラマーナとしての言葉は、ときに証言者が不明であったり、そもそも証言者が存在しなかったりする。たとえばミーマーンサー学派は、発言者のいない言葉、すなわちヴェーダをプラマーナとしての言葉であると認める。また、証言が定言命題を述べる文を基本とするのに対し、プラマーナとしての言葉は命令形や願望法の動詞を含む勧告文（vidhi）を基本としている*59。こういった事情があり、プラマーナとしての言葉を「証言」に対応させるには難点が多い。本書では、多少の不便はあるが、「言葉」をプラマーナとしての "śabda" の訳語として用いることにする。

言葉にとっての「プラマーナであること」或いは「正しさ」

議論を分かりやすくするため、言葉についての「プラマーナである」という述語を「正しい」と言い換えてみよう。どちらも何らかの規範への適合を含意する点で、そう遠くない概念を表す語であると思われる。以下、正しい言葉から正しい認識が生じる、という構図で、言葉にとっての正しさとは何かを考えてみる。

言葉がプラマーナとしてはたらくには、何よりもまず、それが認識をもたらさなくてはならない。そして、その認識が正しくなければならない。先述のガネリの理解に従うならば、言葉がプラマーナとされるには、第1の要件だけでよいのだろう。その認識に正しさをもたらす第2の要件とは美質に他ならず、ガネリの考えでは、それはプラマーナの外部にある。しかし、ガンゲーシャが定義する「正しい言葉」は、確実に正しい認識をもたらす言葉である*60。

ガンゲーシャが言葉の正しさを詳しく論じる箇所は『宝珠』にふたつある。真理論章と、言語部の「言葉の正しさ（śabda-prāmāṇya-vāda）」章である。前者では、言葉の正しさの2番目の要件がとくに問題とされる。そして、どのような言葉が真実を伝えるのかという議論が展開される。後者でも類似した問題が論じられるが、議論の焦点はむしろ1番目の要件に当てられる。そこでは、どのような言葉から意味理解が得られるのか、或いは、ひとはどのようにして言葉から意味を理解するのかということが論じられている。そして、文

---

*59 ただし、勧告文の意味は定言命題として表現しうる。丸井 1987a を参照。

*60 本書補遺 pp. 147ff を参照。ガンゲーシャは「それが存在するときに必ず行為・作用（すなわち正しい認識）が生じる」ものとしての正しい言葉を定義しようとしている。

法的な正しさ、統語的な正しさ、意味のうえでの妥当性といった、言葉のプラマーナとしての「正しさ」――正しい意味理解をもたらすための要件――を構成する、さまざまな性質の「正しさ」が問題とされる。

このように、言葉の「正しさ」をめぐる議論は、ひとつの枠組みに収まりきらない。真理論章では「正しさ」の認識論的な側面が論じられ、言語部では言語理解のプロセスに関する認知論的な議論が行われる。後者の議論は前者の議論の前提となる。つまり、言葉がまずもって意味理解をもたらしうるものでなければ、その意味理解の正しさを問うことはできない。

4　プラマーナとしての言葉と言語情報

本書では、試みに、プラマーナとしての言葉を「言語情報」という概念を使って読み解いてみたい。ここでまず、「情報」とは何かということについて、筆者の立場を明らかにしておきたい。「情報」はこれまでさまざまに定義されているが*61、本書で筆者が「情報」と呼ぶのは、各種の辞書でも言われている「判断を下したり行動を起こしたりするために必要な、種々の媒体を介しての知識」(『広辞苑』第六版) のことである。

その知識を獲得する「媒体」が知覚であることもある。知覚により自らが独力で獲得した知識も、視覚情報などと呼ばれるように、情報である。一方、ただ「情報」とだけ言うときは、それが言語表現を介して得られたものであることが含意されていることが多い。本書においても、そのような限定された意味で「情報」と言うことがある。ただし、その範囲を言語に依るものに明示的に限定するときは「言語情報」という語を用いる。

情報学では、そういった媒体となる記号自体を情報とする考え方も広く受け容れられているようである。本書でも、知識を獲得する元となった言語表現を「情報」と呼ぶことがある。この二義性は混乱を招く恐れもあるが、インド哲学の議論を理解するためにも有益な二義性であると考えている。というのも、まず、情報は真理値をもつ。インドの認識論では真理値は基本的に認識の属性である。しかし、真理値が言語表現について言われることもある。これはインドの認識論を扱う際に困難な問題をいろいろと引き起こすのであるが、彼らが言葉の正しさと、言葉より得られる認識の正しさを、連続的に捉えていた証でもある。この連続性は、言語表現とそれから得られる知識という、「情報」のふたつの意味の間にあるものと同質であると言えよう。

上述の定義にあるように、ひとは獲得した情報にもとづいて判断を形成し、行動を起こす。インド哲学の用語でいうならば、言葉、或いはそれから得られた認識は、聞き手に獲得的活動意欲 (pravṛtti) や忌避的活動意欲 (nivṛtti) をもたらす。もしそれが役に立たないものであれば、判断を導いたとしても具体的な行動を起こさせることはなく、「要らない情報だ」と切り捨てられる。つまり、「無関心 (udāsīna)」の状態をもたらす。しかしそれも、要らないものではあっても、情報であることに変わりはない。

意思決定に関与しないデータを情報と呼べるかどうか、という問いを立てることができ

*61 情報学における「情報」の各種の定義については劉・木村 2012: 1–5、遠藤 2012、上田・倉田 2013: 11–15 などを参照。

るだろう。同種のことを、インドの哲学者らも考えてきた。彼らは、獲得的ないし忌避的活動意欲をもたらさない認識も「正しい認識」と言ってよいかどうか、という問題を論じる。一部の、実用主義的な認識論を立てる者たちは、結果をもたらさない認識は正しい認識とは呼べないと言う。一方、ガンゲーシャは、その認識の内容が間違いなく事実と一致するならば、それもまさしく正しい認識であると認めている[*62]。

一般に、情報は命題のかたちで表しうるものであり、疑問文や命令文が伝える事柄は「情報」とは呼ばれないであろう。しかし、新ニヤーヤ学派の言語理論では、命令文や疑問文の意味も命題で表される。ガンゲーシャもまた、疑問文をどれだけ意識していたかは解明できていないが、少なくとも命令文や勧告文の意味は、平叙文と同じように命題として説明できるものと考えていた。この考えに従い、本書では、命令文や疑問文より得られる認識も情報と呼ぶ。

以上のように、ガンゲーシャの論じる「プラマーナであるところの言葉」或いは「正しい言葉」は、言語情報という概念と実によく対応している。そして、言葉の正しさ章と真理論章での議論は、本書の「はじめに」で述べたとおり、それぞれ言語情報に関する次のような問いに関する議論として理解することができる。

1. ひとはいかにして言語情報を獲得するのか。
2. 獲得する言語情報の信頼性はいかにして評価されるべきか。

本書第 2 部、第 3 部では、この問題意識を考慮に入れながらガンゲーシャの議論を読み解く。

*62 *TC* 1 pp. 382–383: “nāpi samarthapravṛttijanakānubhavatvam, upekṣāpramāyām avyāpteḥ, tadyogyatāyāḥ pramānirūpyatvāt.”（訳：また、［「正しい認識」とは］成功する活動意欲をもたらす経験であることでもない。活動意欲をもたらさない正しい認識に遍充しないからである。［また、］それ（活動意欲）に適合することは、正しい認識により特定されるからである。）

第2章

新ニヤーヤ学派の意味論摘要

ニヤーヤ学派の言語理論は、対象指示の意味論により支えられている。彼らの考えでは、言葉が聞き手に理解させるのは、命題や観念のような捉えどころのないものではなく、外界の存在者である。「牛」という語を聞いて、私たちは外界の牛を知る。「牛が歩く」という文から、牛が実際に歩くところを、それを目で見て知るのと同じように、知る。彼らは、私たちが言葉を通して世界を「経験（anubhava）する」と言う[*1]。だからこそ、言葉は知覚や推理と同じように、世界を知るための手段（プラマーナ）とされるのである。もし言葉から知りうるものが世界ではなく話し手の意図や観念に過ぎないのであれば、言葉は、そして聖典は、世界を知る手段ではなくなってしまう。言葉は世界を知らせる——これは、ニヤーヤ学派が死守しなければならない立場である。本章ではニヤーヤ学派のこのような意味論を概観する。またその前提となる、「語（pada）」や「文（vākya）」といった言語理論の基本概念の導入を行う[*2]。

1　語と文

ふたつの立場

言語分析の単位となる語（pada）と文（vākya）は、インドの理論家たちによってどのように捉えられていたのか。これに関し、古い時代からふたつの立場が知られている。文可分主義（khaṇḍa-pakṣa）と文不可分主義（akhaṇḍa-pakṣa）である。前者は、文を構成する諸々の語を、それぞれ単独で意味表示を為す言語要素として認めるが、後者は、意味を表示する言語要素は文のみであり、それを諸々の語へ分解することは便宜的なものであると考える。バルトリハリをはじめとする一部の文法家は文不可分主義を採るが、ニヤーヤ学派を含む多くの学派は文可分主義に立つ[*3]。

[*1] ただし、ラグナータは知覚のみが経験と呼ばれるべきだと主張している。Potter 1957: 67 を参照。

[*2] 新ニヤーヤ学派の意味論を概説する研究は非常に多い。Pal 2008、N. Bandopadhyaya 2008、Ganeri 2006: 9–33 等を参照。Gaurīnāth Śāstrī 1959 (1983) は意味論を詳しく論じた単著である。また、拙稿 2017 は、本書では扱わなかったインド哲学の意味論に関する哲学的問題を論じるものである。

[*3] バルトリハリのスポータ説と関連して、多く研究されている。ふたつの立場を対比させたものとしては Gaurīnāth Śāstrī 1959 (1983): 83–101 等を参照。

このふたつの立場の違いは、言語理論に対するより根源的なアプローチの差異に起因していると思われる。そのふたつのアプローチを、語の対象化から始めて文を考える「積み上げ型」と、文の分析から始めて語に至る「分解型」と仮に呼ぼう。このアプローチの違いにより、新ニヤーヤ学派とパーニニ文法学派は「語」の定義からして異なっている。

ニヤーヤ学派の積み上げ型理論

ニヤーヤ学派では、音素（varṇa）が集まって語（pada）を構成し、語が集まって文（vākya）を構成する、と言われる[*4]。では、音素がどのくらい集まると語になるのか。ニヤーヤ学派の古い定義としては、「語尾（動詞語尾と名詞語尾）に終わるものが語である（te vibhaktyantāḥ padam）[*5]」という『ニヤーヤ・スートラ』のものが知られているが、これは新ニヤーヤ学派では採用されず、語基と語尾のそれぞれが「語」であるとされる。彼らの「語」の定義としては、「対象指示力（śakti）をもつものが語である（śaktaṃ padam）」というものがよく知られている[*6]。音素が集まってつくられる、意味をもつ最小の言語要素が語であり、語が集まって完結した意味を表すものとなったとき、文が形成される[*7]。新ニヤーヤ学派の「語」は、近代言語学のいう単語（word）ではなく、形態素（morpheme）に等しい。「対象指示力」と訳した “śakti” は、本来「力（power）」を意味する語であり、言葉がもつ、対象を指示する力がそう呼ばれる。新ニヤーヤ学派では、この「力」の本質は、言葉と意味の間に定められる規約的関係（saṅketa）に他ならないと考えられる。関係はふたつの関係項の両方に存在するものであり、対象指示力が「指示対象がもつ、語との関係」と定義されることもある[*8]。

パーニニ文法学派の分解型理論

上記に対し、パーニニ文法学の言語理論には逆方向の、分解型の性質がみられる。パーニニ文法学においては上掲の『ニヤーヤ・スートラ』に似た「名詞語尾および動詞語尾に終わるものが語である[*9]」という語の定義がよく知られているが、パーニニは実際には、これのほかに「n 音で終わる要素で、接辞群 “kya” に後続されるものも語である」等の三つの追加定義を述べている[*10]。合計四つの定義の和集合が「語（pada）」ということになるのだが、きわめてテクニカルで、パーニニが何を定義しようとしていたのか見えてこない。V. N. Jha（1992: 18–22）は、パーニニの定義がヴェーダのパダパータ（pada-pāṭha）文献群に起源をもつことを示した。パダパータはヴェーダの付属文献のひとつであり、リズムに乗って謡い上げられるヴェーダ賛歌の正確な朗唱と伝承を助けるため、そこでは複合

[*4] *NM* 2 p. 143: “kiṃ punar idaṃ padaṃ nāma, kiṃ ca vākyam iti. uktam atra varṇasamūhaḥ padam, padasamūho vākyam iti.”（訳：この「語」と呼ばれるものは何か。また、文とは何か。それについては、音素の集塊が語であり、語の集塊が文であると言われている。）

[*5] *NS* 2.2.60.

[*6] *Tarkasaṅgraha-dīpikā* p. 50; *Muktāvalī* p. 282.

[*7] *NBh* ad *NS* 2.1.55 (p. 89): “padasamūho vākyam arthaparisamāptāv iti.”（訳：語が集まって完結した意味を表すものとなったとき、それが文である。）

[*8] *Muktāvalī* ad *Kārikāvalī* v. 81 (p. 268): “śaktiś ca padena saha padārthasya sambandhaḥ.”（訳：そして、対象指示力とは、語意のもつ、語との関係である。）

[*9] *Aṣṭādhyāyī* 1.1.14: “suptiṅantaṃ padam.”

[*10] *Aṣṭādhyāyī* 1.1.15: “naḥ kye.”; 1.1.16: “siti ca.”; 1.1.17: “svādiṣv asarvanāmasthāne.”

語の構成要素の境目や、長めの格語尾の前等に句読点が入り、部分要素に分けて示されている。この部分要素が「パダ」と呼ばれるのだが、それは形態素でも、また単語でもなく、物理的性質により区分けされた便宜的な単位である。

この「語」の概念の差異に、新ニヤーヤ学派とパーニニ文法学派それぞれの言語理論の性質の違いが表れている。すなわち、新ニヤーヤ学派の言語理論は、指示対象としての事物が出発点となっている。まず事物が現前にあり、言葉はそれによって定義される。一方、文法学派の言語理論は、意味から独立した、現前に存在する言葉が出発点となっている。

2　語意

2.1　アルタ

インドの言語理論で「意味」をいうときの一般的な語は "artha" である。語（pada）の意味は "pada-artha"、文（vākya）の意味は "vākya-artha" と呼ばれる。また、"artha" という語は「事物（thing, matter）」、とくに外界の事物も意味する。さらに、この語は「対象（object）」をいうときにも使われる。"artha" の語源解釈としてよく知られているのは、動詞 "arth"（求める）から派生した、「求められるもの」を意味するというものである。「対象」という意味は、この語源に最も近いものであろう。

インドの言語理論の理解をしばしば混乱させるのは、「意味」「事物」「対象」という "artha" の三つの語義が、明確に区別されず、重なり合っていることである。「語の "artha"」は語の意味であり、語に対応する外界の事物であり、語が指示する対象である。"artha" は「意味」「指示対象」「表示対象」等とさまざまに訳されるが、どれも "artha" の一面しか捉えられない。本稿で訳す際は、なるべくその文脈に従った訳語を用いるようにし、統一的な訳語を充てることはしない。

2.2　指示（śakti）と比喩（lakṣaṇā）

私たちは「ひげを生やす」という言葉を聞き、「ひげ」という語から《ひげ》という物質を理解する。「ひげ」が《ひげ》と対象指示力によって結びついているから、このような対象理解ができる。一方、「ひげが喋る」という言葉を聞くとき、私たちは同じ「ひげ」という語から《ひげの男》という人物を理解する。しかし、「ひげ」と《ひげの男》との間に直接のつながりはない。このような場合の対象理解をどのように説明したらよいだろうか。

新ニヤーヤ学派では、語と意味の関係は、指示（śakti）と比喩（lakṣaṇā）とに分けられる。どちらも語と事物の関係であるが、前者は 2 者間に直接存在する関係であるのに対し、後者は間接的な関係である。"śakti" と "lakṣaṇā" は、「直接表示」と「間接表示」と訳されることが多いが、本書では分かりやすさのため、指示と比喩という訳語を用いる。また、指示か比喩かを特定せず、"vācaka" や "jñāpaka" といった語で述べられる意味関係は、「表示」と総称することにする。ただし、そういった場合も指示が念頭に置かれていることが多い。比喩は、図 2.1 のように理解できるだろう[*11]。

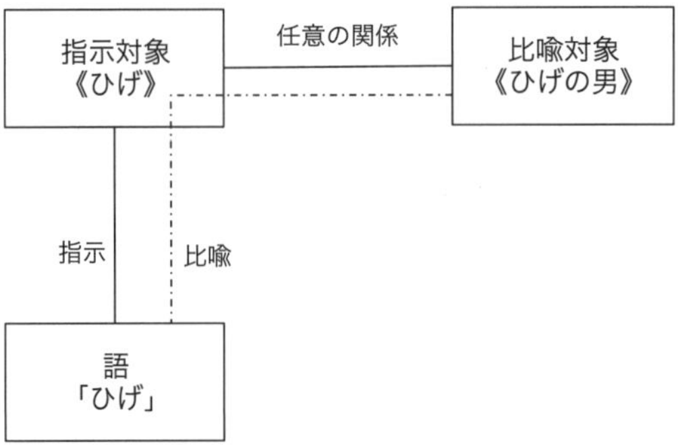

図 2.1

2.3　語意

語は何を指示するのか。私たちはインドの路地裏を歩く牛を指さして、「牛がいるぞ」と発話する。このとき、「牛」という語は目の前の特定の《牛》という個物を指示していると考えられる。しかし、もし語が常に個物としての特定の《牛》を指示するならば、「牛を食べてはいけません」という禁止命令における「牛」は特定の《牛》（たとえば《牛 A》）を指示していることになり、他の《牛》（たとえば《牛 B》）には「食べてはいけません」という禁止が及ばないとも解釈できてしまう。この場合、「牛」は個々の《牛》ではなく《牛一般》を指示していると考えなければならない。語の指示対象は個物なのか、一般者なのか、或いはそれ以外のものなのか。インドの哲学的意味論のハイライトとなる一般名詞（jāti-śabda）の意味論はこのような問いを立てる。この議論ついて、歴史的経緯も追いながら、少し詳しく紹介しよう。

パーニニ文法学派

上記のような議論が、古く、文法家カーティヤーヤナ（Kātyāyana）に帰せられるパーニニ文典の補遺（vārttika）にすでに見られる。そこには、一般名詞の指示対象は個々の《牛》、すなわち実体（dravya）であるとする実体指示説と、それは《牛一般》という種（jāti）であるとする種指示説の対立が記されている。それぞれ、こんにち名前のみ伝わる古代の文法家、ヴィヤーディ（Vyāḍi）とヴァージャピヤーヤナ（Vājapyāyana）の説とされる。ここでの「種」は「形態（ākṛti）」とも呼ばれ、たとえば牛を牛と認めるための形態的特徴または特徴的形態のことをいっていると考えられる。種＝形態はすべての《牛》に共有される単一の要素である。すなわち、「牛を食べてはいけません」というときの「牛」は、すべての《牛》とつながっているのではなく、《牛一般》という単一の対象とつながっている。このように説明されているところをみると、ヴァージャピヤーヤナの「種」は、ヴァイシ

[*11] この図は、本書凡例の図示規則に従うものではない。

ェーシカ学派の「普遍」と同様、外界の実在者として考えられていたのであろう。そう理解すると、種指示説も対象指示説の一種とみることができる[*12]。

カーティヤーヤナの補遺に註解をほどこした文法家パタンジャリは、実体指示説と種指示説のいずれにも荷担せず、一般名詞は種を指示することもあれば、実体を指示することもある、という折衷案を示す[*13]。

古典ニヤーヤ学派

パタンジャリが両成敗したこの議論は、ニヤーヤ学派の祖、ガウタマにより、『ニヤーヤ・スートラ』2.2.58 〜 69 で蒸し返されている。註釈者ヴァーツヤーヤナの解釈に従って、その議論を概観しよう。

そこでは、語の指示対象の選択肢が個物（vyakti）、形態（ākṛti）、種（jāti）の三つに増えている。個物は、先の実体（dravya）と実質的に同じものと考えてよい。形態は、先は種と同じものと理解していたが、ここでは形態は種を知るための手段であり、種とは本質的に異なるものとされている。すべての《牛》が共有する特徴的形態にもとづいて、或る個物に《牛性》という種があることを知る、という役割が考えられているようである。この理解の変化の背景には、「種」が「普遍」を意味するテクニカルな用語として発達していったということもあるだろう。そしておそらく同じ理由から、種指示説の内容も若干変化している。カーティヤーヤナやパタンジャリの議論では、たとえば牛の種を《牛一般》と理解できるときと、《牛性》というすべての牛に共通の属性と理解できるときがある。一方、ニヤーヤ学派の議論では、種は原則として《牛性》という普遍を意味していると考えられる。

三つの選択肢のそれぞれを支持する三者の言い分はこうである。（1）個物指示の立場の根拠は、或る種の日常言語表現を考えるとき、個物指示を想定せずには説明がつかないということにある。例えば「医師に牛を贈る」というとき、この「牛」は当然、個物としての《牛》であり、《牛性》という種ではありえない。《牛性》は、ひとにあげたり、ひとからもらったりするものではないからである。しかしこの主張は批判される。個物指示説では、「牛」という語が個々の《牛》のみを指示し、その他の個物を指示しない原因を説明できない。つまり、「牛」が《犬》や《馬》等の個物は指示しないという制限を為す根拠がない。したがって、「牛」から《牛》のみを理解するには、「牛」が《牛》の排他的共通属性を指示していなければならない。（2）形態指示論者は、《牛》や《犬》を互いに区別し、個物を《牛》に確定させるものは形態であると考え、それが語の指示対象であるとする。「牛」が牛の形態を指示し、聞き手はその形態を理解して、個物としての《牛》を確定する。（3）この説に対し、種指示論者がいささか揚げ足取りのような批判をしている。仮

[*12] *MBh* に収録される、*Aṣṭādhyāyī* 1.2.58 および 64 に対する vārttika を参照。また、Matilal 1971 (2005): 68–91 がこの議論を詳しく紹介している。

[*13] *MBh* p. 6: "kiṃ punar ākṛtiḥ padārtha āhosvid dravyam. ubhayam ity āha. kathaṃ jñāyate. ubhayathā hy ācāryeṇa sūtrāṇi paṭhitāni. ākṛtiṃ padārthaṃ matvā jātyākhyāyām ekasmin bahuvacanam anyatarasyām ity ucyate. dravyaṃ padārthaṃ matvā sarūpāṇām ity ekaśeṣa ārabhyate."（訳：〔**問**〕では、語の指示対象は形態なのか、それとも実体なのか。〔**答**〕両者である、と言われる。〔**問**〕なぜそうだと分かるのだ。〔**答**〕なぜならば、先生（パーニニ）は両方の仕方でスートラを示しているからである。形態が語の指示対象であると考えて "jātyākhyāyām ekasmin bahuvacanam anyatarasyām"（*Aṣṭādhyāyī* 1.2.58）と説き、実体が語の指示対象であると考えて "sarūpāṇām [ekaśeṣa ekavibhaktau]"（*Aṣṭādhyāyī* 1.2.64）と説いている。）

に形態指示を採用すると、「牛」という語から、粘土でできた牛人形まで理解することが認められてしまう。それを避けるには、「牛」の指示対象は形態でも、また個物でもなく、動物の《牛》のみが有する《牛性》という普遍であるとしなければならない。これが種指示論者の論拠である。しかし、この立場はさらに、「牛」から《牛性》のみを取り出して理解することはない、という理由で否定される。つまり、個物としての《牛》をまったく思い浮かべずに、純粋に《牛性》だけを認識することは不可能である。《牛》の理解に《牛性》が必要とされたのと同様、《牛性》の理解にも《牛》が必要である。

三つの立場すべてが否定されたところで、ニヤーヤ学派が主張するのは、これら三つともが語の指示対象であるということである*14。ただし、『ニヤーヤ・スートラ』の言い回しからは、これら三つすべてが常に指示対象であるのか、それともパタンジャリがそうしたように、場合に応じて指示対象が変化するのか明らかでない。しかしニヤーヤ学派は伝統的に、これら三つの複合体が指示対象であると理解している*15。そしてその複合体において、三つの要素は主従関係をもち、その主従関係は場合により転換する。たとえば「山田さんの牛と小林さんの牛がいます」というように、牛の間の差異が意図されており、また聞き手もそれぞれの牛を区別されたものとして理解するときは、個物が主たる指示対象であり、他の2要素、つまり種と形態は個物に従属する。またたとえば、「牛は大きいですねえ」というように、個々の牛の差異が意図されておらず、また聞き手も牛の共通性を理解するときは、種が主たる指示対象であり、他のふたつは従属的である。さらに、粘土細工をしている場で「粉を練って牛を作りなさい」と言うときは、「牛」は主として牛の形態を指示しており、他のふたつが従となる。

新ニヤーヤ学派

新ニヤーヤ学派の時代に至っても、基本的な立場は古典ニヤーヤ学派の時代と変わらない。以下、古典期からのふたつの目立った変更点について考察する*16。

1点目は、三つの指示対象における主従関係の交代が説かれなくなり、普遍（これまで“jāti”を「種」と訳していたが、新ニヤーヤ学派においてそれは明確に普遍を意味するので、「普遍」と訳す）と形態が限定者、個物が被限定者という関係に固定されるということである。そもそも、古典ニヤーヤ学派においていわれていた主従関係は、限定者・被限定者の関係としては捉えがたい。「牛を食べてはいけません」という発話、および「山田さんの牛」という発話の、どちらの場合も、「牛」から得られる語意理解は《牛》を被限定者（主）とし、《牛性》と形態を限定者（従）とする点では差異がない。

もう1点として、形態が指示対象の三本柱から除かれるということを指摘できる。新ニヤーヤ学派の認識分析において、形態というものはいささか異質である。《牛》を「牛」と認識するとき、普遍と個物は常に認識対象に含まれているが、形態が含まれることは必然

*14 *NS* 2.2.66: “vyaktyākṛtijātayas tu padārthaḥ.”（訳：語の指示対象は［三つの選択肢のいずれかひとつでは］なく、個物と形態と種［のすべて］である。）

*15 正確には、ウッディヨータカラは主たる要素のみを「指示対象（padārtha）」と呼んでいる。彼は、複合体が指示対象とは考えていなかったかもしれない。*NV* ad *NS* 2.2.66 を参照。

*16 長尾 1976 も参照。

ではない[*17]。このような問題を考慮し、普遍と個物の二本柱に対する指示と、形態に対する指示を分けて考える一派もある[*18]。

この批判的姿勢を強く推し進めたのが、新ニヤーヤ学派最後期の大学者、ガダーダラである。ガダーダラは新たに、基体・属性・関係という 3 要素の構造体を指示対象とする理論を立てる[*19]。「牛」という語は、《牛性》に《内属》で限定された《牛》を指示する。それゆえ、「牛」と聞いて、たとえば《牛性》に《結合》で限定された《牛》を理解することはない。世界と認識を 3 要素で分析する方法論において、この意味論は、いわば必然的な帰結である[*20]。また、この意味論では属性は普遍に限定されないため、この意味論は一般名詞以外の品詞にも或る程度は適用できる。たとえば「独身者」は一般名詞とは言えない。《独身者性》は普遍ではなく、《結婚していない人間であること》という可分付帯条件（sakhaṇḍa-upādhi）に分析できるからである[*21]。だがなお、ここにもガダーダラの理論は適用できる。「独身者」の指示対象は、《自体関係》で《独身者性》＝《結婚していない人間であること》に限定された《独身者》である。

3　文意

文意とは何か

対象指示説に立つニヤーヤ学派では、文の意味はすなわち世界における出来事である。文を聞いて、私たちはその意味を理解する。その「意味」とは、話し手の頭の中にある認識でも、どこか得体の知れない場所にある観念でもない。「ナポレオンの趣味は読書である」という言葉を聞いてひとが理解するのは、話し手がそう思っているということではなく、200 年ほど前にナポレオンという男が読書を趣味としていたという、まさにそのことである。言葉は、話し手の頭の中に関する知識ではなく、世界に関する知識をひとに与える。

文の意味は、語意と語意の「関係（saṃsarga, anvaya）」であると言われる。図 2.2 のよ

---

*17　たとえば筆者は、ヤモリとイモリの形態の違いがよく分からない。つまり、ヤモリをそれと認識するための形態を知らない。「ヤモリ」という語から《ヤモリ性》に限定された《ヤモリ》を理解できるが、形態は理解できない。このとき、語「ヤモリ」は形態を指示していないのではないだろうか。

*18　*Dinakarī* p. 280: “navyās tu saṃsthānānupasthitāv api gotvādinā gavādyanvayabodhāj jātiviśiṣṭavyaktāv eva śaktiḥ. saṃsthāne ca pṛthag eva śaktiḥ.”（訳：新派は次のように言う。形態が表出していなくても（つまり、想起されていなくても）、［想起された］《牛性》等によって《牛》等との連関が理解されるので、普遍に限定された個物に対してのみ［語の］対象指示力がある。形態に対する対象指示力は、［それとは］まったく別のものである。）その他の立場については Gerschheimer 1996: 72–73。

*19　*Śaktivāda* p. 41: “atra vadanti. tadviśiṣṭe śaktir ity asya taddharmatadvaiśiṣṭyatadāśrayeṣu triṣv eva śaktir ity arthaḥ. ghaṭādipadaśaktimati dravyatvādivaiśiṣṭyasattve ’pi dravyatvādau śaktivirahāt teṣām upalakṣaṇatā, ghaṭatvādau tatsattvāc ca teṣāṃ viśeṣaṇatā.”（訳：これについて、次のように言われる。「それに限定されたものに対して対象指示力がある」というのは、その属性、それ（属性）との関係、そしてそれ（属性）の拠所の三つに対して対象指示力がある、という意味である。「壺」等の語の対象指示力を有するもの（壺）に実体性との関係が存在していても、実体性等に対しては対象指示力が存在しないので、［実体性は］それら（3 要素）を示唆するもの［でしかない］。一方（ca）、壺性等にはそれ（対象指示力）が存在する（つまり、指示の対象となっている）ので、［壺性等は］それら（3 要素）の限定者である。）

*20　3 要素構造による世界分析については、pp. 20f を参照。

*21　普遍は分析不可能な存在者であり、抽象属性のなかでも普遍として認められるものはごく一部である。《独身者性》は要素概念に分析できるので、普遍とは認められない。それは「可分付帯条件」と呼ばれる。このほか「不可分付帯条件」という概念もあるが、これについては新ニヤーヤ学派内部でも理解が定まっておらず、普遍をそれに加えるものと、普遍以外のものを不可分付帯条件とするものとがある。宇野 1996: 87–88 を参照。

うに、「馬が走る」という文において、「馬が」という語からひとは《馬》を理解し、「走る」という語から《走行》を理解する。この《走行》が《馬》に内属することは、諸々の語が独立して与えられても理解できない。この《内属》という関係を理解させるのが文である。もっとも、関係のみが文の意味なのではない。関係は必ずふたつの関係項により特定（nirūpaṇa）される。そのような特定化を受けた関係が文の意味である。つまり、「馬が走る」という文の意味は単なる《内属》ではなく、《馬に対する走行の内属》である。なお、語意と語意の関係は「連関」と訳されることが多いため、本書でもこれをとくに「連関」と呼ぶことにする。

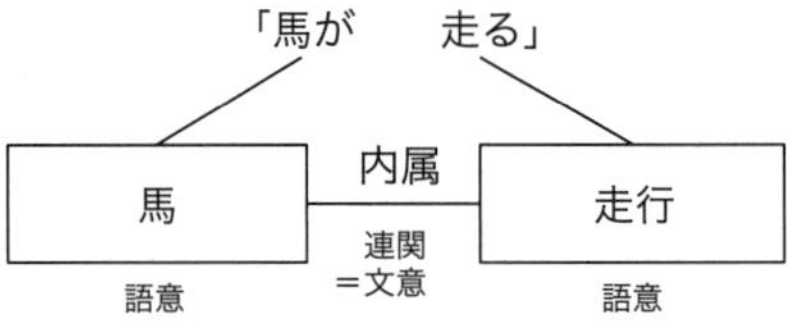

図 2.2

誤った内容を述べる文は、厳密に言うと「意味」をもたない。ひとは「ナポレオンの趣味はファミコンである」という文を聞き、その文が述べる内容は理解できる。しかしその内容（《ナポレオンの趣味》と《ファミコン》の非別異性関係による連関）は世界において成立していないため、「意味」とはみなされない。文の「意味」は、語の「意味」が外界の指示対象であるように、文の示す外界の出来事でなければならない。では、「ナポレオンの趣味はファミコンである」という文から私たちが得る認識は、いったい何を対象としているのだろうか。答えは簡単であり、実在しない事柄を対象としている。私たちはこの文を聞いて、まず《ナポレオンの趣味》と《ファミコン》という語意を理解する。これらは実在している。そして、これらふたつを関係項とする非別異性関係を理解するが、それは実在していない。それは例えば、山の上に霧を見て煙と勘違いし、「山に火がある」という理解を推理により得るとき、《山》と《火》はどちらも実在するものであるが、それらを結びつける結合関係が実在していないのと同じである。誤った根拠にもとづいて、誤った事柄を推理する。それと同じように、誤った言葉にもとづいて、ひとは誤った事柄を理解する。

文の「意味」と「内容」は区別されるべきである。前者は実在することが前提とされ、後者はそうでないこともある。しかし、新ニヤーヤ学派の文献においてもこの区別が厳密になされず、誤った文の「意味」が問題とされることもある[*22]。また、日本語で「文の意味」と言うときにその実在を含意させると、日常的な用法と乖離し、議論が分かりづらくなる。本書では、両者を明確に区別する必要があるときは前者を「文の意味対象」、後者を「文の内容」と言い、とくに区別する必要のないときは「文の意味」「文意」等と言うことにする。

[*22] たとえば p. 95 で紹介しているジャガディーシャの議論にそれがみられる。

文意の構造

文を通して世界が認識されるとき、その認識は必ず概念作用を伴う認識であり、対象である世界を被限定者と限定者の構造で捉える*23。では、その構造において何が被限定者となり、何が限定者となるかは、どのようにして決定されるのか。これについて、学派間で見解が分かれている。彼らは、文意を構成する語意の構造体において、どの語意が基底要素（mukhya-viśeṣya）となるか、という問いを立てる。

新ニヤーヤ学派は、第1格（主格）語尾が付された語の意味が基底要素になるという立場に立つ。たとえば、「ラーマが米を調理する（rāmaḥ taṇḍulaṃ pacati）」という文を例にとろう。ここでは第1格語尾がついた「ラーマ」の意味が基底になる。この文から聞き手が得る認識は、「ラーマは、米における軟化を生じさせる調理行為を生み出す決意を有している（taṇḍula-niṣṭha-viklitti-janaka-pāka-anukūla-kṛtimān rāmaḥ）」という構造体を対象とする*24。しかし同じ事象を述べる受動態の文の場合はどうだろう。たとえば「米はラーマに調理される（taṇḍulaḥ rāmena pacyate）」。この文が知らせる事象は、「米は、ラーマの決意により達成される調理行為により生じる軟化の拠所である（rāma-niṣṭha-kṛti-sādhya-pāka-janya-viklitti-āśrayas taṇḍulaḥ）」という構造をとる。構文により異なる構造をもった認識が得られるが、いずれも、世界の同一の出来事を捉えている。

一方、パーニニ文法学派は、動詞語根の意味である行為が常に基底要素になると考える。これは、動詞を中心に言語理論を構築する彼らの傾向を反映したものと言えるだろう。先の文から得られる理解は、「調理行為は、ラーマを行為者とし、米を行為対象としている（rāma-kartṛkas taṇḍula-karmakaḥ pākaḥ）」という構造で対象を捉える。また、ミーマーンサー学派は、彼らが動詞語尾の意味と考える実現作用（bhāvanā）が基底要素になるとする。彼らの立場に従えば、文意理解は「実現作用は、ラーマに存在し、米を対象とし、調理行為を生じさせる（rāma-āśrayā taṇḍula-karmikā pāka-anukūlā bhāvanā）」という構造体を対象としている。

語意の認識と文意の認識

新ニヤーヤ学派では、認識を経験（anubhava）と想起（smṛti）に分ける*25。想起とは過去に経験した事物を思い出す認識であり、経験はそれ以外の認識である。いずれも外界の事物を対象としており、想起だからといって、その対象も記憶の中にあるのではない。初恋相手の顔を思い出すとき、認識者の得る認識は時間を超えて、数十年前の初恋相手の顔と結びついている。

認識が「思い出し」でない場合、それが頭で推理したことであっても、耳で聞いたこと

---

*23　概念作用を伴う認識と、認識対象の限定構造については pp. 15ff を参照。

*24　詳しく述べると、次のとおりである。動詞「調理する」の意味は《調理》であるが、ラーマは調理を直接行うことができない。調理を行うのはラーマという人格ではなく、彼の身体である。ラーマ自身が為しうるのは、調理という行為の実行を導く、「調理するぞ」という決意（kṛti）をもつことだけである。さて、この《調理》は、《米》を行為対象としている。行為対象とは、或る行為の結果を受け取るものに他ならないとされる。そして、《調理》の結果とはものの軟化である。それゆえ、《米》と《調理》とは、上述したような関係で連関している。さらに詳細に分析すると、時制や数も構造に組み込まれてくるが、ここでは省略する。なお、本小節における文意構造の分析方法は V. N. Jha 1986b: 70–76 に従っている。

*25　p. 24 を参照。

であっても、「経験」と言われる。日本語で「経験」と呼ぶものとはイメージが大きく異なるだろう。しかし新ニヤーヤ学派にとっては、いかなる手段を取ろうとも、正しく対象を認識するとき、認識者は外界の事物と対峙しているとされる。その認識が思い出しでないならば、「経験」と呼ばれるに値するだろう。「経験」という訳語がおかしいのではなく、彼らの認識論が独特の前提のうえで構築されているのである。

新ニヤーヤ学派は、文意の認識は経験であるが、その成立に際して必要となる語意の認識は想起であると言う。たとえば「馬が走る」という文の意味を理解するためには、「馬」が《馬》を意味し、「走る」が《走行》を意味するという知識を事前に得ておかなければならない。こういった語彙習得は、年長者の言語的営為を見て学習したり、或いは辞書で学んだりしてなされる[*26]。「馬という語は、この動物を意味するんだ」という認識を初めて得るとき、その認識は経験であるが、それ以降、「馬」という語を用いた文の意味を理解する際は、過去に得た知識を用いて《馬》を想起することになる。「馬」という語を聞くたびに、毎回《馬》を経験するわけではない。「知っているよ、馬って《馬》のことだろ」と、その都度思い出す。そうして思い出された諸々の語意を結びつけて、文意としての連関を新たに経験する。文意は、その文によって初めて与えられる情報であり、その認識は経験である[*27]。

世界、認識、文

前章からここまで、世界と認識対象と文意とを基体と属性の構造、或いは限定者と被限定者の構造で分析してきたが、これらの関係を整理しておこう。

新ニヤーヤにおいて、世界は、さまざまな存在者が相互に結びついた構造体である。その構造は、認識者から独立して実在する構造である。ひとがそれを認識するとき、それを

---

*26 新ニヤーヤ学派では、語彙習得の手段として、文法や辞書、言語的営為などの 8 種が知られている。和田 1995b, 1996 を参照。ガンゲーシャは『宝珠』言語部の連関表示説批判章で、言語的営為にもとづく語彙習得の問題を論じている。

*27 以上の認知の構造を、ガンゲーシャは次のように説明する。*TC* 4(2) 連関表示説批判章 pp. 548–549: “na caivam anvayānubhave padaviniyogo na syād iti vācyam. anvayānubhavārtham eva padārthe padānāṃ śaktikalpanāt. tasmāt padaṃ karaṇam, padārthasmaraṇaṃ vyāpāraḥ, ākāṅkṣādisahakārivaśāt smāritārthānvayānubhavaḥ phalam. padārthasmaraṇaṃ na vyavadhāyakam, vyāpāratvāt.”（訳：その場合、連関（すなわち文意）を経験する際に［諸々の］語が用いられる（語意が参照される）ことがなくてもよいだろう、と言うべきではない。連関の経験［を成立させる］ためにこそ、諸々の語の、語意に対する対象指示力が想定されているからである。したがって、［文意理解の成立において］語が主原因であり、語意の想起は媒介作用であり、期待等といった協働因のちからで［成立する］、想起された意味の連関の経験が結果である。語意の想起は［連関の経験を］妨害するものではない。［それは］媒介作用だからである。）『ムクターヴァリー』では文意理解の成立に対する主原因を「語」ではなく「語の認識」としており、その見解の方が新ニヤーヤ学派の定説としてよく知られている。*Kārikāvalī* v. 81: “padajñānaṃ tu karaṇaṃ dvāraṃ tatra padārthadhīḥ | śābdabodhaḥ phalaṃ tatra śaktidhīḥ sahakāriṇī ||”（訳：［認識されている語ではなく］語の認識が原因であり、そこでは語意の認識（すなわち想起）が媒介作用である。［そして］言語理解が結果であり、そこでは対象指示力の認識が協働因である。）訳は自註を参考にした。*Muktāvalī* pp. 263–264: “śābdabodhaprakāraṃ darśayati. **padajñānaṃ tv** iti. na tu jñāyamānaṃ padaṃ karaṇam. padābhāve ’pi mauniślokādau śābdabodhāt. **padārthadhīr** iti. padajanyapadārthasmaraṇaṃ vyāpāraḥ.（訳：言語理解の仕方を示す。「**語の認識が**」。認識されている語が原因なのではない。［そうだとすると、］無言［でしたためた］偈文等、語［そのもの］が存在しない場合にも、言語理解［が成立する］からである。「**語意の認識**」。語より生じる語意の想起が媒介作用である［という意味である］。）” 期待等の認識が言語理解の原因であるという考えも継承されている。*Kārikāvalī* vv. 82cd–83a: “āsattir yogyatākāṅkṣātātparyajñānam iṣyate | kāraṇam...”（訳：近接、適合性、期待、指向の認識は［言語理解の］原因として認められている。）*Muktāvalī* p. 302: “**āsattir** ityādi. āsattijñānaṃ yogyatājñānam ākāṅkṣājñānaṃ tātparyajñānañ ca śābdabodhe kāraṇam.”（訳：「**近接**」云々。近接の認識、適合性の認識、期待の認識、そして指向の認識が、言語理解の原因である［という意味である］。）

限定者と被限定者の構造で捉える。そして文意としての世界、つまり文を通して理解される世界も、やはり限定者と被限定者の構造を有している。文は、この構造に落とし込まれた世界しか扱うことができない。それは、文は必ず話し手の側の概念作用を伴う認識を表現するかたちで作成され、また文意が理解されるときは必ず聞き手の側の概念作用を伴う認識の対象として捉えられるというように、文がその発生においても、また意味伝達のはたらきにおいても、概念作用を介在させているからである。限定者と被限定者の構造に落とし込むことが、概念作用というものの本質であると言えよう。

命題の主語と述語の構造は、被限定者と限定者の構造に対応していると考えられる。命題の主語と文の主語は必ずしも一致する必要はなく、前小節で見た「基底要素」に関するパーニニ文法学派やミーマーンサー学派の見解に従えば、命題の主語（基底要素）は文の構文に左右されない。しかし、第 1 格語尾の付された語の意味が基底要素となるという新ニヤーヤ学派の立場は、命題の主語と文の主語の一致を主張するものである。この立場においては、文は話し手が構造化したとおりに世界を表現するものであり、話し手が世界をどう捉えたかを、文によって聞き手に伝えることができる。

したがって、新ニヤーヤ学派の言語理論は、コミュニケーション理論としても機能する。新ニヤーヤ学派は、比喩表現や省略表現といった語用論に関する理論も発達させており、その点では、話し手と聞き手のコミュニケーションをうまく説明しようという方向性をもっていると言える。しかし、新ニヤーヤ学派において、言語の伝達する内容は話し手による「世界の認識（artha-jñāna）」ではなく、「認識された世界（jñāto ’rthaḥ）」であるということに注意したい。言葉は、ただ話し手の思想を伝えるだけのものでも、世界を知らせるだけのものでもない。認識され、構造化された世界を伝えるものである。それゆえ、信頼できる話し手により正しく構造化された世界を表す文は、聞き手に、世界を正しく伝える。

第3章

先行研究概観と本研究の方法

ニヤーヤ学派は21世紀の今でも生きている学問伝統である。パンディットたちはニヤーヤの研究を連綿と続け、註釈書や批判的論攷を著している。一方、そのような、パンディットがパンディットのために行う伝統的研究とは別に、ニヤーヤをパンディット以外の者たちにも理解可能なように解明しようとする営みが、19世紀から行われている。本章で「先行研究」として概観するのは、主にこの種の研究である。これは「近代的研究」などと言われることもあるが、近代的研究方法とは何かという定義が曖昧なまま、近代、前近代という優劣を含意する区分を導入するのは適切でないだろう。現代のパンディットたちも、パンディットたちに向けて、サンスクリット語で、優れて批判的な研究を行ってもいる。

1　新ニヤーヤおよび新ニヤーヤ学派の研究

綱要書の翻訳と解説

新ニヤーヤおよび新ニヤーヤ学派の、上述したような非伝統的研究は、19世紀中頃に始まったものと思われる。古い研究の多くは、綱要書の翻訳・解説というかたちをとっていた。Röer 1850 (1980) は17世紀の綱要書『カーリカーヴァリー』を自註『ムクターヴァリー』の抜粋と共に英訳した、新ニヤーヤ研究史の黎明期のものである。既に学術的に高度なレベルに達しており、訳者の脚註では当時の西洋哲学との比較も行われている。このような綱要書の翻訳は、これまでに膨大な数が作成されてきた[*1]。いずれも初学者向けのテキストとして書かれてはいるが、多くの場合、長大な解説が附され、その解説は研究文献としてしばしば重要な足跡を残してきた。また、S. C. Chatterjee 1939 (1978) は『ムクターヴァリー』に即して新ニヤーヤ学派の理論を非常に詳しく解説したものであり、翻訳というかたちはとっていないながらも、この種の研究として特筆に値する。

ふたつの研究の系譜

B. K. マーティーラール（Matilal）は「新ニヤーヤの研究はふたつの形態の何れかをと

[*1] 代表的なものとして、『タルカ・サングラハ』とその自註については Athalye 1897 (2003)、Strauss

る」[*2]と述べる。ひとつはウィーンのFrauwallnerおよびその弟子の系譜に見られる「史学的、文献学的」[*3]な研究であり、もうひとつはハーヴァードのインゴールズ（Daniel H. H. Ingalls）の研究に代表される、「特定の文献のシステマティックな翻訳と、何らかの理論ないしテクニックの批判的分析に特徴づけられる」[*4]研究である。

前者のタイプの研究には、まず、Steinkellnerによるヴァルダマーナの研究（1964）や、Frauwallnerによるガンゲーシャ研究（1970a）およびラグナータ研究（1970b、1971、1974）がある。また、Frauwallnerの薫陶を受けたGopikamohan Bhattacharyaもこの系統の研究を続け、Bhattacharya 1978等において思想史研究を行っている。山本和彦氏の推理主題性（pakṣatā）論研究（1991, 1992, 1995a, 1996, 1997, 1998）や、ヨーロッパの学風を受け継いだ丸井浩氏の儀軌（vidhi）論研究（1987a, 1987b, 1988a, 1988b, 1989a, 1989b, 1990a, 1990b, 1991a, 1991b）もまた、この系譜に属するものと言えるだろう。

後者の、特定の文献の翻訳研究としては、『宝珠』推理部の遍充論章およびそれに対する註釈文献の研究が早い段階から特に発達している。Sen 1924とインゴールズ1951 (1988)は、いずれも遍充論章の五大定義節の研究であり、この分野の先駆けとなった。また、Goekoop 1967は『宝珠』遍充論章の他の箇所と推理知章を扱い、和田1990aは遍充確定定義節を、ラグナータによる註釈『ディーディティ』も含めて明らかにした。その他の領域についても文献研究が進んでいるが、それらすべてに言及するのは控える。

ただし、この区分はあくまで1968年までの研究史をマーティラールが分析して立てたものであり、その後の新しい研究には、この区分を逸脱するものも多い。たとえば丸井の研究は、思想史研究というかたちをとりつつ、新ニヤーヤ学派の言語理論の本質を究明しようとするものである。また、和田の1990a以降の遍充論研究（1994a, 1994b, 1995a, 1997, 1998a, 1998b, 1999a, 1999b, 2000a, 2000b, 2002, 2005, 2007a）は、多数の文献を個別的に緻密に研究することを通して、遍充論の歴史を、ひいては新ニヤーヤ学派の歴史を明らかにするものになっている。

哲学的研究

上記の区分を立てたマーティーラール自身は、インゴールズ系の研究の延長として新ニヤーヤ学派の哲学的研究という新たな道筋を開拓する。マーティラール1968bはガンゲーシャの非存在論の翻訳研究というかたちをとっているが、その序章での議論で示される深い哲学的洞察が注目を集め、後の研究者たちに多大な影響を与えることとなった。彼はそれに続いて*Epistemology, Logic, and Grammar in Indian Philosophical Analysis*（1971 (2005)）を出版する。これは、特定の文献の研究ではなく哲学的問題の検討を主題とする著作であり、ニヤーヤ学派のみならず文法学派や仏教徒の文献も用いて広い視野から考察を行っている。その後もマーティラールは数多くの論文を精力的に執筆するほか、マーティラ

1922、Sastri 1932が、『タルカ・バーシャー』（*Tarkabhāṣā*）についてはParanjape 1909がある。

*2 Matilal 1968a: “researches in Navya-nyāya usually take either of two forms.” Matilal 1985 (1997): 75に再録されている。

*3 Ibid.: “mainly historical and philological”.

*4 Ibid.: “characterized by systematic translations of certain texts and critical analysis of some theories and techniques.”

ール 1985 (1997)、1986、1990 といった単著の出版も続ける。また、雑誌 Journal of Indian Philosophy を発刊するが、これはそのタイトルにみられるとおり、インドに「哲学」が存在することを声高に主張するものである。このような哲学的研究は、その後、特に米英に拠点を置く研究者らによって継承される。その中にはパンディットとして伝統的諸学を修得したうえで、欧米で高等教育や研究指導を受けたインド人研究者が多い。彼らの研究の特徴は、資料を特定の文献に定めず、西洋哲学の豊かな素養と、サンスクリット文献の広範な知識を駆使して、哲学的問題についてのインド的思惟の特質を描き出すことにある。

比較哲学的研究は、新ニヤーヤ学派の研究の黎明期、Röer 1850 (1980) において既に高度なものが行われていた。しかしそれは、新ニヤーヤ学派の思想を西洋哲学のタームによって解釈し、類似性を指摘するという趣旨のものであった。まさしく「比較哲学」である。マーティラールを始めとする者たちは、インドで為された知的営みのなかに、普遍的な哲学的問題に対する答えを探し出そうとする。彼らは「比較哲学」という言葉を使わない。インドの思想を、西洋哲学と区別せずに、ひとつの「哲学」として捉えている。新ニヤーヤ学派の研究においては、現在、この傾向のものが隆盛を極めている。米英での分析哲学の覇権にともない、近年の新ニヤーヤ学派の研究では分析哲学の概念が多用されることが多い。マーティラールは、サンスクリット語を理解しない者でもインドの伝統的諸学が論じる問題の哲学的な本質を理解できるようにしたが、近年の研究は逆に、分析哲学を習得していないインド学研究者を門前払いしているととられても仕方がないほど専門的になっており、結果として読者層を狭めているとも思われる。それとも、近代以降のパンディットにとって、専門が何であっても新ニヤーヤの分析方法の習得が必須とされたように、現代においては新ニヤーヤの哲学を学ぶ者も、分析哲学の習得が当然の要件として求められるのだろうか。

新ニヤーヤの分析方法の研究

また、新ニヤーヤ学派の思想や理論ではなく、制限者（avacchedaka）や特定者（nirūpaka）を始めとする特殊な概念を用いる新ニヤーヤの分析方法を明らかにしようとする研究も、さまざまな研究者により行われている。その先駆けとなったのは、先述のインゴールズ 1951 (1988) である。この著作の主たる部分は『宝珠』推理部の一節に対するマトゥラーナータの註釈の翻訳研究であるが、その序において、新ニヤーヤの特殊な分析手法を、述語論理の記号を用いるなどして英語で説明している。この方面での研究として特筆すべきは和田 1990a であり、同書の序では制限者と特定者について非常に詳しい解説が為されている。また、和田の研究は、新ニヤーヤの分析を記号論理ではなく図示によって表現することを特徴としている。新ニヤーヤ研究における図の使用は、和田の師である V. N. ジャー等の著作にもみられるが、和田は、誰もがその図示の方法を用いて新ニヤーヤの議論を解析できるように体系化・マニュアル化した。和田はその後も、新ニヤーヤの分析方法に関する論考を発表している（1999c, 2006, 2007a, 2008, 2015）。

新ニヤーヤの分析方法は、伝統的には口頭で教授されてきたという。制限者や特定者がどのような概念なのかをサンスクリット語で説明する文献はほとんど知られていない。例外として、コルカタのパンディット、Maheśacandra が 19 世紀に著した、その名も『新ニヤーヤの言語を照らす灯り』(*Navyanyāyabhāṣāpradīpa*) という入門書がある。「新ニヤーヤの言語」とは、さまざまな特殊概念を用いた、一種の形式言語のような新ニヤーヤの記述言語のことを意味している。宇野惇氏(1996) はこの入門書の和訳に解説を附して公表し、また、Ujjwala Jha (2010) は図示を併用した英訳・解説を出版した。これらにより、口承で伝えられていた新ニヤーヤの方法に誰もがアクセスできるようになった。また、B. H. Shukla 1992 は現代のパンディットが新ニヤーヤの方法をヒンディー語で解説したものであり、これも口承の内容を文献で明らかにした資料として貴重である。

2 新ニヤーヤ学派の言語理論の研究

綱要書の翻訳と解説

前節では、新ニヤーヤおよび新ニヤーヤ学派全般にわたる研究を概観した。本節では、本書の主題である言語論に対象を絞って、主要な先行研究を示す。先述のとおり、新ニヤーヤの研究は綱要書の研究から始まるが、綱要書『タルカ・サングラハ』は言語理論について余り詳しく議論していないので、前掲の Athalye 1897 (2003)、Sastri 1932 等以外には、これを用いて新ニヤーヤ学派の言語理論を紹介しようとする研究はみられない。言語理論に関してしばしば用いられる綱要書は『ムクターヴァリー』である。これを翻訳・解説するものとしては、既述の Röer 1850 (1980) 等の他、言語理論の章に特化したものとして Goswami 1991、Vattanky 1995 がある。また、日本では和田が、未完成ではあるが、詳細な解説を附した和訳を発表している (1990b, 1993a, 1993b, 1995b, 1996)。その他、言語理論を詳しく論じる綱要書として、ジャガディーシャ作と伝わる『タルカ・アムリタ』と、ジャーナキ・ヴァッラバ (Jānakivallabha) の『ニヤーヤ・シッダーンタ・マンジャリー』(*Nyāyasiddhāntamañjarī*) が知られている。それぞれ英訳 B. H. Shukla 1997 とヒンディー語訳 B. H. Shukla 1996 があるが、いずれも翻訳のみで解説が附されておらず、さらなる研究が待たれる。

『宝珠』の原典研究

『宝珠』言語部の原典研究としては、まず、第 1 章 (言葉の正しさ) の前半部についての詳細な訳註研究Mukhopadhyay 1992 がある。僅かな分量のテキストに対して長大な註を附しており、同箇所の理解の大きな助けとなる。その解釈は、しばしば筆者の解釈と異なるが、本書の研究では全体にわたってこれを大いに参照している。言語部第 8 章 (儀軌論) と第 9 章 (新得力論) については、それぞれ V. N. Jha による英訳 (1987a, 1986a) がある。第 11 章 (普通名詞の意味論) の一部 (「完全には語源に従わない語 (yogarūḍha) の意味」節) については、英訳に長編の序を附した S. C. Dash 1992 がある。第 13 章 (動詞語尾の意味論) は、和田 (2007b, 2012, 2013a, 2013b) がすべて英訳し、解説を附して出版している。『宝珠』言語部の特定箇所を扱った主な研究は以上のとおりであるが、言語部全編の英訳と解説として V. P. Bhatta 2005 がある。たいへんな力作であるが、解釈においてマトゥラーナータの註釈に依拠する部分が多く、『宝珠』の真意を明らかにするにはこれで充分とは言いがたい。また、Vidyabhusana 1920 (1988) と Potter 1977、Bhattacharyya 2004a には

『宝珠』言語部の英文によるサマリーがある。以上を表にして整理する。

第 1 章	言葉の正しさ	前半部　Mukhopadhyay 1992
第 8 章	儀軌論	V. N. Jha 1987a
第 9 章	新得力論	V. N. Jha 1986a
第 11 章	普通名詞の意味論	yogarūḍha 節　S. C. Dash 1992
第 13 章	動詞語尾の意味論	和田 2007b, 2012, 2013a, 2013b
全編		V. P. Bhatta 2005
サマリー		Vidyabhusana 1920 (1988), Potter 1977, Bhattacharyya 2004a

後期新ニヤーヤ学派の言語理論の原典研究

後期新ニヤーヤ学派の言語理論を知る鍵となるのは、ラグナータと、ラグナータの註釈に複註を著したジャガディーシャおよびガダーダラの著作である。ラグナータによる言語理論に関する著作は余り伝わっておらず、『宝珠』言語部に対する註釈も存在したのかどうか疑わしい[*5]。しかし動詞語尾の意味論（*Ākhyātavāda*）と否定辞論（*Nañvāda*）について独立した小論が伝わっており、いずれも『宝珠』の Bibliotheca Indica 版刊本（*TC* 4(2)）に収録されている。後者の研究としては Matilal 1968b があり、また前者については英訳（K. N. Chatterjee 1981）があるほか、和田が近年、新たに研究に着手している。

ジャガディーシャとガダーダラには『宝珠』への註釈や複註があり、ガダーダラについてはそれが言語部の註釈を含むことが知られているが、ほとんど研究されていない。言語部に対するジャガディーシャの註釈は、筆者はまだ存在を確認していない。しかし、これらふたりはそれぞれ言語理論に関する独立作品を著しているため、彼らの言語理論はそれらを通して知ることができる。ジャガディーシャの著作は『シャブダ・シャクティ・プラカーシカー』といい、ガダーダラの著作は『シャクティヴァーダ』と『ヴィユトパッティヴァーダ』の 2 本がある。『シャブダ・シャクティ・プラカーシカー』については、英訳（K. N. Chatterjee 1980）の他、各国語の抄訳（英語：Vidyabhusana 1920 (1988)、仏語：K. Bhattacharya 1978、日本語：長尾 1999, 2000a, 2000b, 2001 等）もある。仏訳はごく限られた部分しか扱わないが、詳細な脚註が附されており、難解なことで知られる同書を理解する糸口を与えてくれる。『シャクティヴァーダ』は英訳（V. P. Bhatta 1994）と仏訳（Gerschheimer 2007）がある。この仏訳もまた、きわめて精緻な研究である。『ヴィユトパッティヴァーダ』についてはひとつの英訳（V. P. Bhatta 2001）のみが利用できるが、同書は現代のパンディットの誰もが読む基本テキストのひとつであり、サンスクリットの註釈が豊富に出版されているほか、概説書の類でもその見解が紹介されており、その内容にアクセスしやすいテキストであると言える。

---

*5　p. 65 を参照。

思想史研究と哲学的研究

前節に示したように、丸井は儀軌論にもとづいて、ウダヤナから後期新ニヤーヤ学派に至る言語理論の思想史を明らかにしてきた。筆者もまた、言葉のプラマーナとしての妥当性をめぐる議論に注目し、とくに初期新ニヤーヤ学派の思想史を明らかにしようと試みてきた。和田の進めているラグナータの動詞語尾意味論の研究も、氏がかつて行ったガンゲーシャの動詞語尾意味論の研究と合わせて、思想史解明に貢献するものになるだろう。なお、和田はSubash C. Dashと共同で、オリッサで見つかった「ウダヤナ」による『否定辞論』(*Nañ-vāda*)の写本を研究し、出版している(Dash and Wada 2013)。これは、もし10世紀のニヤーヤの大家として知られるウダヤナの筆によるものであれば、初期新ニヤーヤ学派の言語理論を伝えるきわめて重要な資料となるのだが、研究の結果、和田とDashのいずれもが、これは有名なウダヤナとは別の、後代の「ウダヤナ」による著作であると考えている[*6]。

新ニヤーヤ学派の言語理論の思想史研究は、実はこれ以外に余り進んでいない。新ニヤーヤ学派の言語理論については、米英を中心とした哲学的研究が圧倒的な主流となっており、思想史研究は立ち後れている。これは、思想史研究の牙城であるドイツやウィーンに新ニヤーヤ学派の研究が根づかず、それとは異なる研究の伝統をもつ米英およびインドの研究者たちが現役で活発に活動しているためであろう。思想史研究が廃れてしまったわけではない。それは、ドイツ的学風を受け継ぐ日本で、まだしっかりと進められている。

一方、新ニヤーヤ学派の言語理論に関する哲学的研究は、その数が非常に多いが、本書の主題に関わるものは、本論の各章で適宜触れていくことになるだろう。ここで概観することは控える。

3　本研究の目的と方法

以上のような研究史を踏まえて、本書の研究の目的と方法を述べておこう。本研究は『宝珠』にみられるガンゲーシャの言語理論を解明することを目的としている。方法としては、『宝珠』言語部第1章(言葉の正しさ)から第5章(指向)の指向定義の節までを解読したうえで、そこから理解できることを描き出し、またそれがはらむ哲学的問題を検討する、というかたちをとる。なぜ第5章の指向定義の節までなのかというと、本書第4章3で説明するように、言語理解の獲得という大きなテーマの議論がそこで一応の区切りを付けるからである。特定の文献の批判的研究という点では、本書の研究は、インゴールズの方法に準じるものとなるだろう。しかし筆者は、文献の理解に際して、歴史研究の視点を重視する。そもそも、文献研究と思想史研究は相互補完的である。文献を精緻に読み解かなくては思想史は見えてこず、思想史を踏まえなければ文献の正しい理解には至らない。たとえば、本研究の主題に関して、『宝珠』の議論はかなりの範囲でウダヤナの『花束』を下敷きにしている。それゆえ、『花束』およびそれ以降の議論の歴史を或る程度は踏まえておかなければ、『宝珠』の記述を正しく理解することはできない。このような事

[*6] Dash and Wada 2013: 2を参照。

情から、本書では、先行文献との対比のもとに『宝珠』の思想を読み解いていく。

また、本書の研究は、『宝珠』解読に用いる註釈文献に関しても特色をもつ。『宝珠』の解読において伝統的に最も広く利用されている註釈は、17 世紀の『マートゥリー』である。その理由のひとつには、この註釈では最後期新ニヤーヤ学派の特徴である技巧を尽くした解釈が行われており、また本文をほとんどスキップすることなく解説しているため、これに従えば『宝珠』の難読箇所も多くの場合なんとか合理的に読むことができる、ということがあるだろう。また、『宝珠』の刊本として最も容易に入手できる Bibliotheca Indica 版の大部分に『マートゥリー』が附されているということも理由のひとつだろう。しかし、『マートゥリー』が常に『宝珠』の真意を伝えているとは認めがたい。そこにはしばしば、「こじつけ」とも言いうるような無理矢理な解釈が見られる。本書では、初期新ニヤーヤ学派の古い解釈を伝えるジャヤデーヴァの『アーローカ』、および彼の弟子であるルチダッタの『プラカーシャ』を重視して解釈することにする。そうすることにより、現在のニヤーヤ学者に伝わるスタンダードな『宝珠』理解からは外れるかもしれないが、テキストのより素直な理解に至ることができるだろう。ただし、これらふたつの註釈は『宝珠』の一字一句を解説するわけではなく、3 人の註釈者のなかではマトゥラーナータしか解説していない箇所もたいへん多い。その場合、次善策として、マトゥラーナータの解釈に依拠して解読することとする。

第4章

ガンゲーシャとその著作

1 ガンゲーシャの年代

ガンゲーシャの生涯については、ミティラーで活動し、また息子ヴァルダマーナが後を継いだということ以外、ほとんど何も伝わっていない。著作としては『宝珠』のみが存在を知られている。その著作を読む限り、彼が聖典解釈学や文法学にも深い理解をもち、ウダヤナの著作を読み込んでいて、また同時代または近い時代の学者たちの見解にも精通していたことが分かる。

彼の年代については諸説あるが、Potter and S. Bhattacharyya 1993（Encyclopedia of Indian Philosophies, vol. 6）に示される「1320年頃に活動」という説が、現在は広く支持されているようである。この説は基本的に、インゴールズ（Daniel H. H. Ingalls）（1951 (1988): 4）の示した、上限をシュリーハルシャ、下限をヴァルダマーナとする考えに従っている。ガンゲーシャは『宝珠』でシュリーハルシャに言及しているが、後者はカナウジ（Kanauj）のジャイチャンド（Jaycand）王の治世に生きたことが知られており、またジャイチャンド王の治世は1170年に始まり1194年に終わることが史伝より分かる。一方、ガンゲーシャの実子とされるヴァルダマーナは、ウダヤナの『花束』に対する註釈を残しており、この註釈の写本が、その特徴にもとづいて1300年から1360年の間のものと推定されることがSingh 1922に報告されている。インゴールズは、このふたりに挟まれた時期にガンゲーシャが生きたことは間違いないという根拠から、大まかに「13世紀」という年代を推定した。一方、Potter and S. Bhattacharyya（1993: 85–86）はこの上限と下限を採用しつつ、ガンゲーシャがシャシャダラやマニカンタ等の著作にも通じていることを考慮に入れて年代を若干遅らせ、1320年頃とした。

この想定は、ヴァルダマーナの年代推定の根拠が写本の文字の特徴（筆写年ではない）のみという点に弱点があると思われるが、D. C. Bhattacharyya（1958: 100–104）が全く異なる根拠から行った推定とも符合しており[*1]、事実とそう乖離していないだろうと思われる。

[*1] たとえば孫の姻戚関係からガンゲーシャの活動の上限を1300年とし、またガンゲーシャの後に活動したヴァテーシュヴァラ（Vaṭeśvara）との相対年代から下限を1350年とする推定が述べられている。

ただし、さらに精査する余地があることは付記しておきたい。

2　『宝珠』全体の構成

『宝珠』は、ニヤーヤ学派が伝統的に認める4種のプラマーナそれぞれに1部を割き、知覚部、推理部、類推部、言語部の4部構成をとると言われている。たしかに、古い写本のタイトルにも「知覚部」「推理部」といった名称がみられ、伝統的学者たちがそのように捉えていたことは間違いない。しかし、ガンゲーシャがそのような構成を意図して『宝珠』を著したかどうかは定かではない。実際に『宝珠』を読み始めると、知覚部の冒頭から、知覚と関係のない話や、知覚に限定されない認識一般の話が展開され、はたしてこれは「知覚部」なのだろうかと戸惑うことになる。『宝珠』の構成を改めて精査すると、議論は以下のように進められていると理解できる。

目次	BI版刊本での対応箇所
0　帰敬偈論	知覚部 帰敬偈論章
1　正しい認識（真理論）	
1.1　認識の正しさの検証	知覚部 真理論章 検証節
1.2　正しい認識の原因	知覚部 真理論章 発生節
1.3　正しい認識の定義	知覚部 真理論章 定義節, 誤知論章
2　正しい認識の獲得手段（プラマーナ）	
1.4.1　知覚	知覚部 接合章以降
1.4.2　推理	推理部
1.4.3　類推	類推部
1.4.4　言葉	言語部

議論の流れを簡単に説明しよう。『宝珠』の冒頭に、ガンゲーシャは、慣例に従って帰敬偈（maṅgala. 書物の完成を願って作る、神を賛美する詩句）を置く。そして、帰敬偈をしたためる目的は何か、という疑問に答えるための帰敬偈論を開始する[*2]。この前置きが終わり、ようやく本題に入る。その冒頭で、ガンゲーシャは「探求の学（ānvīkṣikī）」、すなわちニヤーヤの目的に言及する。彼によれば、『ニヤーヤ・スートラ』の著者ガウタマがニヤーヤを説いたのは、世界を苦から救済するためである。それゆえガウタマは、『ニヤーヤ・スートラ』の冒頭に、至福を獲得する手段としての16項目を示した。ガウタマは、16項目それぞれの真実（tattva, 真の在り方）の認識から、至福の獲得があると言う。ここで、『宝珠』の執筆目的が示される。これら16項目のいずれについても、その真実を確定するには、第1項目であるプラマーナに依拠しなければならない。したがって、『宝

[*2] 帰敬偈論はかなりの長さにわたる。これが単に、話のついでに著されたとは考えがたい。ガンゲーシャが何のために冒頭で長大な帰敬偈論を述べるのか、という点は、検討する必要があるだろう。帰敬偈論は帰敬偈と書物の完成の因果関係の論証を主題としており、論理的思弁において重要となる因果関係を詳しく考察しているので、本題に入る前の準備として、学生にこの課題の修得を求めたとも考えられる。

珠』ではプラマーナの真実を検討するのである。『真実の如意宝珠』という書名の由来も、ここにあるのだろう[*3]。

これに対して次のような反論が示される。プラマーナとはプラマー（正しい認識）の原因であるが、プラマーナの真の在り方を確定するには、まずプラマーの真の在り方（認識の正しさ）が確定されなければならない。しかし、或る認識が正しいか否かを検証することはできない。それを自律的に検証できる（認識の発生原因を調べるだけで検証できる）とする立場も、他律的に知ることができる（外在的な要因を導入することで検証できる）とする立場も、問題を多く抱えているからである[*4]。

『宝珠』の真理論は、この疑義を端緒として開始する。〔上記科段の 1.1〕まず、ミーマーンサー学派による「認識の正しさは自律的に知られる」という見解が前主張として示され[*5]、それを否定するかたちで、「認識の正しさは他律的に知られる」というニヤーヤ学派の定説が論証される[*6]。〔1.2〕また、正しい認識が発生する際も、認識の発生条件に加えて、正しさを決定する付加的要因が必要である、という他律的発生説が示される[*7]。〔1.3〕続いて、そもそも認識の正しさとは何なのか、という問題が議論され[*8]、正しい認識と、正しくない認識のそれぞれの在り方が示される[*9]。〔2〕そして、いま示された「正しい認識」には四つの種類があり、正しい認識の原因であるところのプラマーナにも、それに対応して四つの種類がある、と述べられる[*10]。ここで提示される 4 種のプラマーナのそれぞれを説明するかたちで、『宝珠』の本体を成すプラマーナ論が始まる。

---

*3　本書第 1 章の脚註 *2 に示した原文を参照。

*4　*TC* 1 pp. 116–117: “nanu pramāṇādīnāṃ tattvaṃ pratipādayac chāstraṃ paramparayā niḥśreyasena sambadhyata iti na yuktam, pramāṇatattvāvadhāraṇasyāśakyatvāt. tad dhi pramātattvāvadhāraṇādhīnam, tac ca svataḥ parato vā na sambhavati, vakṣyamāṇadūṣaṇagaṇagrāsāt.”（訳：〔**対論者**〕「プラマーナ等の真実を理解させる学問は、間接的に至福と結びついている」という［君の主張］は理に適わない。プラマーナの真実を確定することは不可能だからである。というのも、それは正しい認識の真実（すなわち正しさ）の確定に依存するからである。そしてそれは、自律的にも他律的にも不可能である。というのも、指摘すべき過失（dūṣaṇa）が山のようにあるからである。）

*5　*TC* 1 p. 121: “nanu svata evāstu tannirūpaṇam. tathā hi...”（訳：〔**ミーマーンサー学派**〕それ（認識の正しさ）は自律的にのみ決定（nirūpaṇa）される。というのも……。）

*6　*TC* 1 pp. 184–189: “siddhāntas tu prāmāṇyasya svato grahe ’nabhyāsadaśotpannajñāne tatsaṃśayo na syāt. jñānagrahe prāmāṇyaniścayāt. aniścaye vā na svataḥ prāmāṇyagrahaḥ. jñānāgrahe dharmijñānābhāvāt na saṃśayaḥ.”（訳：〔**ガンゲーシャ**〕一方、定説は次のとおりである。仮に［認識の］正しさが自律的に把捉されるとするならば、繰り返し経験されていない状態で生じた認識について、それ（正しさ）に対する疑念が生じなくなってしまうだろう。［その］認識が把捉されるときは、正しさが［既に］決定しているからである。或いは［正しさが］決定していないとするならば、正しさの自律的な把捉はない。［一方、］認識が把捉されないときは、基体（すなわち認識）の認識が存在しないので、疑念は［生じえ］ない。）

*7　*TC* 1 pp. 287–288: “utpadyate ’pi pramā parataḥ, na tu svataḥ, jñānasāmagrīmātrāt. tajjanyatvenāpramāpi pramā syāt. anyathā jñānam api sā na syāt.”（訳：〔**ガンゲーシャ**〕正しい認識は、発生も他律的であり、自律的に、すなわち認識の原因総体のみから［生じる］のではない。［後者だとすると、］正しい認識ならざるものも、それ（認識の原因総体）から生じるため、正しい認識ということになってしまうだろう。そうでないとすると、それ（正しい認識ならざるもの）は認識ですらなくなってしまうだろう。）

*8　*TC* 1 p. 372: “atha kim tat prāmāṇyam.”（訳：〔**ガンゲーシャ**〕では、この、［認識の］正しさとは何か。）

*9　*TC* 1 p. 401: “ucyate. yatra yad asti tatra tasyānubhavaḥ pramā. tadvati tatprakārakānubhavo vā. yatra yan nāsti tatra tasya jñānam, tadabhāvavati tatprakārakajñānaṃ vāpramā. tadanyatve saty anubhavatvam eva vā pramātvam.”（訳：〔**ガンゲーシャ**〕［これについて］次のように答えられる。正しい認識とは、或るところ（*A*）に或るもの（*B*）があるときの、それ（*A*）におけるそれ（*B*）の経験である。或いは、或るもの（*B*）をもつもの（*A*）に対する、それ（*B*）を規定者とする経験である。［また、］正しくない認識とは、或るところ（*A*）に或るもの（*B*）がないときの、それ（*A*）におけるそれ（*B*）の認識、或いは、それ（*B*）の非存在をもつものに対する、それ（*B*）を規定者とする認識である。また或いは、それ（正しくない認識）と異なり、かつ経験であることが「正しい認識であること」である。）

*10　*TC* 1 p. 538: “sā ca pramā caturvidhā, pratyakṣānumityupamitiśābdībhedāt. evañ catasṛṇāṃ tāsāṃ karaṇaṃ pramāṇam api caturvidham, pratyakṣānumānopamānaśabdabhedāt.”（訳：そして、この「正しい認

冒頭のガンゲーシャによる宣言から、『宝珠』は 4 プラマーナの真実の解明を目的としており、それへの予備的議論として真理論が論じられる、という構成が意図されていることは明らかである。しかし実際の議論は、真理論で「正しい認識」が論じられ、その「正しい認識」の原因としてプラマーナが論じられるという流れになっている。後者は『宝珠』の構成の一般的な理解と異なるが、新ニヤーヤという学問にとって異質なものではない。本書第 1 章で述べたように、ヴァイシェーシカの範疇体系に居場所をもつのはプラマーナではなくプラマー（正しい認識）の方である。プラシャスタパーダの時代から、17 世紀の新ニヤーヤ学派の綱要書に至るまで、プラマーナは常にプラマーの原因として、従属的に扱われている。ガンゲーシャもまた、プラマーナによってプラマーを規定するのではなく、プラマーの原因としてプラマーナを扱うという論述の仕方をしている。この特徴は、『宝珠』推理部においてまず推理知を論じ、次いでその原因として推理を論じるという議論の展開にも顕著に表れている。

このように、帰敬偈論や真理論を「知覚部」と呼ばれるパートに含めて扱うのはいささか無理がある。しかし、『宝珠』の刊本がことごとく、帰敬偈論から知覚部が始まる 4 部構成をとっており、またそのような理解が普及しているため、本書でいたずらに上掲の表のような構成に改めるのは混乱を招くだろう*11。本書では基本的に知覚部、言語部といった呼称を用いつつ、ただし真理論に関しては部に含めずに、単に「『宝珠』真理論章」と呼ぶことにする。次節でもみるように、伝統的な部分け、章分けが必ずしもガンゲーシャの議論を適切に捉えているとは言いがたいことも多く、各部での章立ても含めて『宝珠』の構成を見直し、新たな刊本を整備する必要がある。

3　『宝珠』言語部の構成

各章の概略

本節では『宝珠』言語部の構成を概観するが、まず、Bibliotheca Indica 版刊本の章立てに従って区分けした各章の内容を簡単に紹介する。同種のアウトラインは Vidyabhusana 1920 (1988): 444–453、Potter and S. Bhattacharyya 1993: 239–312、S. Bhattacharyya 2004b: 449–465 にもみられる。第 1 ～ 5 章は本書補遺 1 に和訳を収録している。

1　言葉の正しさ（śabda-aprāmāṇya-vāda）　プラマーナとして認められる言葉はどのようなものかを定義した後、言葉はプラマーナではないという見解が否定される。続いて、言葉はプラマーナではあるが、言語理解という認知プロセスは推理の一種として説明可能である、すなわちプラマーナとして言葉を独立に立てる必要はない、という見解が却けられる。

2　期待論（ākāṅkṣā-vāda）　前章で、プラマーナとしての言葉は期待（ākāṅkṣā）、適合性（yogyatā）、近接（āsatti）を具えていると言われる。第 2 章以降、これらを順に

識」には 4 種ある。知覚知と、推理知と、類推知と、言語知の区別にもとづいている。同様にして、これら 4 種［の正しい認識］の原因であるところのプラマーナにも 4 種ある。知覚と、推理と、類推と、言葉の区別にもとづいている。

*11　帰敬偈論は知覚部から外す理解も見られる。たとえば Gaurīnāth Śāstrī 1979。

定義、検討していく。第 2 章は期待である。たとえば "vimalaṃ jalaṃ nadyāḥ kacche mahiśaś carati"（川の水は澄んでいる。岸辺を水牛が行く。）という文を聞くとき、聞き手が《川の岸辺に（nadyāḥ kacche）》という意味を理解しないのは、"nadyāḥ"（川の）の "kaccha"（岸辺）に対する期待が存在していないからであると言われる。ガンゲーシャによれば、期待とは「発話の未確定（abhidhāna-aparyavasāna）」である。本書第 5 章 3 を参照。

3　**適合性論（yogyatā-vāda）**　適合性を定義、検討する。たとえば "vahninā siñcati"（火で灌頂する）という文を聞いても正しい文意理解が得られないのは、《火》が《灌頂》との連関に適合しないからであると言われる。ガンゲーシャは適合性を「阻害する正しい認識の非存在（bādhaka-pramā-viraha）」とする暫定見解を示し、それを直後に撤回して、最終的に「一方の語の意味との連関における、他方の語の意味に存在する恒常非存在の反存在性の制限属性を有さないこと（itara-pada-artha-saṃsarge 'para-pada-artha-niṣṭha-atyantābhāva-pratiyogitā-avacchedaka-dharma-śūnyatvam）」と定義する。本書第 5 章 4 を参照。

4　**近接論（āsatti-vāda）**　近接を定義、検討する。たとえば "gām ānaya ghaṭam apanaya"（牛を連れてこい。壺をどけろ。）という文を聞いて《牛をどけろ》という意味を理解しないのは、"gām"（牛を）と "apanaya"（どけろ）が近接していないからである。ガンゲーシャは近接を「連関の関係項の間断なき表出（avyavadhānena-anvayapratiyogi-upasthiti）」と定義する。本書第 5 章 5 を参照。

近接論章の後半 3 分の 2 程度は、「補充（adhyāhāra）」の議論に費やされており、この部分を「補充論章（adhyāhāra-vāda）」として独立させている写本もある。私たちは指導教員から「博論！」と言われると、「早く提出しなさい」という述語を補って意味を理解する。このとき、「早く提出しなさい」という言葉が補われるのか、それとも《早く提出しなさい》という意味が補われるのか、という問題が議論される。ガンゲーシャは、言葉が補充されるという立場を支持する。本書第 7 章を参照。

5　**指向論（tātparya-vāda）**　サンスクリット語の "saindhava"（原義は「シンドゥ地方のもの」）という語は、《塩》と《馬》というふたつの意味を有する。しかし、聞き手は発話される個々の "saindhava" を聞いて、どちらか片方の意味のみを理解する。また、たとえば「悪くないね」という言葉から《素晴らしい》という意味を理解する。いずれの意味理解も "tātparya" の理解にもとづいている。"tātparya" は通常「話し手の意図」と訳されるが、ガンゲーシャはそれをまず言葉のもつ対象との関係と捉えたうえで、その関係が話し手の願望により決定されると述べる。筆者はそれを「指向」と訳す。本書第 5 章 6 を参照。

この章では、ヴェーダの文も指向をもつことを根拠に、それが何かしらの人格存在により作成されたものであることが論証される。

6　**言葉の無常性（śabda-anityatva-vāda）**　ヴェーダは作者をもたない永遠の言葉であると主張するミーマーンサー学派は、ヴェーダを神の創作物とする前章のガンゲーシャの結論を受け容れない[*12]。本章では、言葉（音声）は恒常（無始無終）か無常かという論争が展開される。この論争は『ニヤーヤ・スートラ』の時代から続いている[*13]。突拍子もない話に思えるが、ミーマーンサー学派は、音声というものは恒常不変であり、普段は潜勢状態にあるが、機会に応じて顕在化する、という理論を立てている。ガンゲーシャはニヤーヤ学派の定説どおり、言葉は無常であるという立場を支持する[*14]。

7　ヴェーダ伝承の断絶（ucchanna-pracchanna-vāda）　依然として第 5 章からの議論が続く。「ヴェーダは恒常である」という主張を否定されたミーマーンサー学派は、「恒常」の意味を変更して主張を固持する。つまり、ヴェーダはたとえ音声としては無常であったとしても、その伝統は無始無終、永遠のものだと言う。これに対しガンゲーシャは、かつて存在していたが伝承が途絶え、失われてしまったヴェーダも存在するという考えを提示する。伝承聖典（smṛti）や慣行（ācāra）[*15]はヴェーダにその起源をもつはずだが、それらの根拠となるヴェーダは知られていないので、失われてしまっている、というのがその根拠である[*16]。

8　儀軌論（vidhi-vāda）　前章ではヴェーダが伝承聖典や慣行の基礎となっていると言われたが、なぜヴェーダは慣行の基礎となりうるのか。これを説明するため、慣行をもたらす、すなわち活動意欲を誘発する認識（pravartaka-jñāna）とはどのようなものかが論じられる[*17]。ガンゲーシャによれば、活動意欲を誘発する認識は「望ましいことの達成手段であること」および「決意（努力）によって達成可能であること」を対象とする認識である[*18]。この議論は、ヴェーダの中核を為す儀軌（vidhi. 勧告文として表現される）はいったい何を意味するのか、より具体的には勧告文をつくる

[*12] *TC* 4(1) p. 375: “nanu tathāpy aprayojakaṃ pauruṣeyatvānumānam, nityanirdoṣatvenaiva tatprāmāṇyopapatteḥ.”（訳：〔**対論者**〕そうだとしても（ガンゲーシャが前章で行うヴェーダの定義と「人格存在により作成されたもの」の定義を受け容れたとしても）、［ヴェーダが］人格存在により作成されたものであるという論証は無効である。それ（ヴェーダ）がプラマーナであることは、［それが］恒常であり、［それゆえ］瑕疵をもたないものであることにより説明できるからである。）

[*13] *NS* 2.2.13–39.

[*14] *TC* 4(1) p. 434: “atrocyate. gakārādivyaktayo naikaikāḥ. asti ca śukasārikāmanuṣyaprabhaveṣu, strīpuṃsatadviśeṣaprabhaveṣu ca gakārādiṣu sphuṭataravailakṣaṇyāt.”（訳：〔**ガンゲーシャ**〕これについて次のように答えられる。“g” 等の個々［の音］は、それぞれ［音種ごとに］単一なのではない。［それゆえ、音は無常である。］つまり（ca）、オウムやサーリカ鳥や人間から発せられた［個々の音］には［違いが］ある。女性や男性やそれらの個々人から発せられた［個々の］“g” 音等には、明瞭に違い［が感受される］からである。）

[*15] “smṛti” と “ācāra” はしばしばセットで言及され、前者は具体的にはマヌ法典やヤージュニャヴァルキヤ法典等の法典を、後者は古の世に存在した高徳な人々（śiṣṭa）の慣行として伝わる行動規範を意味する。インド伝統法学の概念であり、いずれも裁定の根拠となる。

[*16] *TC* 4(1) pp. 465–466: “tathāpi paratantrapuruṣaparamparādhīnatayā pravāhāvicchedam eva nityatvaṃ brūma iti cet. na. smṛtyācārānumitānāṃ śākhānām ucchedadarśanāt.”（訳：〔**対論者**〕そうだとしても（音声は無常だとしても）、私たちは、他に依存する人格存在（つまり人間）の連なりに依存していることにもとづいて［ヴェーダの伝承の］流れが断絶していない、ということこそを「常住」と言っているのである。〔**ガンゲーシャ**〕そうではない。伝承聖典や慣行から推理される［ヴェーダの］支派が［既に］断絶していることが知られているからである。）

[*17] *TC* 4(2) pp. 1–2: “ācāramūlatvaṃ vedasya pravartakajñānajanakatvena bhavatīti pravartakajñanaṃ nirūpyate.”（訳：ヴェーダが慣行の基礎となるのは、［ヴェーダが聞き手に］活動意欲を誘発する認識を生じさせるからである。それゆえ、［これから］活動意欲を誘発する認識が解明される。）

[*18] *TC* 4(2) p. 144: “viṣabhakṣaṇādivyāvṛttaṃ kṛtisādhyatvajñāna iṣṭasādhanatvaṃ viṣayatayāvacchedakam.”（訳：［活動意欲を誘発する認識の］対象性制限者は、毒を食べること等には存在しない、［それが］決意によって達成可能であることが認識されているときの、［それが］望ましいことの達成手段であることである。）

動詞に付される願望法語尾（liṅ）等の意味は何かを問う、ひとつの意味論のかたちをとる[*19]。

9　新得力論（apūrva-vāda）　前章での願望法語尾等の意味に関するニヤーヤ学派の結論に対し、ミーマーンサー学派プラバーカラ派が疑義を示す。たとえば供儀を行って天界を獲得するとき、供儀と天界の間に直接の因果関係は存在しない[*20]。死後に結果が生じるとき、生前に行った供儀はすでに過去のものとなっているからである。プラバーカラ派は、両者の因果関係をつなぐものとして、見えない力（adṛṣṭa）である新得力（apūrva）なるものを想定する。そして、願望法語尾の意味はこの新得力に他ならないとする[*21]。彼らは、「天界を望む者は供儀を為すべし」という勧告文において、勧告文は供儀それ自体が「望ましいことの達成手段」であり、かつ「決意によって達成可能」であると述べるのではなく、天界をもたらす新得力が生じることを述べているのだと考える。しかしガンゲーシャは、新得力は天界の原因そのものではなく、原因であるところの供儀が天界を達成するための媒介作用（vyāpāra）であると主張し、前章の結論を保持する。

10　連関表示説批判（kārya-anvita-śakti-vāda）　前章の終結部で、祭祀の結果はヴェーダの儀軌（勧告文）により示されることもあれば、釈義（解説文）によって知られることもある、ということが言われる[*22]。本章ではこれに対し、釈義はプラマーナとして認められないのではないかという対論者の懸念が示される。というのも、対論者によれば、語は聞き手に、それ自身の意味のみでなく、当為（kārya）と連関した意味を理解させるという。たとえば「壺を持ってこい」という文において「壺」という語が意味するのは単なる《壺》ではなく、《運搬》と連関した《壺》である。しかし釈義は何らの当為も示さないので、プラマーナとして認めるのは難しい[*23]。これ

[*19] 丸井 1987a は新ニヤーヤ学派における願望法語尾の意味論の歴史を精査している。

[*20] 「天界」とは “svarga” を訳したものである。“svarga” は英語でも “heaven” と訳され、いわゆる天国や浄土のような、死後に赴く場所と理解されているようである。しかし、“svarga” は供儀によって獲得される「結果」であり、それを「場所」として捉えるのは難しい。“svar” という語の意味の説明として、次のようなものが知られている。“yan na duḥkhena sambhinnaṃ na ca grastam anantaram | abhilāṣopanītaṃ ca tat sukhaṃ svaḥpadāspadam ||”（訳：苦しみと混淆することなく、［得られた］直後に［苦しみによって］取り込まれることもなく、［ひとの］願いに応じてもたらされる、そのような悦びが、“svar” という語の拠所である。）これはヴァーチャスパティが *NS* 2.1.52 の複註で言及するほか、学派を問わず多くの文献で引用される偈である。このような状態に「到ること（“-ga”）」が “svar-ga” であると理解した方が適切に思われる。ただしこの問題は、古い文献の用例研究によって解明されるべきものであり、以上の筆者の提案は論証ではなく、あくまでテキスト理解を助けるための提案である。

[*21] *TC* 4(2) pp. 297–307: “atha svargakāmo yajetetyādāv iṣṭasādhanatvaṃ kāryatvaṃ vā yad siddhiḥ sa samabhivyāhṛtakriyānvayī tadanyānvayī vā. atra guravaḥ ... ataḥ kriyāto ’nyat svargasādhanatārhaṃ kriyākāryatānirvāhakaṃ liṅādyarthaḥ.”（訳：〔**対論者**〕「天界を欲する者は供儀を為すべし」等において、望ましいことの達成手段であること、或いは結果であること（すなわち、決意によって達成可能であること）が成立する（すなわち、理解される）とするとき、それは、［願望法語尾と］共に発話された［動詞語根の表示する］行為と連関するか、それ以外のものと連関するかのどちらかである。これについて、プラバーカラ派は［次のように言う］。……したがって、行為とは異なる、天界の達成手段である、そして［当該の］行為が為されるべきであることを定めるもの（すなわち新得力）が願望法語尾等の意味である。）

[*22] *TC* 4(2) p. 459: “tac ca phalaṃ kva cid vidhivākyaśrutaṃ kva cic cārthavādikam iti.”（訳：〔**ガンゲーシャ**〕その結果は、或る場合は儀軌文により直接述べられ、また或る場合は釈義により知られる。）

[*23] *TC* 4(2) p. 460: “nanv arthavādādīnāṃ siddhārthatayā na prāmāṇyam, kāryānvita eva padānāṃ śaktyavadhāraṇāt.”（訳：〔**対論者**〕釈義等は成立済みの事柄を意味するので、プラマーナではない。諸々の語の対象指示力は、当為と連関した［事物］に対して確定されるからである。）釈義と呪句のプラマーナとしての妥当性はミーマーンサー学派においてしばしば論じられる問題であり、『ジャイミニ・スート

に対し、諸々の語は当為と連関した意味ではなく、当為に限定しない、何らかの他の語意と連関した意味を理解させるという見解が述べられる*24。はじめの見解を「当為連関指示説（kārya-anvita-śakti-vāda）」、対案を「一般連関指示説（anvita-mātra-śakti-vāda）」と呼ぶ。本章の前主張部では、当為連関指示説論者が一般連関指示説を却けたうえで、釈義は直接的には当為と結びつかないが、間接的に結びついているので、プラマーナとして認めることに問題はないと主張する*25。ガンゲーシャはこれについて、暫定的には一般連関指示説を支持するが、最終的にはいずれも正しくなく、語は他と連関しないそれ自身の意味を独立して表示するという見解を述べる*26。

釈義のプラマーナとしての妥当性に対する疑義に端を発した本章の議論は、「連関表示説（anvita-abhidhāna-vāda）」と「表示連関説（abhihita-anvaya-vāda）」の対立として知られる、意味論上の論争に移っている*27。ミーマーンサー学派のプラバーカラ派は前者を支持し、バッタ派とニヤーヤ学派は後者を支持する。ガンゲーシャは本章で、ニヤーヤ学派の伝統説に従い、表示連関説を論証している。本章は次章と合わせて「意味論章（śaktivāda）」と呼ばれるセクションを形成する。

11　普通名詞の意味論（jāti-śakti-vāda）　前章において、語はそれ自身の意味を独立して表示するという結論が示された。では、「語それ自身の意味」とは何なのか。たとえば「牛」という語の意味は、個物としての《牛》なのか、それともすべての《牛》に共通する要素としての《牛性》なのか。本章ではこのような意味論上の議論が、とくに普通名詞の意味に関して展開される。この議論の歴史については本書第 2 章で概要を紹介しているが、これは文法学派、ミーマーンサー学派、ニヤーヤ学派の 3 派を中心に綿々と続いている論争である。ミーマーンサー学派は普遍（jāti）こそ

ラ』の第 1 章第 2 日課はこの議論に費やされている。この文脈での「プラマーナ」は、未知の事柄を知らせるものであること、活動意欲を誘発するものであること、といった実用論的な意味合いをもっている。ただし、『宝珠』の本章での議論は、これを意味論の観点から論じており、よく知られたミーマーンサー学派の議論とは趣を異にする。そのためか、マトゥラーナータは「プラマーナであること」を「限定された事物の経験をもたらすものであること」と言い換えている。*TCR* 4(2) p. 460: “**na prāmāṇyam** iti. na viśiṣṭānubhavajanakatvam ity arthaḥ.” しかし、次の脚註に示すように実用論的な議論もなされているため、ミーマーンサー学派の文献で為されている議論との連続性も精査されなければならない。

*24 *TC* 4(2) pp. 466–477: “yady api vṛddhavyavahārād ādau kāryānvitadhīr anumitā tathāpy anvitamātra-śaktyaiva kāryatāvācakapadasamabhivyāhārād ākāṅkṣādimahimnā kāryānvitadhīsambhavād na kāryāṃśe 'pi śaktiḥ.”（訳：〔**一般連関指示説論者**〕はじめに（或る語彙をはじめて習得するときに）、年長者の言語的営為にもとづいて、当為と連関した［命じられる者の］認識が［それを観察している、まだその言葉の意味をしらない子供により］推理されるとしよう。そうだとしても、［いちど語彙を習得した後は］連関したもの一般に対する対象指示力だけで、当為であることを表示する語と共に述べられていることにもとづく期待等のちからにより、当為と連関した［語意の、想起としての］認識が可能であるので、当為という部分に対しても対象指示力［を認める必要］はない。）

*25 *TC* 4(2) pp. 482–483: “tac ca kva cit sākṣāt kāryānvayāt kva cit paramparayā kāryānvayāt. ata eva vidhi-śeṣībhūtārthavādānāṃ svargādipadaśaktigrāhakāṇāñ ca pravṛttiparatvena paramparayā kāryānvayāt kāryānvita-svārthabodhakatvam iti.”（訳：〔**当為連関指示説論者**〕それ（活動意欲を誘発する認識をもたらすこと）は、ときには当為と直接連関することにより、またときには当為と間接的に連関することによって［成立する］。まさにこれゆえに、儀軌に従属している釈義、および「天界」といった語の対象指示力（すなわちその意味）を把捉させる［説明的な文］は、活動意欲を指向しているため間接的に当為と連関しているので、当為と連関した自らの意味を［聞き手に］理解させるものである、と［論証される］。）

*26 *TC* 4(2) p. 532: “itarānvite śaktir ity api guḍajihvikā. vastuto 'nvaye 'pi na śaktiḥ.”（訳：〔**ガンゲーシャ**〕他［の語意］と連関した［事物］を表示する、という［考え］も、一時的［に認めたに過ぎない］。実のところは、［語が］連関をも表示するということはない。）

*27 Raja 1969: 189–227 が詳しい。また、シャーリカナータの連関表示説については藤井隆道氏の研究（1999a, 1999b）がある。

が語意であると主張するが、ガンゲーシャはそれを却けて、ニヤーヤ学派の伝統説に従い、普遍、その普遍に属する個物（vyakti）、そしてそれら個物が共有する特徴的形態（ākṛti）の3者すべてが語の指示対象であると述べる[*28]。

この章ではまた、完全には語源に従わない語（yogarūḍha）の意味表示、および比喩（lakṣaṇā）に関する議論も行われる。前者は刊本では *TC* 4(2) pp. 591–660 にあたり、"paṅkaja"（「泥の中に生まれるもの」。蓮のこと）という語の意味表示をめぐる議論が、語の文法的な正しさ（sādhutva）とは何かという話にまで立ち入って白熱する。後者は刊本では *TC* 4(2) pp. 660–726 にあたり、この箇所は「比喩章（lakṣanā-vāda）」と呼ばれることも多い。比喩については p. 33 も参照。

12　複合語の意味論（samāsa-vāda）　「インド哲学」という表現は1語のように考えられるかもしれないが、パーニニ文法学を始めとするインドの文法学の考え方に従うと、「インド哲学」は「インドの哲学」という文における「の」という助詞が無音によって置換された（つまり脱落した）ものであり、1語ではなく複数の語から構成される「文」であるとされるべきである。パーニニ文法学派等は文自体に対象指示力を認めるが、ニヤーヤ学派は、対象指示力は語にのみ具わると考える。この章では、このような複合語の意味表示に関する議論が行われる。パーニニ文法学に従うと、複合語には所有複合語（bahuvrīhi）、限定複合語（tatpuruṣa）、不変化複合語（avyayībhāva）、並列複合語（dvandva）という区分がある。また、限定複合語の一部は同格限定複合語（karmadhāraya）と呼ばれる。ガンゲーシャはこれらのひとつひとつについて意味論的考察を行う。いずれの場合も、文である複合語に対象指示力を認めないという原則を守るため、複合語構成要素の指示（直接的意味表示）または比喩（間接的意味表示）のみによって複合語全体の意味が得られることを示している。議論の流れとしては、前章後半の比喩の議論からつながるかたちとなっている。

所有複合語　"citra-gu"（まだらの牛をもつ者）という複合語においては、"go"（牛）という語が比喩によって《牛をもつ者》（go-svāmin）を表示する[*29]。文である複合語自体には比喩による対象指示力を認めない[*30]。

限定複合語　"rāja-puruṣa"（王の使用人）という複合語においては、"rājan"（王）という語が比喩によって《王に関係する》（rājñas）という意味を表示する[*31]。

---

*28　*TC* 4(2) p. 577: "uktanyāyair jātivad vyakter api śakyatvāt."（訳：先述の論理に従い、普遍と同様、個物もまた、指示対象だからである。）　*TC* 4(2) p. 589–591: "jātiviśeṣavad avayavasaṃyogarūpākṛtir api padaśakyā, gopadāj jātyākṛtiviśiṣṭasyaivānubhavāt.... ata eva vyaktyākṛtijāyatas tu padārtha iti pāramarṣa-sūtram."（訳：個々の普遍［が指示対象であるの］と同様、部分の結合としての形態もまた、語の指示対象である。……まさにこれゆえ、至高の聖仙（すなわちガウタマ）は「語意とは個物と形態と普遍である」というスートラを示した。）

*29　*TC* 4(2) p. 733: "citragopadayor anvayabodhānantaraṃ gopadaṃ citragosvāmilakṣakam, svajñāpyacitra-gosambandhena tatsvāmismārakatvāt."（訳："citra" と "go" というふたつの語［それぞれの意味］の連関が理解された後、"go" という語が、比喩により《まだらの牛をもつ者》を理解させる。自ら（"go"）により理解される［《牛》の］《まだらの牛》との関係により、《それ（まだらの牛）をもつ者》を想起させるからである。）

*30　*TC* 4(2) p. 733: "vākye nirarthakatayā svārthasambandhābhāvena lakṣaṇāniṣedhāt."（訳：文は、［それ自身の］意味をもたないため、それ自身の意味の［比喩される意味との］関係が存在しないので、比喩［が意味を理解させること］は否定されるからである。）

*31　*TC* 4(2) p. 753: "tatpuruṣe 'pi rājapuruṣa ityādau pūrvapadasya ṣaṣṭhyarthasambandhe nirūḍhalakṣaṇayaiva rājasambandhipuruṣabuddhyupapatter na samāse śaktiḥ."（訳："rājapuruṣa"（王の使用人）といった限定

同格限定複合語　“nīla-utpala”（青い蓮）という複合語においては、“nīla”（青）と“utpala”（蓮）のそれぞれが指示する意味が、然るべき関係により連関する。この場合、比喩は必要とされない*32。

不変化複合語　“upa-kumbham”（壺の近くで）という複合語においては、“kumbha”（壺）という語が比喩によって《壺の》（kumbhasya）という意味を表示する*33。

並列複合語　この場合、指示だけで意味理解を説明できるため、比喩を想定する必要はない。

13　動詞語尾の意味論（ākhyāta-vāda）　パーニニ文法学では、定動詞は語根に種々の接辞を付した後、最後に動詞語尾を付して形成されるものとして説明される。たとえば定動詞“pacati”は語根“pac”に接辞“śap”を付し、最後に動詞語尾“tip”を付して形成される。第8章「儀軌論」では願望法という特定の法を表す動詞語尾の意味が議論されたが、この章では、あらゆる法・時制・数に共通の動詞語尾の意味が論じられる。ニヤーヤ学派の伝統説では、それは努力（yatna）であり、行為主体が非人格存在の場合は比喩により作用（vyāpāra）が意味されると言われる*34。一方、ガンゲーシャの考えでは、動詞語尾に共通の意味は、受動態の場合は行為対象性（karmatva）、能動態の文では行為者性（kartṛtva）である*35。この章は前章との関連が弱いように思われるが、ルチダッタは、上述のニヤーヤ学派伝統説では作用に対する比喩が想定されているので、引き続き比喩に関する議論の流れのなかで本章の議論が行われ

複合語の場合も、前分がもつ、第6格［語尾］の意味である関係［の関係項］に対する慣用的な（すなわち語源に従わない）比喩のみによって、《王と関係した使用人》の認識が説明できるので、複合語に対象指示力［を認める必要］はない。）

*32　*TC* 4(2) pp. 777–778: “nīlotpalam ānayetyādau karmadhāraye vibhaktiṃ vinaiva nāmārthayor anvaya-bodhānantaraṃ viśiṣṭasya karmatvena kriyānvayaḥ.... karmadhāraye sāmānādhikaraṇyaṃ nāmārthayor abhedo vā guṇaguṇinoḥ samavāyo vānubhūyate.”（訳：“nīlotpalam ānaya”（青い蓮を持ってこい）といった同格限定複合語の場合、［前文の後に］語尾がなくても、ふたつの名詞の意味の連関が理解された後、限定されたもの（すなわち《青い蓮》）が行為対象として、行為（すなわち《運搬》）と連関する。……同格限定複合語の場合、同格関係が、ふたつの名詞の意味の非別異性として、或いは性質の、性質をもつものへの内属として経験される。）

*33　*TC* 4(2) pp. 785–786: “upakumbham ityādyavyayībhāvo ’rdhapipyalītyādiś [sic] ca tatpuruṣaḥ pūrva-padārthapradhāna eva, kumbhasya samīpe pipyalyārdhe [sic] tātparyāt, atas tatrottarapade ṣaṣṭhyarthalakṣaṇā, na tu samāse śaktiḥ.”（訳：“upakumbham”（壺の近くで）といった不変化複合語、および“ardhapippalī”（胡椒半分）といった限定複合語は、まさしくその前分が主要素となっている。［これらの語はそれぞれ］《壺の近く》と《半分の胡椒》を指向しているからである。それゆえ、これらの場合、後分は第6格［語尾］の意味を比喩により表示するのであり、複合語［自体］に対象指示力があるのではない。）

*34　*TC* 4(2) p. 819: “ākhyātasya yatnavācakatvād acetane ratho gacchatītyādāv ākhyāte vyāpāralakṣaṇā.”（訳：動詞語尾は努力を表示するので、（行為主体が）非精神的存在の場合、つまり“ratho gacchati”（馬車が行く）といった場合、動詞語尾には作用に対する比喩がある。）

*35　*TC* 4(2) pp. 845–846: “vayan tu brūmaḥ. caitreṇa pacyate taṇḍulaḥ, rathena gamyate grāma ity atra taṇḍulagrāmau karmaṇī pratīyete. asti ca tayoḥ parasamavetakriyāphalaśālitvaṃ karmatvam. tac cākhyāta-vācyam eva, taṇḍulaṃ pacatīty atra dvitīyāta ivānyataḥ karmatvālābhāt. tasmāt kartṛtvavat karmatvam api lakāravācyam, taddharmiṇoḥ kartṛkarmaṇor anyata eva lābhād iti.”（訳：私たちは次のように言おう。“caitreṇa pacyate taṇḍulaḥ”（米がチャイトラにより調理される＝チャイトラが米を調理する）、“rathena gamyate grāmaḥ”（村が馬車によって到達される＝馬車が村に着く）という場合、《米》と《村》は行為対象として理解される。そして［実際に］両者には、「他方［の要素］に内属する行為の結果の保持者であること」としての行為対象性が存在する。そしてそれ（行為対象性）は、まさしく動詞語尾により表示される。“taṇḍulaṃ pacati”（米を調理する）という場合には第2格［語尾］から理解されるが、それと異なり、この場合、［動詞語尾］以外［の要素］からは行為対象性が理解されないからである。したがって、行為者性と同様、行為対象性もまた、動詞語尾により表示される［と言える］。それら（行為者性と行為対象性）それぞれの基体である、行為者と行為対象は、［語尾ではない］他［の要素］から理解されるからである。）テキストの解釈については和田2014を参考にした。

ていると説明する[*36]。

14　動詞語根の意味論（dhātu-vāda）　動詞語尾の意味に続き、動詞語根（dhātu）の意味が論じられる。たとえば動詞語根 “pac”（調理する）は《調理》を、“gam”（行く）は《進行》を意味するが、この章で議論されるのはそのような個別的な意味ではなく、それらに共通の意味である。ガンゲーシャによれば、それは「結果をもたらす作用（phala-anukūla-vyāpāra）」、或いは単なる「作用（vyāpāra）」である[*37]。先の “pac” を例にすると、《軟化という結果をもたらす作用》が動詞語根の意味であり、それが《調理》という行為の本質である。

15　動詞前接辞の意味論　サンスクリット語には約 2000 の動詞語根があるが、それらを 22 種類の動詞前接辞（upasarga）と組み合わせることにより、さらに多様な意味を表すことができる。たとえば “jānāti” は《知る》という意味だが、それに前節辞 “pari” を付した “pari-jānāti ” は《はっきりと知る》、《知り尽くす》といった意味を表す。この章では、これら動詞前接辞の機能が議論される。ガンゲーシャによれば、動詞前接辞はそれ自体で意味を表示するものではなく、動詞語根と共になって意味を表示する「対象指示者性制限者（śaktatā-avacchedaka）」であり、語根の意味を「照らすもの（dyotaka）」という補助的な役割を果たしている[*38]。また、動詞語根は指示ではなく比喩によっても字義を超えた様々な意味を表示するが、前接辞は聞き手がその意味を捉えるのを補助するものである、という考えも「或いは（atha vā）」として示される[*39]。

16　その他のプラマーナ　最終章では、知覚、推理、類推、言葉というガンゲーシャの認める四つ以外にプラマーナは存在しないという主張が行われる。特に、身振り（ceṣṭā. ハンドサイン等のこと）が言葉に含まれるということが詳細に論証される。

言語部全体の構成

以上の概要から分かるように、ガンゲーシャは著作の階層的な構成よりも、前後の、つまり横方向の「流れ」を重視して論述を行っているように思われる。註釈者たちも、各章

[*36] *TCP*$_{4C}$ 4(2) p. 819: “**ākhyātasye**ti. tathā ca lakṣaṇaprasaṅgainaivākhyātārthanirūpaṇam [sic] atreti nānavasaraparāghāta iti bhāvaḥ.”（訳：「**動詞語尾は**」。したがって、まさしく比喩に付随するかたちで、ここで動詞語尾の意味が解明される。それゆえ、話題の適切性（avasara）が無いと非難されることはない、ということである。）

[*37] *TC* 4(2) p. 849–850: “upāya evādhaḥsantāpanādir vyāpāraḥ, pravṛttiviṣayatvāt. kṛtisādhyatveneṣṭasādhanatvena ca vidhipratyayena bodhyata iti phalānukūlo vyāpāra eva dhātvarthaḥ.... evaṃ yajigamipacijuhotidadātīnām api vyāpāra eva vācyaḥ, phale pravṛttyasambhavāt.”（訳：［調理の例において、］下から燃やすことといった手段こそが［結果を実現する］作用である。［それこそが］活動意欲の対象だからである。［そしてその作用は、］決意によって達成可能であると、また望ましいものの達成手段であると、儀軌の接辞により理解される。それゆえ、動詞語根の意味は結果をもたらす作用に他ならない。……同様に、“yaj”（供儀をする）、“gam”（行く）、“pac”（調理する）、“hu”（捧げる）、“dā”（与える）の表示対象もまた作用に他ならない。結果に対する活動意欲が［生じ］えないからである。）

[*38] *TC* 4(2) p. 856: “evañ ca prottarasthatvena gamane śaktir iti praśabdaḥ śaktatāvacchedako na śakta ity aupasandānikī śaktir eva dyotakatvam.”（訳：（《進行》を意味する “pra-sthā” という動詞について、）以上のように、《進行》の表示は「“pra” の後に来る “sthā”」として為されるのだから、“pra” という言葉は対象指示者性の制限者ではあっても、対象指示者（そのもの）ではない。このように、（語根の意味を）照らすものであるということは、補助的な対象指示力である。）

[*39] *TC* 4(2) p. 856: “atha vā pratiṣṭhata ity atra virodhilakṣaṇayā dhātor gamanopasthitiḥ. praśabdas tu tāt-

の始まりにおいて、そこから始まる議論が先行する章とどのように関連するのかを説明するのが常である。この関連性は “saṅgati” と呼ばれ、後代、細かく種類に分けて分析されることになる*40。そのように流れてゆく論述を、無理に階層構造で捉えようとすると、ガンゲーシャの真意を見失ってしまうことにもなりかねない。

したがって、あくまで『宝珠』言語部のおおまかな構成の把握を助ける便宜として、上記の 16 章を仮にセクションに分けて捉えると、以下のように四つのセクションに区分できる。

1	言語理解の獲得	1 章～ 5 章冒頭
2	ヴェーダ論	5 章中盤～ 7 章
3	意味論	8 章～ 15 章
4	補足	16 章

ガンゲーシャはまず、プラマーナであるところの言葉とはどのようなものかを論じ、そのような言葉に求められる期待、適合性、近接という古くから知られた 3 要件を順に定義する。その後、指向の定義を検討する。後代の新ニヤーヤ学派では、文意理解に必要な要件を期待、適合性、近接の理解に「指向の理解」を加えた四つとする考えが普及するため、第 5 章（指向）を第 2 章～第 4 章と並列に捉える理解が支配的である。しかし指向において、指向に関する議論に割かれる紙数は冒頭の僅かだけで、途中から、ヴェーダは誰かに作成されたものか否かという話に議論が移る。そしてその後、第 6 章と第 7 章ではヴェーダに関する詳細な議論が続く。このような文脈理解に立つと、第 5 章の中盤以降はヴェーダ論の始まりであると考えられる。さらに、第 5 章冒頭での指向定義に関する議論も、ヴェーダの作者の存在論証に直接援用されているので、ここから既にヴェーダ論が始まっているとも解釈できる。ガンゲーシャは、おそらく、第 1 章～第 4 章で論じた言語認知に深く関わる、指向の議論をきっかけに、言語認知論から自然なかたちでヴェーダ論へと話を進める、という展開を意図しているのだろう。

このようにしてヴェーダ論が展開された後、儀軌論によって意味論の議論が始まる。ただし、先の各章概要で示したとおり、儀軌論もまたヴェーダ論の枠の中にあるとも言える。第 8 章の儀軌論と、それに付随する第 9 章、第 10 章は、ヴェーダ論から意味論へと議論をつなぐ媒介の役割を果たしている。第 11 章以降は名詞の意味と動詞の意味とが論じられる。名詞の意味論は、普通名詞の意味論と複合語の意味論に分けられる。また、動詞の意味論は、動詞語尾、語根、前接辞の 3 要素に分けて論じられる。

以上の議論が終わり、最後に、プラマーナの種類は四つに限られるということが論証される。この章の大部分は、ハンドサイン等の身振り・手振りによる情報獲得も言語情報の獲得の一形態として説明できるという議論に費やされている。したがって、言語部を締め

---

paryagrāhakaḥ.”（訳：或いは［次のように考えることもできる］。“pratiṣṭhate”（進む）というこの場合、［語根が本来意味する《留まる》ということと］矛盾する意味に対する比喩により、語根から《進行》が表出する。“pra” という言葉は指向を理解させるものである。）

*40 “saṅgati” の種類については、『宝珠』推理部遍充五大定義節マトゥラーナータ註に対する Sivadatt Misra の脚註（Ḍhuṇḍhirāj Śāstrī 1997: 6）に、筆者の知る限り最も詳しい説明がある。

くくるものと取れる一方、知覚部真理論章の直後に示された4種のプラマーナの列挙に話が戻っていると考えることもできる。階層構造でテキストを理解するならば、どちらの解釈が正しいか決定しなければ章番号が振れないことになるが、ガンゲーシャの議論の流れを考えると、言語部を締めくくると同時に、『宝珠』のプラマーナ論全体を締めくくっていると理解するのが適切と思われる。

4 『宝珠』およびその註釈の出版状況

『宝珠』の出版状況

『宝珠』全編を通しての刊本は、未だ1種類しか存在しない。19世紀にKamakhyanathが校訂し、『アーローカ』や『マートゥリー』をはじめとする註釈や、ラグナータの独立小作品を附して、4部6巻構成でカルカッタのAsiatic Societyが刊行するBibliotheca Indicaシリーズのひとつとして出版されたもの（Kamakhyanath 1888–1901 (1990)）がそれである。以下、BI版と呼ぶ。

知覚部についてはBI版以外にもティルパティとヴァラナシで全体が出版されているほか、帰敬偈論や真理論についてはその章のみを抜き出して註釈を附した刊本もある。推理部は特に広く読まれている部分であり、ラグナータの註釈を附した多くの刊本がある。類推部はBI版が唯一の刊本である。本書の扱う言語部については、1991年にジョドブプル大学から出た刊本（Saha and Mukhopadhyay 1991b）があるが、これはBI版の註釈を除いた部分の写真複写である。また、1904年にSastramuktavaliシリーズから、第1章（言葉の正しさ）の冒頭部が、ガダーダラの註釈とともに出版された。現在、言語部のオリジナルの刊本として存在するのは、筆者の知る限りではこれら2種のみであり、後者がごく一部しか収録していないことから、実質的にBI版のみが資料として利用可能である。

『宝珠』の註釈者たち

次小節で『宝珠』言語部の註釈の出版状況を概観するが、それに先立って、『宝珠』の註釈者たちのうちで、いま言及しておく必要のある者たちの系譜を簡単に整理する。師弟関係については半ば伝説的で、文献により裏づけられていないものも多い。

- ガンゲーシャの実子とされるヴァルダマーナ（fl. 1345）はウダヤナの著作に多く註釈を残しており、父の『宝珠』にも註釈したと言われている。
- 早い時期にミティラーで名を上げた新ニヤーヤ学者にヤジュニャパティ（fl. 1460）がいる。『宝珠』の註釈『プラバー』（*Prabhā*）を著した。
- ヤジュニャパティの弟子とされるジャヤデーヴァ（fl. 1470）は[*41]、ミティラー時代の新ニヤーヤ学派で最大の学者と言ってよいだろう。註釈『アーローカ』を著している。『アーローカ』には、マトゥラーナータやガダーダラをはじめ、多くのニヤーヤ学者が複註を著した。
- ジャヤデーヴァには多くの弟子がいたが、そのうちのひとりがルチダッタ（fl. 1505）

[*41] D. C. Bhattacharyya 1958: 122、Umesh Mishra 1965: 330–331、Potter and S. Bhattacharyya 1993: 473を参照。

である[*42]。その註釈『プラカーシャ』も『アーローカ』同様に写本が比較的多く残っており、広く読まれたと推測される。

- ベンガルのヴァースデーヴァ・サールヴァバウマ（fl. 1490）もまた、ジャヤデーヴァに師事したと伝えられる[*43]。
- 伝承によれば、ヴァースデーヴァは若い日のラグナータ（fl. 1510）を教えた。ラグナータはその後、ジャヤデーヴァ本人にも教わったと言われている[*44]。その後、ラグナータはベンガルにニヤーヤの新たな学院を創設する。もし伝承の通りであれば、ルチダッタ、ヴァースデーヴァ、ラグナータは兄弟弟子ということになる。
- ラグナータの弟子のひとりに、ラーマバドラ（fl. 1570）がいる。ラーマバドラはジャガディーシャ（fl. 1630）とラーマ（fl. 1620）を教え、ラーマは息子マトゥラーナータ（fl. 1650）を教えた[*45]。マトゥラーナータはラーマバドラにも教わったとも言われる[*46]。
- ジャガディーシャと同じ頃に活躍した学者にハリラーマ（fl. 1635）がおり、彼はガダーダラ（fl. 1660）を育てた[*47]。

『宝珠』言語部の註釈

『宝珠』に対する註釈や複註は膨大な数が著されているが、刊本で利用できるものは驚くほど少ない。とくに、本書が扱う言語部について出版されている註釈は、以下のもののみである。

- 『アーローカ』　第 11 章（普通名詞の意味論）から最終章まで[*48]
- 『プラカーシャ』　全編[*49]
- 『マートゥリー』　第 1 章から第 10 章（連関表示説批判）まで[*50]
- 『ガーダーダリー』　第 1 章の前半のみ[*51]

ラグナータによる改革が行われる前の、ミティラー時代の『宝珠』理解を示すものとして、ミティラーの大学者ジャヤデーヴァの『アーローカ』はたいへん貴重な資料である。筆者は『アーローカ』の未刊部分の校訂を行っており、その中途段階のものを筆者のウェブサイト <http://nyaya.shastra.jp/> で公開している。本稿ではそれを資料として利用した。

[*42] Vidyabhusana 1920 (1988): 457、D. C. Bhattacharyya 1958: 126、Umesh Mishra 1965: 346、Potter and S. Bhattacharyya 1993: 492 を参照。

[*43] Vidyabhusana 1920 (1988): 461、Umesh Mishra 1965: 409、Potter and S. Bhattacharyya 1993: 489 を参照。

[*44] Vidyabhusana 1920 (1988): 463、Ingalls 1951 (1988): 9、Umesh Mishra 1965: 412、Potter and S. Bhattacharyya 1993: 521 を参照。

[*45] Vidyabhusana 1920 (1988): 467, 469、Ingalls 1951 (1988): 20–22、S. Bhattacharyya and Potter 2011: 269 を参照。

[*46] Umesh Mishra 1965: 425、S. Bhattacharyya and Potter 2011: 269 を参照。

[*47] Vidyabhusana 1920 (1988): 481、Umesh Mishra 1965: 441、S. Bhattacharyya and Potter 2011: 504 を参照。

[*48] Kamakhyanath 1888–1901 (1990).

[*49] Saha and Mukhopadhyay 1991a.

[*50] Kamakhyanath 1888–1901 (1990).

[*51] Prativadibhayamkaranantacarya 1904.

なお、ラグナータも『宝珠』言語部に対する註釈を著した可能性があり、その名を冠した写本がいくつか知られていたが、筆者が 2012 年から 2015 年にかけて調査したところ、確認できた写本はすべて違う作品のものであった[*52]。現在のところ、ラグナータの註釈と思われる写本は入手できない。しかし、ラグナータ註に対する複註とされる写本がカタログに記載されているなど、ラグナータ註（或いはラグナータ註だと思われていた註釈）の存在を示唆する要因はまだいくつかある。ラグナータ註の捜索は今後も続けていく。

[*52] *New Catalogus Catalogorum* に記載されているものを可能な限り調査した。ライプチヒの写本 No. 943 は写本の所在を示すものではなく、ラグナータが『宝珠』推理部に対する註釈で言語部註に言及していることを示すものである。ベナレス・カタログの No. 177 はサラスヴァティ・バヴァンの No. 178 と同じものと思われるが、これはラグナータの『アーキヤータ・ヴァーダ』の写本であった。南インドの個人蔵の 2 点については現物を確認できなかった。コルカタのサンスクリット大学では、*New Catalogus Catalogorum* に記載のない、“śabdakhaṇḍa mūla śiromaṇi ṭīkā” と題された写本を発見したが、その中身は『アーローカ』であった。

第 2 部

言語理解の獲得

第5章

文意理解の認知機構

『宝珠』言語部の冒頭から第5章（指向論）まで、ひとの文意理解に関する議論が展開される。話の発端は、言葉はプラマーナのひとつとして認められるかどうか、という問題提起である。これについて、ガンゲーシャは次のように主張する——すべての言葉が私たちに正しい認識を与えるわけではないが、期待等の条件を満たし、また語意の想起といった媒介作用（vyāpāra）を経ている場合、言葉は必ず正しい認識をもたらす[*1]。したがって、言葉はプラマーナとして認められる。これに対し、ヴァイシェーシカ学派が次のように異議を申し立てる。たしかに、言葉から正しい認識は得られる。しかし言葉にもとづいて対象を理解する認知の仕組みは、煙にもとづいて火を推理する、その推理の仕組みと何ら異なるものではない。したがって、言語理解は推理の一種として説明できるため、言葉というものを独立のプラマーナとして認める必要はない。この論争は、古く『ニヤーヤ・スートラ』の頃から続くものである[*2]。ミーマーンサー学派は、同種の論理で、ヴェーダを除く言葉にもとづく言語理解は推理の一種に還元できると考える。そしてそれにもとづき、ヴェーダ以外の言葉は推理により既に知られていることを反復して伝える（再説する）だけなので、プラマーナと認めるに値しないとまで言う。ガンゲーシャはニヤーヤ学派の伝統に従い、言葉は独立したプラマーナであり、それゆえ再説するものでもないと主張する。そのために、文意理解の認知機構が推理には還元できないことを示すのだが、その詳細については本書補遺の訳註に譲りたい[*3]。本章で概観するのは、この文脈で行われる、ガンゲーシャによる文意理解の認知機構のモデル化である。それは、ひとはどのように文意を理解するのかということの内省的分析であると同時に、正しい文意理解を得るにはどのように認知機構をはたらかせるべきかという規範を示すものともなっている。

[*1] 「媒介作用」については p. 21 を参照。
[*2] *NS* 2.1.49–53.
[*3] 特に言語部言葉の正しさ章を参照。

1 自然言語処理の基礎概念

ガンゲーシャの議論の分析に入る前に、計算機科学の分野で行われている自然言語処理の理論の基礎的な部分を解説する。そこにはインドの伝統的な言語理論との類似点が多くみられる。それと対比しつつ『宝珠』を読み解くことにより、ガンゲーシャの議論への理解も深まるだろう。自然言語処理に関する入門書は数限りなくあるが、ここでは 奥村 2010 を主に参考にした。

自然言語処理（NLP, Natural Language Processing）とは、ひとが日常的に話す言語（自然言語）を計算機により処理する技術であり、検索エンジンや機械翻訳の開発に有用なものとして研究されている。自然言語処理では、入力された言語表現を順に次の 4 種の解析にかけ、意味を得る。

1. 形態素解析
2. 構文解析
3. 意味解析
4. 文脈解析

まず、入力された言語表現を形態素に区切る。このとき品詞も確定される。日本語の場合は文節への分節もここで行われる。

次に、そうして得られた形態素または文節の配列に文法規則を適用して、他動詞と目的語の係り受けや、修飾・被修飾関係等を判定し、構文構造を得る。この段階では品詞と品詞の関係のみが問題とされ、意味の領域には立ち入らない。ひとつの文の解釈として複数の構文構造が考えられる場合もあるが、その場合は曖昧さを解消するために、係り受け構造は離れた文節間よりも近い文節間に成立するという経験則を適用したり、コーパスを用いて統計的に処理したり、また次のステップである意味解析の結果を利用したりする。

意味解析のステージでは、構文解析により得られた構造が意味を考慮しても成り立つか、その妥当性がふるいに掛けられる。たとえば「学校を」と「食べる」は、文法的には構造を作りうるが、意味を考えるならば両者は結びつきえないため、これらを連結させる構文構造は棄却される。また、意味解析においては、構文的（syntactic）に連結した語の意味が、意味的（semantic）にはどのように結びついているかを、それぞれの要素を深層格に対応づけることで解析する。格文法における格には、表層格と深層格のふたつのレベルがある。表層格とは、主格や目的格といった構文レベルの格であり、構文解析において参照される。深層格とは、動作主格（行為主体）や対象格（行為対象）、場所格（行為が行われる場）といった、意味レベルでの格である。インド古典文法の「カーラカ」に等しい概念であると言えよう[*4]。意味解析においては深層格が解析対象とされ、たとえば「ガンゲーシャがカレーを食べる」という文において、「カレー」が対象格であり、「ガンゲーシ

[*4] インドの古典文法では、或る動作や行為、運動が為されるとき、その成立に貢献する要素には 6 種あるとされる。動作の行為主体（kartṛ）、行為対象（karman）、手段（karaṇa）、享受者（sampradāna）、起点（apādāna）、場所（adhikaraṇa）である。これら 6 種の要素が「カーラカ」と呼ばれる。《彼が馬から落ちる》という出来事は、《彼》を行為主体カーラカ、《馬》を起点カーラカとする《落下》という動作が成立することとして分析される。6 種のカーラカは、サンスクリット語の 7 種の表層格に概ね

ャ」が動作主格であることを判定し、意味レベルの構造（意味構造）を得る。この「意味構造」は、インドの言語理論において文意とされている「語意連関」と同じものと考えて良いだろう[*5]。

ここまでの解析プロセスは文の内部で行われるが、最後の文脈解析は複数の文に対してかけられる。これにより、指示代名詞の参照先を推定したり、反復を回避するため省略された要素を先行する文から補ったりする。

以上が、自然言語処理のごくごく簡単な概略である。自然言語処理の理論には、認知言語学の理論との共通点が多くあるが、両者には根本的な考え方の違いがある[*6]。認知言語学は、ひとの言語認知の仕組みを経験的に解明しようという学問である。一方、自然言語処理は、あくまで工学の一領域であり、機械により文意理解を獲得することを目的とするものである。そこでは認知言語学の成果が全面的に利用されているが、人間の認知機構を模倣しようとしているのではない。人間は、曖昧な文の構文解析に失敗することもある。人間らしい人工知能を作ろうとするのでない限り、機械はなにも、そのような失敗まで精密に模倣することはない。自然言語処理は、人間の認知機構を参考にしつつ、正しい意味理解（何をもって正しいとするかは議論されなければならない）を行うための手続きを定めている。この問題意識が、ガンゲーシャにも共有されていると思われる。彼は内省によって言語認知の仕組みを分析すると共に、正しい文意理解を得るためにひとがとるべき認知のモデルを示している。歴史的にみれば、ガンゲーシャの理論の原型は、ヴェーダの意味を正しく理解するためのガイドラインとしてミーマーンサー学派が発達させたものである。つまり、その起源から規範的観点を有していた。このような目的と観点を共有しているために、自然言語処理とガンゲーシャの理論とは多くの類似を示しているのだろう。

2 文意理解成立の 3 要件

期待、適合性、近接

句読点というものの発明により、人間のコミュニケーションはずいぶんと確実さを増したのではないかと思われる。どの言語の古文書でも似たような状況だと思われるが、サンスクリット語の古写本においては句読法が発達していない。そのため、写本を読んでいると、まず、どこで文を区切るのか迷うことがしばしばある。文の区切りが判らないと、たとえば或る動詞がその前に出てくる名詞に掛かるのか、その後に出てくる名詞に掛るのかが判らなくなる。写本を解読する際は、「この動詞はこの名詞とは掛るはずがないから、こっちに掛けて文を区切ろう」というように、内容を考えながら手がかりを探り、文を分節していく。いま、次のような日本語の例を考えてみよう。

子どもが泣く車を停めるバイクも

対応する。たとえば行為対象は第 2 格（accusative）、手段は第 3 格（instrumental）で示されることが多い。しかし完全な対応づけができるわけではなく、第 3 格が行為主体を意味することもあるし、行為主体が第 6 格（genitive）によって示されることもある。

[*5] pp. 37ff を参照。

[*6] 認知言語学的な構文解析理論については 広瀬 2004 を参照した。

まず、「子どもが泣く」というひとつの文を読み取ることができる。しかし文法的には、「泣く」を「車」に掛けて、「子どもが、泣く車を停める」という文を読み取ることもできる。どちらが正しいのかは文脈次第であるが、後者の構文分析では、おそらく適切な（つまり、書き手または話し手が想定している）意味の理解が得られない。ここは、「子どもが泣く」、「車を停める」というふたつの文を読み取ろう。すると、「バイクも」という言葉が余ってしまう。ここでひとは、この余った語も何かしら意味があって与えられているはずだという想定のもと、直前の文にある「停める」という句をもういちど読み込んで、「バイクも（停める）」という文として解釈するだろう。

与えられた言葉をどのように解釈し、意味を理解すべきか。「ミーマーンサー（聖典解釈学）」とは、端的にはそのための規範を探求する学問であると言ってよいだろう。彼らの分析の対象となるのはヴェーダである。ここでの「ヴェーダ」とは、よく知られている詩句集成「サンヒター」のみでなく、祭式規定書「ブラーフマナ」や哲学文献「ウパニシャド」等も含み、ミーマーンサー学者はそのなかでも特にブラーフマナの解釈を仕事の中心に据えている。ブラーフマナには祭式の執行次第が規定されているので、適切に解釈しなければ、正しく祭式を行うことができない。聖典解釈は、祭式を中心とするバラモン教の宗教社会においてきわめて重要な問題である。今でこそ、ブラーフマナの刊本を開けば句読点が打ってあるが、ヴェーダは基本的に口承で伝えられるものである。当然ながら句読点など打たれていない。先祖代々伝えられている聖典は、長くつながる語の連続に過ぎない。そこから意味を理解するには、構文を解析して語と語の関係を適切に捉え、文という単位に落とし込まなければならない。第2章で説明したように、文の意味とは語意と語意の連関である。聖典解釈の目標は、どの語意とどの語意が連関するのかを合理的手段によって判断し、意味構造体としての文意を正しく理解することにある。

意味構造の解析の仕方を説明するためにミーマーンサー学者が用いる重要な概念に、期待（ākāṅkṣā）、適合性（yogyatā）、近接（āsatti, sannidhi, sannidhāna 等と呼ばれる）というものがある。期待は、文を区切る際に大きな役割を果たす。たとえば、他動詞は目的語の存在を要請する。これを、他動詞が目的語を「期待する」と言う。同様に、第2格（対格）語尾が付された目的語は、他動詞の存在を期待する。このとき、他動詞と目的語は「相互に期待し合っている」と言われる。たとえば先の例文では、「子どもが」という主語は動詞または補語の存在を期待し、「泣く」という動詞がその期待に応える。同様に、「泣く」という動詞は主語の存在を期待し、「子どもが」という語がそれに応えている。このような、期待が応えられている状態を「充足している」と呼ぶことにする。そして、期待が充足する語のまとまりを、ひとつの文とすることができる[*7]。

どの語意とどの語意が連関するのかを判断するとき、期待は最も大きな根拠となる。しかし、たとえば主語は動詞または補語を期待するが、その主語の意味を、手当たり次第どの動詞や補語の意味とも連関させて理解してよいわけではない。その動詞または補語は、

---

*7 『ジャイミニ・スートラ』で次のように言われている。*JS* 2.1.46 (ekavākyatādhikaraṇa *JS* 1(2) p. 443): “arthaikatvād ekaṃ vākyaṃ sākāṅkṣaṃ cet vibhāge syāt.”（訳：意味（または目的）をひとつにすることにもとづいて、文は単一である［とみなされる］。［それが］分割されるときには［他の要素を］期待することになる。）

近接していなければならない。先の例文で言うと、「子どもが」という主語の期待は「停める」という動詞によっても満たされるが、それは主語から隔てられているので、「子どもが」を「停める」に掛けて連関を読み取るのは不適切である。

期待される要素が近くにない場合、少し離れた場所からそれをもってきて近接させる操作を「拡大適用（anuṣaṅga）」と呼ぶ。パーニニ文法学のスートラ解釈技法としてよく知られている「語句継続（anuvṛtti）」に似た操作である。先の例文で「バイクも」という目的語が期待する動詞「停める」を前の文からもってきて二重に読み込み、《バイクも停める》という連関を読み取ったのは、この操作を用いている。

先の例文で「泣く」を動詞の連体形と解釈するとき、それは体言を期待しており、その隣の「車」という名詞がその期待を満たすことができるが、「泣く」を「車」に掛けて理解するのは不適切である。車が泣くという事態は（何らかの比喩表現である場合を除いて）想定できないので、《車》は《泣く》との連関に対して不適合（ayogya）であると言われる。語意の連関を読み取るには、語意間に、それらが実際に連関しうるという性質、すなわち「適合性」がなければならない。

以上の 3 要素を、クマーリラは、語意と語意が連関する条件として規定する。次の『タントラ・ヴァールッティカ』の偈文がよく知られている。

> 期待と、近接と、適合性という三つが、関係（連関）の原因として定まっている。［単に］連続して聞かれること［が関係を為すの］ではない[*8]。

なお、上に示した 3 要件の概説には、少々正確さを欠く点がある。注意しておくべき問題について、簡単に整理しよう。まず、近接について、シャバラの説明を読む限りでは、それが期待の成立要件であるかのように理解できる。つまり、或る語は遠くにある語を期待できない、ということが前提とされているようである。しかし、クマーリラの定式化以降、期待と近接は対等な要件として考えられるのが一般的である[*9]。同様に、適合性も期待の成立要件と考えることもできるだろう。或る要素と相互に期待関係を結ぶ対象を探すとき、適合性があるものに限定して判断すればよいからである。しかし、期待と適合性も対等な要件として扱われる。現代の研究者らは、期待を構文的（syntactic）な性質、適合性を意味的（semantic）な性質として理解するのが一般的である。

ニヤーヤ学派における 3 要件説の受容

これら 3 要件は、文意理解を成立させるために言葉或いはその意味が具えるべき 3 要件として、学派を超えて広く受け容れられるようになる。ニヤーヤ学派もその例外ではない。ニヤーヤ学派の文献では、古いところでヴァーチャスパティが、3 要件を具えた諸々の語が聞き手に文意を理解させるという理解を示している[*10]。ウダヤナは、3 要件を具え

[*8] *TV* ad *JS* 2.1.48 (anuṣaṅgādhikaraṇa *TV* p. 455): “ākāṅkṣā sannidhānañ ca yogyatā ceti ca trayam | sambandhakāraṇatvena kḷptaṃ nānantaraśrutiḥ ||”

[*9] 新ニヤーヤ学派においてはその限りでない。ガンゲーシャも、近接を期待の成立要件とする「新派」の見解に言及する。本書補遺 1『宝珠』言語部期待論章第 3 節（p. 242）を参照。

[*10] *NVTṬ* ad *NS* 1.1.7 (p. 171): “ākāṅkṣāyogyatāsattisadhrīcīnāny adṛṣṭapūrvaṃ vākyārthaṃ bodhayanti.”
(訳：期待と適合性と近接を伴った［諸々の語］が、いまだ経験されていない文意を［聞き手に］理解させる。)

る語の集まりが文であるという定義を示す[*11]。ガンゲーシャもこれの考えを継承し、言葉はなんでもかんでも聞き手に正しい認識をもたらすのではなく、3要件を具えた（すなわち語意の連関を可能にする）文が聞き手に正しい認識をもたらす、すなわちプラマーナであると述べている[*12]。これらにおいては、前小節でみたミーマーンサー学派とは、3要件の捉え方が変化していることに注意したい。ミーマーンサー学派の古い議論では、3要件は、ヴェーダの構文を解析して文意を適切に理解するための、一種のガイドラインのような扱いを受けていた。すなわち、音素の集まりにすぎない文に3要件を探し出し、それを手がかりに構文を解析することが聞き手に求められていた。一方、ニヤーヤ学者たちは、これら3要件を、言葉がプラマーナとなるために具えるべき性質としている。つまり、前者の見解では3要件は聞き手（聖典解釈者）にとっての規範であり、後者の見解では言葉にとっての規範であると言える。前者の議論においては、たとえば「泣く」は「車」を期待していないからそれらの意味を連関させてはならない、というかたちをとるが、ニヤーヤ学者の議論は、ひとが「泣く」を「車」に掛けて意味を理解しないのはそこに期待がないからである、というように、言葉を対象とした人間の受動的な認知活動を説明するものとしての傾向を強く見せている。その詳細は、次節以降、ガンゲーシャが3要件のそれぞれを具体的にどう理解していたのかを考えるなかで明らかになるだろう。

なお、3要件に関する専門的研究のなかでは、Raja 1969が古典的名著として名高く、そこに見られる思想史研究は多くの資料を提供している。またBilimoria 1988はヴェーダーンタ学派の言語理論に依拠して、その哲学的・言語学的問題も含めて詳細に論じており、特筆に値する。3要件の概略的説明をする研究はきわめて多数に上り、インドの言語理論を扱う概説書では必ず取り上げられている。新ニヤーヤ学派の3要件説もそれらにおいて紹介されているが、それらはみな、『ムクターヴァリー』を始めとする後期新ニヤーヤ学派の文献に依拠しており、ガンゲーシャが3要件をどのように捉えていたかを検討する研究は、筆者のこれまでの研究を除けば、本書がはじめてではないかと思われる。

3　期待

ウダヤナの期待論

先述のとおり、期待は3要件のなかでも中心的な役割を果たしており、「期待とは何か」を問う議論は特に歴史が長い。ガンゲーシャに先立ってウダヤナが『花束』で期待の定義を詳細に検討しており、ガンゲーシャの議論はそれを下敷きにして展開されていると思われる[*13]。ガンゲーシャの言おうとしたことを、彼がウダヤナの確定見解をどう修正しているかを調べることを通して、考えてみたい。そのために、本小節ではまず、ウダヤナによる期待定義の議論を概観する。

『花束』の議論の文脈は次の通りである。同書第5篇第13偈に対する自註では、『宝珠』

[*11] *NVTP* ad *NS* 1.1.7 p. 222: “ākāṅkṣāyogyatāsattimatpadakadambakaṃ vākyam.”（訳：期待と適合性と近接を有する語の集塊が文である。）

[*12] 本書補遺1『宝珠』言語部言葉の正しさ章第2節2（p. 147）を参照。

[*13] さらに、ウダヤナの議論の下敷きになっていると思われるものが、ヴァーチャスパティの『タートパリヤ・ティーカー』に見られる。*NVTṬ* ad *NS* 2.1.52 pp. 367–369を参照。

言語部言葉の正しさ章に対応する、ヴァイシェーシカ学派とプラバーカラ派を相手どった論争が展開される。ヴァイシェーシカ学派は、ひとは次のような推理により文から文意を理解している、と主張する。

〔主張〕これらの語は、［それらにより私が］想起させられた意味の連関［を対象とする話し手の］認識に先行される。
〔根拠〕期待等を有し、かつそれらを想起させるものだからである。
〔実例〕「牛を連れてこい」という［諸語］のように*14。

ウダヤナはこれに関し、ここでいわれる「期待」とは何かと問う。そして期待の本質を明らかにし、それを推理に組み込むことが不可能であることを根拠に、ヴァイシェーシカ学派の主張を否定する。

ウダヤナはまず、期待の定義の候補として以下のようなものに言及する。(1) 語意間の限定者・被限定者関係（viśeṣaṇa-viśeṣya-bhāva）とする見解、(2) 語意間の限定者・被限定者関係に対する適合性（tad-yogyatā. 実際に関係していなくても、関係することができるという性質）とする見解、(3) 語意間の不可離関係（avinābhāva）とする見解であり、これらをすべて却ける*15。

期待定義の第 4 候補として、ウダヤナは、「認識者の抱く、知りたいという願望（pratipattur jijñāsā）」がそれである、という見解に言及する*16。たとえば「子どもが泣く」という文において、「子どもが」と聞いた聞き手は、子どもがどうしたのか知りたい、という願望を抱く。それに応えるのが「泣く」という動詞である。同様に、「泣く」と聞いて、ひとは、誰が泣くのか知りたいという願望を抱く。このようにして、主語と動詞の相互期待関係が説明される。これは期待の一般的な定義として他学派にも知られているが、ウダヤナはこれを複数の根拠で批判する*17。そのひとつは、次のような論理にもとづいている。いま、下記のような例文を想定しよう。

子どもが泣く声が大きい

話し手の意図しているものは、「子どもが泣く」「声が大きい」という独立したふたつの文であるとする。しかし、もし聞き手が「子どもが」という部分を聞き逃し、「泣く声が大

---

*14 *NKus* p. 390: “etāni padāni smāritārthasaṃsargajñānapūrvakāṇi, ākāṅkṣādimattve sati tatsmārakatvāt, gām abhyājetivat.”

*15 *NKus* p. 392: “tatra keyam ākāṅkṣā nāma. na tāvad viśeṣaṇaviśeṣyabhāvaḥ, tasya saṃsargasvabhāvatayā sādhyatvāt. nā ’pi tadyogyatā, yogyatayaiva gatārthatvāt. nāpy avinābhāvaḥ, nīlaṃ sarojam ityādau tadabhāve ’pi vākyārthapratyayāt. tatrāpi viśeṣākṣiptasāmānyayor avinābhāvo ’stīti cet. na. aho vimalaṃ jalaṃ nadyāḥ kacche mahiṣaś caratītyādau vākyabhedānupapattiprasaṅgāt.”（訳：そこ（提示された推理式）における、この期待とは何であろうか。まず、限定者・被限定者関係ではない。それ（限定者・被限定者関係）は連関の本質であるので、推理対象だからである。また、それ（限定者・被限定者関係）に対する適合性でもない。［3 要件のひとつとしての］他ならぬ適合性によって、その役割は果たされているからである。また、不可離関係でもない。それ（不可離関係）が存在しない、“nīlaṃ sarojam”（蓮が青い）といった場合でも、文意が認識されるからである。**〔対論者〕**その場合も、個物に要請される一般者同士の間には不可離関係がある。**〔ウダヤナ〕**そうではない（そうだとしても、その期待定義は誤りである）。“aho vimalaṃ jalaṃ nadyāḥ kacche mahiṣaś carati”（おお、川の水は澄んでいる。岸辺を水牛が行く。）等の場合に、（“nadyās” と “kacche” の間で）文が分割されないことになってしまうからである。）

*16 *NKus* p. 392: “nāpi pratipattur jijñāsā.”（訳：また、［期待は］認識者の抱く、知りたいという願望でもない。）

*17 *NKus* pp. 392–398 にわたって長い議論が展開される。

きい」という部分だけを聞いたならば、「泣く」と聞いた時点でそれを連体形活用と解釈し、「泣く何がどうした？」という「知りたいという願望」を抱き、それに対して「声」がその願望を満たすことになるだろう。つまり、知りたいという願望としての期待は、「泣く」と「声」の間に存在する。そして最終的に、《泣く声が大きい》という内容を理解する。しかしこれでは、正しい認識を得たことにならない。正しい文意理解を導く文の性質としての期待は、「泣く」と「声」の間にあってはならない[*18]。

このような問題を回避するため、ウダヤナは「知りたいという願望に対する適合性(jijñāsāṃ prati yogyatā)」を期待の定義とする確定見解を示す[*19]。“yogya”（適合する）というサンスクリット語には、「可能である」という意味と「適切である」という意味がある。この定義における「適合性」は、上記の第 2 見解のような「可能性」ではなく、「そうするのが適切であること」として理解すべきであろう。「泣く」と聞いてその次に体言が置かれることを期待するのは、可能ではあるが、適切ではない。この「適切さ」という性質を、ウダヤナは、「聞き手における、それらより生じるべき連関の理解の未然非存在（śrotari tad-utpādya-saṃsarga-avagama-prāg-abhāva)」と言い換える[*20]。《泣く》と《声》の連関の理解は、生じるべき理解ではない。生じるべき理解は《子ども》と《泣く》の連関を捉えるものである。ただし、どのような連関の理解が適切であるかは、あらかじめどの連関の理解が正しいのかが判っていないと判定できない。何らかの連関の理解が生じ、それが誤っていることが判った後で、なぜ文意理解に失敗したのかを説明する理論としてはこれは有効であるだろう。しかし、ひとは実際に文意を理解しようとするとき、このような期待を確定することができるのだろうか。この問題は、ガンゲーシャに指摘されることとなる。

聞き手の願望としての期待は、もはや言葉の属性ではなく、聞き手の属性なのではないだろうか。厳密に言えばそうだろう。しかしウダヤナは、このように定義した後でも、期待は言葉が具えるべき性質として捉えているようである。

期待の本質を、ウダヤナは、語意と語意の関係であると考えている。前節でみたように、期待とは、他動詞が目的語を要請し、また主語が動詞や補語を要請するというような、文

---

*18 この批判の論述は、『宝珠』言語部言葉の正しさ章第 3 節 1.5（p. 179）でガンゲーシャにより言及されている。『花束』の原文については、本書補遺当該箇所の脚註を参照。

*19 *NKus* p. 398: “ākāṅkṣāpadārthas tarhi kaḥ. jijñāsāṃ prati yogyatā. sā ca padasmāritatadākṣiptayor avinābhāve sati śrotari tadutpādyasaṃsargāvagamaprāgabhāvaḥ.”（訳：では、「期待」という言葉の意味は何だろうか。知りたいという願望に対する適合性である。そしてそれ（そのような適合性）は、語によって想起されられたもの［および］それ（語意）に要請されるふたつの［事物］に不可離関係があるときの、それら（当該の諸語）より生じるべき連関の、理解の聞き手における未然非存在である。）「語意に要請される」ということの意味は、註釈に従って次のようなものと理解できる。たとえば「蓮が青い」（《蓮は青いものである》という理解をもたらす）という文において、《蓮》と《青いもの》の間には不可離関係はない。青くない蓮があってもよいからである。しかし、蓮という《実体》と、青という《性質》の間には不可離関係がある。この《実体》や《性質》のような一般者（sāmānya）、或いはそれぞれのもつ《実体性》や《性質性》といった普遍（sāmānya）を、それらの語意が「要請するもの」、つまりその存在を含意するものと考えているようである。以下を参照。*NKusBodhanī* pp. 398–399: “nīlaṃ sarojam ity atra padasmāritayor nīlasarojayor avinābhāvābhāvād ekavākyatā na syāt, ata uktam, **tadākṣiptasye**ti. tatra ca viśeṣayor vinābhāve ’pi tadākṣiptaguṇatvadravyatvasāmānyayor avinābhāvāt sākāṅkṣatvenaikavākyateti.”（訳：「蓮が青い」というこの場合、語より想起させられた《青いもの》と《蓮》との間には不可離関係がないので、［これが］ひとつの文であるといえなくなってしまう。それゆえ、「**それに要請される**」［云々］と言われている。そこ（『花束』の論述）においては、特殊同士は不可離関係になくとも、それらが要請する《性質性》や《実体性》といった普遍同士は不可離関係にあるため、期待を有するので、ひとつの文である、という［ことが言われている］。）

*20 「未然非存在」については p. 13 を参照。

法に支配される構文的な性質として理解できる。ウダヤナはそれを、構文的な要請ではなく、外界にある事物間の要請関係として説明する。他動詞の表示する行為が、行為対象を要請する。それがなければその行為は成立しない。もし言葉が、外界に成立する事象を正しく伝えるものであるならば、他動詞が使われるときは、行為対象を表示する目的語も必ず使用されるはずである。ウダヤナの期待定義は、このような理解を示すものであると言えるだろう。事物のつくる外界世界が厳として存在し、言葉はそれを知るための手段に過ぎないとするニヤーヤ・ヴァイシェーシカ学派の基本的な世界観が、ここによく表れている。しかしこの世界観にとって異質とも言える見解が、次にみるガンゲーシャの期待定義に表れている。

ガンゲーシャの期待

ガンゲーシャは『宝珠』言語部第 2 章で期待の定義を論じる。そこでは、ウダヤナの言及する第 3 前主張と第 4 前主張に相当する定義が却けられた後、ウダヤナの確定見解であった「知りたいという願望に対する適合性」も否定される。その根拠はいくつも述べられるのだが、まず指摘されるのが、前小節でみた、一種の論点先取とも言える過失である。どのような連関を理解するのが相応しいかは、連関をまず正しく理解してからでなければ判らない[*21]。また、連関の理解が未だ生じていないことを文意理解の原因とするのであれば、適合性と近接という他の原因を想定する必要がなくなる、という問題も指摘される。たとえば、適合性を欠いている文からは連関の理解が生じえない。その文から生じるべき連関の理解など、そもそも存在しない。したがってこのとき、聞き手には「その発話から生じるべき連関の理解の未然非存在」は存在しない。つまり、この場合も期待がないことになる。このように、文意理解をもたらさない文は、すべて期待の欠如により説明できてしまう。

では、ガンゲーシャ自身は期待をどのように理解しているのだろうか。彼は次のような定義を示す。

> 期待とは意味表示が完結しないことである。或る［語］（W_1）が、或る［語］（W_2）なしには自身の表示対象の［W_2 の表示対象との］連関を［聞き手に］経験させないとき、その［語］（W_1）はその［語］（W_2）［との意味表示を］完結させていない。名詞語幹と名詞語尾、動詞語根と動詞語尾、行為［を表示する語］とカーラカ［を表示する］語は、互いなくしては、互いの自身の意味の連関の経験を［聞き手に］生じさせることはない[*22]。

期待は「意味表示が完結しないこと」と定義される。意味表示とは語意の表示ではなく、連関、すなわち文意の表示と理解してよいだろう[*23]。たとえば他動詞は、それ単独では、

[*21] 本書補遺 1『宝珠』言語部期待論章第 1 節 4（p. 231）の解説を参照。

[*22] *TC* 4(1) pp. 208–220: “abhidhānāparyavasānam ākāṅkṣā. yasya yena vinā na svārthānvayānubhāvakatvaṃ tasya tadaparyavasānam. nāmavibhaktidhātvākhyātakriyākārakapadānāṃ parasparaṃ vinā na parasparasya svārthānvayānubhavajanakatvam.” 本書補遺 pp. 235ff を参照。

[*23] 註釈者らはみな、そのように理解している。*TCA* 29a: “yasya padasya samabhivyāhṛtayatpadavyatirekaprayuktam anvayānanubhāvakatvam, tasya padasya tadaparyavasānam anvayānanubhāvakatvam ākāṅkṣety arthaḥ.”（訳：或る語（W_1）が、共に発話された他の語（W_2）の非存在によって、［自らの意味の W_2

その意味と他の意味との連関を聞き手に理解させることができない。目的語が必要である。このとき、もし脈絡もなく何らかの前置詞が与えられたところで、やはりその他動詞は連関の意味表示を完結できない。つまり、他動詞はその前置詞を期待していない。目的語が与えられたとき、ようやく意味表示が完結する。それゆえ、当該の他動詞はその目的語を期待していると言える。

なお、目的語が与えられる前に他動詞がもっていた期待は、目的語が与えられた時点で充足する。したがって、たとえば「車を停める」という文の全体が与えられた後は、期待は消失してしまっているとも言える。しかしこの場合も、完成した文の中で「車を」と「停める」は相互に期待し合っていると考えるべきだろう。上記引用箇所においてガンゲーシャが説明するとおり、期待は、「もし片方が与えられなかったらもう片方の意味表示が完結しない」という関係にある2者間に存在する。実際には両方の語が与えられるとき、その期待は充足しているが、2者間に期待がないわけではない。

したがって、「意味表示が完結しないこと」は、言い換えると意味表示の完結の非存在であるが、それは必ずしも未然非存在であるとは限らない。「車を」で発話が終わってしまった場合、この語はもはや、意味表示を完結する見込みがない。それゆえ、この非存在は未然非存在ではない。したがって、期待を未然非存在として定義したウダヤナが招いた問題、つまり理解されることになる連関をあらかじめ知っていなければならないという問題は、ガンゲーシャの定義では発生しない。

ただし、ガンゲーシャによる期待の定義のテクニカルな変更が、この問題の回避を目的としたものと考えることは適切でないように思われる。定義の変更を精査すると、その背後に、ウダヤナからガンゲーシャの間に起きた、期待という性質の捉え方の本質的な変化が見えてくる。定義の変更は、その変化のひとつの結果であると言えるだろう。その変化とは、期待を意味理解の正しさ（事実との一致）から分離するというものである。ウダヤナは、期待が、外界対象で実際に連関している2者（或いはそれを表示する2語）の間に成立することを要求していた。だからこそ、適切さという様相を導入したり、また期待を不可離関係という外界世界の関係によって説明したりしていた。一方、ガンゲーシャの論述には、そのような要請はみられない。ガンゲーシャの定義において、2語間に期待が成立するということは、現実世界をまったく参照しないまま、その2語の意味を連関させて理解することができるという、そのことだけを意味している。「子供が泣く声が大きい」という文を分析するにあたり、「泣く」を「声」に掛けることが認められないのは、それが事実と一致しないからではなく、いちど「子供が」と組になって期待を充足させた語は、もはや他の語を期待しない、という構文的な制約があるからである[*24]。ただし、ガンゲーシャも期待を、理解されるべき連関に対応づける考え方に関心がないわけではなかったようである。この例のように複数の構文構造が読み取れる場合、たとえば「泣く」が「子どもが」と「声」のどちらをも期待しうる場合、期待の成立要件に指向（すなわち話し

の語意との］連関を［聞き手に］経験させることができなくなるとき、その語（W_1）によるそれ（連関を聞き手に経験させること）が完結しないこと、つまり連関を［聞き手に］経験させないこと、それが期待である、という意味である。）

[*24] 本書補遺1『宝珠』言語部期待論章2節6.1（p. 240）を参照。

手の意図）を組み入れ、話し手が意図している方にだけ期待が理解されるべきだとする見解に言及しており、ガンゲーシャはそれをとくに批判していない[*25]。このような期待の理解は「指向を内包する期待（tātparya-garbha-ākāṅkṣā）」説という名で後期新ニヤーヤ学派の文献においてしばしば言及されており、新ニヤーヤ学派の内部で一定の支持を得ていたと思われる。ただしこの場合も、「理解されるべき連関」は話し手により意図されているというだけで、その事実との一致を意味しているわけではない。

上掲した定義に続くガンゲーシャの説明から明らかなように、期待は、語意間ではなく語の間に成立するものであるとされている。そしてそれは、語基と語尾の形態論的な結びつき、および動詞と目的語といった構文的な結びつきのどちらをも説明するものとなっている。もっとも、本書第 2 章で述べたように、新ニヤーヤ学派の学者たちは形態素を「単語」に相当する分析単位としており、語基と語尾の結びつきも、彼らは構文的な関係と捉えていただろう。たとえば名詞語幹は、それ単独では連関した意味を表示できない。何かが必要である。しかしそこに動詞語尾を与えても、動詞語尾の表示する意味（具体的には《努力（yatna)》）は名詞語幹の表示する意味（《壺》や《布》）とは連関しないので、動詞語尾は期待されていない。名詞語幹が期待するのは、名詞語尾のみである。このように、これらの要素の文法的な関係は、要素それぞれの意味によって決定される。期待を外界世界の関係として捉えたウダヤナから、ガンゲーシャは、この点でも大きく方針を違えている。

ガンゲーシャの理論形成に影響を与えたと考えられる、ミーマーンサー学派プラバーカラ派のシャーリカナータは[*26]、『プラカラナ・パンチカー』において 3 要件説を詳しく論じている。その中で彼は、知りたいという願望としての期待は「意味表示が完結しないこと（abhidhāna-aparyavasāna）」と「表示された意味が完結しないこと（abhidheya-aparyavasāna)」の両面から成立すると述べる[*27]。ガンゲーシャの期待定義は、期待の後者の側面を否定しているかのように思えるが、実際はそうではない。彼の期待論からは、意味の世界での完結を実現するために、言葉の完結が必要だということが理解できる。

このように定義される期待は、自然言語処理において構文解析プロセスが検査する文法的性質と非常に近いものと思われる。ただし、構文解析は文法知識のみを用いて行われるのに対し、ガンゲーシャは意味の知識も参照して構文構造を定めようとしている。しかしこれは本質的な差異ではない。文法規則により構文構造を得ようとするとき、たとえば「他動詞は目的語をとる」や「主語は述語をとる」といった構文規則の知識を、解析者はどのようにして得ることができるだろうか。機械に解析させるならば文法規則を入力してやればよいし、外国語学習者ならば文法書を与えてやればよい。しかし自然に習得した言語を理解するとき、私たちにはこの構文規則が与えられていない。それをどう獲得しているのかという問題は、言語学の領域で論じられている。ガンゲーシャの考えでは、構文規則は意味の側からの要請（行為を成立させるために行為対象を与えてほしい、といった要

---

*25　本書補遺 1『宝珠』言語部期待論章 2 節 6.2（p. 241）を参照。

*26　『宝珠』と『プラカラナ・パンチカー』の緻密な対応関係は、本書第 7 章でみる補充論において顕著である。

*27　*PP* p. 386: “atrocyate. abhidhānāparyavasānam abhidheyāparyavasānañ ca jijñāsodaye nibandhanam.”（訳：これ（期待の成立原因）について、次のように答えられる。［期待の本質である］知りたいという願望が生じる原因は、意味表示が完結しないことと、表示された意味が完結しないこととである。）

請）によって決定されるものであり、それは知識として与えられなくても、ひとの認知機構が自ずから認識しうる。ガンゲーシャが期待の定義において意味の世界を参照したのは、このようにして構文規則を得るためであり、期待はやはり構文のみに関わる性質であると言えるだろう。

4　適合性

前史

期待についての議論は、ヴァーチャスパティ、ウダヤナ、シャーリカナータ等の文献を通して、その歴史的展開を詳しく知ることができる。しかし残りのふたつの要件については、ガンゲーシャ以前のニヤーヤ学派では余り議論が発達しておらず、他学派に目を向けても、シャーリカナータが『プラカラナ・パンチカー』で手短に論じている以外、目立った資料はない。それにも関わらず、ガンゲーシャは『宝珠』の適合性論章で実に 10 種もの前主張定義に言及し、それらを却けている。シャーリカナータの示す適合性定義は、そのうちの第 1 番目のものに相当する。ウダヤナとガンゲーシャの間には、名前だけ伝わり、現在は散逸している文献が多数存在したことが知られているが[*28]、それらの失われた文献でも、適合性に関する活発な議論が行われていたことが窺われる。

さて、本書の研究は、第 3 章でも述べたとおり、思想史研究ではない。先行思想の調査は、ガンゲーシャの論述を理解するために必要な範囲に留める。シャーリカナータの議論において注目すべき点は、彼が、肯定的適合性と否定的適合性とでも呼びうる 2 種の考え方に言及し、前者を支持していることにある。前者では、適合するものは「関係しうるもの（yat sambandha-arham）」と定義され、関係しうることは、当該の二者（或いはその種に属するもの）が関係していることを過去の経験で知っていることにもとづいて判断できるとされる[*29]。後者では、「適合しないものとして確定されていないものが、適合するものである（yad ayogyatayā na-avadhāritaṃ tad yogyam）」と定義される[*30]。それぞれの意味するところを、前掲の例文で考えてみよう。

子どもが泣く車を停めるバイクも

《泣くこと》が《子ども》との連関に対して適合していると言えるのは、肯定的適合性の考え方に従えば、過去に子ども（同じ個体でなくてもよい）が泣いているところを見た経験により、「子どもは泣くことができる」という認識を得ていることにもとづく。一方、否定的適合性の考え方では、「子どもは泣くことがない」とは確定されていないことにもとづく。シャーリカナータは後者の考えを却ける。言葉以外の手段により知ることができ

[*28] たとえば『宝珠』言語部期待論章第 1 節 5（本書補遺 1 pp. 233–）について註釈者が言及する学者「ソーンダダ」や、言葉の正しさ章第 3 節 3.1.4f(p. 209)の見解が帰される文献『マハー・アルナヴァ』等。

[*29] *PP* pp. 390–391: “kiṃ punar idaṃ yogyatvaṃ nāma. ucyate. yat sambandhārham. sambandhārham idam iti katham avagamyate. sambandhitvena dṛṣṭatvāt....”（訳：〔**対論者**〕では、この「適合性」なるものは何なのか。〔**シャーリカナータ**〕次のように答えられる。関係しうるもの［、それが「適合するもの」である］。〔**対論者**〕「これは［他の語意と］関係しうる」ということは、どうやって理解できるのか。〔**シャーリカナータ**〕かつて、関係を結んだものとして観察されていることに基づくのである。）

[*30] *PP* p. 391: “anye tu yad ayogyatayā nāvadhāritaṃ tad yogyam.”

ない事柄（聖典のことを想定しているのであろう）については、適合することも、適合しないことも確定できない、というのがその根拠である[*31]。

ガンゲーシャの適合性定義

ガンゲーシャは『宝珠』適合性論章でシャーリカナータの定義を却け、まず、適合性とは「阻害する正しい認識の非存在（bādhaka-pramā-viraha）」であるという定義を暫定的に示す。そしてこの属性は「一方の語の意味との連関における、他方の語の意味に存在する恒常非存在の反存在性を規定者とする正しい認識の被限定者性の非存在」と言い換えられる[*32]。この定義の詳細な分析は本書補遺での解説に譲るが、適合性を否定的性質として捉える理解を示すものであることが分かる。適合性をこう理解するとき、シャーリカナータの議論においては、そのような適合性の存在を確定することができない場合があるということが問題とされていた。その問題をガンゲーシャは、後述するように、適合性の存在を確定する必要などないという大胆な発想で回避する。

この定義において、「阻害する正しい認識」を聞き手のみのものと考えるか、他者も含めてのものと考えるかにより、定義の意味するところが変わってくる。前者だとすると、先の文において、聞き手が「子どもは泣かない」という「正しい認識」をもっていなければ、つまり聞き手が「子どもは泣かない」という認識をもっていないか、もっていたとしてもそれが誤りであれば、《子供》は《泣くこと》との連関に適合することになる。その場合、たとえば日本の首都がどの都市であるか知らない者は「大阪は日本の首都ではない」という正しい認識をもっていないため、その者からみて「大阪は日本の首都である」という文は適合性を具えていることになる。しかしガンゲーシャは、誰か特定の人物の視点から見ての適合性の有無という考え方をしない。彼は、他者のもつ正しい認識も考慮に入れている[*33]。適合性が成立するには、自他含め誰かひとりでも「大阪は日本の首都である」ということを、事実として知っていてはならない。こう考えると、適合性という属性は真理条件として機能するように思われる。ただし、天界等の人知を超えた領域や、未来の出来事など、現時点で誰もが知りえない事柄については疑問が残る。壺の中のサイコロの目が偶数か奇数か、誰もそれに関する正しい認識をもっていない。その場合、「サイコロの目は偶数である」と「サイコロの目は奇数である」のどちらも適合性をもっていることにならないだろうか。この問題は、阻害する正しい認識の非存在を現時点での非存在ではなく、未来も含めて、永遠に存在しないことと考えれば排除できる。また、マトゥラーナータは、正しい認識の保持者に主宰神を含める。壺の中のサイコロの目も、主宰神はすべてお見通しであるため、この解釈に立つ場合も適合性は真理条件として機能することになる[*34]。

ガンゲーシャが暫定定義の後に示す確定定義は、上記の解釈を裏づけるひとつの根拠と

[*31] *PP* p. 391: “tad idam asāram. yathā pramānāntarāvedye vastuni kasya cid yogyatāvadhārayituṃ na śakyate, tathaivāyogyatāpīti.”（訳：以上のことは正しくない。他のプラマーナによって知ることができない事柄については、何ひとつ［それに］適合すると確定することができず、また適合しないと［確定することもできない］からである。）

[*32] *TC* 4(1) pp.262–263: “bādhakapramāviraho yogyatā. sā cetarapadārthasaṃsarge ’parapadārthaniṣṭhātyantābhāvapratiyogitvapramāviśeṣyatvābhāvaḥ.” 本書補遺 pp. 252ff を参照。

[*33] 本書補遺 p. 176 を参照。

[*34] *TCR* 4(1) p. 263: “na ca śrotur yadā vahniniṣṭhakaraṇatāyā nirūpakatvarūpasaṃsarge sekaniṣṭhātyantā-

なる。彼は「実のところは」と言って、自らが支持すると考えられる定義を示す。そこでは、適合性とは「一方の語の意味との連関における、他方の語の意味に存在する恒常非存在の反存在性の制限属性を有さないこと」であると定義される[*35]。単純化すると、「*A* が *B* と連関しなくないならば、*A* は *B* との連関に適合する」ということであり、事実として *A* と *B* の連関が成り立つことが求められている。暫定定義から「正しい認識」という要素を取り除いたことが主な変更点である。これにより、「子どもは泣かない」ということを知っているかどうかではなく、「子どもは泣かない」ということが事実として成り立つかどうかが問題となる。しかし、「正しい認識」の保持者に、上記のように他者や主宰神も含めるならば、暫定定義と確定定義は実質的に同じこと、すなわち事実との一致を述べていることになる。

それが事実との一致を意味するのであれば、さらに二重否定を取り除き、《子ども》と《泣くこと》の連関を保証するのは「子どもは泣かなくない」ということではなく「子どもが泣く」ということである、と言ってしまってよいのではないか、と考えることもできるだろう。註釈者ルチダッタはそのような疑義を述べている[*36]。また、『ムクターヴァリー』は適合性を「一方の語の意味における、他方の語の意味との関係」と定義する[*37]。これはまさしく、適合性を肯定的性質として捉える理解を示すものである。しかし、ガンゲーシャが敢えて二重否定を残したことには意図があると思われる。適合性は、その存在が文意理解の正しさを保証すると同時に、その認識が文意理解の成立に対する原因であると考えられている。真理条件としての適合性は肯定的性質でも構わないかもしれないが、文意理解の成立に先立って、それを認識することはできない。ガンゲーシャが言葉の正しさ章で繰り返し述べるとおり、「子どもが泣く」という意味理解を得る前に「子どもが泣く」ということ（すなわち肯定的適合性）を別の手段で理解してしまっては、言語理解という認知プロセスの出番はなくなる。しかし、「子どもは泣かなくない」という否定的性質ならば文意理解の成立前に、理論的には認識しうる。

ガンゲーシャは、適合性の確定定義に他の章ではほとんど言及しない。基本的に、彼は適合性を「阻害する正しい認識の非存在」またはそれに類する「阻害者の非存在（bādhaka-abhāva）」や「阻害するプラマーナの非存在（bādhaka-pramāṇa-abhāva）」として扱っている。本書でガンゲーシャの論述を解釈する際は、多くの場合、暫定定義が念頭に置かれているものとして扱っている。

適合性の役割の変化

上記の考察にもとづいて、シャーリカナータからガンゲーシャに至る間に、適合性の役割に対する考え方が本質的に変更されていることを指摘できるだろう。適合性は、そもそもは、「子どもが泣く車を停めるバイクも」といった表現が与えられたときに「泣く」と

---

bhāvapratiyogitvapramā nāsti tadātivyāptir iti vācyam. svaparasādhāraṇapramāmātraviśeṣyatvābhāvasya praveśād anādau saṃsāre tadānīm apy avaśyaṃ kasya cit puruṣasya tatra tādṛṣapratiyogitvapramāsattvād antato bhagavatpramāsattvāc ca.” 本書補遺 p. 253 を参照。

[*35] *TC* 4(1) pp. 271–272: “vastutas tv itarapadārthasaṃsarge ’parapadārthaniṣṭhātyantābhāvapratiyogitāvacchedakadharmaśūnyatvaṃ yogyatā.” 本書補遺 pp. 254ff を参照。

[*36] *TCP* p. 17, “atredam cintyam” 以下を参照。

[*37] *Muktāvalī* ad *Kārikāvalī* v. 83 (p. 309): “ekapadārthe ’parapadārthasambandho yogyatety arthaḥ.”

「車」を掛けて意味をとってはいけない、という意味解析のガイドラインを示すものであったと思われる。一方、「子どもが」と「泣く」という 2 語は、子どもが泣くことはありうるから、関係させて意味をとってよい。このとき、事実として子どもが泣いているかどうかはまったく分からない。子どもは泣くことができるけれども、いまは泣いていないかもしれない。その内容が事実がどうかは、適合性が関与する領域ではない[*38]。シャーリカナータの「関係しうるもの（sambandha-arha）」という定義も、これと同じような考えを示すものと言えるだろう。一方、ガンゲーシャの定義する適合性は、その文が与える認識の正しさを保証するものである。

なお、ガンゲーシャが言及するのは稀であるが、註釈者らによりよく知られている適合性定義として「連関をもたらす形態を有すること（anvaya-prayojaka-rūpa-vattva）」というものがある[*39]。これもまた、内容の正しさに関与しない、意味解析のみに関与する性質と言えるだろう。註釈者らは、ウダヤナやヴァッラバは適合性をこのように理解していると述べる[*40]。

適合性の役割がなぜこのように変更されたのか。期待、適合性、近接という 3 要件を具える語の集まりはプラマーナであるという古くからの主張を保持し、かつプラマーナを事実と一致する認識の獲得手段とするのであれば[*41]、3 要件に文の内容の正しさを保証する要因を組み込まなければならない。それを組み込めるのは、適合性以外にない。あくまで推測であるが、このような要請にもとづくと考えることができる。

5　近接

近接については、それが物理的な近接なのか、それとも聞き手の意識のなかでの近接なのかという問題がある。シャバラの説明を読む限りでは、物理的な近接関係が想定されているように思われるが、クマーリラはこれを意識のなかでの近接として定義している[*42]。この考えはシャーリカナータにも、またガンゲーシャにも受け継がれている。

もうひとつの注意すべき論点として、意識のなかで近接すべきは語なのか語意なのか、という問題がある。シャバラやクマーリラの議論からは、語の近接が考えられていたと理解できる。一方シャーリカナータは、語意間の近接を考えているようである[*43]。そしてガンゲーシャも、近接を、意識における語意の近接関係と考えている。彼はそれを「連関の関係項が間隙なく表出すること（āvyavadhānena anvaya-pratiyogi-upasthitiḥ）」と定義す

---

*38　ただし、もしこの文がヴェーダの一部であるとしたら、ヴェーダに嘘が書いてあるはずがないということが前提とされているので、《子どもが泣く》という事実が実際に成立していると理解できる。

*39　ガンゲーシャは『宝珠』適合性論章第 1 節 11（本書補遺 pp. 251–）でこれに言及している。

*40　本書補遺 p. 158 を参照。

*41　「正しい認識」の定義について論じた pp. 20ff を参照。

*42　*TV* ad *JS* 2.1.48 (anuṣaṅgādhikaraṇa *TV* p. 455): “**sannidhir** iti. buddhau viparivṛttiḥ.”（訳：「**近接**」と言う。意識内での位置変更のことである。）

*43　『プラカラナ・パンチカー』の近接定義の箇所は、テキストに問題がある。Banaras Hindu University 版では “yasyārthasya śravaṇānantaram ākāṅkṣāyogyatābhyām arthāntare buddhi[sic] viparivṛttiḥ”（p. 389）と述べられており、語意間の近接を考えていることは明確である。一方、Kashi Sanskrit Series 版では同じ箇所が “yathā sannidhikathanaṃ tathā buddhau viparivṛttiḥ”（vākyārthamātrikā 章 p. 8）となっており、語の間か語意の間は明確に示されない。しかし、この後で述べるとおり、シャーリカナータの語意補充論から察して、彼が語意間の近接を考えていたことは間違いないだろう。

る[*44]。「表出（upasthiti）」は想起（smṛti, smaraṇa）を意味する。語意が想起されるのは聞き手の意識、正確には聞き手の自我（ātman）においてであるので、このように定義される近接は、厳密には自我の属性とされるべきであろう。しかし、古くから「期待、適合性、近接を有する諸々の語」といった表現が確立されているように、近接は語、または文の属性であるかのように言われる。

なお、語の意味とはすなわち外界の事物である。それゆえ、語意は意識には存在しないので、それが意識において近接するということは、厳密にはありえない。語意の近接ということによってガンゲーシャが意味しているのは、実際には、連関させるべき諸々の語意を同時に認識するということである。

既にみたように、ミーマーンサー学派の理論において、期待と近接は深く関係する性質である。彼らの構文解析では、期待は近接するものに対してのみ成立すると考えられている。したがって、近接すべきは語か語意かという問題は、期待される対象が語か語意かという問題と結びついている。シャーリカナータは、期待は語意の間に成立すると考えている[*45]。それゆえ、語意の間に近接を求めるのは一貫性のある主張であると言える。一方、ガンゲーシャは、期待されているのは語意ではなく語であるという見解を示していた。語意間に近接を求める近接論章の見解は、それと相容れないかのように思われる。これについては、本書第 7 章で補充（adhyāhāra）論をみる際に詳しく検討することになる。ガンゲーシャがなぜ、語の近接ではなく語意の近接を考えたのか、その理由は明らかでない。近接論章の論述は短いが、そこから、語意の連関に必要なのは語の近接すなわち同時認識ではなく、語意の同時認識だという考えをもっていただろうと推察できる[*46]。文意を理解するには、つまり文に用いられている諸々の語の意味をすべて連関させた構造体を理解するには、意味抜きで、音としてのそれらの語だけをまとめて想起しても用を為さない。必要なのは、連関の構造体を理解する直前に、すべての語意を同時に認識することである。そのように考えていたのかもしれない。そしてそうだとすると、近接は期待とは相関しない要因ということになる。

ガンゲーシャも、またシャーリカナータも、近接論章では近接についてあまり論じていない。章の大部分は補充論に割かれており、その議論の詳細については第 7 章で考察する。

6　指向

指向と文意理解

本書で「指向」と訳している原語 “tātparya” は「話し手の意図（speaker’s intention）」と訳すのが一般的であるが、以下で論じるように、それは言葉がもつ意味との関係と考えられ、話し手の意図とは区別すべきであるため、筆者は試みに「指向」という訳語をあてている。

言葉には、それから理解されるべき事物というものがある。このことを、言葉 x は意味 y を指向している、と言う。言葉 x が、字義通りには意味 y' を表示していても、y が理解

[*44] 本書補遺 1『宝珠』言語部近接論章第 1 節 1（p. 260）を参照。
[*45] *PP* p. 386 を参照。“tadarthe yuktaiva pratiyogijijñāsā” と言われている。
[*46] 本書補遺 1『宝珠』言語部近接論章第 1 節 3（p. 261）の議論を参照。

されるべきであるとき、*x*は*y*を指向している。たとえば「あなたなんて、もうどこへでも行ってしまえばいいのよ」という言葉からは、《お願いだから行かないで》という意味が理解されるべきであるため、この文は《お願いだから行かないで》という意味を指向していると言われる[*47]。指向する主体としては、文が考えられることもあれば、語が考えられることもある。たとえば「多摩川でバーベキューをした」という文において、「多摩川」は川そのものではなく《多摩川の岸辺》を指向している。これは比喩（lakṣaṇā）の例文としてよく用いられるものであるが、指向の例文としてもしばしば使用される。また、複数の意味を表示する多義語は、実際に発話される文のなかでは、特定の意味のみを指向していると言われる。たとえば「おじさん」という言葉は《年配の男性》と《親の兄弟》のどちらをも表示するが、個々の発話においては、理解されるべき意味のみを指向している。いずれの場合も、何が理解されるべきであるかは原則として話し手により決定される（何が原則を外れるかは後述する）ため、指向を理解することは、結局のところ多くの場合、話し手の意図を理解することに等しい。指向は言葉と意味の関係を扱うが、意味論としてではなく、語用論の一種として扱われるべきであろう。

ガンゲーシャの指向論の文脈

『宝珠』言語部は、期待論章、適合性論章、近接論章に続いて、指向論章（tātparya-vāda）と呼ばれる第5章が次の書き出しで始められる。

> 言葉のプラマーナとしての妥当性は指向に依存している[*48]。

ルチダッタはこの文について、「言葉が［聞き手に］正しい認識をもたらすには、それが対象に即した内容を指向していなければならない」というガンゲーシャ以前の新ニヤーヤ学派の見解を述べるものと説明する[*49]。しかしガンゲーシャは、『宝珠』真理論章ではこれと正反対の発言を行っている。つまり、言葉の指向を正しく捉えているか否かに関わらず、正しい認識を得られたならばその言葉はプラマーナである、と言っている[*50]。一方、マトゥラーナータは、言葉から意味を理解するには3要件に加えてその言葉が何を指向しているのかを理解しなければならないという意味に解釈する[*51]。マトゥラーナータの解釈は、文意理解の協働因として3要件の認識と指向の認識という合計4要件を数える後期新ニヤーヤ学派の見解を示している。いずれが正しいのか、つまりガンゲーシャがどちらの内容を指向して上記の一文を述べたのか、明らかにしがたい。しかし、ガンゲーシャの指向論がウダヤナの指向論に細部に至るまで対応し、そしてウダヤナが指向論によって述べようとしていたことは上記のいずれでもないことを踏まえると、どちらの解釈も適切ではないように思われる。

[*47] ウダヤナの示す例であり、ガンゲーシャも言及している。*NKus* p. 521: “gaccha gacchasi cet kānta panthānaḥ santu te śivāḥ | mamāpi janma tatraiva bhūyād yatra gato bhavān || iti. mukhyārthābādhena’pi vāraṇe tātparyam.” 本書補遺1『宝珠』言語部指向論章第2節1.5（p. 274）も参照。

[*48] “tātparyādhīnaṃ śabdaprāmāṇyam.” 本書 pp. 271ff.

[*49] *TCP* p. 21: “**tātparye**ti. yathārthatātparyādhīnam ity arthaḥ. etac ca sampradāyamate. maṇikṛnmate yathārthayogyatājñānādhīnaṃ tat, lāghavād iti dhyeyam.” 本章次節の議論も参照。

[*50] 本書補遺2『宝珠』真理論章抜粋II 7（p. 286）を参照。

[*51] *TCR* 4(1) p. 319: “**tātparyādhīnam** iti. **tātparyādhīnam**. tātparyajñānasyāpy adhīnam. **śabdaprāmāṇ-**

ウダヤナの指向論

ウダヤナは『花束』第5篇6偈に対する自註部分で指向論を展開する。第5篇は主宰神の存在を16の根拠により論証するセクションであり、指向もその論拠のひとつである。ウダヤナの論敵であるミーマーンサー学派は、ヴェーダは作者をもたない無始無終の存在だと言う。それに対しウダヤナは、ヴェーダの言葉も指向をもつため、その指向を定める主体として主宰神が必要である、という論理で主宰神の存在を論証する。この文脈も『宝珠』の議論と似ている。ガンゲーシャはヴェーダの言葉の指向にもとづいて、ヴェーダが主宰神に作成されたものであることを論証している。

ウダヤナの論証を少し詳しくみてみよう。ヴェーダには2種類の文がある。これから実現されるべき事柄を述べるもの（bhāvya-artha）と、既に実現されている事柄を述べるもの（bhūta-artha）とである。前者は「天界を望む者は供儀を為すべし」といった勧告文のかたちをとる儀軌（vidhi）や禁令（niṣedha）を指し、後者は「おお、ヴァーユ、汝は最も速い神である」といった説明文のかたちをとる釈義（arthavāda）を指している。ミーマーンサー学派は、ヴェーダ文献群のすべての文句は有意味（arthavat）であると主張する。有意味というのは、何かしら意味を表示するということではなく、それが述べられる価値がある、具体的には聞き手に活動意欲を抱かせるものであるということと理解できる*52。儀軌や禁令は、得られる結果を約束し、聞き手に意欲を抱かせるので、有意味である。しかし釈義についてはどうだろうか。「ヴァーユは最も速い」と聞いたところで、「そうですか」で終わってしまうかもしれない。それは無意味ではないのだろうか。ウダヤナは、ミーマーンサー学派の議論に合わせてこのような懸念に言及した後、釈義の存在意義を指向により説明する。ひとは、称讃された事柄に対して獲得的活動意欲を抱き、非難された事柄に対して忌避的活動意欲を抱く。これは、称讃の釈義が称讃対象の獲得を指向し、非難の釈義は非難対象の放棄を指向しているからである*53。この指向にもとづいて、釈義も活動意欲に対する「プラマーナ」であると論証される*54。この「プラマーナ」という語は、これまでのように「正しい認識の原因」と理解するのではなく、活動意欲をもたらすものとして有意味であること、と理解すべきであろう*55。

---

yam. śabdasyānubhavajanakatvam. tātparyasya jñānam api śabdasya sahakārīti phalitārthaḥ.”

*52 片岡（2003b: 90）はシャバラの論述を読み解き、活動意欲に何らの変化ももたらさない（apravṛtti-viśeṣa-kara）ことをシャバラの言う「無意味（anarthaka）」の概念に見出している。

*53 *NKus* p. 521: “praśaṃsāvākyam upādānam uddiśya loke prayujyate, tad upādānaparam. nindāvākyaṃ hānam uddiśya prayujyate, tad dhānaparam.”（訳：［世間的な］称讃の文は獲得を主題として世間で用いられており、それ（その文）は獲得を指向している。［また、世間的な］非難の文は放棄を主題として用いられており、それ（その文）は放棄を指向している。）

*54 *NKus* p. 520: “āmnāyasya hi bhāvyārthasya kārye puruṣapravṛttinivṛttī. bhūtārthasya tu yady api nāhatya pravartakatvaṃ nivartakatvaṃ vā, tathāpi tātparyatas tatraiva prāmāṇyam. tathā hi vidhiśaktir evāvasīdantī stutyādibhir uttabhyate. praśaste hi sarvaḥ pravartate, ninditāc ca nivartata iti sthitiḥ.”（訳：実に、これから実現されるべき事柄［を述べる］ヴェーダ［の文］には、人間（聞き手）の獲得的活動意欲および忌避的活動意欲という結果がある。一方、すでに実現されている事柄［を述べるヴェーダの文］は、たとえ直接的に獲得的活動意欲および忌避的活動意欲を誘発するものでなくとも、指向にもとづいて、他ならぬそれら（獲得的活動意欲および忌避的活動意欲）に対するプラマーナとなる。というのも、他ならぬ儀軌の［もつ結果をもたらす］力が沈み込む（弱まる）とき、［その力は］称讃文等によって浮かび上がらされる。なぜならば、称讃された事柄に対してすべて［の人間］は獲得的活動意欲を抱き、非難された事柄に対しては忌避的活動意欲を抱く、と定まっているからである。）

*55 釈義の有意味性を論証する『シャバラ註』第1日課第2章第1論題において、「プラマーナ」は「有意味」と交換可能な語として用いられている。

ウダヤナは指向を、言葉のもつ意味に対する関係として理解していると思われる。彼は指向の本質を論じるにあたり、「指向対象（tātparya-artha）」を、語が「語の意味表示力（pada-śakti）」により表す語意、および文が「連関表示の力（anvaya-śakti）」により表す文意と対比する[*56]。これは、指向が言葉のもつ意味表示力の一種とされていることを示唆するものと言えるだろう[*57]。

では、この指向とは具体的に何を伝える力なのか。“tātparya” という語は、代名詞 “tad” と名詞 “para” で作られる所有複合語に接辞 “ya”（アプテーの解釈では ṣyañ）を附したものであり、語源的には「それを “para” とすること」を意味する。“para” は通常、「意味」「目的」「結末」などと理解される。では、言葉がもつ力としての指向が目指す先にある “para” とはいったい何なのか。ウダヤナはこのような問いを立て、次のような候補を検討する[*58]。

第 1 案　［その言葉によって］成立させられるもの（sādhya）

第 2 案　［その言葉によって］理解させられるもの（pratipādya）

第 3 案　目的（prayojana）

　　第 1 解釈　理解させられる者（聞き手）が望む（pratipādya-apekṣita）目的

　　第 2 解釈　理解させる者（話し手）が望む（pratipādaka-apekṣita）目的

第 4 案　［その言葉によって］主題とされるもの（uddeśya）

第 1 案、第 2 案についての議論は、ガンゲーシャの議論の比較検討にあまり関わらないので省略する。第 3 案の「目的」は、聞き手の目的か話し手の目的のいずれかと考えられるが、ウダヤナによれば、いずれも指向対象とは認められない。聞き手が言葉（とくにヴェーダが想定されている）の意味を決定してよいはずがなく、また話し手は、ミーマーンサー学派の見解に従えば、ヴェーダには存在しないからである[*59]。よって、ウダヤナはこ

---

*56　*NKus* p. 520: “tatra padaśaktis tāvad abhidhā, tadbalāyātaḥ padārthaḥ. ākāṅkṣādimattve sati cānvayaśaktiḥ padānāṃ padarthānāṃ vā vākyam, tadbalāyāto vākyārthaḥ. tātparyārthas tu cintyate.”（訳：それら（儀軌の能力）のうち、まず、語の力とは指示（abhidhā）であり、語意はそれ（指示）の力によって得られる。また、期待等（適合性および近接）を具えるとき、諸々の語または諸々の語意には、文と呼ばれる連関指示力がある。文意はそれ（連関指示力）の力によって得られる。一方、指向の対象は（これから）考察される。）“vākyam” を “anvayaśaktiḥ” の言い換えとする解釈は『ヴィスタラ』註に依拠している。*NKusVis* p. 313: “vākyañ cākāṅkṣāsannidhiyogyatāviśiṣṭas samabhivyāhāraḥ. sa eva padānām anvayaśaktiḥ.”

*57　言葉の力としての指向（tātparya-śakti）という概念は、詩論家や、ニヤーヤ学派のジャヤンタによっても用いられている。Raja 1961 や藤井 2001 を参照。

*58　*NKus* p. 520: “tad eva paraṃ sādhyaṃ pratipādyaṃ prayojanam uddeśyaṃ vā yasya, tad idaṃ tatparam, tasya bhāvas tattvam, tad yadviṣayaṃ, sa tātparyārtha iti syāt.”（訳：それ（言葉, *A*）にとって他ならぬそれ（*B*）が指向対象、つまり（1）［それによって］成立させられるもの、(2)［それによって］理解させられるもの、(3) 目的、或いは（4）［その言葉によって］主題とされるものであるとき、それ（*A*）はそれ（*B*）を指向しており、それ（*A*）の性質が指向（tattva = tatparatva = tātparya）であり、それ（tātparya）の対象が指向対象である、とされるだろう。）

*59　*NKus* p.521: “nāpi tṛtīyaḥ. tad dhi pratipādyāpekṣitaṃ, pratipādakāpekṣitaṃ vā syāt. nādyaḥ śabda-prāmāṇyasyātadadhīnatvāt, tathātve vātiprasaṅgāt. yasya yad apekṣitaṃ, taṃ prati tasya paratvaprasaṅgāt.... nāpi pratipādakāpekṣitaṃ, vede tadabhāvāt.”（訳：［また、］3 番目（目的）でもない。というのも、それ（目的）は理解させられる者（聞き手）が望むものか、理解させる者（話し手）が望むものかのどちらかとなろう。［そしてまず、］はじめのものではない。言葉のプラマーナとしての妥当性はそれ（理解させられる者、或いは彼が望む目的）に依存しないからである。また、もしそうである（理解させられる者、或いは彼が望む目的に依存する）ならば、過大適用が帰結するからである。［というのも、］あるもの（言葉, *A*）についてあるもの（目的, *B*）が［聞き手によって恣意的に］望まれるとき、それ（*B*）ごとに、それ（*A*）が指向することが帰結するからである。……［また、］理解させる者が望む［目的］も［指向対象では］ない。ヴェーダにはそれ（理解させる者）が存在しないからである。

れを却け、第 4 案 “uddeśya”（仮に「主題」と訳す）を支持する。“uddeśya” の主体は、聞き手でも話し手でもなく、言葉である。そしてこの “uddeśya” は、ウダヤナによれば、私たちが「趣意」や「趣旨」と呼ぶもの（“vyavasāya”, “adhikāra”, “abhiprāya”, “bhāva”, “āśaya”）、すなわち話し手の意図に他ならない[*60]。

『宝珠』指向論章におけるガンゲーシャの指向論

ガンゲーシャの指向論は、上述のウダヤナの議論をなぞるかのように進められる[*61]。ガンゲーシャは指向を「それを目的とすること（tat-prayojanakatva）」と定義し、さらに「目的であること」を「理解させる者（話し手）の願望の対象であること（pratipādaka-icchā-viṣayatva）」と定義する[*62]。ウダヤナの第 3 案第 2 解釈をそのまま確定見解としていると理解してよいだろう。ウダヤナはこれを放棄し第 4 案を支持していたが、その目的は、ヴェーダに作者を認めないミーマーンサー学派と話を合わせるため、ミーマーンサー学派も首肯できる指向の定義を提示することにあった。ガンゲーシャは敢えてそうせず、第 3 案第 2 解釈でよしとしている。結論としてはどちらも、言葉が対象を指向しており、その指向は話し手の願望に他ならない、或いは話し手の願望により決定される、と理解している点で一致している。

ガンゲーシャもまたこうして、指向に依拠して、ヴェーダに作者が存在することを論証する。『宝珠』と『花束』の、このような緊密な対応関係を踏まえると、『宝珠』指向論章冒頭で「言葉のプラマーナとしての妥当性は指向に依存している」と言われるときの「プラマーナとしての妥当性（prāmāṇya）」は、ルチダッタやマトゥラーナータが考えるような意味ではなく、ウダヤナと同じく、「有意味（arthavat）」という意味で用いられているのではないかと想定できる。もっとも、ガンゲーシャは、ひとつの語が同時にふたつの意味を指向することを認めている[*63]。この “prāmāṇya” も、両義的に使用されているのかもしれない。

なお、ウダヤナとガンゲーシャとで、具体的な指向対象として何を考えるかに差異がみられる。すなわち、ウダヤナが釈義の指向対象を獲得または放棄としていたのに対し、ガンゲーシャは（釈義に限定せずに）指向対象は獲得や放棄ではなく、(1) 聞き手の認識と (2) 聞き手の獲得的活動意欲および忌避的活動意欲としている[*64]。この解釈は、ウダヤナ

[*60] *NKus* p.521: “tasmāl lokānusāreṇa vede ’py evaṃ svīkaraṇīyam, anyathā arthavādānāṃ sarvathaivā-narthakyaprasaṅgāt. sa coddeśo vyavasāyo ’dhikāro ’bhiprāyo bhāva āśaya ity anarthāntaram iti tadādhāra-praṇetṛpuruṣadhaureyasiddhiḥ.”（訳：したがって、世間［の場合］に準じて、ヴェーダについても同様に［主題とされるものが指向対象であると］認められるべきである。そうでないとすると、釈義はいかなる観点からも無意味であると帰結してしまうからである。そして、この「主題」なるものは、決定（vyavasāya）、めざすこと（adhikāra）、意図（abhiprāya）、趣意（bhāva）、趣旨（āśaya）と異なるものではない。よって、それ（ヴェーダにおける指向）の基体である作者として、至高の人格存在（主宰神）［の存在］が成立する。）

[*61] 議論の詳細は本書補遺の『宝珠』言語部指向論章和訳を参照。

[*62] 本書補遺 1『宝珠』言語部第指向論章第 2 節 2.1（p. 275）および 2.2.3（p. 276）を参照。

[*63] *TC* 4(1) pp. 329–330: “vayan tu brūmaḥ. anekapadārthapratītīcchayaikam uccāraṇaṃ bhavaty eva, pum-icchāyā niyantum aśakyatvāt. yadi ca taduccāraṇaṃ nānekārthaparaṃ tadāvṛttir api na syāt, tātparyanirvāhā-rtham āvṛttikalpanāt.”（訳：私たちは次のように言おう。複数の語意の認識［が聞き手に生じること］を願って、単一の発話が為されないこともない。というのも、人間の願望は制限することができないからである。そして、もしその発話が複数の意味を指向していないならば、それ（当該の発話）の反復（単一の語を複数回読み込んで意味を理解すること）もできなくなってしまうだろう。反復は、指向の決定を目的として想定されるからである。）

[*64] 本書補遺 1『宝珠』言語部指向論章第 2 節 2.2.3（p. 276）を参照。

の解釈よりも実際の日常的言語活動に即していると思われる。たとえば、釈義に類する日常的表現としてウダヤナが引き合いに出す「マンゴーの実が熟して甘くなっているよ」という発言は、聞き手がマンゴーを実際に獲得することよりも、マンゴーを得ようと聞き手が行動を起こすことを期待して述べられたと考える方が納得がいく。たとえば、聞き手を罠に嵌めようとして、登ると折れるようなマンゴーの樹を指さしてこのような発言をすることもある。その場合も、マンゴーの獲得でも放棄でもなく、聞き手が獲得的活動意欲を抱いて木に登ることを期待している。

文意への指向と語意への指向

指向に、文レベルの指向（文意に対する指向）と語レベルの指向（語意に対する指向）を区別する考え方がある。この区別を理解するため、以下に、言葉の正しさ章におけるプラバーカラ派を相手どったガンゲーシャの議論の要点を整理する[*65]。

そこでは、文意理解の正しさは何によって保証されるのかという認識論上の問題が論じられる。ガンゲーシャの言及するプラバーカラ派は、「対象に即した指向を有すること (yathārtha-tātparyakatva)」がそれであると主張する[*66]。これは「対象に即した文意の理解を目的とすること（yathārtha-vākyārtha-pratīti-prayojanakatva）」と言い換えられる。ここでは指向対象として、《多摩川の岸辺》のような語意ではなく、語意連関としての文意が想定されていることが分かるだろう。或る文が、事実と一致する事柄を指向している。それはつまり、正しい事柄を伝えようとしている文に他ならない。そして聞き手がその指向対象を理解していれば、その文は聞き手に必ず正しい文意理解を与える[*67]。「多摩川」の比喩におけるような語レベルの指向も、文レベルの指向によって説明される[*68]。「多摩川でバーベキューをした」という文は、字義通りに《多摩川の川の中でバーベキューをした》という文意を伝えようとするものではなく、《多摩川の岸辺でバーベキューをした》という文意を指向している。

プラバーカラ派の見解は、同語反復的に正しい。或る文が事実と一致する事柄を指向しており、聞き手がその指向を理解しているならば、当然、聞き手には事実と一致する認識が生じる。しかしガンゲーシャはこれを批判する。そのような見解は、ひとの認知プロセスを考えたときに支持しえない。というのも、文レベルの指向の対象は、文意そのものである。したがって、正しい文意理解のプロセスに、その文が何を指向しているかを、つまりその文の意味を理解するというプロセスを挿入することはできない。指向対象が判明した時点で、文の意味を理解したことになるからである[*69]。毒を飲む前にその毒を舐めてみてください、と言うようなものである。

ここまでの議論でガンゲーシャが主張するのは、指向の理解を文意理解の成立要件にすることはできない、ということである。「対象に即した指向を有すること」が文意理解の

---

*65　この対論者の見解は、プラバーカラの文献にトレースできていない。ガンゲーシャのこしらえた想定見解であると考えることもできる。
*66　本書補遺 1『宝珠』言語部言葉の正しさ章第 3 節 3.1.3a（p. 200）を参照。
*67　本書補遺 1『宝珠』言語部言葉の正しさ章第 3 節 3.1.3b（p. 202）を参照。
*68　本書補遺 1『宝珠』言語部言葉の正しさ章第 3 節 3.1.3a（p. 200）を参照。
*69　本書補遺 1『宝珠』言語部言葉の正しさ章第 3 節 3.2.1a（p. 211）および 3.2.2a（p. 214）を参照。

正しさを保証するということ自体は否定しない。それを事前に認識することなどできない、ということのみを述べている[*70]。

しかし、指向を事前に理解できないとするならば、「多摩川でバーベキューをした」という文の意味理解をどう説明したらよいのか。また、指向の理解はこのような比喩の場合のみでなく、多義語の意味理解にも必要とされる。たとえば「ノリ」という語は《海苔》と《糊》を両方を意味しうるが、個々の発話においてはどちらか特定の意味を指向している。文意を理解するには、どちらが指向されているのかを理解しなければならない。比喩や多義語の意味理解をどう説明するか。この問題に対して、ガンゲーシャは三つの回答を示す。まず暫定見解を示し、次いで「他の者たち（anye)」の見解に言及し、最後にいずれも却けて確定見解を述べるという構成になっている。順に見てみよう。

暫定見解では次のように言われる。指向は文意理解に先立って理解することができない。しかし、指向を理解する条件を揃えることはできる。指向は、聖典解釈で用いられる解釈論理（nyāya）によって、或いは文脈・状況（prakaraṇa）等を参照することによって理解される[*71]。ガンゲーシャは、文意理解の成立のために指向そのものの理解は必要ではなく、それを理解する条件が期待や適合性といった他の要件と共に揃っていれば、指向対象としての文意が理解されると考えているのだろう。「ノリを取って」という文がオフィスにいるという状況で発話されるとき、その状況を理解していれば、仕事で使うという目的と共に理解された《運搬》が《海苔》と連関することはどう考えてもおかしいので、それを排除して、《糊の運搬》という文意が理解されるとされる[*72]。

一方、「他の者たち」は語意に対する指向と文意に対する指向を区別し、文意理解の成立に必要なのは語意に対する指向のみであると考える。そしてその指向は文脈等により確定できる。また、多義語の類が用いられていないならば、語レベルの指向すら理解する必要はないと言う[*73]。これは私たちの経験に照らしても、納得のいくものではないだろうか。

しかし、ガンゲーシャはいずれの見解にも同意しない。彼は「実のところは（vastutas tu)」で始まる段落で確定見解を述べる[*74]。ここで彼は、解釈論理や文脈といった、指向理解の手段だけではなく、やはり指向の理解そのものが文意理解のために必要と考えるべきだと言う。暫定見解はこうして却けられる。指向はここで、「或る語にある、他の語の意味との連関の認識を指向しているということ（itara-padasya itara-pada-artha-saṃsarga-jñāna-paratvam)」と言い換えられる。これは文意に対する指向を意味しており、「他の者たち」の見解を却けている。ガンゲーシャは、この指向が文意理解の前にどうやって理解できるかを示さなければならない。彼によれば、聞き手が得るべきは指向の「一般的なかたちでの（sāmānya-ākāreṇa)」理解であり、「具体化しての（viśiṣya)」指向理解は必要ないと言う。これは、「一般的なかたちでの」指向理解ならば文意理解の成立に先立って可能であ

---

*70 本書補遺 1『宝珠』言語部言葉の正しさ章第 3 節 3.2.3a（p. 216）を参照。

*71 ガンゲーシャは、「解釈論理より生じる認識と文脈等のいずれか」が指向の把捉手段だと言うが、上記のように解釈した。本書補遺 p. 222 脚註 *229 を参照。“prakaraṇa” の語義については本書補遺 p. 204 を参照。

*72 本書補遺 1『宝珠』言語部言葉の正しさ章第 3 節 3.2.6a（p. 222）を参照。

*73 本書補遺 1『宝珠』言語部言葉の正しさ章第 3 節 3.2.6d（p. 225）を参照。

*74 本書補遺 1『宝珠』言語部言葉の正しさ章第 3 節 3.2.6e（p. 225）を参照。

ることを示唆している。

ガンゲーシャの確定見解は難解であるが、筆者は仮に、次のように理解している*75。「ノリを取って」という発話がオフィスで為されるとき、「具体化しての指向理解」は《糊の運搬》を対象とする。そしてこれは、文の意味対象に他ならない。一方、「一般的なかたちでの指向理解」は「『取って』という語は、《運搬》と、『ノリ』が意味する《糊》との連関を聞き手が理解することを指向している」というかたちをとる。このような理解は文意そのもの（《糊の運搬》）を包含してはいないので、文意を理解せずにも得られると考えられているのではないだろうか。

『宝珠』言語部第 1 章（言葉の正しさ章）での以上の論述における指向は、第 5 章（指向論章）で論じられた指向と、少し内包の異なる概念なのではないかと思われる。まず、ここで論じられている指向は、「行ってしまえばいいのよ」という言葉が《行かないで》を指向する、という例を説明することはできない。このような言外の意味を探る認知活動は、字義通りの意味をいったん理解してからでないと為しえない。ガンゲーシャはいま、そのような事例を考慮に入れていない。彼が確定見解で述べている指向とは、或る語の意味は、どの語の意味と連関することが目的とされているか、という意味での指向と理解できるのではないだろうか。たとえば、「多摩川でバーベキューをした」という文を聞いて、聞き手は、「多摩川」という語は《バーベキューをした》と連関した意味を聞き手に理解させることを目的としているはずである、というように指向を理解する。しかし、字義通りの《多摩川》という意味は、《バーベキューをした》と連関しえない。それゆえ、比喩が用いられている可能性を探り、「きっと《多摩川の岸辺》が意味されているのだろう」と理解する。そうして、《多摩川の岸辺でバーベキューをした》という文意を最終的に理解する。このような認知プロセスが考えられているのではないだろうか。この解釈でガンゲーシャの論述をすべて説明できるわけではないが、この考えは、本章の期待論の箇所で言及した、指向を期待の成立要件とする考えと相性が良い。たとえば「子どもが走る車を停める」という文において、構文的には、「走る」は「子どもが」と「車」のどちらとも期待を結びうる。どちらの意味の連関を理解すべきかは、どちらの意味との連関が指向されているかを、文脈や状況から察して理解しなければならない、と言えるだろう。

もうひとつ注意しておきたい点は認識論に関わる。対論者プラバーカラ派は、正しい文意理解を得るための条件として、文が「対象に即した指向を有するということ」を考えており、この性質を理解する仕方を説明するために指向の理解を論じていた。いまみてきたガンゲーシャも指向を理解する方法を示すが、これはあくまで指向を理解する方法であり、それが対象に即した指向であることを理解する方法ではない。ガンゲーシャはいま、正しい文意理解の原因を論じているのではなく、認識の正誤は保留し、単に文意理解を得るための条件を論じているものと理解すべきであろう。

*75　以下の理解は、『マニダルパナ』の解説によっても支持されるだろう。p. 102 の脚註 *10 を参照。

7　文意理解の成立要件

3 要件の認識

これまで検討したことの整理を兼ねて、文意理解の成立要件となるのは何か、という当初の問題に立ち戻ってみよう。ガンゲーシャは、「期待等を有し、かつ語意の想起等の媒介作用を有する言葉がプラマーナである」と言っている[*76]。言葉が正しい文意理解をもたらすには、期待等、すなわち期待、適合性、近接の 3 要件を保持しなければならない。

ただし、これらが言葉に存在するだけでは、文意理解の成立は保証されない。ガンゲーシャは、聞き手がそれらの存在を認識していなければならないと述べる[*77]。先の例文「子どもが泣く車を停める」において、「子どもが」と「泣く」が期待を有していても、それを聞き手が認識しなければ、《子ども》と《泣くこと》の連関を理解することはない。

近接を認識するとは、どういうことだろうか。先述のとおり、近接は「連関の関係項が間隙なく表出することである」と定義されている。つまり、文を構成する語意をすべて同時に想起するとき、それらの語意の間に近接が成立する。それを認識するというのは、聞き手が「私はいますべての必要な語意を想起していた」と追認することだろうか。私たちの実際の言語理解に照らすと、そのような追認を言語理解の成立要件とみなすことは難しいだろう。「近接の認識」という要件は、次のように理解することもできる。これまで見てきた議論から分かるように、『宝珠』言語部で与えられる定義に厳密に従えば、期待は語の属性、適合性は自他問わずすべての自我の属性、近接は自らの自我の属性ということになる。しかし、ガンゲーシャ自身が「期待等を有する言葉がプラマーナである」と言っているように、これらの属性は、おそらく比喩的に、言葉に所属するものとして扱われることも多い。近接を認識するというのも、比喩的に言葉の属性とみなされた近接を聞き手が認識することを意味すると考えることができる。そう考えれば、近接の認識は、実質的には連関の関係項を同時に想起することと理解できる。このように理解しなければ、「近接の認識」という要件を合理的に扱うことは困難である。

正しい文意理解の成立要件

期待、適合性、近接が言葉に存在し、聞き手がそれを正しく認識すれば、正しい文意理解が成立するはずである。しかし適合性については、その存在を聞き手が正しく認識することが原理的にできない場合が多い。語意 A の、語意 B との連関に対する適合性を認識するということは、事物 A と B が外界世界で事実として結びついていることを認識するのに等しく[*78]、それゆえ未来や過去について語る言葉、また全称命題で法則を述べる類の言葉の適合性は確定できないからである。したがって、ガンゲーシャは、適合性についてはそれが正しく認識できていなくてもよいと言う。つまり、適合性の存在を確定できるならばそうしてもよいし、「適合性があるか、ないか」と迷っている状態でも、さらには適合性が存在しないのに存在すると思い込んでいる状態でも、言語理解は生じると説明する[*79]。

[*76] 本書補遺 1『宝珠』言語部言葉の正しさ章第 2 節 2（p. 147）を参照。
[*77] 本書補遺 1『宝珠』言語部言葉の正しさ章第 3 節 3.2.6a（p. 222）および 3.2.6e（p. 225）を参照。
[*78] 正確には、事実として結びついていないことはありえないということの認識が求められている。
[*79] 言葉の正しさ章では、たとえば壺が目の前にないとき等は、その非存在を阻害する「壺がある」

ガンゲーシャは言葉の正しさ章で、いかなる条件が揃えば言葉から正しい文意理解が生じることが保証されるかを論じている。その結論として示されたのが上記の見解、すなわち期待と近接についてはその正しい認識が必要とされるが、適合性については正誤を問わずその認識一般が文意理解の原因となるというものである。これは、文意理解の成立要因と、その正しさの要因とは結局のところ統合して考えることはできないということを意味していると言えるだろう。対論者たちは、特定の条件が揃えば、文意理解の成立以前に、確実に正しい認識が成立することが保証されると主張する。仮にそのような条件があるならば、それらの条件を根拠として、ちょうど煙から確実な火の存在を推理するように、言葉から外界の事実を推理することができる。しかしガンゲーシャの見解では、その条件のひとつである適合性の存在は、事前に確定することができない。それゆえ、推理と同じ仕方で言葉から外界の事実を知ることはできない。したがって、言葉は推理とは異なる認知機構に依拠したプラマーナである。これがガンゲーシャの、とくにヴァイシェーシカ学派に向けた論述の骨子である。

その他の要件

先に見たように、3要件の認識に加えて、多義語や比喩を用いた語を含む文の意味理解のため、指向の理解も要件となる。たしかに、3要件だけでは多義語の意味特定を説明することはできない。しかし指向の理解を要件に含めるならば、さまざまな理論的問題を抱え込むことになる。これについては第6章で詳しく論じる。なお、ウダヤナは、指向の理解が文意理解成立の原因であると明言することはない。おそらく、ウダヤナの段階では指向が多義語や比喩の問題と密接に結びついたものとしては考えられていなかったからだろう。たしかに彼も比喩の例文に言及するが、議論の焦点は、「行ってしまいなさい」という言葉から《行かないで》という意図を理解することの説明に置かれている。しかし遅くともガンゲーシャの頃には、指向は多義語および比喩の問題と深く結びつけて論じられるようになる[*80]。

またガンゲーシャは、「語尾等と共に発話されること」或いは「まとまって発話されること（sambhūya-uccāraṇañ）」も、正誤を問わず文意理解一般の原因であると述べている。これらがふたつの異なる要件を示すものなのか、ひとつの要件の言い換えなのか、解釈において問題があることは p. 223 に記した。本書では、ひとつの要件の言い換えとして解釈する。「まとまって発話されること」は、まとまって発話されていない言語要素も含めて文意理解をしてしまうことを禁じるため、制限として導入されている[*81]。ただしこの要件は、ガンゲーシャの確定見解では指向の理解を要件とすることによりカバーされるとし、

という認識が自分に存在しないことにより、他者にもそのような認識がないこと、つまり適合性が存在することを確定できると言われている。ただし、これは対論者ヴァイシェーシカ学派の立場での発言である。本書補遺 pp. 176ff を参照。

[*80] ガンゲーシャに先行するシャシャダラも、指向の理解を文意理解の成立要件とする考えに言及する。*NSD* p. 29: "na ca laukike tātparyagrahāpekṣayā vilambaḥ, tātparyagrahasyānvayabodhānaṅgatvāt. tātparyasaṃśaye 'pi vākyārthabodhadarśanāt."（訳：また、世間的［な言葉］の場合に、指向の理解を必要とすることで［連関の理解の成立が］遅延するということもない。指向の理解は、連関の理解の成立要件ではないからである。指向に関する疑念が存在するときも、文意理解［が成立すること］が経験されるからである。）

[*81] 本書補遺1『宝珠』言語部言葉の正しさ章第3節 3.2.6c（p. 224）を参照。

別立てされない。なお、共に発話されるものとして「語尾等」を明示していることについて、ガンゲーシャは何も述べない。これは第 7 章で詳細に検討する補充論においてガンゲーシャが強調する、期待の成立のためには語基と語尾は共に与えられなければならないという考えを述べたものだと考えられる。近接は語意の同時想起とされたが、この要件は、語の同時存在、或いは形態論的な完全性と言うこともできるだろう。

自然言語処理との対応

冒頭で概観した自然言語処理の理論との比較について、ここで整理しよう。構文解析は期待の認識に、意味解析は適合性の認識に対応付けられると言ってよいだろう。適合性の確定はほとんどの場合は不可能であるが、正誤が不確定ながらもそれを認識できれば意味理解を得られるという理論は、意味解析を、構文解析の結果から意味的に妥当なものを絞り込むための手続きとする考えに等しい。つまり、ガンゲーシャの理論では、「笑う車」といった、適合性の非存在が確定できる場合を除いて、疑念としての適合性の認識が存在するので、意味理解を得られる。これと同様に、意味解析は、成立しえない意味構造を排除するために行われる。意味解析のふるいをパスすれば、つまり明らかに成立しえないと判定されなければ、次のステージに進むことができる。最後のステージである、文をまたいで行う文脈解析は、同じく文脈を参照する指向の理解により説明される部分もあれば、第 7 章で考察する補充の理論により説明される部分もある。

筆者は実際に使用されている自然言語処理の実装のソースをみたことがないので、自然言語処理が、形態素解析を終えた後、ほんとうに構文解析、意味解析、文脈解析という 3 ステップで行われるのかどうか分からない。実際のところ、欠損要素の補充を行う文脈解析を構文解析より先に行わなければ、要素の欠けた文は構文解析により排除されてしまうのではないだろうか。なお、ガンゲーシャの理論は、期待や適合性、指向の認識に明確な依存関係を与えてはいない。これらすべてが、文意理解のために必要であると述べるのみである。先述のように期待の存在が指向に依存すると考える者たちもいるが、期待の認識が指向の認識に依存すると言われているわけではないので、そこでも認識の順序は問題とされていない。

形態素解析に相当する手続きは、ガンゲーシャの理論では述べられない。語意の想起に言及する近接のプロセスをそれと考えることもできるかもしれない。一方、後期新ニヤーヤ学派の理論には形態素解析に類する考えがある。『ムクターヴァリー』は、文意理解をもたらす原因を、語すなわち形態素の認識（pada-jñāna）であると規定する。つまり、与えられた音のシークエンスを形態素に分節し、個々の形態素を認識することが求められている[*82]。ただし、どのようにすれば形態素に分節できるかは説明されていない。

8　文の有意味性について——期待、本来的適合性、正形性

有意味な文

ニヤーヤ学者が関心をもつのは、プラマーナとしての言葉、つまり文の意味対象を正し

---

*82 第 2 章脚註 *27 で引用する *Kārikāvalī* v. 81 を参照。

く認識させる言葉である。文の内容を理解することはできるが、その理解は事実を捉えていないような言葉、つまり誤った命題を述べる言葉というものが論じられることは稀である。しかし、ガンゲーシャの議論を精査すれば、内容の真偽に関わらず何らかの理解をもたらす文とは何かということを考えることができる。そのような文を「有意味な文」と呼ぶことにしよう。釈義が活動意欲をもたらすものとして有意味（arthavat）であることを論じるときの「有意味」とは異なり、何らかの理解可能な内容を表す、という意味である。ガンゲーシャの理論において、文の内容の正しさに関わるのは、3 要件のうち適合性のみである。そうであるならば、期待と近接だけで、有意味な文というものを規定できるのではないだろうか。さらに、語意の同時想起と定義されるところの近接は、文に求められる性質というよりも、意味構造体を認識するプロセスにおいて必要とされるステップであると考えられるので、期待こそが文の有意味性を決定するものと言えるのではないだろうか。

Kamaleshwar Bhattacharya（1987）は、ジャガディーシャの『シャブダ・シャクティ・プラカーシカー』に、上記のような考えが見られることを指摘する。そこでは、適合性を欠いた文は、内容は誤っているが有意味（sārthaka）である、と言われている。ジャガディーシャによれば、「兎の角（śaśa-viṣāṇa)」という文ですら有意味である[*83]。K. Bhattacharya は、このような文を “countersense” ではあるが “nonsense” ではない、と表現する。そして K. Bhattacharya 2013 において、期待がそのような有意味性を保証することが示されている。B. K. マーティラール（1985 (1997): 421）もまたこのような期待の役割に注目し、期待をもつ、すなわち “grammatically acceptable” な文と有意味性の関係を指摘している[*84]。

さて、ジャガディーシャの理論においては上記のような理解が成り立つとしても、それはガンゲーシャの言語理論においても妥当するだろうか。つまり、期待さえ具えていれば、すなわち構文的に正しければ、その文は有意味である、と言うことができるだろうか。

「能力」或いは本来的適合性

新ニヤーヤ学者たちにしばしば難問を突きつける、“ghaṭaḥ karmatvam ānayanaṃ kṛtiḥ” という文がある。「壺、行為対象性、運搬、決意」と訳せるだろう。問題は、なぜこの文から《壺を持ってくる》という意味を理解できないのか、ということにある。どういうことか説明しよう。“ghaṭam ānayati” という文から、聞き手は《壺を持ってくる》という意味構造体を理解する。この文を構成する語とその意味は、下図のような対応関係になっている。(動詞接頭辞や接辞 śap の意味も厳密に分析すると煩雑になりすぎるので、いくらか簡略化してある。)

語	ghaṭa	am	ānī	tip
意味	《壺》	《行為対象性》	《運搬》	《決意》

これらの語意を連結させて、壺を行為対象とする運搬をもたらす決意を彼は有する、つまり《壺を持ってくる》という意味構造体が理解される。同様に、“ghaṭaḥ karmatvam...” という文も、次のように分析される。

*83　*ŚŚP* v. 6 およびその自註を参照。
*84　Bilimoria 1988: 141 も同様の考察を行う。

語	ghaṭaḥ	karmatvam	ānayanam	kṛtiḥ
意味	《壺》	《行為対象性》	《運搬》	《決意》

各語に第 1 格語尾が付されているが、第 1 格語尾の意味（数であると言われたり、或いは意味がないと言われたりする）はこの簡略化された分析に大きな違いをもたらさないので、捨象してしまう。いま考えるべきは、なぜ、“ghaṭaḥ karmatvam....” の文から、《壺を持ってくる》という意味が理解されないのかということである。意味構造体を構成するのに必要な語意はすべて出揃っている。つまり、近接はある。しかしなぜ、それらの連関が理解されないのか。

この文の問題を、期待の欠如によって説明することができるかもしれない。ガンゲーシャは期待を、語 x がなければ語 y の意味表示が完結しないこと、すなわち連関の理解が成立しないことと定義している。この定義に従えば、“ghaṭaḥ” の後に “karmatvam” という語が与えられても、結果として連関の理解が成立しないのだから、“ghaṭaḥ” は “karmatvam” を期待していないと言うこともできるだろう。実際のところ、ガンゲーシャが、この文に期待が成立していると考えているかどうか、明確には分からない[*85]。いずれにしても、彼は、この文が連関の理解をもたらさないことを、期待ではなく「能力（sāmarthya）」という別の概念によって説明する[*86]。「能力」とは、個々の言語表現がそれ自体で有する、特定の意味を表示する能力である。この概念は、註釈者らにより「本来的適合性（svarūpa-yogyatā）」と呼ばれるようになる。ガンゲーシャは、“ghaṭaḥ karmatvam ...” が《壺を持ってくる》という意味を表示できないのは、この表現がこの意味を表示する「能力」をそもそももたないからだと言う。

「能力」すなわち「本来的適合性」について、ガンゲーシャは、上記以外の場所では目立った議論を行わない。しかしジャヤデーヴァの註釈から、ガンゲーシャ以降、これについてさまざまな議論が行われていたことが分かる。ジャヤデーヴァ自身は、「本来的適合性」に大きな役割を与えない。一方、ルチダッタはこの新たな要因について詳細な議論を展開し、言語理論の体系に積極的に導入しようとしている。彼は「本来的適合性」を、他の原因によらず、言葉それ自体が本来的にもつものと考えているようである[*87]。より後代の思想家たちは、言語理論において「本来的適合性」に言及することは稀である。『ムクターヴァリー』は、“ghaṭaḥ karmatvam...” の無意味性をあくまで期待により説明しようとしているが、そこでは期待の概念が大幅に変更されており、それはもはや本来的適合性と同じ概念と言ってよい[*88]。一方、綱要書『タルカ・アムリタ』は、本来的適合性を期待の

[*85] 近接論章では、これと同種の文に期待が存在しないと主張しているが、そこでは期待の定義が期待論章のものと異なり、語意間に成立する関係と考えられている。そのため、そこでの見解が現在の議論に適用できるか分からない。期待を語意間の関係と考えれば、上掲の文でも期待が成立することは明らかである。p. 109 を参照。

[*86] 本書補遺 1『宝珠』言語部期待論章第 2 節 5.1 （p. 238）を参照。

[*87] *TCP* p. 14: “ata eva tāny eva padāni samarthāni na tu tadarthakāni padāntarāṇi, sāmarthyaṃ tu svabhāvād ity uktam.”（訳：まさにこれゆえに、それらの語（ghaṭa、am、ānī、tip 等）のみが能力を有するのであり、それらの意味を有する他の語（ghaṭaḥ、karmatvam、ānayanam、kṛtiḥ 等）は［能力を有さ］ない。なお、能力は［語の］本性に由来する、と述べられている。）

[*88] *Muktāvalī* ad *Kārikāvalī* v. 84 p. 313: “ghaṭakarmatābodhaṃ prati ghaṭapadottaradvitīyārūpākāṅkṣājñānaṃ kāraṇam. tena ghaṭaḥ karmatvam ānayanaṃ kṛtir ityādau na śābdabodhaḥ.” （訳：《壺》を行為対象とするこ

定義に組み込んでいる*89。いずれの場合も、本来的適合性とは、ガンゲーシャが定義する期待には還元できない、別種の性質として捉えられている。以上の議論を踏まえると、文の有意味性が、ガンゲーシャの定義する期待だけで保証されるとは言えない。そこに、本来的適合性も加えなければならない。

では、先行研究で言われていた文法的な正しさ、或いは構文的な正しさと有意味性との関係は、ガンゲーシャの理論において妥当するだろうか。つまり、ガンゲーシャによって有意味性の条件とされる、期待と本来的適合性の組み合わせを、文法的な正しさに等しいものとみなせるだろうか。これを考えるとき、本来的適合性が意味に相関づけられる性質であることに注意しなければならない。或る文は、或る連関に対しては本来的適合性を有するが、他の連関に対してはそれを有さない。たとえば、"ghaṭaḥ karmatvam ānayanaṃ kṛtiḥ" という文は《壺は行為対象性であり、運搬であり、努力である》という意味に対しては本来的適合性を有すると言えるが、《壺を持ってくる》という意味に対しては本来的適合性を有さない。本来的適合性をこのように捉えるとき、文法的な正しさという概念も、相対的に考えられるべきであろう。"ghaṭaḥ karmatvam..." は《壺は行為対象……》という意味に対しては文法的に正しいが、《壺を持ってくる》という意味に対しては文法的に正しくない。もし、文法的な正しさ、また有意味性を「少なくともひと通り以上の意味理解が可能であること」と定義するならば、期待と、少なくともひとつ以上の意味に対する本来的適合性の組み合わせをもつことによって、その文は有意味であると言うことができるだろう。

正形性

前小節で、構文的な正しさによって決定される文法的な正しさを検討したが、インドの言語理論における「文法的な正しさ」を考える際に注意しておきたい概念がもうひとつある。「正形性（sādhutva）」である。文法学派が好んで用いるこの概念は、語が、教養人が用いるとおりのかたちをとることを意味することが多く、単なる形態論的な正しさに留まる概念ではない。たとえば "go"（牛）は正形であるが、方言で用いられる、それが崩れた形 "gāvī" は非正形である。文法学は、正形な語と非正形な語を区別するための学問であるとされている*90。

ガンゲーシャは「正形性」を、語ではなく文に具わる性質と考える。これは、要素が欠落した不完全な文、たとえば "dvāram"（扉を［閉めなさい］）や、崩れた言葉、端的にはサンスクリット語の方言であるアパブランシャ等の文には存在しない。「正形性」の定義はガンゲーシャによっては与えられないが、註釈者マトゥラーナータは、「非正形性」を「その意味理解を生じさせないものとしてパーニニ等に承認されていること」と定義する*91。この定義によりアパブランシャの文を排除することはできるが、要素が欠落した不完全

との理解に対して、「壺」という語の後に第 2 格語尾がくる、という在り方での期待の認識が原因となっている。それゆえ、「壺、行為対象性、運搬、決意」といった場合には言語理解が［生じ］ない。）

*89 *Tarkāmṛta* p. 75: "svarūpayogyatve saty ajanitānvayabodhakatvam ākāṅkṣā."（訳：期待とは、本来的適合性があり、かつ、その連関の認識が未だ生じていないことである。）

*90 友成 2010 を参照。

*91 p. 109 脚註 *17 を参照。

な文の排除は難しい。このような文法規則への適合に加え、構文的な性質も含む概念だと言えるだろう。ガンゲーシャは、そのような正形性は文意理解の成立に関与しないと考える。方言の文からも、難解なものでなければ、ひとは意味を理解する。また、不完全な文からも、足りない要素を適宜補って、やはり意味を理解できる[*92]。それらには期待が存在している。正形性は、文の有意味性に影響を与えない。

文法的な正しさ

期待と本来的適合性を有することと、正形であることとは、文法的な正しさの異なる側面を規定していると考えられる。(以下の議論は、「文法的な正しさ」を意味相対的としてもよいし、自律的としてもよい。) 両方の性質が揃って、文は、文法的に完全に正しくなる。期待と本来的適合性を有する、つまり構文的に正しいけれども正形でない文は、やはり文法的に完全には正しくはない。しかし、ひとの言語理解において、文法的な正しさは必ずしも必要とされない。私たちの日常会話のどれほどの文が、文法的に正しいのだろうか。「それ取って」という文は、助詞「を」が省略されており、文法的には正しくない。ただし期待は存在している。そして、この文からは意味理解が得られる。

以上を整理すると、期待と本来的適合性は、有意味性の必要十分条件と言うことができるだろう。そしてそれは、正形性と共になって、文法的な正しさを規定する。有意味であるために、文法的に正しくある必要はない。ひとの意味理解能力には、それだけの柔軟性がある。

---

*92 足りない要素の補充については第 7 章を参照。

第6章

喋るオウム

新ニヤーヤ学派の議論には、さまざまな動物が登場する。壺の材料を運んでいるのに壺の原因とみなしてもらえないロバ、樹において自らの非存在と共存するサル、そしてヴェーダを復唱するオウム。言語理論においては、この喋るオウムの存在が理論上の深刻な問題を引き起こす。愛鳥家の方々には異論があるかもしれないが、オウムは意図をもたずに喋るとされる。そこには話し手の意図がないのに、オウムの言葉からひとは意味を理解している。ここに問題がある。本章ではオウムの発話をめぐる問題と、それに関する新ニヤーヤ学者たちの議論を分析し、この問題の本質的な構造を明らかにしたい。

1　文意理解の成立要件としての指向理解

前章でみたように、ガンゲーシャは、多義語の意味特定や比喩の意味理解のために、聞き手は文脈等にもとづいて言葉の指向を理解しなければならないとする。この考えは後期新ニヤーヤ学派に到ると明確に定式化され、たとえば『ムクターヴァリー』では期待の理解、適合性の理解、近接の理解、そして指向の理解という4要件が文意理解成立の原因であると言われている[*1]。こう考えるとき、どうすれば指向を理解できるのかということが問題となる。言葉が指向する対象は文意に他ならない。文意を理解するために、その理解の成立に先立って指向を理解する、ということは原理的に不可能であるはずだ。前章で、これについてのガンゲーシャの議論を詳しく分析した。

ガンゲーシャより後の時代、この議論にもうひとつの難問が降りかかる。ウダヤナやガンゲーシャは、言葉の指向は話し手の意図によって決定されると述べる。指向を理解するとは、すなわち、話し手の意図を捉えることに他ならない。後期新ニヤーヤ学派に至っては、指向の本質が話し手の意図として定義されることも多い[*2]。しかしそれを前提とすると、オウムの発話の意味理解を説明できなくなる。オウムの発話にはそもそも話し手の意図が存在しないので、指向を理解することはできない。しかし実際のところ、オウムの発

[*1] p. 40 脚註 *27 に引用する *Kārikāvalī* vv. 82cd–83a を参照。

[*2] 例えば *Kārikāvalī* v. 84cd: “vaktur icchā tu tātparyaṃ parikīrtitam.”（訳：一方、指向は話し手の願望であると言われる。）

話から、そこに多義語や比喩表現が含まれていようとも、私たちは意味理解を得る。これは、指向の理解が必ずしも必要とされていないことを示すものではないだろうか。

指向の理解を文意理解の成立要件とするには、それに附随して発生するこれらの問題を解決しなければならない。ガンゲーシャは、また後の新ニヤーヤ学者たちはこれらの問題にどのように取り組んできたか。以下でそれをみていく。

2 オウムの発話とガンゲーシャ

指向の理解

文意を理解する前にどうやって指向を理解するか、という問題についての議論は、前章でみたばかりである。そこでは三つの見解が示されていた。

- 暫定見解：指向の事前理解は不可能なので、指向の理解を要件としない。代わりに、指向を理解する手段である、解釈論理より得られる理解、或いは文脈等の理解を要件とし、それらが揃っていれば文意理解は成立する。
- 他の者たちの見解：指向は語レベルの指向と文レベルの指向に分けられる。文意理解に必要なのは語レベルの指向の理解のみであり、それは文意理解より先に得られる。
- 確定見解：文レベルの指向の理解が必要だが、文意そのものを捉える「具体化しての」指向理解は不可能なので、「一般的なかたちでの」指向理解でよい。それは文意理解より先に得られる。

この議論においては、オウムの発話の問題が出てこない。ガンゲーシャがその問題に気づいていなかったわけではない。オウム問題については、次に具体的にみるように、別の箇所で論じている。この、指向理解の議論においては、それが問題とされていないのである。それはおそらく、ここで論じられている指向は、話し手の意図により決定されることが前提とされていないからであろう。上記の議論は、ガンゲーシャがプラバーカラ派を相手に行っているものである。プラバーカラ派は、ヴェーダに作者の存在を認めない。つまり、ヴェーダの背後には話し手の意図などというものは存在しない。そこで論じられている指向は、話し手の存在を要請しない。日常的な発話の場合は、それは話し手の意図により決定されるものかもしれないが、ヴェーダについては、言葉が本来的にもっている意味に対する指向が想定されている。この前提に立って議論が進められているので、オウムの発話はここで問題とならない。指向が存在論的に話し手の存在を要求しないということは、オウムの発話の問題を回避するための重要な前提となる。

オウムの発話について

ガンゲーシャがオウムの発話の問題を論じるのは、主に認識論の観点からであり、上述した論点にはほとんど言及しない。しかし、『宝珠』真理論章で行われる、オウムの発話に関する認識論的な議論は、この問題に関する重要な視点を提供しているため、ここで概観しておきたい。詳細は本書 8 章で検討するので、ここでは要点だけ示そう。

真理論章で問題となるのは、言葉にもとづいて正しい認識が生じるとき、その正しさを保証する美質（guṇa）は何かという問題である[*3]。ニヤーヤ学派の伝統説では、それは話し手のもつ「対象に即した文意の認識（vaktur yathārtha-vākyārtha-jñānam）」であるとされる。つまり、話し手が対象に即した認識をもっており、その認識の対象を文によって述べるならば、その文からは聞き手は正しい認識を得られる。しかしこの見解は、事実と一致する事柄を述べるオウムの発話を説明できない。その言葉を聞いて得られる認識は正しいにもかかわらず、その言葉は、対象に即した文意の認識から生じたものではない。オウムはそのような認識をもっていないからである[*4]。

ニヤーヤ学派の伝統派（sampradāya-vid）は、オウムの言葉の背後に主宰神の存在を想定することでこの問題を回避する。主宰神はすべての結果物の作り手であるため、オウムの発話も主宰神により作られたと言える。主宰神はすべての事柄について正しい認識をもっている。その認識が、事実を述べるオウムの言葉の原因となっていると想定できる。誤った内容を述べるオウムの発話については、その内容、つまり事実と一致しない事柄を対象とする認識を主宰神がもっていないため、オウムの発話それ自体は主宰神の作ったものであるが、「対象に即した文意の認識」の所産とはみなされない[*5]。

ガンゲーシャは上記の伝統説に従わない。とくにそれを批判するわけではないが、次のような対案を示している。彼は、言語理解の正しさの原因を話し手によって説明することを放棄し、適合性の有無、或いは聞き手におけるその正しい認識の有無が言語理解の正しさを決定すると言う。このようにして、言語理解の認識論から話し手を締め出す[*6]。

さらに彼は、正しい言語理解の発生のためには、指向を正しく理解する必要もないとも言っている。たとえば、或る靴を指して友人が「これはおじさんの靴だよ」と言う。その友人は、それが《年配の男性》の靴であることを意図している。しかし聞き手は意図を勘違いし、それが友人の《親の兄弟》の靴であると理解してしまう。このとき、もし実際にその靴が、偶然にも友人の親の兄弟の靴であったならば、聞き手の得た認識は正しいことになる。ガンゲーシャは、このような場合に、勘違いされた「これはおじさんの靴だよ」という言葉もプラマーナとして認めてよいと言う[*7]。

3 後代のニヤーヤ学者の議論

上記のガンゲーシャの議論は、指向の導入に関する理論的問題の検討の始まりに過ぎない。後にさまざまな学者がこの問題を論じている。それらをごく簡単に紹介しよう。

ルチダッタ（ca. 1505）は、前章で扱った指向の理解に関する議論でガンゲーシャが論じている「指向」を、話し手の意図と理解している。そのため、オウムの問題に取り組まなければならなくなる。彼は、認識論の議論でガンゲーシャに引かれた伝統説と同じく、オウムの発話の背後に主宰神の意図を想定する。そうすると、オウムの発話を理解するため

[*3] 美質については pp. 25ff を参照。
[*4] 本書補遺2『宝珠』真理論章抜粋 II 4（p. 283）を参照。
[*5] 本書補遺2『宝珠』真理論章抜粋 II 5（p. 284）を参照。
[*6] 本書補遺2『宝珠』真理論章抜粋 II 6（p. 285）を参照。
[*7] 本書補遺2『宝珠』真理論章抜粋 II 7（p. 286）を参照。

に、聞き手は主宰神の意図を理解しなければならなくなる。それは解釈論理や文脈等に依拠しても知ることができない。この難問に対し、ルチダッタはふたつの解法を示す。「一部の者たち（eke）」は、それを適合性等を参照することにより知ることができると言う。一方、「他の者たち（anye）」は、指向の理解がいかなる場合も文意理解の成立のために必要とされるという前提を否定し、オウムの発話の場合は指向を理解する必要がないと考える[*8]。

ヴィシュヴァナータ（ca. 1640）はルチダッタと同様の考えを示す。彼もまた、オウムの発話をコントロールするものとして主宰神の意図を想定する。しかし、オウムが誤った事柄を喋る場合、主宰神はそれにどう関与しているのだろうか。先に見た認識論的議論においてニヤーヤ学派伝統派が述べたのは、そのような言葉は主宰神の「対象に即した文意の認識」から生じたものでないから問題にならないということであった。しかしその回答では、主宰神以外のいったい誰がオウムに誤った内容を喋らせているかの説明はできていない。ヴィシュヴァナータは、そのような発話にはオウムの調教者の意図が関与していると説明する。ただし、オウムの調教者の意図を理解する方法は示していない。彼はまた、指向理解の議論で言及された「他の者たち」の見解と等しい、多義語等が用いられていない場合は指向の理解は必要ないという説にも言及もしている[*9]。

ラージャチューダーマニ（ca. 1630）とジャガディーシャ（ca. 1620）とは、共に指向に対する主宰神の関与を認めないが、指向の理解に関するガンゲーシャの確定見解に対し、両者は正反対の態度を示す。ラージャチューダーマニは確定見解に対する反論を却けて、ガンゲーシャの見解を支持する[*10]。一方、ジャガディーシャは、ガンゲーシャの暫定見解

[*8] *TCP* p. 12: “nanu śukādivākye tātparyavyatirekaniścaye ’pi śābdabodhād vyabhicāraḥ. na ca tatrāpīśvaratātparyasattvān na tathātvam iti vācyam, śukādivākyasya nyāyaprakaraṇādyananurodhitayā grāhakābhāvena tatra tadgrahasyāśakyatvād iti cet. na. yogyatādināpi tatra tadgrahasambhavāt, tadagrahe tatrānvayabodhāsiddher ity eke. tadatiriktasthala eva taddhetutvam uktam ity anye.”（訳：**〔対論者〕**意図が存在しないことが決定しているオウム等の文の場合も言語理解［が生じる］ので、逸脱がある。その場合も主宰神の意図が存在するため、そのようではない（逸脱はない）、と言うことはできない。オウム等の文は解釈論理や文脈等に従わないので、［意図を］理解する手立てがないため、その場合、それ（意図）を理解することができないからである。**〔ルチダッタ〕**そうではない。一部の者たちによれば、その場合、適合性等によってもそれ（意図）を理解することができるからである。というのも、それ（意図）が理解されないならば、そのとき、連関の理解は成立しないからである。［一方］他の者たちは、それ（オウム等の文）以外の場合のみ、それ（意図の理解）が［文意理解成立の］原因となっていると述べた［と言う］。）ここでは “tātparya” が話し手の意図と完全に同一と考えられているので、「指向」ではなく「意図」と訳した。

[*9] *Muktāvalī* pp. 316–317: “itthañ ca śukavākye ’pīśvaratātparyajñānaṃ kāraṇam. visaṃvādiśukavākye tu śikṣayitur eva tātparyajñānaṃ kāraṇaṃ vācyam. anye tu nānārthādau kva cid eva tātparyajñānaṃ kāraṇam. tathā ca śukavākye vinaiva tātparyajñānaṃ śābdabodhaḥ.”（訳：同様に、オウムの文においても、主宰神の意図の理解が［文意理解の成立の］原因である。一方、不整合をきたすオウムの文の場合は、調教者のみの意図の理解が原因となっている、と言われるべきである。一方、他の者たちは、意図の理解は多義語等［が用いられている］一部の場合のみ原因とされる［と言う］。それゆえ、オウムの文の場合は、意図をまったく理解せずにも言語理解［が生じる］。）

[*10] *Manidarpaṇa* p. 12: “akṣair dīvyatīty ubhayapadanānārthasthale durodarakrīḍanasaṃsargaparam idaṃ vākyam iti viśeṣatas tātparyagraho ’vaśyam aṅgīkāryaḥ. itarathā durodarair bhāsata ity anabhimatasaṃsargapratītyāpatteḥ. tataś ca śābdabodhatvāvacchedenaiva viśeṣatātparyagraho hetuḥ, lāghavāt, iti na śabdasvātantryam iti cet. na. akṣair dīvyatīty atrāpy akṣapadaṃ krīḍanānvitasvārthaparaṃ, dīvyatipadaṃ ca durodarānvitasvārthaparam ity ubhayatātparyagraho ’pi vinigamanāvirahеṇa hetuḥ. durodarakrīḍanasaṃsargas tu vākyārtha iti na śabdasvātantryavighātaḥ.”（訳：**〔対論者〕**“akṣair dīvyati” のような、どちらの語も多義語である場合、「この文はサイコロ遊びを指向している」という具体化しての指向の理解がどうしても［文意理解の成立要件として］認められなければならない。そうでないと、「サイコロにより輝く」といった、望まれない連関の理解が得られてしまう。それゆえ、まさしく言語理解性に制限されるかたちで（すべての言語理解に共通なかたちで）具体化しての指向理解が［文意理解の成立の］原因である。［そう考える方が］簡潔だからである。したがって、言葉に［プラマーナとしての］自律性

に近い結論を示す。彼は『シャブダ・シャクティ・プラカーシカー』において、文脈等と指向理解のどちらを文意理解の成立要件にすべきか検討する。このふたつの選択肢は、ガンゲーシャの暫定見解と確定見解に対応する。ジャガディーシャは、文意理解の成立に必要なのは指向の「一般的なかたちでの」理解ではなく「具体化しての」理解であると考える。それをどう実現するかは語られていないが、結論として彼は、「具体化しての」指向理解理解に先立つ、文脈等の理解のみを要件として定める*11。

4 問題の構造

以上の議論はかなり錯綜しているので、次頁にフローチャートを示した。これに従って、問題の構造を明らかにしたい。

ニヤーヤ学派は、以下の三つを前提としている。(A) 文意理解の成立には指向の理解が必要である。(B) オウムの発話からも意味が理解できる。(C) 指向対象は文意に他ならない。諸々の問題の根源は、これら三つの前提が同時に成立しないということにある。

最初の分岐は、指向は話し手の意図に支配されるということを認めるか否かにある。これに対して肯定的に考える者たちは、オウムの発話の問題に直面する。その解法としてよく知られているのは、主宰神の意図をその背後に設定するというものだが、そうする場合、誤った文が主宰神の意図の所産でないこと、また誤った文から誤った文意理解が得られることを説明しなければならなくなる。ヴィシュヴァナータはオウムの誤った発話の原因として調教師の意図を設定した。しかし私たちの常識に照らせば、オウムが喋る "saindhavam ānaya"（サインダヴァを持ってこい）という発話を理解するために調教師の意図を参照するということはありえないだろう。ルチダッタが取り組んだのは、主宰神の意図は解釈論理や文脈等によっては知ることができないという問題である。彼は、主宰神の意図を適合性等にもとづいて知ることができるという見解に言及する。しかしこれは後の新ニヤーヤ学派には継承されていない。ヴィシュヴァナータも言及するもうひとつの解法は、指向の理解が必要とされる場合を限定し、オウムの発話をその範囲から排除するというものである。しかし、こう考える場合、オウムの喋る多義語を含む文の理解を説明できなくなるだろう。

最初の分岐点に戻ろう。指向は必ずしも話し手の意図を必要としないと考える者たちも、文意理解に先立ってどうすれば指向を理解できるか説明することが求められる。ガンゲーシャは三つの解法に言及する。「他の者たち」は上記の前提 (C) を否定し、語レベルの指向のみの理解で充分であり、それは文意理解の成立に先立って得ることができると考える。しかしこれは、ガンゲーシャの確定見解で却けられる。ガンゲーシャの確定見解と、ラージャチューダーマニの見解では、「一般的なかたちでの」指向理解が必要であり、

はない。　〔ラージャチューダーマニ〕そうではない。"akṣair dīvyati" というこの場合も、「"akṣa" という語は《遊び》と連関した自己の意味を指向している」、「"dīvyati" という語は《サイコロ》と連関した自己の意味を指向している」というように、両方の指向の理解も原因［とみなすことができる］。［対論者の見解と比べてどちらが正しいか］決定要因がないからである。一方、文意は《サイコロ》と《遊び》の連関であるので、言葉の［プラマーナとしての］自律性は損なわれない。）"akṣa" は《サイコロ》と《眼》を、"div" は《遊び》と《輝き》を意味する多義語である。

*11 *ŚSP* pp. 25–27. K. Bhattacharya 1978: n68 でこの議論が分析・検討されている。

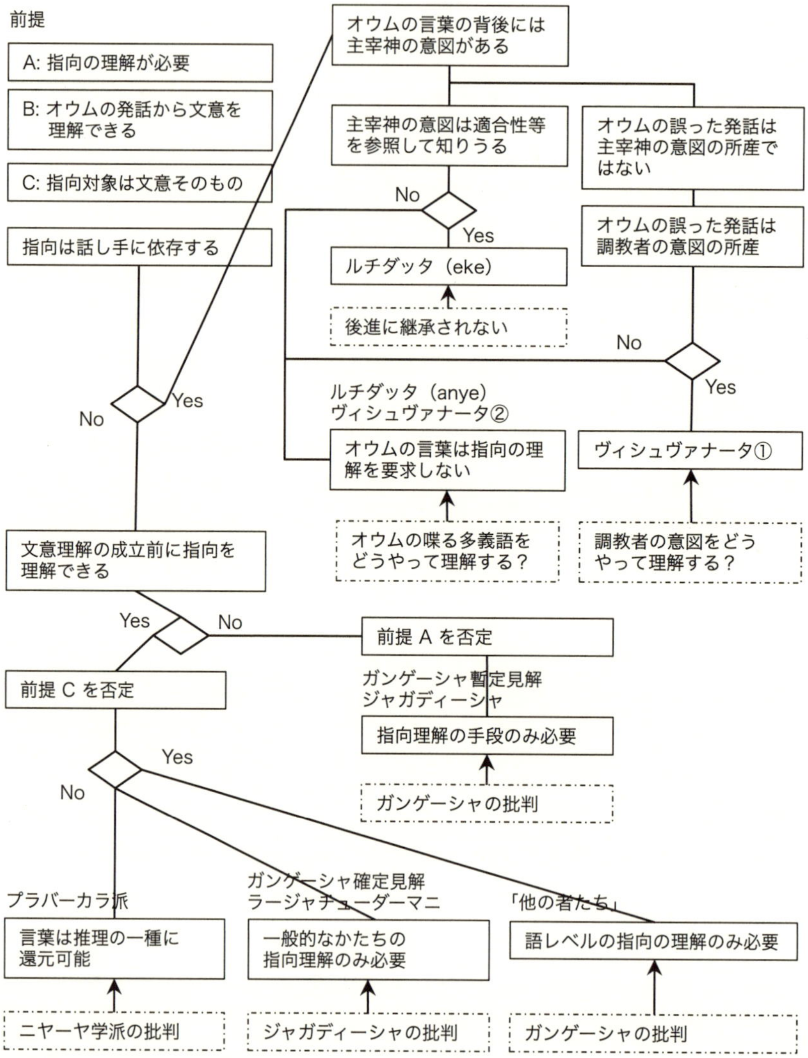

それならば文意理解に先立って得られるとされる。しかしジャガディーシャはこれを批判する。ジャガディーシャは、ガンゲーシャの暫定見解と足並みを揃え、前提（A）を否定する。そして、文意理解に先立つ指向の理解は不可能であるが、代わりに指向理解の手段さえ揃っていれば、文意理解は成立させられると述べる。しかしガンゲーシャはこの見解を確定見解によって否定している。

以上のように、どれひとつとして、誰もが納得する結論には至っていない。指向理解を文意理解の成立要件とする主張は、まだ充分に論証されていない。現代のパンディット、K. E. Devanathan 氏は、サンスクリット語の論考（2003）において指向理解の問題に関する伝統的視点からの深い洞察を示している。この問題はさまざまな見地から引き続き検討される必要があるだろう。

第 7 章

不完全な文に対する要素の補充

寒い冬。ラーメンを食べ、体も温まった。「ごちそうさま。」どんぶりをカウンターに上げ、席を立って店を出る。「ちょっとお客さん！」驚いて振り返る。「扉！」おっと、この店は自動ドアじゃなかったか。「すいません。」カラカラと鳴る扉を閉めて店を後にする。

以上のやりとりにおいて、ラーメン屋の主人が語ったのは、呼びかけを除いては「扉」という単語だけである。このひとつの単語から、私たちは《扉を閉めてください》という意味を理解する。言語理解におけるこのような省略要素の補充現象は、インドの言語理論では "adhyāhāra"（補充）と呼ばれている。本章では、ガンゲーシャが『宝珠』近接論章で展開する補充論を分析し、先行するミーマーンサー学派の議論と比べた際の特質を描出することにより、このような語用論的問題に関するガンゲーシャの考えを探る。

1　補充論の焦点

補充の例として、インドの哲学文献では、次のふたつの例がしばしば用いられる。「扉が（dvāram）」という発話を聞いて、聞き手は「閉められるべきである（āvriyatām）」という動詞またはその意味を補い、《扉が閉められるべきである》（つまり《扉を閉めよ》ということ）という意味を理解する。また、「ヴィシュヴァジト祭により祀るべし（viśvajitā yajeta）」という聖典の文句を聞いて、「天界を欲する者は（svargakāmaḥ）」という主語またはその意味を補い、《天界を欲する者はヴィシュヴァジト祭により祀るべし》という意味を理解する。

補充現象はミーマーンサー学派において重要な聖典解釈技法のひとつとして理論化・体系化されたが、学派内でバッタ派とプラバーカラ派がこれに関して異なる理論をそれぞれ提起し、両派は長く論争を展開した。バッタ派によれば、「扉が」という発話に対して、ひとは「閉められるべきである」という言葉を補充し、そうして得られる完全な文から、全体としての意味を理解する。これは言葉補充説（śabda-adhyāhāra または pada-adhyāhāra）と呼ばれる。一方のプラバーカラ派は、ひとが補うのは言葉でなく意味であるとする意味補充説（artha-adhyāhāra）を主張する。すなわち、言葉の補充をスキップして、《閉められるべきである》という意味を直接補充し、《扉が閉められるべきである》という全体としての意味を理解すると考える。

この論争に、ガンゲーシャを始めとする新ニヤーヤ学派の思想家たちも参戦する。彼らは、最大の論敵であるプラバーカラ派の意味補充説を批判し、バッタ派と同じく言葉補充説を主張する。しかし、その主張の論拠はバッタ派のそれと異なる。ガンゲーシャは、聖典解釈を主眼とするミーマーンサー学派の議論の枠組みを抜け出す。そして、ひとがどのような言葉から、どのようにして言語理解を得るのか、ということを明らかにしようとする自らの探求プロジェクトに沿う新たな観点から補充という現象を分析する。その議論を検討すると、言葉と認識に対するガンゲーシャの鋭い洞察が見えてくる。

補充の概念とバッタ派対プラバーカラ派の補充論争は広く知られており、概説書の類ではしばしば目にするが、詳しく検討している研究は多くはない。先行研究として特記されるべきは Raja 1969 であり、ミーマーンサー学派を含め多くの文献を用いて補充論を詳説している。しかし、ニヤーヤ学派に関しては『ニヤーヤ・コーシャ』に言及するのみである。

『宝珠』の補充論は、言語部近接論章において展開される。それは前主張部（pp. 300–310）と確定見解部（pp. 311–317）に分けられ、前主張部では意味補充説が紹介され、確定見解部では自説である言葉補充説が論証される。前主張部には、プラバーカラ派のシャーリカナータによる論述と符合する点がいくつかあり、補充論に関するシャーリカナータとガンゲーシャの、仮に直接ではなかったとしても、非常に近い参照関係が推定される[*1]。

2　ミーマーンサー学派の議論

論理的要請と補充

ガンゲーシャの議論の独自性を明らかにするために、その前提となっているミーマーンサー学派の議論を、本章の論述に関して必要と思われる範囲で概観する[*2]。

ミーマーンサー学派の補充論は、彼らの認めるプラマーナのひとつ、論理的要請（arthāpatti）に関する議論と深く関係している。同学派において、論理的要請は「観察されたものにもとづく論理的要請（dṛṣṭa-arthāpatti）」と「伝聞されたものにもとづく論理的要請（śruta-arthāpatti）」というふたつのタイプに区分される。この区分は、「*A* を想定せずには既知の事柄 *B* を説明できないから *A* が理解される」という論理的要請の定式における、*B* を知る際の認識手段の区別に従っている。バッタ派によれば、事柄 *B* を言葉により認識した場合の論理的要請が後者であり、それ以外の場合は前者である。そしてバッタ派は、

[*1] 両者の符号点としては、(1) 意味補充説の論拠として（a）言葉の補充は文意理解の成立に寄与しないことと（b）論理的要請の認識対象は言葉でなく意味であることのふたつを挙げる点、(2) 近接論の一部として補充を論じている点、(3)『宝珠』の補充論の直前で引かれる偈が『プラカラナ・パンチカー』の偈に酷似している点などが挙げられる。3 点目については次の偈を参照。*TC* 本書補遺 p. 261: “yad yad ākāṅkṣitaṃ yogyaṃ sannidhānaṃ prapadyate | tena tenānvitaḥ svārthaḥ padair evāvagamyate ||” *PP* p. 384: “yad yad ākāṅkṣitaṃ yogyaṃ sannidhānaṃ prapadyate | tadanvitaḥ padenārthas svakīyaḥ pratipādyate ||”『宝珠』と『プラカラナ・パンチカー』の類似性は Tatacharya 2005: 456n, 459n でも指摘されている。ただし、『宝珠』前主張部は『プラカラナ・パンチカー』の単なる焼き直しではなく、新たな論点を多く導入している。

[*2] この概観を作成するにあたり、『プラカラナ・パンチカー』刊本の編者 Subrahmaṇya Śāstrin が同書に対して付けた脚註 *PPV* p. 272 の補充論概観、および吉水 1999 を主に参考にした。

後者の、伝聞されたものにもとづく論理的要請により私たちが認識するものは、常に言葉に限られる、という説を主張する。一方のプラバーカラ派は、後者の場合も言葉ではなく、その意味であるところの事物が認識されるとする。バッタ派のパールタサーラティは先述の「扉が」や「ヴィシュヴァジト祭により祀るべし」を例に出し、これらを聞いた者は、それぞれ「閉められるべきである」や「天界を欲する者は」という言葉を論理的要請により認識すると言う[*3]。プラバーカラ派のシャーリカナータは、「太っているデーヴァダッタが昼間は食事をしない（pīno devadatto divā na bhuṅkte）」という発話を例に出し、この発話から論理的要請により認識されるのは、「夜に食事をしている」という言葉ではなく、《夜に食事をしている》という出来事そのものだと言う[*4]。

論理的要請に関するこの議論は、補充論と相関している。両派共に、或る不完全な発話を聞いて補充を行うとき、その発話から論理的に要請されるものを補うということを前提とする。そのうえで、バッタ派は、論理的に要請される言葉が補充されると主張し、プラバーカラ派は、言葉でなくその意味が補充されると主張する。パールタサーラティとシャーリカナータは、いずれも、プラマーナのひとつとしての論理的要請に関する論述のなかで補充論を展開している。

言語理解と補充

シャーリカナータは、文意理解の成立要件である期待と近接に関する箇所でも補充を論じる[*5]。文意理解が成立するためには、期待される要素が、それと連関する要素と、聞き手の認識のなかで近接していなければならない[*6]。もし期待される要素が欠落しているならば、それを補って、関係項の近くに置く必要がある。シャーリカナータの基本的な考え方は、このようなかたちであると考えられる[*7]。彼は期待を、聞き手のもつ、「知りたいという願望（jijñāsā）」であると捉える。その願望は、連関の関係項である意味に向けられている[*8]。したがって、「扉が」という発話を聞いた者は行為に対する願望（「扉をどうしろというのだ」）を抱き、論理的要請によって認識される《閉められるべきである》という意味を補充する、という文意理解のプロセスを想定できる[*9]。

---

*3　*ŚD* pp. 80–81.

*4　*PP* pp. 278–281.

*5　*PP* pp. 386–387（期待論）, 389–390（近接論）.

*6　バッタ派もプラバーカラ派も、また新ニヤーヤ学派も、近接とは、語と語の物理的な近置関係ではなく、聞き手の認識において隔たりなく配置されることと考える。本書第 5 章 5（pp. 83f）を参照。

*7　*PP* pp. 386: “ekapadaprayoge hi dvāram ityādāv abhidhānam eva na paryavasyati. na hy anuccarite pratiyogisannidhāpake pade ’nvitābhidhānaṃ śakyate vaktum.... tasyāñ ca satyām aparipūrṇavākyaparipūrakatayā loke ’dhyāhārasya viditatvāt prakaraṇādivaśena yogyapratiyogyadhyāhāraḥ kriyate.”（訳：「扉が」といったようにひとつの語が使用されたとき、意味表示そのものが完結しない。というのも、［連関の］関係項（意味）を近接させる語が発話されていないとき、連関表示を述べる（つまり、連関した意味を表示する）ことができないからである。……そして、世間において補充は、それ（連関の関係項に対する知りたいという願望、すなわち期待）が存在するときに、不完全な文を完成させるものとして理解されているので、［ヴェーダ文に関しても］文脈等に従って、［連関に］適合する関係項の補充が行われる。）

*8　*PP* p. 385: “kā punar iyam ākāṅkṣā. pratipattur jijñāsā.”（訳：では、この期待とは何であるのか。［それは］認識者の、知りたいという願望である。）Ibid, p. 388: “anvitasyābhidhānārtham uktārthaghaṭanāya vā pratiyogini jijñāsā yā sākāṅkṣeti gīyate.”（訳：連関した［意味］を表示するため、或いは、［或る語によって］述べられた意味を［他の意味と］結びつけるため、関係項（意味）に対する知りたいという願望が［聞き手に生じる］。それが期待である、と唄に言われる。）

*9　なお、シャバラやクマーリラ、プラバーカラが期待や近接と関連させて論じるのは、補充ではなく「拡大適用（anuṣaṅga）」である。*ŚBh* 2.1 第 15, 16 論題を参照。拡大適用は語句継続（anuvṛtti）に類

近接論の箇所で、シャーリカナータはふたたび意味補充説を論証する。その内容は、やはり論理的要請のはたらきに依拠するものであり、先述したものと本質的には変わらない。

3　ガンゲーシャの言葉補充説

ガンゲーシャの言葉補充説（彼の表現に従えば「語補充（pada-adhyāhāra）」説）の論証は、ミーマーンサー学派の議論とまったく異なる観点から為される。彼は、補充論争の展開を左右してきた論理的要請の問題をいったん棚上げし、目下直面している問題、すなわちひとの言語理解の分析に視線を戻させるかのように、意味補充説でほんとうに言語理解が説明できるのかと問いかける。実は、彼は補充論前主張部では論理的要請に言及している[*10]。また、『宝珠』推理部において論理的要請を論じ、バッタ派に同調する主張を行ってもいる[*11]。その結論を補充論に適用することもできたはずである。しかし彼はそうせずに、いま、主に言語の構文的性質に関わる問題として補充論を論じ直す。そこにはふたつの論点がある。以下、それらを『宝珠』での論述の順に従って検討する。

第 1 の論点——期待の成立要件

前述のとおり、シャーリカナータは期待を意味に対する聞き手の願望と定義した。これとは別に、期待を語と語の間に成立するものと考える立場と、意味と意味の間に成立するものと考える立場とがよく知られている。前者は、たとえば他動詞が目的語の存在を期待すると理解し、後者は、他動詞の意味である行為が目的語の意味である行為対象（karma-kāraka）を期待すると理解する。ガンゲーシャは、『宝珠』期待論章では確定見解として前者の立場を支持しているが[*12]、この近接論章では（どういうわけか）後者の立場で論述を進める[*13]。

期待は意味の間に成立する。ただし、然るべき語から想起された意味の間に、という条件が加えられる。そう考えなければ、“dvāraṃ karmatā pidhehi”（扉、行為対象性、閉めよ）という発話からも、“dvāraṃ pidhehi”（扉を閉めよ）という文から理解するのと同じ意味を

する概念であり、不完全な発話 S_1 の要素 W_1 が期待する要素 W_2 が、近接する他の文 S_2 に存在する場合、既に他の要素と結びついている W_2 を、W_1 にも重複して結びつけるときに使用する解釈技法である。拡大適用は近接する要素に期待を措定するための技法であり、補充は期待されるものを近接させるための技法である。これらは逆方向のはたらきをもっているが、不完全な言語表現を、それに要素を補うことによって完成させてひとつの文を構成する、という共通の目的に資するものである。

*10 本章脚註 *1 を参照。

*11 Das 2011: 358 を参照。「伝聞されたものにもとづく論理的要請」についてのガンゲーシャの見解を検討している。

*12 本書補遺 1『宝珠』言語部期待論章第 2 節 1（p. 235）を参照。

*13 少なくとも本稿の主題に関して、期待の主体が何であるかということは大きな問題とならない。18 世紀の文法家ナーゲーシャは、期待する主体はあくまで人間であるが、比喩的に、「意味が期待する」というような表現がとられると言っている。*VLM* Vol. 1 p. 497 を参照。重要な争点は、期待の対象が語か意味かということにある。ガンゲーシャが自説である「語に対する期待」を留保し、「意味に対する期待」の立場に立ったのは、対論者であるプラバーカラ派の前提を暫定的に受け容れていると考えることもできるだろう。また、「意味に対する期待」はウダヤナに支持されている、ニヤーヤ学派の伝統説でもある。*NKus* p. 398 を参照。なお、「語に対する期待」という立場に立つと、意味を補充したところで期待はまったく充足しないので、言葉補充説が容易に論証される。

理解してしまうことになると言う[*14]。どういうことか。文 “dvāram pidehi” を構成する各要素は、ニヤーヤ学派の言語理論において、簡略化するとそれぞれ次のような意味を表示すると分析される。

語	dvāra（語基）	am（第 2 格語尾）	pidhehi
意味	《扉》	《行為対象性》	《閉めよ》

一方、文 “dvāraṃ karmatā pidhehi” の意味表示は次のように分析される。

語	dvāram	karmatā	pidhehi
意味	《扉》	《行為対象性》	《閉めよ》

いずれの言語表現においても、聞き手がそれぞれの語から理解する意味は同じである。それらの意味が、言葉に依存せずに互いを期待し合うならば、たとえそれがおかしな形をしていようとも、聞き手は全体の意味としてそれらの意味の連関を理解することになる。この帰結を回避するため、ガンゲーシャは、期待は然るべき特定の語（pada-viśeṣa）から想起された意味の間にしか成立しないと言う[*15]。この主張は、意味補充説を否定する根拠となる。「扉を」の意味《扉を》と期待し合うのは、「閉めよ」という語から想起された《閉めよ》という意味だけである。不完全な発話「扉を」に対して、言葉を介さずに《閉めよ》という意味を直接補充したところで、それが「扉を」の意味と期待し合うことはない。期待を成立させるには、必ず言葉を補充しなければならない。

正形性について（1）

上記の論述に対し、対論者から疑義が提出される。“dvāraṃ karmatā pidhehi” という発話から《扉を閉めよ》という意味が理解されないのは、期待が成立しないからではなく、この発話が「非正形（asādhu）」だからである、と対論者は言う[*16]。言葉の正形性という概念は、ニヤーヤ学派の言語理論では余り用いられることがなく、ガンゲーシャがここで何を意図しているのかも明確でない。『宝珠』の註釈者マトゥラーナータは、「非正形性」を「その（特定の）意味理解を生じさせないものとしてパーニニなどに承認されていること」と説明している[*17]。ガンゲーシャが非正形な発話の例としてアパブランシャに言及していることから、何らかの規範への適合を意味していると考えられる。ガンゲーシャが対論者の批判として想定しているのは、おそらく次のようなことだろう。言葉を介さずに直接補充された意味に対しても、期待は成立しうる。“dvāraṃ karmatā pidhehi” という発話の場合も期待が成立しているのだが、そもそもこの発話は、《扉を閉めよ》という意味を表すものとしては文法的に誤っている。それゆえ、そのような意味理解が得られないの

---

*14　本書補遺 1『宝珠』言語部近接論章第 2 節 2.1（p. 267）を参照。なお、先のミーマーンサー学派の議論では “dvāram” が第 1 格形であったのに対し、ガンゲーシャはこれを第 2 格形で使用する表現を例として用いる。その方が、他動詞の存在が期待されていることが明確であるからと思われる。

*15　本書補遺 1『宝珠』言語部近接論章第 2 節 2.2（p. 267）を参照。

*16　本書補遺 1『宝珠』言語部近接論章第 2 節 2.2（p. 267）を参照。

*17　*TCR* 4(1) p. 312: “tatrāsādhutvañ ca tadajanakatayā pāṇinyādyabhipretatvam.” 別の箇所では、チャーンドラ文法も正形性の根拠に含めている。*TCR* 4(1) p. 315: “pāṇinicāndrādyanuśāsanakartṛbhis tathaiva nirṇītatvād iti bhāvaḥ.”

だ[*18]。したがって、意味補充説が否定されたことにはならない。

この批判に対し、ガンゲーシャは、文の正形性（厳密には、正形性の認識）はそもそも文意理解の成立に対して必要とされていない、という大胆な返答を行う。「扉を」という不完全な発話は、実際のところ非正形であるが、私たちはこの非正形な発話からも意味を理解している。同じく、非正形な言語表現の代表格であるアパブランシャの発話からも、私たちは意味を理解する[*19]。したがって、“dvāraṃ karmatā...” の欠陥を非正形性により説明することはできない。この発話の欠陥は、期待の欠如に起因するものと考えられ、そして、期待されていると言われる意味が与えられているのに相互の期待が成立しないのは、言葉が必要だからである。それゆえ、意味補充説はやはり擁護できない。

第 2 の論点——語形派生

ガンゲーシャは、語形派生というもうひとつの論点に着目する。目的語に第 2 格語尾が付されるのは、その目的語が行為という意味と共にあるからではなく、他動詞という言葉と共にあるからである。もし意味と共にあるだけで語形が成立するならば、たとえば “ghata ānayanaṃ kṛtiḥ”（壺、運搬、決意）という文（“kṛti”（決意）は動詞語尾の表示する意味）において、“ghaṭaḥ” は “ānayanam” の表示する《運搬》と共にあるため、語基の後に第 2 格語尾が付されてしまうだろう[*20]。

また、意味が語形を決定すると考えると、《花を欲する》という意味を表すふたつの文 “puṣpebhyaḥ spṛhayati” と “puṣpam icchati” での格語尾の違いを説明できないという問題も生じる。前者で第 4 格語尾が用いられているのは、目的語が第 4 格をとる動詞 “spṛhayati” と共にあるからであり、後者で第 2 格語尾が用いられているのは、第 2 格を取る “icchati” と共にあるからである。ここで、“spṛhayati” と “icchati” は、共に《欲する》を意味する同義語とされている。もし、格語尾の選択的使用も意味によって決定されるならば、動詞 “icchati” を用いるときも目的語に第 4 格語尾を付すことが妨げられない[*21]。ガンゲーシャがここで言おうとしているのは、不完全な発話 “puṣpebhyaḥ” を聞いたとき、そこには “spṛhayati” という特定の言葉が補充されなければならない、ということである。

この議論は、省略要素の「復元」という新たな視点を導入するものと解釈できる。これまで概観した補充に関する議論は、常に、不完全な発話からどうやって意味を理解するかということを問題としていた。そしてその理解の方法は、不完全な発話から完全な文を「復元」するのではなく、聞き手が何かを補充して完全な文（或いは完結した意味の連関）を作り上げるという方針をとっていた。これは、補充論がミーマーンサー学派の聖典解釈学において醸成されてきた背景を考慮すれば当然とも言える。彼らは、聖典には作者がいないという前提に立つ。そのような聖典の文を解釈する際、作者が省略した言語要素を復元するという方針をとることはない。作者がいないのだから、そもそも誰も省略などして

[*18] *Aṣṭādhyāyī* 2.3.2 “karmaṇi dvitīyā”（[他の手段で表示されていない] 行為対象を意味して第 2 格語尾が用いられる。）という文法規定に反して、行為対象を意味するために語尾ではなく “karmatvam” という名詞を使用してしまっている、と解釈できるだろう。

[*19] 本書補遺 1『宝珠』言語部近接論章第 2 節 2.2（p. 267）を参照。

[*20] 本書補遺 1『宝珠』言語部近接論章第 2 節 2.3（p. 268）を参照。

[*21] 本書補遺 1『宝珠』言語部近接論章第 2 節 2.3（p. 268）を参照。

いない。一方、この前提に縛られないニヤーヤ学派のガンゲーシャの論述からは、話し手が省略を行う前の、本来あるべき完全な文の姿を補充により復元しようとする問題意識が読み取れる。

筆者はこのアプローチが優れていると主張するのではない。言語理解（language comprehension）と言語産出（language production）が異なる問題領域として論じられるべきであることは、言語学でも言われている。言語産出のための理論（文法規則）を用いてひとの言語理解を説明できるのか、ひとが言語理解を行う際、実際に文法規則を使用しているのか、といった問題は別途検討されなければならない*22。そして、この問題に対するひとつの考えが、「正形性」をめぐる次の議論から見えてくる。

正形性について（2）

第 2 の論点に関するガンゲーシャの主張に対して、対論者から次のような批判が為される。言葉の補充は正形性のために行われるのであり、文意理解のためではない*23。これは、文意の理解のために語意間の期待が必要であり、期待の成立のためには意味ではなく言葉の補充が必要である、というガンゲーシャの論証を崩すものである。

ガンゲーシャは次のように答える。正形性のために、言葉の補充が必要である。そして、その補充された言葉から想起される意味が、文意理解の成立をもたらすのである。したがって、やはり言葉が補充されなければならない*24。ガンゲーシャは、文意理解のために正形性が必要だとは言っていない。ここから読み取れるのは、言葉の補充は、正形性のためにも、文意理解の成立のためにも必要だということである。文としての正形性のため、私たちは言葉を補充する。しかしその正形性は、アパブランシャから意味が理解されることからも分かるように、文意理解の成立に寄与しない。文意理解は正形性から独立している。ガンゲーシャがいま議論しているのは言語理解を説明する理論であり、言葉補充説はその理論の一部として主張されている。

こう理解すると、第 2 の論点でみた、省略要素の復元に関する議論は、ガンゲーシャの主張にとって重要ではないことになる。結局のところ、“dvāraṃ karmatā pidhehi” という文から《扉を閉めよ》という意味の理解が成立しないことを根拠とした第 1 の論点だけで論証は成立している*25。

---

*22 補充に関する言語の産出者（話し手）と理解者（聞き手）の非対称性は、註釈者マトゥラーナータも言及している。*TCR* 4(1) p. 317: “kiñ ca sādhutvārthaṃ vaktur ekavākyatābhiprāyaviṣayatvarūpasya sakarmakakriyāpadādiyogasyāvaśyakatve ’pi śrotus tādṛśapadādhyāhārasya katham āvaśyakatvam.”（訳：また、［それと共になって］ひとつの文を構成することに対する意図の対象となっていることという、他動詞などとの結びつきが、正形性のために話し手にとって必要であったとしても、そのような語の補充が聞き手にとって必要であるとどうして言えようか。）Deshpande 1985: 54 は、言語産出者が行う言語要素の省略（lopa）に関する文法家たちの 2 種の考えを、ミーマーンサー学派の意味補充説と言葉補充説に対応づけている。この対比には慎重になるべきであろうが、興味深い結論が得られている。文法を使用する話し手ではなく、語形を解釈して文法を発見しようとする文法家たちは、言語理解を行う側にあり、それゆえ彼らにこれら 2 種の立場をみることができるのだろう。

*23 本書補遺 1『宝珠』言語部近接論章第 2 節 2.3（p. 268）を参照。

*24 本書補遺 1『宝珠』言語部近接論章第 2 節 2.3（p. 268）を参照。

*25 この点は註釈者も指摘している。*TCP* p. 20: “yady apy evaṃ sādhutvārthaṃ padādhyāhāre ’pi na padajanyapadārthopasthititvena hetutvam, sādhutvajñānasyāhetutvam ity uktatvāt.”（訳：仮に、そのように（対論者の言うように）正形性のために語の補充があるとしても、［文意理解或いは期待の成立に対する］原因性が、語より生じる語意の表出であること［に制限されている］ということにはならない。正形性の認識は［期待の］原因ではないと述べられているからである。）

4 議論の整理

不完全な発話の意味を理解しようとするとき、聞き手は足りない要素を補充して、全体としての意味を理解する。ミーマーンサー学派では、聞き手が補充するのは言葉なのか(バッタ派)、それとも意味なのか（プラバーカラ派)、という問題が長く議論されてきた。両者の論争は、「伝聞されたものにもとづく論理的要請（śruta-arthāpatti)」により認識されるものは言葉なのか、それとも意味（事物）なのか、という論点を中心に展開した。ニヤーヤ学派のガンゲーシャもこの論戦に参入するが、この問題を異なる視点から扱う。ガンゲーシャが論じるのは、文意理解の成立に必要なのは、実際のところ言葉と意味のどちらなのか、どの理論が正しく言語理解を説明できるのか、という問いである。そして、文意理解の成立のためには、どうしても語意理解に先んじて語そのものの認識が必要である、という根拠にもとづいて、言葉補充説を主張する。

ガンゲーシャのこの結論は、その後、新ニヤーヤ学派での定説となる。たとえば綱要書『ムクターヴァリー』では、文意理解の成立の媒介作用（vyāpāra）について、単に「語意の知」と言うだけでは不充分であり、「語より生じる語意の想起」としなければならないと言っている[*26]。これと同じ考えは、バッタ派の綱要書『マーナ・メーヤ・ウダヤ』(17世紀）やヴェーダーンタ学派の綱要書『ヴェーダーンタ・パリバーシャー』(17世紀）にもみられる[*27]。いまだ思想史を辿るに充分な数の文献を調べてはいないが、ガンゲーシャの補充論のインパクトについて詳しく調べることにより、他学派の言語理論の思想史にも光を当てることができるだろう。

---

*26 *Muktāvalī* p. 264: “padārthadhīr iti. padajanyapadārthasmaraṇaṃ vyāpāraḥ.”

*27 *MMU* pp. 101–102: “gāṃ badhāna ity atra bandhanāpekṣasya dṛṣyamānasya aśvasya śabdabodhitatvābhāvād evānanvayaḥ. ataḥ śabdapratipannānām evānvaya iti niyamaḥ siddhaḥ.”（訳：「牛を繋げ」というこの場合、《繋合》を期待している、知覚されている《馬》は、言葉により理解されていないというまさにこの理由により、［文意理解において《繋合》と］連関しない。これゆえに、言葉により認識されたもののみが［文意理解において］連関する、という定則が成立する。） *VedPar* p. 68: “āsattiś cāvyavadhānena padajanyapadārthopasthitiḥ. mānāntareṇopasthāpitapadārthasyānvayabodhābhāvāt padajanyeti.”（訳：また、近接とは、間隙なく語から語意が表出することである。他の認識手段により表出した語意の［他の語意との］連関は理解されないため、「語より生じる」と［言ったのである］。)

第3部

言語情報の認識論

第 8 章

事実を伝える言葉

第 2 部では、ひとがどのような言葉から意味理解を得られるかという問題を検討し、「正しい言葉（pramāṇa-śabda）」、つまり事実と一致する認識を与える言葉の理論の、認知論的な側面を明らかにしてきた。第 3 部ではさらに歩みを進め、意味理解を与える言葉のうち、得られる認識の正しさを保証するのはどのような言葉なのか、という認識論的な問題を検討する。

1　話し手の信頼性と言葉の正しさ

言葉の正しさを検証する

『宝珠』言語部言葉の正しさ章で、ガンゲーシャは、或る文の意味理解に先立って、その文の正しさ、つまりそこから得られる意味理解の正しさを知ることはできない、ということを繰り返し説いてきた。当然ながらそれは、意味理解の成立後に、その正しさを調査することを禁じるものではない。かつて、新ニヤーヤ学派の言語理論は文から得られる真偽不確定の意味理解というものをうまく説明できないと考えられている時代があった。新ニヤーヤ学者たちが用いる「言語理解（śābda-bodha）」という語は、それが正しい認識であることを含意しているからである。しかし近年の研究は、このような見解が誤りであることを示している[*1]。正しい文からも、誤っている文からも、ひとは意味理解を得る。後でその意味理解が誤っていたことが分かれば、それが「言語理解」ではなく「疑似言語理解（śābda-ābhāsa）」だったと判明する。それは、貝殻を見て「銀貨だ」という知覚を得るが、拾ってみてそれが貝殻だと分かれば、その認識が正当な知覚ではなく「疑似知覚（pratyakṣa-ābhāsa）」であったと判明するのと同じように考えてよいだろう。

意味理解が成立した後に、その正しさを検証しようとするのであれば、真理論における検証論に従うべきであろう[*2]。新ニヤーヤ学派において、認識の正しさは、その認識にもとづいて生じる活動意欲が成就すること（pravṛtti-saṃvāda）、つまり期待した結果を得ら

[*1] K. Bhattacharya 1987, 2013、A. Chakrabarti 1992, 2006、Taber 2002 等で論じられている。
[*2] 真理論における発生論と検証論については p. 25 を参照。

れることによって確認されると言われる。たとえば「いま雨が降っているよ」という言葉から得られる認識が正しいかどうかは、カーテンを開けて外を見ればよく、実際に雨が降っていれば「いま雨が降っているよ」という言葉は正しかったのだということが分かる。しかし、言葉から得られる認識というものは、往々にして、このような仕方では正しさを検証できない。「ナポレオンの趣味は読書だった」という言語理解の正しさを、タイムマシンのない現代、どうやって確認できようか。

かといって、真偽を確認できない意味理解をもたらす文については、正しいかどうか分かりません、と言って放り出してしまうことはできない。そのような態度は、伝聞による情報の獲得を根こそぎ否定するものとなるだろう。また、ニヤーヤ学派はバラモン教文化のなかにあり、ヴェーダの与える知恵や、聖仙の定めた法典の内容を、正しいと考えるに足るものだと論証しなければならない。彼らは、認識の正しさを確認せずに、その認識の獲得手段となる言葉が事実を伝えるものかどうかをどのように判定できるか、古く『ニヤーヤ・スートラ』の時代から論じてきた。この問題に対するガンゲーシャの議論は、そのニヤーヤ学派の伝統に本質的な疑義を示すものである。それを理解するため、まずは古典ニヤーヤ学派の議論を概観する。

信頼できる者の言葉は正しい

『ニヤーヤ・スートラ』は1.1.3で4種のプラマーナを列挙し、続く4スートラで、それぞれのプラマーナを定義・説明している。1.1.7は、プラマーナであるところの言葉を定義するものと考えられている。

　　［プラマーナであるところの］言葉とは、信頼できる者（āpta）の教示である[*3]。

信頼できる者とは、どのような人物のことを言うのか。ニヤーヤ学者たちはこれを厳密に規定し、或る者が「信頼できる者」とされるために満たすべき条件として、種々の性質を挙げている[*4]。それらに共通するのは、(1) 対象を正しく認識していること（原文では「直知」すなわち知覚していること)、および (2) 認識した事柄をそのとおりに伝えようとすることという2点である。これらの性質は、古代のヴェーダ付随文献『ニルクタ』(Nirukta) では宗教的権威である聖仙（ṛṣi）の性質として挙げられていることが知られている[*5]。しかしニヤーヤ学派のヴァーツヤーヤナは、一般人でも、さらにはヴェーダを知らない外国人でも、上記の条件を満たせば「信頼できる者」と認められると述べる[*6]。宗教聖典の権威づけの論理を日常的発話に拡張しているようにも思えるが、『ニヤーヤ・ス

[*3] *NS* 1.1.7: “āptopadeśaḥ śabdaḥ.”

[*4] ヴァーツヤーヤナは次のように定義する。*NBh* ad *NS* 1.1.7 p. 14: “āptaḥ khalu sākṣātkṛtadharmā yathādṛṣṭasyārthasya cikhyāpayiṣayā prayukta upadeṣṭā.”（訳：信頼できる者とは、実に、事物（dharma）を直知し、認識したとおりの事柄を［聞き手に］知らせたいという願望に動機づけられた教示者である。）また、次のような説明もみられる。*NBh* ad *NS* 2.1.68 p. 93: “kiṃ punar āptānāṃ prāmāṇyam. sākṣātkṛtadharmatā bhūtadayā yathābhūtārthacikhyāpayiṣā ceti.”（訳：〔**問い**〕では、信頼できる者たちを規範（プラマーナ）とする性質は何か。〔**答え**〕物事を直知していること、生けるものに対する慈愛、そしてあるがままの事物を［聞き手に］知らせたいという願望である。）ヴァーチャスパティは、前者の定義から四つの条件を読みとる。*NVTṬ* ad *NS* 1.1.7 pp. 166–167 を参照。

[*5] 赤松 1991を参照。

[*6] *NBh* ad *NS* 1.1.7 p. 14: “ṛṣyāryamlecchānāṃ samānaṃ lakṣaṇam.”（訳：［信頼できる者のこの］定義は、聖仙、アーリヤ人、蛮人に共通である。）

ートラ』では、医師の処方の正しさが医師の信頼性により担保されるように、聖典の正しさも作者である聖仙の信頼性により担保されると考えるべきである、という理屈が述べられている[*7]。ヴァーツヤーヤナもまた、その正しさが確認可能な言葉のみをプラマーナと考えるのではなく、確認不可能な領域について述べる、信頼できる者の言葉（主に聖典を意味している）も、プラマーナとみなすべきであると言う[*8]。つまり、経験的世界での考え方を超経験的世界にも適用しようという拡張の仕方をしている。

なお、以上の議論における言葉の「正しさ」は、ガンゲーシャの論述において基本とされている、事実と一致する認識を確実にもたらすという性質とは考えがたい。上記の「正しさ」は、それを信じて意思決定ないし行動を起こすことが正当化されるという意味の、「信頼性」（「信頼できること」ではなく「信頼すべきこと」）とでも言うべき概念と考えられる。ヴァーツヤーヤナの考える「プラマーナ」が、本書第 1 章で確認したような認識論的なものではなく、より心理的、或いは実用主義的な概念であったことは、次に示す『ニヤーヤ・バーシュヤ』の有名な冒頭のくだりからも察せられる。

> プラマーナにもとづいて事物（artha）を理解するとき、［その理解にもとづく］活動意欲（pravṛtti）[*9]は成就する（samartha）ので、プラマーナは効果（artha）を有する。プラマーナなしには、事物の理解はない。［そして］事物の理解がなければ、活動意欲は成就しない。実に、この認識者は、プラマーナによって事物を認識した後、それを得よう、或いは捨てようと望む。その者（認識者）の、得よう、或いは捨てようという願望に動機づけられた努力（samīhā）が活動意欲と呼ばれる。そして、これ（活動意欲）の成就とは、結果と結びつくことである。努力する者は、その対象（artha）を得たい、或いは捨てたいと望んでおり、［実際に］その対象を得るか、或いは捨てるかする。一方、対象とは楽および楽の原因、苦および苦の原因である。命あるものの区別は無数であるため、このような、プラマーナの対象は無数である[*10]。

ここでのプラマーナは、対象を正しく知るためのものでなく、ひとが活動意欲を成就するために依拠すべきものと理解できる。プラマーナが活動意欲を成就させるのは、それが事物を正しく認識させるからであり、プラマーナが正しい認識の獲得手段であることはもちろん前提とされている。しかし、上掲の論述において、それは主たる関心事とはなっていない。このようなプラマーナ観は、プラマーナとしての言葉が、信頼できる者の「教

---

*7 *NS* 2.1.68: “mantrāyurvedaprāmāṇyavac ca tatprāmāṇyam āptaprāmāṇyāt.”

*8 *NS* 1.1.8 p. 14: “sa dvividho dṛṣṭādṛṣṭārthatvāt.”（訳：［プラマーナであるところの言葉には］意味対象が知覚可能なものと知覚不可能なものとがあるので、それ（プラマーナであるところの言葉）は 2 種である。）*NBh* ad *NS* 1.1.8 p. 14: “sa na manyeta dṛṣṭārtha evāptopadeśaḥ pramāṇam, arthasyāvadhāraṇād iti, adṛṣṭārtho 'pi pramāṇam arthasyānumānād iti.”（訳：ひとは、「信頼できる者の、意味対象が知覚可能な教示のみがプラマーナである。［その場合のみ、］意味対象が［聞き手によって］確定［できる］から。」と考えてはならない。［信頼できる者の］意味対象が知覚不可能な［教示］もまた、プラマーナである。［その場合も聞き手は］意味対象を推理にもとづいて［確定できる］からである。）

*9 “pravṛtti” の訳語については p. 26 脚註 *55 を参照。

*10 *NBh* introduction p. 1: “pramāṇato 'rthapratipattau pravṛttisāmarthyād arthavat pramāṇam. pramāṇam antareṇa nārthapratipattiḥ. nārthapratipattim antareṇa pravṛttisāmarthyam. pramāṇena khalv ayaṃ jñātārtham upalabhya tam īpsati vā jihāsati vā. tasyepsājihāsāprayuktasya samīhā pravṛttir ity ucyate. sāmarthyaṃ punar asyāḥ phalenābhisambandhaḥ. samīhamānas tam artham abhīpsan jihāsan vā tam artham āpnoti jahāti vā.

示」として定義されていることからも推察できる。活動意欲を導くのは、「或る目的のためにはこうすべきである」という教示であり、たとえば「2の平方根は無理数である」という言葉は、たとえそれが事実を述べているとしても、活動意欲の成就に寄与しない。ヴァーチャスパティは「教示」の意味を拡張し、「他者にとって役に立つ発言すべて（para-prayojana-vad-vacana-mātra）」をプラマーナであるところの言葉の範囲に含める。つまり、「2の平方根は無理数である」という言葉も、何か目的を達成しようとしている者（たとえば無理数のリストを作ろうとしている者）の活動意欲の成就に資するならば、プラマーナと認められる。それでもなお、命令や依頼は聞き手ではなく話し手の活動意欲の成就に資するものであり、聞き手に活動意欲をもたらすものではないから、プラマーナには含められないと言われている*11。ウダヤナも『パリシュッディ』でこの見解を支持している。ガンゲーシャの考えはこれと異なり、活動意欲をもたらさない認識も「正しい認識（pramā）」として認め、その獲得手段もプラマーナとみなすが*12、そのようなプラマーナ観はニヤーヤ学派においてもそう古くはないと考えられる。

「信頼できる者」の判定

或る話し手が信頼できる者であること、つまり（1）正しい認識をもち、かつ（2）嘘を吐いていないというふたつの条件が満たされることを、どうやって確認できるだろうか。これが確認できなければ、個々の発言がプラマーナであるかどうか、結局のところ判定できない。

ウダヤナは『花束』で、この第1条件をより厳密に規定している。正しい認識をもつ、とは、いったい何についての正しい認識を言っているのか。まず、森羅万象すべてについての認識が求められるのではない。それは主宰神以外には不可能である。また、何でもよいから正しい認識をもっていればよいというのでもない。結論として、現在発話している特定の事柄について正しく認識していること（ウダヤナの言葉では「誤った認識をもっていないこと」）が求められる*13。

---

arthas tu sukhaṃ sukhahetuś ca, duḥkhaṃ duḥkhahetuś ca. so 'yaṃ pramāṇārtho 'parisaṃkhyeyaḥ prāṇabhṛdbhedasyāparisaṃkhyeyatvāt."

*11 *NVTṬ* ad *NS* 1.1.7 p. 166: "yady api vidhir upadeśaḥ...." このようなプラマーナ観は、勧告文のかたちをとる儀軌（vidhi）をプラマーナの典型と考えるミーマーンサー学派の枠組みと一致する。

*12 p. 29 脚註 *62 を参照。

*13 *NKus* pp. 391–392: "āptoktyā viśeṣaṇīyam iti cet. na, vākyārthapratīteḥ prāk tadasiddheḥ. na hy avipralambhakatvamātram ihāptaśabdena vivakṣitaṃ, tadukter api padārthasaṃsargavyabhicārāt, api tu tadanubhavaprāmāṇyam api. na caitac chakyam asarvajñena sarvadā sarvaviṣaye satyajñānavān ayam iti niścetum, bhrānteḥ puruṣadharmatvāt. tatra kva cid āptatvam anāptasyāpy astīti na tenopayogaḥ. tato 'sminn arthe 'yam abhrānta iti kena cid upāyena grāhyam. na caitat saṃsargaviśeṣam apratītya śakyam."（訳：〔**対論者**〕信頼できる者の発言によって［証因が］限定されるべきである。〔**ウダヤナ**〕それは正しくない。文意を理解するより前には、それ（信頼できる者に述べられたということ）は成立しない（確定されない）からである。というのも、ここでは、単に嘘吐きでないということが「信頼できる者」という言葉によって意図されているのではないからである。その者（嘘吐きでない者）の発言もまた、語意連関を逸脱するからである。そうではなく、その者（嘘吐きでない者）の経験の正しさもまた［「信頼できる者」という言葉によって意図されている］。そして、これ（経験の正しさ）を、全知者を除いて「この者は常にあらゆる対象について正しい認識をもっている」というように確定することはできない。誤知を有することは人間の属性だからである。［また、］或る任意の［対象］について信頼できる者であるということは、信頼できない者にも存在するので、それ（何かしら或る対象について信頼できる者であるということ）は［対論者に指摘された逸脱の解消に］役立たない。したがって、「この対象について、この者は誤った認識をもっていない」ということが、何らかの方法によって理解されるべきである。そして、このこと（特定の対象について信頼できる者であることの理解）は、個別的な連関を理解せずには不可能である。）次の箇

こう規定される 2 条件を、どのように確認できるだろうか。ウダヤナは『パリシュッディ』でそれを論じる。彼はまず、話し手を全知者と全知ならざる者の 2 種に分ける。前者については、それが生物にとって好ましいことを為す存在（sattva-prasādaka）であることから、嘘を吐く可能性が否定され、また全知者の定義上、当該の発話の内容についても正しい認識をもっているので、信頼できる者であると確定される。ヴェーダの正しさは、この論理により論証できるだろう。一方、全知ならざる者の場合、発話内容の区別に応じて 2 種の判定方法が示される。(1) 或る話し手にとって繰り返し経験されている事柄を対象とする発言であれば、その話し手の認識が正しいことが確定される。また、嘘を吐く理由が見当たらないことから、その話し手が嘘を吐いていないことが確定される。(2) 繰り返し経験されていない事柄を対象とする発言であれば、実際に行動に移して確認するか、または他のプラマーナによる認識との整合によって、その話し手に誤った認識や騙そうとする願望がないことを確定できる*14。

上記の判定方法が不充分であることは、容易に理解できるだろう。ウダヤナは（ヴァーチャスパティに倣って）、森を知り尽くした村人は、森の中の正しい道を知っているはず

所でも繰り返される。*NKus* p. 398: “na. sarvaviṣayāptatvasyāsiddheḥ. yatra kva cid āptatvasyānaikāntikatvāt. prakṛtaviṣaye cāptatvasiddhau saṃsargaviśeṣasya prāg eva siddhyabhyupagamād ity uktam.”（訳：そうではない（対論者の指摘は誤りである）。あらゆる対象について信頼できる者であるということは、[主宰神以外の人間においては] 成立しないからである。[また、] 或る任意の [対象] について信頼できる者であるということは不確定である（すなわち、逸脱を有する）からである。また、当該の対象について信頼できる者であるということが成立するとき、特定の連関が [信頼できる者であることの成立より] 先に成立するということを認めることになるからである。[このことは、先に] 述べられている。）

*14　*NVTP* pp. 223–224: “tad evaṃrūpa āptaḥ kutaḥ pramāṇāt niścetavyaḥ, paracittavṛttīnām apratyakṣatvāt. kāyavāgvyāpārayoś ca buddhipūrvakatvam anyathāpi sambhavād ity āśaṅkya **mlecchā api hī**tyādinā bhāṣyatātparyaṃ bruvāṇaḥ tanniścayopāyam api leśato darśayati. **hetudarśanaśūnyā** iti. ayam āśayaḥ. dvividho hi puruṣo ’sarvajñaḥ sarvajñaś [sic] ceti. tatra pūrvasya tāvat sattvaprasādakād eva pramāṇād rāgadveṣamohavirahasiddhāv anāptatvaṃ nirastam. uttarasyāpi jñānecchāprayatnasthānakaraṇapāṭavāni tāvad upadeśamātreṇaiva niścīyanta iti tatra sarveṣām avivāda eva. jñānaṃ tu yathārtham ayathārthaṃ vā syāt. icchāpi pratipipādayiṣā vipralipsā vā syād iti sandeho ’vaśiṣyate. tatrāpy abhyāsadaśāpanno ’yam artho ’syeti sāmānyato niścaye bhavaty eva tajjñānasya yathārthatvaniścayaḥ, yathābhyāsadaśāpannam idam araṇyam amīṣāṃ mlecchānām ato ’sminn ete mārgāmārgavibhāgajñā iti pānthānām evaṃ niścayaḥ. vipralipsā ca hetudarśanena vyāptā hetau sati syāt. sa ca dvirūpaḥ, svopakāraḥ paropakāro vā. tatra tāvat pānthеṣu vimārgeṇa pratiṣṭhamāneṣu mlecchādīnāṃ na kaś cit svopakāraḥ, svasya gṛhītatvāt śarīramātrasya ca karaṇīyāntarābhāvāt, bhāve vāparityāgāt. nāpi dvitīyaḥ, na hy anunmattā anapakāriṇam apakurvate. nāpi parāpakāramātraṃ puruṣārthaḥ. tathā sati sarvaḥ sarvam apakuryād ity evaṃ vipralipsāpi nivāryate. anabhyāsadaśāpannaviṣaye tu pravṛttisāmārthyāt pramāṇāntarasaṃvādād vā mohavipralipsayor nivṛttir iti.”（訳：〔**対論者**〕では、そのような信頼できる者は、いかなる根拠（pramāṇa）にもとづいて確定されればよいのか。というのも、他者の心に存在するものは知覚できないからである。また、身体と言葉のはたらきが [特定の] 認識に先行されることは、他の仕方でも可能だからである。（つまり、話し手の言動から心中を推理することはできない。）〔**ウダヤナ**〕このように懸念して、「**というのも、蛮人もまた**」云々 [というくだり] によって [ヴァーチャスパティは]『バーシュヤ』の意図を述べつつ、それ（信頼できる者であること）を確定する方法も簡単に示す――「**原因が見られず**」と。その趣旨は以下の通りである。人格存在（puruṣa）には全知者と全知ならざる者の 2 種類がある。そのうちはじめの方（全知者）については、まず、[それが] 生けるものたちを喜ばせる者であるという、他ならぬこの根拠にもとづいて貪欲と嫌悪と迷妄を欠くことが成立し、[それが] 信頼できない者であることが否定される。また後者（全知ならざる者）についても、認識と願望と努力 [それぞれの存在] と発声部位および発声器官の鋭敏性が、まず、[その者が] 教示 [している] というまさにそのことのみによって確定される、というこの点については誰もまったく異論がない。しかし、認識は、対象に即しているか、対象に即していないかのどちらかである。願望もまた、理解させたいという願望と、騙したいという願望のどちらかである。と、このような疑念が残る。[しかし] その場合も、この事柄はこの者にとって反復経験の状態に至っている、というように一般的に確定されるので、その認識が対象に即していることの確定がまさしく行われる。たとえば、この森はこの蛮人たちにとって反復経験の状態に至っている、それゆえこれ（この森）について、この者たちは通路と通路でないところの区別を知る者である、と [考えて]、旅人たちはそのように [認識の正しさを] 確定する。また、騙したいという願望は [その] 原因の観察に遍充されており、[騙す] 原因が存在するときは [騙したいという願望が] 存在するだろう。それ（騙す原因）には 2 種あ

だと言う。しかし、道をよく知っているはずのリクシャー・ドライバーがしばしば道を間違えることを、インドに出かけたことのあるひとならば誰でも経験している。ウダヤナの示す判定方法は、話し手の高い信頼性を推定できるものではあるが、その言葉が事実を述べることを論理的に確定できるものではない。いわば、言葉の信頼性を評価するためのガイドラインとしてしか機能しない。また、発話内容が反復経験の状態に至っていない場合の確定方法は、話し手の性質を確定するものではなく、認識の正しさを検証する方法であることに注意したい。或る者が専門外の事柄について話すとき、その者が正しい認識をもっているかは、結局のところ判断のしようがない。そこから生じる認識の正しさを検証することにより、遡及的に、話し手が信頼できる者であったかどうかを確定できるだけである。この難問を解決するには、ガンゲーシャの改革を待たなければならない。

2　ガンゲーシャの言語情報認識論

伝統説の解釈

ガンゲーシャの議論を理解するために、彼が「信頼できる者の教示はプラマーナである」という伝統説をどのように解釈しているか、確認しておこう。彼は『宝珠』言語部の冒頭で、ガンゲーシャによる「プラマーナであるところの言葉」の定義と捉えられている、次のような一文を示す。

> 言語使用の原因となっている、事物の真実の認識より生じる（言葉）が、プラマーナであるところの言葉である*15。

定義の詳細な解釈は本書補遺の訳註に譲るが、これが、伝統説をガンゲーシャの言葉で述べたものであることを理解しておきたい。まず、文中の「事物の真実の認識」という要素で、話し手の認識の正しさが規定されている。その認識が発話の原因になると言われているので、その正しい認識は、ウダヤナが規定したように、目下問題となっている特定の発話の内容に関するものに限定される。また、同じくその認識が発話の原因になるということにより、その正しい認識のとおりに、偽らずに発話が行われることが規定されている。詳しくは註釈者たちが仔細に論じているが、このように、ウダヤナの設定した2条件が簡潔に表現されていると言えるだろう。なお、ガンゲーシャの定義においては、「教示」

り、自らを利するものと、他者を利するもののいずれかである。それらのうち、まず、誤った道に入り込んで佇む旅人たちに対して、蛮人等には何ら、自らを利する［騙す原因］がない。持ち物は奪われており、また体ひとつでは他にすることがないからである。もし［その体について］何かすることがあるならば、［そのまま］去らせることはないからである。また、ふたつめ（他者を利する騙す原因）も存在しない。というのも、頭のおかしくない者たちは、無害な者を害することはないからである。また、他者を害することだけではひとの行動目的とはならない。もしそうだとすると（他者を害することが目的となるとすると）、あらゆるひとが、あらゆるひとを害することになってしまうだろう。このようにして、［蛮人等の］騙したいという願望も否定される。一方、［話し手の認識が］反復経験の状態に至っていない事柄を対象とする場合は、［聞き手の］活動の成就にもとづいて、或いは他のプラマーナとの整合にもとづいて、［話し手に］迷妄（すなわち誤った認識）や騙したいという願望が存在することが否定される。）認識対象が反復経験の状態に至っている場合の確定方法は、ヴァーチャスパティによって示唆されている。*NVTṬ* p. 167: “mlecchā api hi paripatham avasthitāḥ pānthānām apahṛtasarvasvānāṃ mārgākhyāne hetudarśanaśūnyā bhavaty āptāḥ.”（訳：というのも、道沿いに佇む蛮人たちもまた、持ち物をすべて奪われた旅人に道を説明する際、［嘘を吐く］原因が見られず、信頼できる者となる。）

*15　*TC* 4(1) p. 1: “prayogahetubhūtārthatattvajñānajanyaḥ śabdaḥ pramāṇam.”

という要素が取り除かれていることに注意したい。プラマーナと活動意欲とを分離して考えるガンゲーシャの認識論においては、プラマーナであるところの言葉を教示に限定する必要がない。

では、個々の言葉が上記の条件を満たすことをどのように判定できるのか。それについてガンゲーシャは見解を示さないが、言葉の正しさ章で、或る言葉の話し手が信頼できる者であることを判定する方法について言及している。そこでは、(1) 誤った認識等（誤った認識、錯乱、騙したいという願望、器官の非鋭敏性）に基礎を置かないこと、(2) 聞き手の活動意欲の成就（saṃvāda. 期待した結果を得ること）というふたつが挙げられている[*16]。当該のくだりは自説ではなくニヤーヤ学派の暫定見解を述べる箇所であり、ウダヤナの論述をなぞる部分が多い。この見解も、ウダヤナの見解に近いといってよいだろう。「誤った認識等」に含まれる「騙したいという願望」は、道を教えてくれる村人が信頼できる者であることを判定する例で言及されていた。また、活動意欲の成就は、反復経験の状態に至っていない対象について述べる言葉の話し手の信頼性を検証する方法として示された。いずれの判断基準も、実用的に機能するか疑わしい。ウダヤナが言及する「他のプラマーナとの整合」については、ガンゲーシャはここで言及しない。この要因は、後で述べるように、ガンゲーシャの理論において別のかたちで登場することになる。

美質としての話し手の信頼性

特定の言葉をプラマーナとするための要因である「信頼できる者に述べられたということ」は、体系化されたガンゲーシャの真理論に、正しい言語理解をもたらす美質（guṇa）として組み込まれる[*17]。『宝珠』真理論章の暫定見解では、言語理解の美質として「(話し手の) 対象に即した文意の認識（yathārtha-vākya-artha-jñāna）」が言及される[*18]。この簡潔な表現で、その認識が正しいことと、そのとおりに文が発話されることという、信頼できる者の 2 条件が述べられている。

これに対し、「誤りが露呈しない限り認識は正しいとみなせる」という自律的真理論を主張するミーマーンサー学派が、対案を提出する。正しい言語理解をもたらすのは、美質ではなく、瑕疵の非存在であると考えるべきである。瑕疵とは、誤った認識、錯乱、騙したいという願望、器官の非鋭敏性という四つである。前小節で述べたとおり、これらの非存在は話し手の信頼性を推定する根拠としてニヤーヤ学派により認められているので、多くの場合、両学派の言っていることに大きな違いはない。ただし問題となるのは、ヴェーダの場合である。ミーマーンサー学派は、ヴェーダには作者がいないと考える。そのため、ヴェーダの正しさを話し手の信頼性により論証する見解は受け容れられない。瑕疵の非存在という条件は、作者が信頼できる者である場合も、また作者が存在しない場合も満たされる。こうして、ミーマーンサー学派はヴェーダの永遠性と主宰神の非存在を主張する[*19]。

ニヤーヤ学派は次のように反論する。瑕疵の非存在が正しい言語理解の原因であるとす

[*16] pp. 183ff を参照。
[*17] 美質については p. 25 を参照。
[*18] 本書補遺 2『宝珠』真理論章抜粋 I（p. 279）を参照。
[*19] 本書補遺 2『宝珠』真理論章抜粋 II 2（p. 281）を参照。

ると、以下のようなふたつの言葉がプラマーナであることをどう説明するのか。

(1) 誤った認識をもつ嘘吐きの文：たとえば壺が存在するとき、壺がないと勘違いして、かつ聞き手を騙そうとして、「壺がある」と言ってしまった場合。
(2) 偶然事実と一致する言い間違い：たとえば「壺がある」と言おうとして「布がある」と言ってしまったが、実際に布がある場合。

これらから得られる認識は事実と一致するため、プラマーナである。しかしこの場合、話し手に瑕疵の非存在が存在しない。つまり、(1) では誤った認識および騙したいという願望が瑕疵であり、(2) では器官の非鋭敏性が瑕疵である。また、次の場合はどう説明するのか。

(3) オウムや子どもが口真似する誤った言葉：たとえばオウムが、飼い主である仏教徒の朗唱する経典を真似て、「仏塔を拝むべし」と喋る場合。

この場合、話し手であるオウムや子どもには瑕疵が存在しないため、ミーマーンサー学派の見解に従えば、これら仏教徒の教え（それは誤っているものと考えられている）も、ヴェーダと同様、プラマーナということになってしまう。君たちミーマーンサー学派は、それでよいのか[*20]。

この反論は、そのままニヤーヤ学派に返ってくる。(1) と (2) については、話し手の信頼性を美質とするニヤーヤ学派の見解においても、正しい認識をもたらすこれらの言葉の作者は信頼性の条件を満たしていないため、これらの言葉がプラマーナであることを説明できない。一方、ニヤーヤ学派は (3) の問題を回避できているが、オウムが口真似する言葉が偶然事実と一致する場合には問題を抱える。そこには話し手の信頼性がないけれども、正しい認識が生じてしまう[*21]。

この後、こういった言葉はいったいプラマーナなのかどうかという議論も為されるが、ニヤーヤ学派は上記 (1) と (2) およびオウムの喋る事実と一致する言葉のいずれもプラマーナであると認める。そしてガンゲーシャは、この問題を、主宰神の認識をもちだして説明するニヤーヤ学派伝統派（sampradāya-vid）の見解を紹介する。彼らは次のように考える。これらの言葉はプラマーナである以上、美質、すなわち対象に即した文意の認識により生じたはずである。そしてその認識は、主宰神がもっていると考えられる。勘違いした嘘吐きも、オウムも、それをもっていない。しかし主宰神にはそれがある。主宰神はすべての結果物の作者であり、その永遠の認識はあらゆる結果に先立って存在するとされている。プラマーナであるいかなる言葉も、その所産として説明することができる[*22]。

適合性を美質とする見解

ガンゲーシャは上記の伝統派の見解に同意しない。この問題を前にして、ガンゲーシャは、伝統説に依拠した、話し手の信頼性を美質とする見解を取り下げる。代わりに彼が美

[*20] 本書補遺 2『宝珠』真理論章抜粋 II 3（p. 282）を参照。
[*21] 本書補遺 2『宝珠』真理論章抜粋 II 4（p. 283）を参照。
[*22] 本書補遺 2『宝珠』真理論章抜粋 II 5（p. 284）を参照。

質に設定するのは、世間的な文の場合は「適合性等、或いは対象に即したその認識」、ヴェーダの場合は「適合性の対象に即した認識」である[*23]。

ガンゲーシャの言う「適合性等」の「等」が何を意味するのか、明確でない。適合性と合わせて文意理解成立の要件とされる期待と近接は、正誤を問わずすべての文意理解の原因として必要とされているので、美質とは認めがたい。また、これら 3 要件に言及するときは、通常は「期待等」という言い方をする。この「等」により、ヴェーダの場合は必要とされず、日常言語の場合に必要とされる要因が想定されているはずである。話し手の意図がそれではないことは、このあと説明する。筆者はまだ、それが何であるか明らかにできていない。いまは、「等」が何かは保留してガンゲーシャの理論を検討しよう。適合性は、本書第 5 章でみたように、ガンゲーシャの定義に従えば、文の表す命題の真偽値に等しい。適合性をもつ言葉は事実と一致する事柄を述べる。

「適合性等」と「対象に即したその認識」の両方を示すことに、それほど深い意味はないだろう。『宝珠』言語部において、適合性が認識されなければ文意理解が成立しないと述べられている。したがって、その認識は美質ではなく、正誤を問わないすべての文意理解の原因とされる。もし適合性が存在せずとも、聞き手が誤ってそれを認識すれば、或いは「適合性があるかもしれないな」という疑念を抱けば、文意理解は成立する。しかし、その文意理解が正しいことを保証する美質となるのは、実際に適合性が存在すること、或いは、聞き手による適合性の認識が対象に即していること、そのいずれかである。

ガンゲーシャのこの理論は、言葉の正しさの判定に関して、話し手の関与を徹底的に排除する。話し手が何を意図していようが、それは関係ない。或る言葉から、聞き手が正しい認識を得られたのであれば、その言葉はプラマーナである。例えば、或るひとが「これはおじさんの靴だ」と言ったとする。その話し手は、その靴が年配の男性のものであることを意図して述べている。しかし聞き手は「おじさん」という言葉の意味を勘違いし、「これは彼の親の兄弟の靴だ」と理解してしまった。意図が正しく伝わらなかったのである。しかし、もし実際に、その靴が話し手の叔父ないし伯父の靴であったならば、「これは彼の親の兄弟の靴だ」という認識は正しく、その意味に対して「これはおじさんの靴だ」という言葉はプラマーナであるとされる[*24]。ガンゲーシャの理論では、言葉がプラマーナであるか否かは、このように、意味 *A* に対してはプラマーナであるが、意味 *B* に対してはそうではない、というような意味相対性をもつ。或る言葉は、理解される意味から独立してプラマーナとなることはない。つまり、「俺の言いたいことを誰も理解できないだろうけれど、俺の言っていることは真実だ」というような考えや、「この聖典に書いてあることの意味を私は理解できないが、真実が書いてあるに違いない」というような考えは認められない。或る言葉がプラマーナか否かを問う際は、「私はこの言葉からこのような意味を理解したが、この理解は正しいか」と問わなければならない。答えが YES ならば、その言葉はその意味に対してプラマーナであるということになる。

[*23] 本書補遺 2『宝珠』真理論章抜粋 II 6（p. 285）および 7（p. 286）を参照。
[*24] 本書補遺 2『宝珠』真理論章抜粋 II 7（p. 286）を参照。

適合性の存在を判定する

では、或る意味を理解したとき、その意味に対してその言葉がプラマーナであるかどうか、つまりその意味理解の正しさが保証されているかどうかを、どう判定したらよいだろうか。ふたたび、この問いに話を戻そう。適合性に軸を置くガンゲーシャの認識論においては、それを判定するために、適合性の存在を確認するか、或いは聞き手が理解した適合性の認識が対象に即したものであることを確認することになる。どちらも結局同じことで、適合性が存在するか否かを調べなければならない[*25]。

ガンゲーシャは適合性をふたとおりに定義している[*26]。ひとつめの暫定定義は「阻害する正しい認識の非存在（bādhaka-pramā-viraha）」であり、その後で示される確定定義は言い回しが非常にテクニカルであるが、「それと矛盾する事実が成立しないこと」と理解できる。ガンゲーシャはほとんどの箇所で暫定定義に依拠して議論を進めているので、ここでも暫定定義が想定されているものと考えよう。いずれの定義も、結局のところ事実との一致を意味するものであり、どちらをとっても結論に大きな差異は生じない。

『宝珠』言語部で、ガンゲーシャは、阻害する正しい認識の非存在——これは「阻害者の非存在（bādhaka-abhāva）」や「阻害するプラマーナの非存在（bādhaka-pramāṇa-abhāva）」等とも言い換えられる——は決して確定できない、と述べている[*27]。また別の箇所では、ごく限られた場合、たとえば「壺がない」という文の意味を阻害する正しい認識が存在しないことを、実際に壺があるべき場所に壺が見えないことにもとづいて確定するといった場合のみ、適合性の存在を確定できると言っているが、ほとんどの場合、適合性の存在を知ることはできないと言ってよいだろう[*28]。

実際に行動を起こして確認してみなければ情報の真偽判定ができないのであれば、ガンゲーシャの認識論は実用性がないのか。そのとおりであるが、それを悲観すべきではない。ガンゲーシャの結論は、きわめて当たり前の、合理的な結論である。或る言葉の内容が正しいかどうかを、その内容を確認せずに確かめることなど、できるはずがない。新聞に書いてあることも、百科事典に書いてあることも、それが本当に正しいか確かめるには、個々人で事実に照らして確認するしかない。

ただし、ガンゲーシャの理論は、情報の真偽は判定できないが、その信頼性を評価する基準を与えてくれる。ニヤーヤ学派伝統説には、勘違いした嘘吐きやオウムの言葉を扱えないといった弱点があった。ガンゲーシャの新しい理論は、それを克服し、すべての言葉の信頼性を統一的な基準で評価する方法を示唆している。その方法とは、適合性の存在が見込めるかどうか、つまり、当該の内容を阻害する正しい認識が存在する見込みがあるかどうかを考えるというものである。もし、或る言葉の述べる内容が、既に得られている情報により否定されるならば、その言葉がプラマーナである可能性はなくなる。もしそういった情報がなく、かつ今後も得られる見込みがないならば、その言葉の信頼性は高いものと判断されるだろう。

[*25] *A* を対象とする認識が正しいかどうかの確認は、*A* が存在することの確認によって為される。
[*26] pp. 81ff を参照。
[*27] 本書補遺 1『宝珠』言語部言葉の正しさ章第 3 節 1.5.4（p. 185）を参照。
[*28] 本書補遺 p. 176 を参照。

ガンゲーシャの理論は、ウダヤナにその萌芽が見られる。先に、反復経験の状態に至っていない事柄について述べる者の信頼性を判定する際、ウダヤナが「他のプラマーナとの整合」に言及していたことを思い出そう。これは、既知の情報との整合性により、新しい情報の信頼性を推定しようという考えを示すと理解できる。そしてガンゲーシャの理論から得られるガイドラインも、これを軌を同じくする。本質的な違いは、ウダヤナは他の情報との一致を積極的に求めるのに対し、上述のガイドラインは、他の情報に否定されない、という消極的な整合性を求めるものである。

ガンゲーシャの理論は、ミーマーンサー学派の理論にかなり接近している。ミーマーンサー学派は、与えられた情報はそれが否定されない限り正しいとみなすことができると考える。このとき彼らは、瑕疵が存在しないことを積極的に確認することを求めない。彼らが考えるのは、とくに現時点で否定されていなければ、正しいとみなしてよいだろう、という選択的排除型（オプト・アウト型）の認識論である。一方のガンゲーシャは、美質である「否定されないこと」の確認を積極的に求める、選択的許容型（オプト・イン型）の認識論を示している。両者の考えは一見似ているが、このように根底が異なっている。

伝統説と新理論

A. Chakrabarti（2006）は、オウムの言葉でもその内容次第でプラマーナとみなすガンゲーシャの新理論に注目している。しかし Stephen Phillips（2012: 84）は、それはガンゲーシャの真意でないと言う。彼の主張は、『宝珠』言語部でその見解が述べられる箇所[*29]が、ガンゲーシャ自身ではなく、対論者であるプラバーカラ派の見解として示されているということにもとづいている。しかし、オウムの言葉でもプラマーナとする考えは、本章で検討してきたように、真理論章で明確に示されている。

適合性に依拠した新理論は、それ以前の伝統説をすべて否定するわけではない。新理論は、伝統説を包括するものとして機能する。つまり、新理論のもとでも、信頼できる者の教示はプラマーナである。その話し手が正しい認識をもち、かつ偽らずにそれを文のかたちで表現するならば、そこには必ず適合性が存在する。新理論は、伝統説の弱点を補強するものであり、否定するものではない。

[*29] 本書補遺1『宝珠』言語部言葉の正しさ章第3節 3.1.2a（p. 196）。

第9章

情報の信頼性の理論へ ——情報学との比較研究の試み

第8章では、プラマーナとしての言葉に関するガンゲーシャの認識論的な議論から、発言の信頼性を評価するためのガイドラインを読み取った。本章では、この考察を進め、情報の信頼性に関する情報学の議論と比較することにより、現代の人間が抱える問題に対してインドの伝統的思弁から何が得られるかを検討する。本章ではガンゲーシャの議論に加えて、この問題を正面から論じたジャヤンタの議論を多く参照する。

1 はじめに

私たちは情報にもとづいて意思決定を行い、行動している。或いは、情報とは私たちの意思決定や行動に影響を与える諸々の認識の対象または内容である、と言ってもよいだろう。広義の情報には知覚等によって得られるものも含まれるが、ここでは狭義の、伝聞によって得られる情報について論じる。以下、「情報」と言うとき、原則として伝聞情報、およびそれを述べる言語表現を意味するものとする[*1]。

情報には正しいものもあれば、誤ったものもある。否応なく情報に依存して活動している私たちにとって、情報の真偽判定はきわめて重要な仕事である。しかし、その判定が困難、或いは不可能な場合もある。それでもなお、私たちは何らかの根拠により特定の情報を正しいものとみなし、つまりそれを「信頼」し、自らの意思決定に用いることを強いられる。そのとき、情報を信頼するかしないかの判断は、いかなる根拠にもとづいて行えばよいのだろうか。

1990年代後半から、工学系の情報学の研究者らにより、心理学や社会学と関連しつつ、情報の信頼性に関する研究が盛んに進められている。情報の信頼性とは何か、それはどのように評価されるのか、といった問題に関する、理論的および技術的な議論が行われ、一部では情報の信頼性を計算機によって評価しようという試みもなされている。どうしてこ

---

*1 「情報」概念については、pp. 29ff も参照。

の十数年で、これらの議論が急速に深められることになったのだろうか。もちろんその原因には、私たちの社会と経済がいわゆる情報社会、知識社会等と呼ばれる局面に至っているということや、情報爆発と呼ばれるような、情報流通量の急激な増加もあるだろう。しかしこれらは過去十余年に始まったことではなく、決定的な要因とは言い難い。情報の信頼性をめぐる問題が深刻さを増した最大の原因は、私たちが接する情報の、質的な変化にあると考えられる。

ひと昔前までは、情報を信頼するかしないかを判断するのは、現在ほど難しくなかった。学者の発言や新聞の記事は信頼できる。出版社には、信頼できる出版社とそうでない出版社がある。こういった判断基準について、或る程度の共通認識があった。インターネットが登場しても、状況はそう変わらない。かつては、政府や大学ドメインのなかにあるサイトは信頼できる、Yahoo! からリンクされているサイトは信頼できる、というような共通認識が存在していた。いずれの場合も、発信者側にいる「ひと」に対する信頼——情報発信者そのひと、または掲載情報やリンク先サイトを選別する検閲者に対する信頼——に根ざした評価が行われている。この状況が本質的に変化するのは、90 年代後半に、CGM（消費者生成メディア。ブログ、Q&A、口コミサイト等）と呼ばれる、不特定多数の発信者によるウェブサイトが流行し、それらが私たちの意思決定において欠かせない情報源となってからである。そこで得られる匿名性の高い、そして検閲も受けない情報については、上記のような古典的な信頼性評価基準を適用するのが難しい。近年、これらの情報を扱うため、情報の信頼性を、ひと、特に発信者の性質に依存せずに評価する方法がさまざまに検討されている。

一方、インドにおいても、これと類似する議論が非常に古い時代からみられる。その議論は、宗教聖典の権威の問題と深く関係する。インド哲学史は、主流派であるバラモン教の他、仏教やジャイナ教を交えた、宗教間の活発な思想交流によってつくられてきた。これら多宗教が共存する議論空間において、ヴェーダを信奉するバラモン教哲学の思想家たちは、その聖典の信頼性を論証する必要に迫られる[*2]。インド哲学諸派のなかでも、ミーマーンサー学派とニヤーヤ学派がこの問題についてとくに熾烈に議論を闘わせた。聖典に特権的な地位を与えるミーマーンサー学派に対し、ニヤーヤ学派は、聖典も私たちの日常的な発言も、すべてを同列に扱う。そのうえで、あらゆる言語情報の信頼性を、発信者の性質に依拠して評価する。では、発信者を信用してよいか判断できない場合はどうすべきか。ジャヤンタやガンゲーシャといったニヤーヤ学者たちは、そのような情報の信頼性を評価する方法を検討している。

しかし、これらふたつの領域のアプローチには、注意すべき本質的な差違が存在している。以下、本章ではそれぞれの議論の一端を概観しつつ、両者の類似性と差異を明らかにし、情報学での議論に対して、インド哲学における古くからの思弁が何を提供できるかを考える。なお、「情報学」という領域は、しばしばコンピューターに関するもののように捉えられがちだが、これは学際的な学問領域である。情報の定義や信頼性概念について論じる部門は図書館学とも深く結びついており、人文学的な側面が強い。

[*2] このような背景理解は 丸井 2007 の考察に依拠している。

2 情報学での議論

フォッグの信頼性概念

情報学でしばしば問題とされるのは、情報の “credibility” という属性である。本章ではこれを「信頼性」と訳す。情報学における信頼性概念の理解は、スタンフォード説得技術研究所の BJ・フォッグ（BJ Fogg）が 1999 年以降発表した一連の論文に大きな影響を受けている[*3]。フォッグの信頼性論は、次の 2 点を核としている。まず、信頼性は “perceived quality” であるとされる。つまり、それは情報ないし情報媒体に自律的に存在するものではなく、受信者により決定される、或いは受信者との相互関係のうえに成り立つ性質である、と理解できるだろう。そしてその信頼性は、情報の発信者がもつふたつの属性、「誠実さ（trustworthiness）」と「専門性（expertise）」により決定されると言われる。この概念規定のソースは、古くはアリストテレスの弁論術、直接的にはホヴランド（Carl I. Hovland）に端を発する社会心理学の説得コミュニケーション論[*4]に遡ることができる。このことからも分かるように、フォッグが明らかにしようとしたのはひとの心の問題、つまりひとがオンラインのどのような情報に信頼性を感じるのかという問題である。そして、ユーザーに信用してもらえるウェブサイトを作るにはどうしたらよいかというガイドラインを示している。

フォッグの研究自体は哲学と深く関係するものではない。しかし、この研究の成果に依拠するかたちで、情報の信頼性を客観的に、できることならば計算機により評価しようとする研究が多くなされている。そしてその種の研究は、後にみる哲学の議論と関心を共有しているように思われる。それらの研究の初期のものには、情報の信頼性と真偽とを混同するという根本的な誤謬がしばしばみられるが、次に紹介するふたつのプロジェクトは、信頼性と真偽を明確に区別したうえで、信頼性の評価を扱うものである。

NiCT のプロジェクト

NiCT（情報通信研究機構）は 2006 年から 2011 年にかけて、「情報の信頼性評価に関する基盤技術の研究開発」というプロジェクトを行った。プロジェクトリーダーである黒橋禎夫氏によると、情報の信頼性の判断を「計算機で自動化することはきわめて困難であるが、関連する情報の収集と統合を自動化し、人間の判断を支援することは可能である[*5]」。彼らはそのような判断支援サービスを開発することを目指している。

NiCT の加藤義清氏らは、信頼性を定義するにあたり、フォッグの分析に言及したうえで、独自の定義を示している[*6]。すなわち、情報の信頼性とは、「ある情報に含まれている内容が真実であるか、どれくらい正確であるかの信念を形成するのに利用される様々な特性」である。そして、以下の 4 種類の信頼性を挙げる。①「発信者にもとづく信頼性」。これは発信者の「意図に対する期待」と「能力に対する期待」により「構成」されると言わ

---

*3 Fogg and Tseng 1999, Fogg et al. 2001 等を参照。
*4 Hovland et al. 1953.
*5 黒橋他 2011: 3.
*6 黒橋他 2011: 15–22.

れている。それぞれフォッグの言及する「誠実さ」と「専門性」に相当するものと理解できる。②「情報の外観的特徴にもとづく信頼性」。分かりやすいレイアウト、誤字脱字の少なさといった性質である。③「情報の評判にもとづく信頼性」。発信者の評判ではなく、情報そのものの評判に関するものである。④「情報の意味内容にもとづく信頼性」。特定の問題に関する肯定的見解と否定的見解を集めて提示し、それらを参考に、その問題について述べる情報の信頼性を情報受信者が主体的に判断する、といったことが想定されている。

ほんと？サーチ

京都大学の山本祐輔氏もまた、継続的にウェブ情報の信頼性の研究を行っている[*7]。山本は“credibility”を「信憑性」と訳す。信憑性概念の理解については、基本的にホヴランドとフォッグの規定に従っている。その信憑性は、複数の「指標」にもとづいて「判断」される。指標としては「正確さ」、「客観性」、「権威」、「鮮度」、「詳細性および網羅性」が用いられる。ここではNiCTの場合と異なり、信憑性は単一の性質であり、それが複数の指標により決定されると言われている。五つの指標は、図書館情報学において信頼性評価の指標としてしばしば挙げられるものである。ただし、例えば被リンク数によって内容の正確さを測り、また多くのページで同じ内容が言及されていることによりその内容の客観性を測るなど、各指標について独自の解釈がなされており、その名称と実態は必ずしも一致しない。

山本もまた、信憑性の「判断支援」を行うサービスを目指している。彼の開発したウェブサービス「ほんと？サーチ」は、これらの指標にもとづいて検索エンジンの出力結果にスコアを与え、利用者に情報選択の判断資料として提供する[*8]。

考察

以上ふたつのプロジェクトにおいて評価対象とされている信頼性は、心理学の記述的研究で規定されたものである。このことから言えるのは、これらのプロジェクトで目標とされる「信頼性の高い情報」とは、信頼すべき情報ではなく、情報受信者が実際に信頼することになる情報だということである。しかし、それが私たちの望むものなのだろうか。真偽の疑わしい情報が溢れる現在、私たちが求めているのは、「多くの人に信頼される情報」ではなく「信頼すべき情報」であろう。情報学の諸研究が結果として一種の信頼性評価ガイドラインを示すことになっているのは、その背景にこのような問題意識が存在しているためと思われる。しかし、適切なガイドラインを作るために論ずべきは、「私たちはどのような情報を信じるのか」という心理記述ではなく、「どのような情報を信じるべきか」という規範である。

これを考えるにあたって、まず、「信頼すべき情報」のもつ信頼性と「信頼される情報」のもつ信頼性を区別する必要があるだろう。後者が情報受信者個々人により決定されるものであるのに対し、前者は、情報がもつ、「正しいと期待できる」または「期待してよい」という属性であると言える。もちろんこれは、情報の真実性そのものではない。或る情報

[*7] 山本祐輔・田中克己 2010 を主に参照したが、山本は他にも多数の関連論文を発表している。
[*8] <http://apps.hontolab.org/honto/>

が正しいと保証されなくとも、それを信頼することの適切さが充分に保証される、ということがある。たとえば医師の「一週間で熱は引きますよ」という発言について、これが真であることを確実に保証することは、この発言が行われた時点では不可能であるが、その時点でも、これは信じることが推奨される、信頼性の高い情報だと言える。

上記のふたつのプロジェクトが用いる評価基準のひとつひとつを検討することは行わないが、例えばページのレイアウトや鮮度、網羅性は「正しいと期待できること」と直接の因果関係をもたず、規範として用いるのは難しいと言える[*9]。私たちを「正しいと期待できる情報」に導く技術を実現するためには、規範的視点による検討を深める必要がある。そしてそのような規範は、経験科学ではなく、哲学が関心を寄せる対象である。次節では、古くから「情報の信頼性をいかにして評価すべきか」を問題としてきたインド哲学の議論を概観し、情報学の議論へ応用する可能性を探る。

3 インド哲学での議論

ニヤーヤ学派の伝統的立場――発信者の性質

本書第8章で詳述したように、ニヤーヤ学派は伝統的に、「信用できる者（āpta）の教示はプラマーナである」と考えている。本書の他の章では "āpta" を「信頼できる者」と訳しているが、いま、情報の信頼性と話し手のそれを区別するため、「信用できる者」と訳し分ける。「信用できる者」とは、次のふたつの属性を具えた人物のこととされる。ひとつは、話している事柄を話し手自らが直接見て知っているということ。これは、その話し手が当該の事柄を何度も経験しているということから推理されると言われる[*10]。それはまさしく、心理学で言うところの「専門性」に相当するものである。もうひとつは、自らが経験したとおりに、相手に伝えようとすること、つまり正直であることである。これは「誠実さ」に相当する。そのような人物の発言は信頼してよい。知覚や妥当な推理と並ぶ、知識のソースとなる。これがニヤーヤ学派の伝統的立場である。

情報発信者の性質にもとづく信頼性評価は、信頼性を考えるうえでの基本となる。しかし、信頼性評価の規範を作ろうとするとき、これだけでは不充分である。発信者を信用してよいか分からない情報もまた、私たちの身の回りに溢れているが、それらを扱うことができないためである。ニヤーヤ学派の考えでは、天界等の超自然的な事柄について主宰神はそれを自ら知っており（専門性）、また主宰神は偽ることがない（誠実さ）とされるので、主宰神が著したヴェーダは信頼すべきとされる。しかし、『マヌ法典』等の法典類、『マハー・バーラタ』等の叙事詩、異教徒の聖典などの信頼性を考えるときに問題が生じる。これらの典籍もまた、天界や宇宙の真理について述べているが、これらの著者は全知者ではない。全知者ではない者が、天界や宇宙の真理を知り尽くすことはない。したがって、信用成立の要件のうち「専門性」の部分をどうしても満たすことができない。発信者

[*9] 山本が用いる五つの指標の適切さを論じるには、図書館情報学の研究を検討する必要があるが、本書ではそこまで踏み入らない。
[*10] pp. 118ff を参照。

の性質にもとづく規範を適用するならば、発信者が信用できると担保されない以上、これらの文献の情報を信じるべきではない。しかし、バラモン教徒が崇敬する「高徳な人々(śiṣṭa)」は、法典を信頼し、その規定を遵守している。彼らの法典に対する信頼は、いかにして擁護されるのか。

制限としての受容

ニヤーヤ学派の伝統的な考えでは、法典類の作者は超自然的な手段（ヨーガ）によって森羅万象を直接見て知っているとされる。したがって、その発言の信頼性は、やはり発信者の性質によって一元的に評価することができる[*11]。しかし発信者の知覚内容を確かめるすべはない。そうすると、誰でも自由に「私たちの聖典の作者も真理を直知している」と主張し、その信奉する相手を「信用できる者」に祭り上げてしまう恐れがある。ジャヤンタは、異教徒がそのような仕方で、それぞれの聖典の信頼性を主張する事態を問題視する[*12]。

そこで彼は、インドで古くから情報の信頼性評価基準として知られている、受容にもとづく評価を導入する[*13]。或る情報が「マハージャナ（「立派な人たち」或いは「多数派」)」により受容されていれば、その発信者は信用できると推定でき、逆にそれがなければ、発信者の信用は推定しがたいとされる。受容をそれ自体で評価基準とするならば、いわゆる権威論証または多数論証の誤謬の典型となってしまう。したがって、インドでも受容による評価はしばしば批判の対象とされる。ジャヤンタもこれを、情報の信頼性を直接的に導くことができる指標とは考えない。受容は、発信者にもとづく評価の濫用を制限する補助要素として用いられるのみである。

一方、情報学の分野では、受容は非常に頻繁に用いられている。個々のウェブページの受容の度合いが、ウェブ上のリンクという形で計算機により容易に調査できるためであろう。この基準は、あくまで蓋然的なものという認識のもとで利用すれば非難されるべきものではないが、規範として用いるには論理的に問題含みであることが情報学でも認識されなければならない。

既知の情報からの派生

ジャヤンタはまた、ニヤーヤ学派の伝統説に加えて、ミーマーンサー学派の次のような考えを導入する。彼らによれば、法典や叙事詩は、信頼性が既に確立されている情報、つまりヴェーダにもとづいていることを根拠に、信頼に足るものとみなし得る[*14]。この主張からは、信頼すべき情報から正しい手続きを経て派生された二次的な情報も信頼すべきである、という規範が得られる。

もっとも、叙事詩が実際にヴェーダから派生していることを論証するのもまた、困難な仕事である。ジャヤンタはこの問題の解決に苦心しているが、情報学においてウェブ情報を扱うだけであれば、この規範を導入できるのではないか。ウェブ情報に関して言うと、

[*11] ジャヤンタが『ニヤーヤ・マンジャリー』で言及する。*NM* 1 p. 632 を参照。

[*12] 本節で言及するジャヤンタの議論の詳細については、丸井 2007 を参照。

[*13] *NM* 1 p. 638 を参照。

[*14] *NM* 1 p. 634 を参照。

およそ間違いないと考えられる情報源からの転載や引用は、正しいものと見なせるということになる。現在の技術をもってすれば、ウェブページのファイル更新日付とテキストの照合により、引用元の追跡は或る程度ならば実現可能であろう。

整合性

以上、ジャヤンタの言及する信頼性評価基準をみてきた。最後に、ガンゲーシャの見解を検討してみよう。彼は、発信者の性質にもとづく評価を拒絶する。その点において、彼の立場はそれ以前のニヤーヤ学派の説と根本的に異なる。ガンゲーシャは、オウムが人間の言葉を真似て喋った言葉や、詐欺師が事実を誤認していて間違えて本当のことを言ってしまったときの言葉、どちらも偶然に事実を言い当てている場合のものだが、それらをもプラマーナとして扱おうとする。もちろん、私たちの常識からすると、オウムの発話はまったく信頼の置けるものではない。しかし、たとえばオウムが「コンニャクゼリーを食べれば痩せますよ」と声真似するとき、それを聞いてコンニャクゼリーを主体とする食事に変えれば、実際に痩せるひともいるだろう。この情報も、受信者に信頼される情報ではないが、信頼してもよい、或いは信頼すべき情報と言えよう。実際に、迷子になったインコが、それを保護した警官に飼い主の住所を伝え、家に返してもらったという話もある[*15]。警官は、インコの言葉を信頼し、正しい認識を得たのである。

ネット上には、それこそオウムなみに、その知性も意図も分からない発信者による情報が氾濫している。さらには、意識を持たないロボットが自動的にオンライン情報を収集し、再編成して、ブログ記事として公開しているものもある。こういった情報をすべて、信頼するに足らないゴミとして切り捨ててしまうこともできるだろう。しかし、適切な規範に従えば、そのなかから正しい情報を探し出し、それにより知識を得ることもできるのではないか。

ガンゲーシャは、情報の信頼性評価に際してもはや発信者を調べることはなく、適合性、すなわち「それを否定する既知の情報が存在しないこと (bādhaka-pramā-abhāva)」という一元的な指標によって評価を行う[*16]。一種の整合性と呼ぶことができるだろう。NiCT の用いる第 4 の評価方法は、これのひとつの実装と言える。

また、この指標に類するものとして、ウダヤナは、「既知の情報との整合 (pramāṇa-antara-saṃvāda)」という評価基準を示している[*17]。両者には大きな違いがあり、ウダヤナは整合性の確認を積極的に信頼の条件として求めるのに対し、ガンゲーシャの見解は、他の情報により否定される見込みがないならば信頼してよいという規範として理解できる。ミーマーンサー学派もこれに類する見解をもっており、その内容が否定されない限り、その情報は信頼してよいと主張する。しかし、ガンゲーシャの理論は、既知の情報との矛盾がないことを積極的に確認するよう求めているところに、ミーマーンサー学派の理論との違いがある。

[*15] 朝日新聞 2008 年 5 月 22 日朝刊を参照。
[*16] pp. 122ff を参照。
[*17] p. 124 を参照。

4 展望

ジャヤンタたちが生きた時代、新宗教や異端が乱立し、それぞれが真偽の不確かな言説を繰り広げていく状況において、宗教的権威の擁護を目的として、何を信じてよく、何を信じてはいけないかを区別する規範が求められた。情報学の研究者らが問題視する現代の状況にも、それと似通ったところがある。ウェブという新しい情報媒体で、真偽を確かめようがない情報が無数に行き交う。そのなかで怪しい情報を排除し、正しいと見込まれる情報のみを選び出そうとするとき、情報学は、情報選別のための規範の問題に入り込まざるを得ない。本章では、およそこれまで結びつけて考えられることのなかったインド哲学と情報学が関心を共有していること、また情報学の扱う現代の問題についてインド哲学から多くの示唆が得られることを述べてきた。

なお、インド哲学で論じられている対象が宗教聖典であるということは本質的ではない。先述のとおり、ニヤーヤ学派は聖典の記述とその他の情報を信頼性の点では区別せずに扱う。彼らが設ける区別は、情報の意味または結果（artha）――ここでは真偽と読み替えられるだろう――が経験的に実証可能か否かという点のみである*18。聖典から得られる情報は真偽を今生で実証できないものの代表例であるが、これまでみてきた議論は、同じく真偽をすぐには実証できない天気予報や科学的仮説、芸能人のゴシップ等にも適用できる。

インド哲学と情報学における信頼性概念の大きな違いとして、後者のみにみられる、信頼性を数値で表すという考え方がある。インド哲学では、情報は信頼すべきかすべきでないかのいずれかであり、「やや信頼すべき」というような発想はない。情報学よりインド哲学の方が、デジタル指向である。これは恐らく、インド哲学においては情報の真偽と信頼性が明確に区別されないことに原因があるのだろう。インドの思想家たちは、真偽判定がそもそも不可能な諸々の情報の真偽を語ろうとしていると思われる。真偽を扱うのであれば、真か偽かの二分法しかない。しかしその判定が不可能である以上、どうしても、正しいだろうという見込み、信頼性しか語り得ない。その結果として、インド哲学は、真偽判定ではなく信頼性評価に関する豊かな議論を生み出すことになったと言える。信頼性に度合いが存在するか、という問題はさらなる検討を要する。信頼性を度合いで考えると、それは蓋然性と非常に近い概念になると思われるが、信頼性と蓋然性の区別については、欧米の認識論でも議論が行われている。本章は情報の信頼性の問題について、情報学と哲学の対話を始める端緒を開くものであり、具体的な諸問題については、今後東西の哲学と情報学の成果を踏まえて検討していきたい。

---

*18 *NS* 1.1.8: “sa dvividho dṛṣṭādṛṣṭārthatvāt.” 訳と解釈は本書第 8 章脚註 *8 を参照。

結論

本書では、「プラマーナであるところの言葉」或いは「正しい言葉」に関するガンゲーシャの議論を、その認知論的側面と認識論的側面に分けて分析・考察してきた。扱った箇所の多くは、本書においてはじめて批判的に解読されたと考えている。しかし、これで「正しい言葉」に関するガンゲーシャの理論の全貌を明らかにできたとは思っていない。本書で充分に検討できていない、ガンゲーシャ自身や先行する学者たちの議論が膨大にあるということも、もちろんその理由のひとつではあるが、何よりも、彼の論述の難渋さが筆者を悩ませる。本書の補遺に訳註を掲載した『宝珠』の関連箇所は、およそ10年前から、何十回ともなく繰り返し読んできた。しかし読み直すたびに新しい発見がある。そう感じるのは筆者だけでなく、新ニヤーヤ学派の歴史を作ってきた註釈者たちも同意してくれるだろう。彼らは、ひとつの箇所に何通りもの解釈の可能性を見出す。こうとも読めるし、ああとも読める、そのように、註釈者たちも頭を悩ませてきたのだろう。どれが正しい解釈なのか決定することは、もしかしたら不可能かもしれないし、また決定する必要などないのかもしれない。ここで言う「正しい解釈」とは「著者の意図した文意の理解」を意味するが、ガンゲーシャの考えに従えば、『宝珠』から私たちが知を得ようとするとき、著者の意図を確定する必要はない。たとえそれが著者の意図したものでなくても、そこから得られる認識が正しければ、読者の活動意欲は期待した結果を結ぶ。そしてその認識をもたらす『宝珠』はプラマーナとして認められる。

ガンゲーシャの『宝珠』は、理論を体系的に組み立てていくタイプの著作ではない。彼は、ヴァイシェーシカ学派の著作にみられるようなシステマティックな議論よりも、ウダヤナがしばしば行うような対話的・弁証法的な議論を好んでいるようである。『宝珠』の膨大な紙数の大部分は、対立学派や先輩ニヤーヤ学者の見解を引き、それを批判することに費やされている。そういった対話によって、さまざまな問題に対する誤った見解を批判し、最終的に、理論的に健全とみなされる見解を導き出す。対話の過程で示される見解は、しばしば誰の考えを述べたものなのか判別しがたい。ガンゲーシャの真意を述べたものかもしれないし、対論者の誤りを示すために出された暫定的なものかもしれない。彼の主張と思われる見解の間にも細部に食い違いがみられることがあり、これがガンゲーシャの理論だ、というように体系的な理論を示すことは容易ではない。それでもなお、そういった対話的議論に通底する、ガンゲーシャが譲らない重要な見解というものがいくつかある。本書の結論として、それらを以下に整理し、「ガンゲーシャの言語情報理論」として提示しよう。

ガンゲーシャの議論の根底にある最も重要な前提は、正しい言葉（プラマーナであるところの言葉）とは正しい認識（プラマー）をもたらす言葉である、という、ごく基本的なことである。そしてこの前提と、「正しい言葉とは信頼できる者の教示である」というニヤーヤ学派の伝統的理論とが相容れないことが、彼の議論の出発点となっている。

まず、信頼できる者の教示が与えられれば、必ず正しい認識が生まれるというわけではない。言語理解が発生するには、聞き手の側にも積極的な認知活動が求められる。ガンゲーシャは、いかなる条件が満たされれば文意理解が成立するのかを、ひとの認知活動に注目して論じた。そして、個々の語意を聞き手が正しく想起し、また期待、適合性、近接を聞き手が認識し、さらに文脈等を参照して多義語の意味や比喩の真意を決定する——そうした適切なプロセスを経て文意理解が成立する、という仕組みを示した。これについては本書第２部で詳しく論じている。第２部の第５章では、ガンゲーシャの提示する言語認知機構を自然言語処理の理論と対比し、語意の想起が形態素解析、期待の認識が構文解析、適合性の認識が意味解析に相当するものとして解釈した。このような対比は近年多くの研究者により行われており、インドの伝統的学問の現代科学への応用が叫ばれているが、筆者の目的はそこにはない。筆者は、第２部で示したガンゲーシャの議論が、自然言語処理の議論と同じく、ひとの認知活動に対する記述的な視点と規範的な視点の両方面から行われたものであることを示したつもりである。自然言語処理の理論は、ひとの認知活動を記述すると同時に、ひとがときに行ってしまう誤った言語理解を排除し、理解されるべき意味を正しく理解するための規範的手続きを示す。ガンゲーシャが行っているのも、単なる言語認知機構の記述ではなく、適切な文意理解を成立させるためにひとがとるべき手続きのモデル化である。

ニヤーヤ学派の伝統的理論がガンゲーシャの前提と相容れないもうひとつの問題点は、正しい文意理解の原因となるのは信頼できる者の教示に限らない、ということである。彼は極端な例として、オウムの発話が偶然事実を述べている場合や、勘違いした嘘吐きが誤って事実を述べてしまう場合等を問題とする。これらの場合も事実と一致する正しい認識が生じるのだから、その原因となった言葉はプラマーナとして認めなければならない。ガンゲーシャはそのため、発信者の性質に依拠するニヤーヤ学派の伝統的認識論を覆し、言葉が適合性をもつならば正しい、という認識論を提示した。ここで、彼は事実と偶然一致する認識を、事実と必然的に一致する正当化された認識と同等に扱おうとしているのではない、ということに注意したい。彼の議論は、オウムの発話から正しい認識が得られるのは偶然ではないということを示している。当該のオウムの発話には、適合性（事実との一致）が存在していた。聞き手はそれを正しく認識した。それゆえ、文意の正しい認識は、生じるべくして生じたのである。オウムの発話を信頼できる情報源（プラマーナ）とみなすのは、馬鹿げたことと思われるかもしれない。しかし、もしそれが馬鹿げたことであるならば、インターネットで流通する、発信者が誰かも分からない、孫引きのさらに孫引きのような情報を真顔で読んで利用することも、同じように馬鹿げていると言えるのではないだろうか。コミュニケーション手段が多様化した現代になって、ガンゲーシャを始めとするインドの学者たちが古くから論じてきた問題が、現代の諸学問分野の研究者たちにも現実味をもって迫っていることを、最終章で詳しく論じた。そこでは主に情報学との対比を行ったが、西洋哲学の「証言の認識論（epistemology of testimony）」でも似た議論が盛んに行われている。いずれそれとの詳細な比較研究も行いたい。

本書でコンピューター関係の話題との対比が多く行われているのは、筆者が現場のソフトウェア技術者として、実はインド哲学研究よりも長いキャリアをもっていることと無関係ではない。データを獲得し、それを情報として処理して新たな情報をつくり、利潤を生み出すという営利活動を続けるなかで、筆者は、ひとが実に容易に誤謬に陥ることを強く感じてきた。先入観により、データの意味を取り違えて誤った分析を行ったり、価値をもつ（つまり獲得や放棄をもたらす）情報を作れなかったり、といったことをしばしば見聞きし、また自ら犯してきた。そういった誤謬を排除するために必要なのは、適切な規範であり、またそれを作るためのプラマーナの理論である。

第3章で本書の研究方法を示す際に述べたように、本書はガンゲーシャの思想研究であり、思想史研究を主題として取り上げることはしなかった。それでも、各章での考察にもとづき、対立学派と先行思想に対する、ガンゲーシャの以下のような態度を指摘することができるだろう。同じニヤーヤ学派のウダヤナに対しては、ガンゲーシャの深い敬意が感じられるが、同時に、先述した自らの前提に照らしたときのウダヤナの理論の問題点を彼はよく理解している。ガンゲーシャはウダヤナの理論を修正し、或いは認識論についてはそれを大きく改革するかたちで、自らの理論を打ち立てている。ただし認識論についても、p. 124で示したように、ガンゲーシャの改革のヒントがウダヤナに見られることに注意したい。ガンゲーシャはウダヤナに依拠しつつも、古い伝統に縛られず、大胆に新説を提示していった。ガンゲーシャの革新性に比べ、ウダヤナはいささか保守的に映る。確かに、ニヤーヤという学問の用いる分析方法においては、ウダヤナは偉大な革新をもたらした。しかし理論の面では、むしろ学派の伝統的見解を守る側に立っていたように思われる。その点、ガンゲーシャには遠慮がみられない。

対論者であるミーマーンサー学派への接近もまた、ガンゲーシャの遠慮のなさを示すものであろう。言葉を話し手への依存から解放し、言葉それ自体にプラマーナたる根拠を求める彼の態度は、ヴェーダ恒常説を前提とするミーマーンサー学派の理論と一面的には親和性が高いと言える。適合性の存在、またはその正しい認識をもって正しい言語理解の原因とするその認識論にも、ミーマーンサー学派の自律的真理論との類似性がみられる。しかし彼は決して、ミーマーンサー学派に与することはない。特にプラバーカラ派には全力で対立し、その見解を否定する。

ミーマーンサー学派との対立の背後には、ガンゲーシャの、或いはニヤーヤ学派の宗教的動機を指摘できるかもしれない。ミーマーンサー学派はヴェーダに絶対的な権威を認める。それを拒むニヤーヤ学派は、ヴェーダの権威の根源をその作者（古くは聖仙、後に主宰神）に求めることにより、聖典の権威を相対化し、論理と理性に優位性を置く。言葉の認識論から話し手を排除するガンゲーシャの理論は、このニヤーヤ学派の傾向に逆らうかのように思えるかもしれない。しかし、そう理解すべきではなく、むしろその傾向を突き詰めたところに生まれたものではないだろうか。ガンゲーシャの理論に従えば、言葉の正しさは言葉のみによって決定されるが、その正しさを知るのは完全に聞き手の仕事とされる。ヴェーダが正しいかどうか、法典が正しいかどうか、それらはすべて、個々人が自らの責任において考え、判断しなければならない。彼の理論には、このような、徹底した理性主義と個人主義が見出される。

それでいてなお、ガンゲーシャは主宰神と、その制作物であるヴェーダの権威を認め、主宰神の存在論証については膨大な紙数を割いている[*19]。しかしヴェーダの権威については、それを合理的に論証している議論が見当たらず、この問題についてはまだこれから検討を深めなければならない。『宝珠』言語部は、本書で扱った箇所の直後から、長大なヴェーダ論が始まる。その大部分は、これまで批判的に研究されたことがない。ガンゲーシャの言語情報理論の本質を明らかにするには、今後それらの資料を用いて、彼の言語理論を哲学的・思想史的見地からのみでなく、宗教的・文化的見地からも検討する必要があるだろう。

[*19] Vattanky 1995 を参照。

補遺 1

『宝珠』言語部第 1 章～第 5 章の和訳と解説

凡例

1. 1章については、テキストを以下の刊本と写本を用いて適宜校訂した。ただし、批判的校訂テキストの作成を意図したものではない。刊本のテキストは、併載されている註釈『マートゥリー』が参照していた読みを再現しようという方針で校訂されたと想定される。そのテキストは今回使用した2写本と異なる読みを多く示すが、それは系統が異なるためと思われる。本書で全編にわたる校訂を行わなかったのは、1章のテキスト研究により、批判的校訂のためには系統の比較研究を行う必要があることが明らかになったためである。なお、B_2 については長音記号の脱落をはじめとする明らかな誤記が多く見られるが、それらについては異読として示すことはしなかった。

    Ed *TC*

    B_1 Bhandarkar Oriental Research Institute, acc. no. 20 of 1898–99. 98 fols. Complete. Paper. Devanagari.

    B_2 Bhandarkar Oriental Research Institute, acc. no. 184 of 1895–98. 203 fols. Complete. Paper. Devanagari. Copied in Saṃvat 1711.

2. 接辞 "-tva" や "-tā" を伴って表現される抽象属性は、文脈に応じて、「〜であるということ」という日本語として自然な表現で訳した場合と、「〜性」というように抽象属性であるということが明確になるように訳した場合とがある。後者の場合、「性」が係る範囲が明確になるよう、引用符によって '青い壺' 性というように表記した。ときに、「"青い壺' 性の限定者' 性」というように、引用符が多重に用いられることもある。
3. 訳文を提示する際、2種の補記括弧を使い分けている。角括弧［］は、訳文を読みやすくするために筆者が補った、原文にない表現である。丸括弧（）は言い換えや解説を示している。
4. 「事物 *O* を対象とする認識 *C*」を *C*{*O*} と表記する。*O* が *P* を規定者、*V* を被限定者、*S* を両者の関係とする構造体である場合、*C*{*P*/*V*/*S*} と表記する。*S* は省略することがある。
5. 解釈を註釈によって裏づけるとき、脚註に註釈を示したが、複数の註釈が同様の解釈を述べている場合はそれらのうち最も分かりやすい註釈を選んでひとつだけ示すときがある。例えばルチダッタの註だけ提示していても、それが、他の註釈者は違う解釈を行っていることを意味するわけではない。また、脚註に引用した註釈については、量が膨大になるため、逐一和訳を附すことはしなかった。

第1章

言葉の正しさ

目次

§1　導入 …… 145

§2　言葉のプラマーナとしての妥当性 …… 146

1　「正しい言葉」の暫定定義 …… 146

2　反論（言葉はプラマーナではない）の検討と確定定義 …… 147

§3　言語理解と推理の別異性 …… 149

1　ヴァイシェーシカ学派の主張の検討 …… 149

1.1　推理還元説の表明 …… 149

1.2　語を推理主題とする推理の提示 …… 150

1.2.1　有効な推理 …… 150

1.2.2　無効な推理 …… 153

a　根拠を変更した推理1、2（ヴァッラバに帰せられる推理式） …… 153

b　推理対象を変更した推理1、2 …… 155

c　推理対象を変更した推理3（ウダヤナに言及される推理式） …… 157

1.2.3　推理により個別的な連関を理解する仕方 …… 158

a　連関の認識の推理により連関を理解する仕方 …… 158

b　汎用的な推理により個別的な連関を理解する仕方 …… 159

c　「認識の認識ははじめの認識の対象を対象とする」という法則の検討 …… 160

1.2.4　逸脱の回避 …… 163

1.2.5　文意理解の協働因 …… 166

1.3　語を推理主題とする推理の批判 …… 166

1.3.1　活動意欲を誘発する認識 …… 166

1.3.2　反論（対象の認識の認識も活動意欲を誘発する）の検討 …… 167

1.3.3　指向を推理対象とする推理の批判 …… 168

1.3.4　言語理解と推理の差異 …… 169

1.4　語意を推理主題とする推理の提示 …… 171

1.4.1 推理式 171
1.4.2 逸脱の回避 173
1.4.3 批判（期待、適合性、近接は証相の限定者とならない）の検討 174
a 対論者の主張 174
b ヴァイシェーシカ学派の反論 176
c 3 要件の認識が必要ということの、対論者の前提での論証 177
1.5 語意を推理主題とする推理の批判 179
1.5.1 逸脱の指摘 179
1.5.2 反論（「共に発話されたすべて」によって証相を限定する）の検討 180
1.5.3 反論（「信頼できる者に述べられたということ」によって証相を限定する）の検討 183
1.5.4 ヴァイシェーシカ学派の主張の否定 185
2 古ミーマーンサー学派の主張の検討 187
2.1 古ミーマーンサー学派の主張 187
2.2 ニヤーヤ学派による批判 189
2.3 反論（世間的な文の場合、原因総体は連関を確定させない）の検討 189
2.4 反論（認識されている主原因は、疑念が存在するとき、対象を確定させない）の検討 190
2.5 反論（「信頼できる者に述べられたということ」の確定は世間的な文の意味理解の成立要因である）の検討 191
2.6 反論（「信頼できない者に述べられたということ」の懸念の除去が意味理解の成立要因である）の検討 193
3 プラバーカラ派の主張の検討 194
3.1 プラバーカラ派の主張 194
3.1.1 問題提起（正しい言語理解の原因を問う） 194
3.1.2 前主張の検討 196
a 前主張 1（「信頼できる者に述べられたということ」）の検討 196
b 前主張 2（「信頼できる者に述べられたということ」の非存在の非存在）の検討 197
c 前主張 3（逸脱に対する懸念の非存在）の検討 198
d 前主張 4（瑕疵の非存在）の検討 199
3.1.3 プラバーカラ派の確定見解 200
a 確定見解（「対象に即した指向を有するということ」）の提示 200
b 文意理解における指向のはたらき 202
c 反論（正しい認識の原因は文脈等の認識である）の検討 203
3.1.4 指向を確定する方法 204
a ヴェーダの場合 204
b 世間的な文の場合 205
c 話し手の認識の正しさを推理する仕方 206
d 反論（話し手の認識は推理できない）の検討 207
e 反論（一般的な遍充の認識によっては個別的な事物は推理できない）の検討 208

f　他の仕方での推理の説明（マハー・アルナヴァに帰される見解） 209
g　他の見解（誤った認識を連関の非認識と考える立場）の検討 210
3.2　ガンゲーシャの見解 211
3.2.1　プラバーカラ派の主張の否定 1（指向を事前に認識できないことにもとづく論述） 211
a　指向は理解されて正しい認識の原因となるのではないことの論証 211
b　世間的な文の指向は事前に認識できないということの論証 212
c　ヴェーダの指向は事前に認識できないということの論証 213
3.2.2　プラバーカラ派の主張の否定 2（背理法による論述） 214
a　背理法的推理の提示 214
b　異論（「阻害されていない意味を指向するということ」が正しい文意理解の原因である）の検討 215
3.2.3　正しい言語認識の原因は存在するだけではたらくことの論証 216
a　主張の提示 216
b　連関表示説にもとづく反論の検討 217
c　ヴァイシェーシカ学派の説の否定 218
3.2.4　プラバーカラ派の主張の論拠に対する批判 219
3.2.5　反論（文意理解の付加的な原因が必要である）の検討 220
3.2.6　自説の提示 222
a　正しい文意理解の原因についての暫定見解 222
b　多義語、両義的表現、比喩の理解の説明 223
c　共に発話されることの必要性 224
d　異論（語意に対する指向の理解のみを必要とする見解） 225
e　正しい文意理解の原因についての確定見解 225

第 1 節　導入

TC 4(1) p. 1
अथ शब्दो निरूप्यते।

さて、［プラマーナとしての］言葉が解説される。

【解説】 ここからガンゲーシャの言語論が始まる。「言葉」というのは、プラマーナのひとつとしての言葉に他ならない。それは後続する論述の内容から明らかであり[*1]、また『宝珠』の構成からも推測できる。本書第 4 章 2 で示したように、『宝珠』は、真理論章で 4 種の「正しい認識」に対応する四つのプラマーナを列挙し、それらを順々に解説していくという構成をとっている。ガンゲーシャは推理部と類推部のいずれも、「〜が解説される（nirūpyate）」という書き出

[*1] マトゥラーナータはそう理解する。*TCR* 4(1) p.2: “**śabdaḥ** śābdapramākaraṇam, yathāśrute ’gre pramāṇaśabdasya lakṣaṇakaraṇe ’rthāntaratāpatteḥ.”

して始めている[*2]。それと同様に、いまここで、第4のプラマーナとしての言葉が解説される、という文脈が示されている。「解説」と訳した“nirūpaṇa”は、マトゥラーナータによれば「［その対象の］定義、それ自体の在り方、プラマーナとしての妥当性等により［解説対象を］理解させること」である[*3]。

第2節　言葉のプラマーナとしての妥当性

1 「正しい言葉」の暫定定義

TC 4(1) p. 1

प्रयोगहेतुभूतार्थतत्त्वज्ञानजन्यः शब्दः प्रमाणम्।

言語使用の原因となっている、事物の真実の認識より生じる［言葉］が、「正しい言葉」である。

【解説】ガンゲーシャによる「プラマーナであるところの言葉（pramāṇa-śabda）」、或いは本書の訳語で言うところの「正しい言葉」の定義と理解されている一文である。しかし、これを定義として解釈するのは容易ではない。文中の“śabdas”を被定義項に含めると定義が言葉に限定されなくなり、またそれを定義の一部として解釈すると、被定義項がプラマーナすべてになってしまう。最も自然な読み方をするならば、“pramāṇam”を単独の述語として解釈し、「〜〜より生じる言葉はプラマーナである（正しい）」と理解するのが適切だろう。しかし註釈者らは、これを何とか定義文として説明づけようと苦心している。そうまでして定義文とみなす理由は、おそらく、「解説（nirūpaṇa）」の対象が未定義のまま論述が進むという解釈を回避するためであろう。

これを定義として解釈するのは、あながち曲解とも言えない。ガンゲーシャが厳しく批判したことで知られるヴェーダーンタ学派のシュリーハルシャの『カンダナ・カンダ・カーディヤ』では、同様の構文で、「正しい言葉」の定義がいくつも言及されている[*4]。ひとつ例を示そう。ニヤーヤ学派が認める諸概念について、その定義が成り立たないことを順に論証する文脈において、次のように言われる。

> また、［プラマーナのひとつとして挙げられている］言葉とは何だと言うのだ。［そんなものは定義できないだろう。］というのも、「信頼できる者の文が正しい言葉である（āptavākyaṃ śabdaḥ pramāṇam）」というのは［定義として］不適切である。［その解釈として］想定されること［のいずれも］成り立たないからである[*5]。

シュリーハルシャの言及する定義文の場合、定義が一種の言語表現（文）、被定義項も言語表現（正しい言葉）となっているので、上述の問題は起きない。ガンゲーシャの問題の一文についても、このように解釈できればよいのである。

[*2] *TC* 2(1) p. 1: pratyakṣopajīvakatvāt pratyakṣānantaraṃ bahuvādisammatatvād upamānāt prāg anumānaṃ nirūpyate.; *TC* 3 p.1: athopamānaṃ nirūpyate.

[*3] Cf. *TCR* 4(1) p. 2: **nirūpyata** ity atra nirūpaṇaṃ lakṣaṇasvarūpaprāmāṇyādibhir jñāpanam. lakṣaṇasvarūpaprāmāṇyādiprakārakajñānānukūlo vyāpāra iti yāvat.

[*4] ガンゲーシャによるシュリーハルシャ批判は Phillips 1996 で詳細に研究されている。

[*5] *KhKhKh* p. 424: śabdo ’pi ka ucyate. āptavākyaṃ hi śabdaḥ pramāṇam iti na yuktam, vikalpānupapatteḥ.

『宝珠』の註釈者たちは何通りもの解釈に言及するが、ジャヤデーヴァが示す 3 通りの解釈のうちはじめのものは、当時よく知られていたものであろう。その解釈は、「カラスの目玉の論理」によって “śabdas” を定義と被定義項の両方に読み込む[*6]。上で提示した和訳は、この解釈に依拠している。この他に、言語使用の原因となる認識から生じるものは言語使用に限定されるという理屈により、“śabdas” を定義に読み込まずに解決する方法も提案されている。『宝珠』言語部冒頭から、註釈者らはそれぞれの解釈能力を競うかのように技巧を凝らした解釈を陳列するが、それには立ち入らない。文中の複合語の解釈についてもさまざまな解釈があるが、この点についても、和訳は脚註 *6 に示したジャヤデーヴァの第 1 解釈に従っている。それによると、プラマーナであるところの言葉は、話し手のもつ、正しい認識から生じる。その認識は、当該の言葉の原因となっていなければならない。たとえば《日本の首都は東京である》という正しい認識をもっている者が「インドの首都は大阪である」と述べるとき、その認識は当該の発話の原因となっていないので、これに定義は適合しない。《日本の首都は東京である》ということを知っている者が「日本の首都は東京である」と語るとき、これは「正しい言葉」となる。この定義は、結果として、本書第 8 章 1 で検討したウダヤナによる「信頼できる者（āpta）」の定義、つまり「当該の発話内容について正しい認識をもつ者」という定義にもとづく『ニヤーヤ・スートラ』1.1.7 の解釈と同じことを述べていることになる。

ここで述べられている定義を、筆者はガンゲーシャの暫定定義として理解している。その根拠は、ひとつにはオウムや勘違いした嘘吐きの発話を正しい言葉として認めるガンゲーシャの認識論的立場と食い違うことにあり、もうひとつには、このすぐ後に確定定義と理解できる見解を示していることにある。註釈はこのような解釈に言及しないが、本書第 8 章の考察にもとづき、こう解釈することを提案したい。

2　反論（言葉はプラマーナではない）の検討と確定定義

TC 4(1) pp. 14ff

ननु शब्दो न प्रमाणम्। तथा हि करणविशेषः प्रमाणम्, करणञ्च तद्यस्मिन् सति क्रिया भवत्येव। न च[1] शब्दे सति प्रमा भवत्येवेति नायं शब्दः[2] प्रमाणम्। न च शब्दो न प्रमाणम्[3] इति वाक्यस्य प्रामाण्या[4]प्रमाण्ययोर्व्याघातः, अस्याप्रामाण्येऽप्येतदुत्थाप्यमाना[5]विसंवादाद् इति चेत्। न। आकाङ्क्षादिमतः पदार्थस्मरणादिव्यापारवतः प्रमाणत्वेन तथाभूतात् प्रमोत्पत्तेरावश्यकत्वात् अतथाभूतत्वे च फलाजनकत्वस्य करणान्तर[6]साम्यात्।

[1] एव। न च] Ed, B_2; एवन्न् एव B_1 [2] शब्दः] Ed; om. B_1, B_2 [3] शब्दो न प्रमाणम्] Ed; न शब्दः प्रमाणम् B_1, B_2 [4] वाक्यस्य प्रामाण्या-] Ed, B_2; वाक्यप्रामाण्या- B_1 [5] -उत्थाप्यमाना-] Ed; -उत्थाप्यानुमाना- B_1, B_2 [6] करणान्तर-] Ed, B_2; कारणान्तर- B_1

対論者　言葉は［そもそも］プラマーナではない。というのも、プラマーナとは主原因

[*6] *TCA* 2a: “**prayoge**ti. prayogo vākyaṃ taddhetubhūtaṃ yad arthatattvajñānaṃ tajjanyaḥ śabdaḥ pramāṇaśabda ity arthaḥ. kākākṣigolakanyāyāt. kīdṛk śabdaḥ pramāṇam iti jijñāsāyām uktaviśeṣaṇasya vidheyatayā tādṛśaśabdatvasya lakṣaṇatvalābhāc ca, vyutpattibalāt.” 「カラスの目玉の論理（kāka-akṣi-golaka-nyāya）」は、アプテーの辞書によれば次のような解釈技法である。Apte appendix E s.v. kākākṣigolakanyāyaḥ: “The maxim of the crow’s eye-ball. It takes its origin from the supposition that the crow has but one eye (Cf. words like ekadṛṣṭi, ekākṣa etc.), and that it can move it, as occasion requires, from the socket on one side into that of the other. The maxim is applied to a word or phrase which, though used only once in a sentence, may, if occasion requires, serve two purposes.”

(karaṇa）の一種である。そして主原因とは、それが存在するときに必ず行為・作用（kriyā）が生じるところのものである。しかし、言葉が存在するとき必ず［生じるべき行為・作用として期待される］正しい認識が生じるわけではない。したがって、この言葉なるものはプラマーナ［としては認められ］ない。

想定反論　「言葉はプラマーナではない」という文は、［この文が］プラマーナである場合もプラマーナでない場合も矛盾をはらむ。

対論者　そうではない。これ（この文）はプラマーナでないけれども、これによって喚起される認識（māna）は不整合ではないからである。

ガンゲーシャ　そうではない。というのも、期待等を有し、［かつ］語意の想起等の媒介作用を有する［言葉だけ］がプラマーナであるので、そのような［言葉］からは必ず正しい認識が生じるからである。また、そうでない（期待等または語意の想起等の媒介作用を有さない）場合に［言葉が］結果（すなわち正しい認識）を生じさせないということは、他の主原因と同じであるからである。

【解説】 これに類する議論が『ニヤーヤ・スートラ』2.1.49 に対するウッディヨータカラの註釈に見られる*7。註釈者たちはこれを仏教徒による批判とするが、筆者はまだ仏教徒の文献に直接のソースと見られるものを見出していない*8。

対論者はふたつの命題を前提としている。まず、プラマーナを「正しい認識をもたらす主原因」としている。プラマーナのさまざまな定義のなかでも、“pramā-karaṇaṃ pramāṇam” という定義は、ニヤーヤ学派では最もよく知られたものであろう。また対論者は、主原因というものは、それが存在するとき必ず結果が生じるようなものでなければならないと考えている。これらふたつの前提のうえで、次のような背理法を用いた批判が行われている。もし言葉がプラマーナであるならば、それがあるとき、必ず結果としての正しい認識が生じなければならない。しかし、その結果が生じないこともあるのだから、言葉はプラマーナとしては認められない。

ガンゲーシャはここで、主原因が結果をもたらすには、媒介作用が必要だという立場に立っている。主原因と媒介作用については本書 pp. 21ff で説明しているが、要点を述べると、たとえば斧という主原因が存在すれば、必ず樹が倒れるわけではなく、斧と樹の接触という媒介作用がなければ、結果は成立しないという考え方がある。それと同じように、ガンゲーシャは、語意の想起という媒介作用を設定する。また、主原因の方も、先に提示された暫定定義を改め、期待等を有することという条件によって定義を置きかえる。整理すると、言葉は、次の 2 条件が揃ったときに正しい認識の主原因となる。(1) 期待等を有すること、および (2) 語意の想起等の媒介作用を有することである*9。暫定定義が認識論的な視点から為された定義であるとすれば、これは認知論的な視点による定義と言えるだろう。

---

*7 *NV* pp. 245–246: “na śabdaḥ pramānam, saty apy apramiteḥ. yasmād vidyamāno ’py ayaṃ śabdo ’śrūyamāṇo na pratipattihetuḥ, pratipattihetuś ca pramāṇam iti.... yat tāvat saty apy apramiter iti. tan na. asiddhatvāt. na hi kadā cic chabda upalabhyamāne na pramā bhavati. upalabhyamāne na bhavatīti nāsau pramāṇam. pramāṇaṃ hi nāma yena pramīyate. kadā ca tena pramīyate, yadopalabhyate.” 以下のヴァーチャスパティの註も参照。*NVTṬ* p. 364–365: “**yat tāvat saty apy apramiter iti, tan na, asiddhatvād** iti. na śabdamātraṃ pramāṇam api tu gṛhītaḥ smaryamāṇasambandhaś ca. na cedṛśe śabde sati pramā na bhavati. yādṛśe tu sati pramā na bhavati, nāsau pramāṇam ity arthaḥ.”

*8 *TCA* 4a: “saugataḥ pratyavatiṣṭhate. **nanv** iti.” *TCP* p. 2: “saugatamataṃ dūṣayitum utthāpayati. **nanv** iti.” *TCR* 4(1) p. 14: “lakṣaṇam uktam idānīṃ prāmāṇyaṃ vyavasthāpayituṃ prathamato bauddhamatam āśaṅkya nirākaroti, **nanv** ityādinā.”

*9 これらの条件が、ウッディヨータカラ以来変化していることにも注意したい。ウッディヨータ

この問答の間に挟まれている想定反論は、いわゆる「嘘吐きのパラドクス」に相当する論理的問題を指摘するものである[*10]。ジャヤデーヴァは次のように説明する。「言葉はプラマーナではない」という言葉がプラマーナではないとすると、言葉はプラマーナということになる。一方、この言葉がプラマーナであると仮定するときは、その仮定自体が、言葉がプラマーナであると宣言している[*11]。いずれの場合も、言葉はプラマーナということになる。

この想定反論に対する応答は、なかなか独自性のあるものである。次のように理解できるだろう。「言葉はプラマーナではない」という言葉がプラマーナでなかったとしても、直ちにこれによって否定される命題が真とされるわけではない。言葉を知識のソースとして信じない者も、「言葉はプラマーナではない」という言葉から、何らかの認識を得るだろう。その認識（「言葉なんて信じられないよ」という認識だろうか）の内容は、現実と食い違うことがない。したがって、「言葉はプラマーナではない」と述べることに何ら問題はない。ただし、この解法がはたして論理的に適切かどうかは、充分に検討する必要があるだろう。

第3節　言語理解と推理の別異性

1　ヴァイシェーシカ学派の主張の検討

1.1　推理還元説の表明

TC 4(1) pp. 22f

तथापि शब्दो न प्रमाणान्तरम्, पदार्थसंसर्गस्यानुमानाद् एव सिद्धेः।

ヴァイシェーシカ学派　そうではあるけれども（言葉はプラマーナであるけれども）、言葉は［既に承認されている推理等と］別のプラマーナではない。［したがって、ひとつのプラマーナとして取り上げて論実必要はない。］語意の連関（すなわち文意）は、他ならぬ推理［という認知機構］によって成立する（理解される）からである。

【解説】本節では、言葉にもとづく対象認識は推理の一種として説明できるので、言葉をひとつのプラマーナとして立てる必要はない、という見解（これを本書では「推理還元説」と呼ぶことにする）が批判される。註釈者らは、これをヴァイシェーシカ学派による批判としている[*12]。実際、推理還元説はヴァイシェーシカ学派の基本テーゼのひとつであり、また以下で言及される論証式のいくつかはヴァイシェーシカ学派の文献にトレースできるので、ガンゲーシャもヴァイシェーシカ学派を念頭に置いて議論を行っていることは間違いないだろう。

カラは、その言葉が聞き手に知覚されていることを条件とした。ヴァーチャスパティは、それに、語意の想起が介在しなければならないという条件を加えた。ガンゲーシャは最初の条件を外し、代わりに「期待等を有すること」を置いた。しかし、語意の想起が行われるには、その語が聞き手に認識されていなければならないので、ウッディヨータカラの設定した条件が否定されたわけではない。

[*10] 谷沢淳三氏（1987）が、インド版「嘘吐きのパラドクス」に対するバルトリハリ、ダルマキールティ、クマーリラの見解を紹介している。

[*11] *TCA* 4a: "etadaprāmāṇya etadviṣayībhūtaśabdāprāmāṇyabādhena śabdaprāmāṇyābhyupagamāt, etatprāmāṇye tu sākṣād evety ubhayathāpi vyāghāta ity arthaḥ."

[*12] *TCA* 4b: "vaiśeṣikaḥ pratyavatiṣṭathe. **tathāpī**ti." *TCP* p. 2: "uktayuktyā pramāṇam api śabdam anumāne 'ntarbhāvayan vaiśeṣikaḥ pratyavatiṣṭhate. **tathāpī**ti." *TCR* 4(1) p. 22: "idānīṃ vaiśeṣikamatam āśaṅkate. **tathāpī**ti."

語意の連関を文意とする立場については、本書第 2 章 3 を参照。

1.2 語を推理主題とする推理の提示

1.2.1 有効な推理

TC 4(1) pp. 23ff

तथा हि गाम् अभ्याज दण्डेनेति[1] पदानि वैदिकपदानि वा तात्पर्यविषयस्मारितपदार्थसंसर्ग-ज्ञानपूर्वकाणि, आकाङ्क्षादिमत्पदकदम्बत्वात्[2], घटम् आनयेतिवत्।

---

[1] गाम् अभ्याज दण्डेनेति] Ed, B_2; दण्डेन गाम् अभ्याजेति B_1 [2] पदकदम्बत्वात्] Ed, B_2; पदकदम्बकत्वात् B_1

ヴァイシェーシカ学派　つまり、[次のような推理によって文の意味は理解されるのである。]〔主張〕「牛を棒で連れてこい」という［世間的な］諸語、或いはヴェーダ［の文を構成する］諸語は、指向対象であるところの、［当該の諸語によって私が］想起させられた語意の連関［を対象とする話し手の］認識に先行される*13。〔理由〕期待等を有する語の集塊であるから。〔喩例〕「壺を持ってこい」という［諸語］のように。

【解説】 ニヤーヤ学派を含むいくつかの学派では、ひとを説得するために論証するときの推理（parārtha-anumāna. 他者のための推理）も、自ら論理的思考を行うときの推理（svārtha-anumāna. 自己のための推理）も、共に主張命題や根拠で構成される推理式（syllogism）のかたちをとるとされる*14。したがって、ニヤーヤ学派に対して「文意理解は推理の一種である」と主張するならば、文意理解の認知プロセス、つまり正しい言葉から事実を知る認知プロセスを推理式のかたちで示すことができなければならない。

本節では、ヴァイシェーシカ学派の提起するものとして 2 種の推理式が示される。語を推理主題（pakṣa. 主張命題の論理的な主語になるもの）とするものと、語意を推理主題とするものとである。そしていずれも、ガンゲーシャにより批判される。いまここで、はじめに示されているのは、語を推理主題とするものである。

推理式は、推理主題、推理対象（sādhya）、根拠（hetu）という 3 要素に分析すると理解しやすい。これらを推理の「基本 3 要素」と呼ぶことにしよう。推理は、推理主題に存在する根拠の、同じく推理主題に存在する推理対象に対する遍充関係（vyāpti）によりその妥当性が保証される。たとえば「山に火がある。煙があるから。」という推理式において、一般的に、推理主題は山、推理対象は火、根拠は煙であると分析される。火の存在領域は煙の存在領域に満ちわたっている、つまり煙があるところには必ず火があるので、煙は火に遍充されると言われる。根拠と推理対象は、それぞれ「証相（liṅga)」と「証相をもつもの（liṅgin)」とも呼ばれる。推理対象を論証するための目印（相）となるものが証相である。

---

*13 「指向」と訳した原語は “tātparya” であり、この語は一般的には「［話し手の］意図」と訳されることが多い。「指向」という訳語の意味するところは、本書第 5 章 6 を参照。

*14 岡崎 2005: 13–36 を参照。

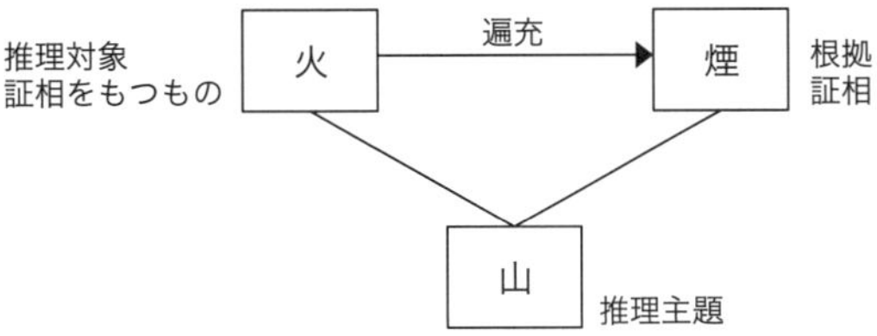

推理「山に火がある。煙があるから。」

証相は必ずしも根拠の位置には置かれず、後述するウッディヨータカラ型の推理式では、証相としてはたらく名辞が形式的には推理主題に置かれ、証相の属性が根拠となる*15。

いま、ヴァイシェーシカ学派が提示する推理式は、以下のように分析できる。

推理式 *Syll*$_1$

推理主題　「牛を棒で連れてこい」という［世間的な］諸語、或いはヴェーダの諸語。

推理対象　指向対象であるところの、［当該の諸語によって私が］想起させられた語意の連関［を対象とする話し手］の認識に先行されるということ。

根拠　期待等を有する語の集塊であるということ。

この推理式の意味するところを理解するため、少し歴史を遡ってみよう。ヴァーツヤーヤナやプラシャスタパーダの時代のヴァイシェーシカ学派では、言葉から意味を理解する認知プロセスは、煙から火を知る推理プロセスに等しいと考えられていたようである*16。この時点では、具体的な推理式が想定されていた様子はない。それから時代が下り、クマーリラに至ると、言葉にもとづく意味対象の推理を、基本 3 要素を具えた推理式として分析しようとする試みが見られるようになる。彼は、言葉を推理主題、意味を推理対象とする推理式に言及する。クマーリラは具体的な推理式を示さないが、たとえば「この『牛』という言葉は《牛》という意味を有する。『牛』という言葉であるから」といったものを想定できる*17。この推理は、言葉を根拠としていた古い時代の推理と構造が異なる。しかし、言葉を煙に、意味を火になぞらえる対比が失われたと考える必要はない。クマーリラの推理分析を、ニヤーヤ学派のウッディヨータカラが詳しく論じたことで知られる、「煙は火を有する」という型の、証相を推理主題に置く構造で理解すれば、そこにはまだ、言葉から意味を知るという認知プロセスを見出すことができる*18。ただし、クマーリラがここで論じているのは語から語意を知るための推理であり、彼は、文から文意を理解するプロセスは推理に還元できないと述べている*19。ジャヤンタも同様の議

*15 証相は、一般に、根拠（hetu）の同義語と考えられている。しかし推理主題が証相と呼ばれることもあることが、ニヤーヤ学派の文献によって確かめられる。たとえば次を参照。*NVTṬ* p. 366: “ākāṅkṣāyogyatāsattiviśeṣaṇāḥ padārthāḥ svasaṃsarge liṅgaṃ bhaviṣyanti.” ここでは推理主題である語意が連関に対する証相であると言われている。

*16 *NBh* ad *NS* 2.1.49 p. 86: “yathānupalabhyamāno liṅgī mitena liṅgena paścān mīyata ity anumānam, evaṃ mitena śabdena paścān mīyate ’rtho ’nupalabhyamāna ity anumānaṃ śabdaḥ.” *PDhS* §256: “śabdādīnām apy anumāne ’ntarbhāvaḥ, samānavidhitvāt. yathā prasiddhasamayasyāsandigdhaliṅgadarśanaprasiddhyanusmaraṇābhyām atīndriye ’rthe bhavaty anumānam, evaṃ śabdādibhyo ’pīti.”

*17 *ŚV* śabdapariccheda vv. 62cd–64ab: “atha śabdo ’rthavattvena pakṣaḥ kasmān na kalpyate || pratijñārthaikadeśo hi hetus tatra prasajyate | pakṣe dhūmaviśeṣe hi sāmānyaṃ hetur iṣyate || śabdatvaṃ gamakaṃ nātra gośabdatvaṃ niṣetsyate |”

*18 ウッディヨータカラの推理式については鈴木 2010 が先行研究を批判的に検討している。

*19 *ŚV* śabdapariccheda vv. 109–110: “vākyārthe hi padārthebhyaḥ sambandhānubhavād ṛte | buddhir utpadyate tena bhinnā sāpy akṣabuddhivat || vākyādhikaraṇe cāsya hetoḥ siddhir bhaviṣyati | sarveṣāṃ tu paroktānāṃ vākyabuddhāv asiddhatā ||”

論を、クマーリラをなぞるかたちで『ニヤーヤ・マンジャリー』で行っている[*20]。文意理解までも推理式で説明しようとするのは、ヴァーチャスパティが言及するものがはじめてではないかと思われる[*21]。そこで示される推理式は、次の基本3要素に分析できる。

推理式 *Syll*$_{(NVTT)1}$

推理主題　語の個別的な集塊。
推理対象　［それらの語によって私が］想起させられた語意の連関。
根拠　期待等を有し、かつ、語の集塊であるということ。

この推理式が、「語は語意を有する」という型の推理式を文のレベルに拡張したものであるということはすぐに見てとれるだろう。推理主題に「個別的な」とあるのは、主張命題を特称化するためのものである。これにより、主張命題が「文は文意を有する」という全称命題ではなく、「この特定の文は、これを構成する語の各々から想起される語意の連関を意味として有する」というものになる。この推理の根拠となる性質「期待等を有し、かつ、語の集塊であるということ」に含まれる「期待等」については本書第5章で詳説しているが、この性質はプラマーナであるところの文すべてに共有され、またそうでない文には保持されない特性である。つまり、このような特性が看取される以上、この文は、他の有意味な文と同様、それを構成する語の意味の連関を文意としてもっていると考えられる、という推理がここで示されていると言える。

この推理式は、ガンゲーシャの言及するかたちに至るまでに徐々に精密さを増していく。その様子は、ウダヤナの『花束』やヴァッラバの『リーラーヴァティー』から窺い知ることができる。まず、『花束』で、文が文意を保持することは推理によって知ることができないと言われる[*22]。そこで、推理対象を改め、文が文意を保持することを直接推理するのではなく、文が、その文の意味対象を対象とする話し手の認識に先行されるということを推理する、という推理式の立て方が提案される[*23]。ここでは、文がプラマーナであるとき、つまり期待等を有するとき、その発話に先立って、その文が表示する事物を対象とする話し手の認識が必ず存在するということを前提としている。それゆえ、或る文を聞くとき、「この文は、それを構成する諸々の語の意味の連関（その文の表示する内容）を対象とする話し手の認識に先行されている」ということを推理できる、という考えが示されていると理解できるだろう。

ガンゲーシャが言及する先の推理式は、この推理式における推理対象に「指向対象となっている（tātparyaviṣaya）」という限定を付与したものと考えられる。この限定は、連関に対して与えられている[*24]。たとえば「牛が歩く」という文の意味を推理するとき、それぞれの語から

---

*20　*NM* 1 p. 405–406.

*21　*NVTṬ* ad *NS* 2.1.53 p. 368: “syād etat. ayaṃ padakadambakaviśeṣaḥ smāritapadārthasaṃsargavān ākāṅkṣādimattve sati padakadambatvād gām abhyājeti padāvalīvad iti nāpakṣadharmatā.”

*22　文と文意の関係は接触（saṃyoga）や内属（samavāya）などではありえず、両者の間に存在可能な関係として想定される「証相として知らせるものであるということ（liṅgatayā jñāpakatvam）」も、相互依存が帰結するため認められないと言う。この相互依存の解釈については註釈者によって揺れがみられるが、当該の文がその意味を推理により知らせるものであるということは、文意理解が完了してはじめて措定しうるという依存関係を考えることができるだろう。詳しくは *NKus* pp. 388–389 およびそれに対する諸註釈を参照。なお、ほぼ同じ議論が『キラナーヴァリー』でも行われている。この対応関係については拙稿 2009 を参照。

*23　*NKus* p. 390: “etāni padāni smāritārthasaṃsargajñānapūrvakāṇi, ākāṅkṣādimattve sati tatsmārakatvāt, gām abhyājetivat.”

*24　3 註釈は共にそう解釈する。*TCA* 4b: tātparyeti. atra smāritapadārthasaṃsargajñānapūrvakatve sādhye ’tātparyaviṣayībhūtakriyākarmabhāvenārthāntaraṃ mā bhūd iti tātparyaviṣayaprakārakatvaṃ saṃsargaviśeṣaṇam. *TCP* p. 2: tātparyaviṣayībhūto yaḥ saṃsargas tajjñānapūrvakāṇīty arthaḥ. *TCR* 4(1) p. 25: tātparyaviṣayeti tātparyaviṣayībhūto yaḥ smāritapadārthasaṃsargaḥ tajjñānapūrvakāṇīty arthaḥ.

《牛》と《歩行》を理解した後、《牛は歩行である》という意味を理解することはない。このとき理解されるのは、指向対象となっている《牛が歩く》という連関だけである。この新たな限定は、このような問題を回避するためのものと言えるだろう[*25]。また、推理主題が大きく変更され、「世間的な諸語」とヴェーダの言葉の両方を包括することが明言されている。「世間的な諸語」とは、私たち人間が行う日常的発話を構成する諸々の語を意味する。これら 2 種の言葉に言及するのは、ヴェーダの言葉を特別扱いし、その意味だけは推理によって知ることはできないとするミーマーンサー学派の立場を明示的に却け、どちらの言葉も一律に扱おうとする立場を表明するためと考えられる[*26]。なお、推理主題から指示代名詞が除去され、特称化が解除されているように見えるが、これはガンゲーシャの意図したことではないだろう。この推理式がすべての文に関する全称命題を推理するものでないことは、後の議論（pp. 158ff）から明らかである[*27]。

推理式の根拠に「期待等」とあるが、この「等」によって適合性と近接が含意されていると理解してよいだろう[*28]。

1.2.2　無効な推理

a　根拠を変更した推理 1、2（ヴァッラバに帰せられる推理式）

TC 4(1) pp. 31ff

योग्यतासत्तिमत्त्वे सति संसृष्टार्थपरत्वात् तत्परसन्निधिमत्त्वाद् वेति न हेतुः। संसृष्टो हि योऽर्थस्तत्परत्वं तत्परसन्निधिमत्त्वं वासिद्धम्, संसर्गस्य प्राग् अप्रतीतेः। संसृष्टत्वप्रकारक-प्रतीतिपरत्वं तत्प्रकारकप्रतीतिपरसन्निधिमत्त्वं वानाप्तोक्ते निराकाङ्क्षे च व्यभिचारि।

ヴァイシェーシカ学派　「適合性と近接を有し、かつ、連関した［語］意が指向されているからである」ということも、また「それ（連関した語意）が指向されており、かつ、近接を有するからである[*29]」ということも、［先の推理対象に対する正しい］根拠［とはなりえ］ない。というのも、「連関した［語］意が指向されているということ」或いは「それ（連関した語意）が指向されており、かつ、近接を有するということ」は、［文意理解が成立する前には］成立していない（理解されていない）からである。なぜなら、［それらの要素となっている］「連関」は［文意が理解されるより］前には［聞き手に］認識されないからである。

［また、］「［適合性と近接を有し、かつ、当該の諸語によって想起させられる語意が］連関しているということを規定者とする［聞き手の］認識が指向されているということ」、および「それ（当該の諸語によって想起させられる語意が連関しているということ）を規

[*25] p. 155 でこの点が論じられる。前掲の *TCA* の註記も参照。
[*26] ジャヤデーヴァはそう解釈する。*TCA* 4b: “mīmāṃsakād vyavacchinatti. **vaidike**ti.”
[*27] なお、『リーラーヴァティー』で言及される推理式において、既に指示代名詞が除去されている。*NL* pp. 526–528 を参照。
[*28] ジャヤデーヴァの解釈にもとづく。*TCA* 6b: “vastutas tu tātparyaviṣayeti sādhyaviśeṣaṇapraveśād anaikāntikaṃ mā bhūd iti hetāv ākāṅkṣāviśeṣaṇam, saṃsargapramāgarbhasādhye vyabhicāra iti hetau yogyatāviśeṣaṇam, smāritasyāvyavahitasmāritārthakatayānāsanne vyabhicāravāraṇāyāsattiviśeṣaṇam ity eva ramaṇīyam.” ただし、ジャヤデーヴァは他の解釈にも言及する。
[*29] “tatparasannidhimattva” という複合語をこのように解釈した。マトゥラーナータの註釈はこれを支持する。*TCR* 4(1) p. 32: “**tatpare**ti. saṃsṛṣṭārthaparety arthaḥ. tathā caikapadārthe ’parapadārthasaṃsargapratītīcchayoccaritatve saty āsattimattvād ity arthaḥ.”

定者とする［聞き手の］認識が指向されており、かつ、近接を有するということ」［という属性も文意の推理の根拠として考えられるかもしれないが、これらはいずれも］信頼できない者に述べられた［諸語の］場合、および期待を有さない［諸語の］場合に逸脱する（そのような諸語にも存在するため、推理対象が導かれてしまう）［ので、推理の根拠としては認められない］。

【解説】先に示された推理式 *Syll*$_1$（p. 151）は、対論者が有効なものと考えて提示するものである。続いて、対論者自らが批判する、誤謬を含む推理式がいくつか示される。本段落では、*Syll*$_1$ の根拠の部分を変更した、次のふたつが検討される。

推理式 *Syll*$_2$

推理主題 「牛を棒で連れてこい」という［世間的な］諸語、或いはヴェーダの諸語。
推理対象 指向対象であるところの、［当該の諸語によって私が］想起させられた語意の連関［を対象とする話し手］の認識に先行されるということ。
根拠 適合性と近接を有し、かつ、連関した［語］意が指向されているということ。

推理式 *Syll*$_3$

推理主題 「牛を棒で連れてこい」という［世間的な］諸語、或いはヴェーダの諸語。
推理対象 指向対象であるところの、［当該の諸語によって私が］想起させられた語意の連関［を対象とする話し手］の認識に先行されるということ。
根拠 連関した語意が指向されており、かつ、近接を有するということ。

Syll$_2$ の根拠に置かれた「適合性」が、*Syll*$_3$ では除去されている。ジャヤデーヴァの解釈によれば、適合性を欠いた文を構成する諸語はそもそも連関した語意を指向していないから不要であると言う[*30]。ルチダッタとマトゥラーナータは、これらふたつの推理式が共にヴァッラバによるものであると言う[*31]。しかし、刊本の『リーラーヴァティー』で言及されるのは *Syll*$_2$ に相当するもののみであり、またそれに対するヴァルダマーナの註釈を見ても、*Syll*$_3$ に相当するものが採録されていたとは考えがたい。*Syll*$_3$ の出自はいまだ不明である。

Syll$_2$ と *Syll*$_3$ は共に、推理式で表される認知プロセスが成立しえないことを根拠に否定される。というのも、これらの根拠には「連関」が含まれている。連関は文意に他ならず、文意を知るための推理プロセスが完了する前の時点では、当然それは認識できない。このように、推理を行う時点では未だ知られていない名辞が根拠に含まれるとき、ニヤーヤ学派の推理論では、その名辞または根拠全体が「未成立（asiddha）」であると言う。論理的には論点先取の誤謬と言えるが、ここでは論理的な誤りではなく、時系列に従う認知プロセスとして成立しえないことが問題視されていることに注意しておきたい。

ここで、指摘された問題を回避するための反論が想定される。「連関した語意が指向されているということ」というのは実は「連関しているということを規定者とする［聞き手の］認識が指向されているということ」という意味なのだ、という語句解釈を行う反論である。たとえば「牛を連れてこい」という文において、「この『牛』という語は《連行と連関した牛》を指向

[*30] *TCA* 7b: “na cātrāpi yogyatāvattvena pūraṇīyam, tatra saṃsṛṣṭārthābhāvād eveti bhāvaḥ.”

[*31] *TCP* p. 3: “līlāvatīkāroktaṃ hetudvayaṃ dūṣayati. **yogyate**ti.” *TCR* 4(1) p. 31: “prakṛtasādhye līlāvatīkāroktahetudvayaṃ dūṣayati. **yogyate**ti.”

している」ということは文意理解が完了するまで認知できないが、「この『牛』という語は《連行》と連関しているということを私に理解させようとしているのだな」という理解を事前に得ることは可能であろう、という考えにもとづいていると考えられる。指向を話し手の意図と解釈するならば、そのような理解を聞き手が得ることを話し手が望んで語っているのだろう、ということを聞き手が推測できるという意味に理解できる。はたしてこれで先の「未成立」の過失を回避できるのか。註釈者たちは懐疑的であったようで、詳しい説明を施している[*32]。この解釈を適用すると、推理式の根拠は次のように改められる。

推理式 $Syll_2'$

推理主題　（省略）

推理対象　（省略）

根拠　　適合性と近接を有し、かつ、連関しているということを規定者とする［聞き手の］認識が指向されているということ。

推理式 $Syll_3'$

推理主題　（省略）

推理対象　（省略）

根拠　　連関しているということを規定者とする［聞き手の］認識が指向されており、かつ、近接を有するということ。

仮に上記の語句解釈により「未成立」の過失を回避できたとしても、この推理の有効性は他の観点から否定される。ヴァイシェーシカ学派の主張者は、「信頼できない者（anāpta）」に述べられた文（すなわち適合性を欠いた文[*33]）、および期待を欠いた文の場合に逸脱があると指摘する。結局のところ、根拠に期待、適合性、近接の 3 要素をすべて取り入れなければ、そのいずれかを欠いた、正しくない文の場合にも意味理解が成立するという事態が帰結する、ということが言われている。推理式 $Syll_2$ と $Syll_3$ では、「連関した語意が指向されている」という条件を組み込むことにより、連関しえない可能性を排除し、連関の可能性を規定する適合性や期待を根拠から除去した。しかし、上記の語義解釈により、$Syll_2'$ および $Syll_3'$ で推理できるのは連関そのものではなく、「連関していると理解させたいのだろう」という、連関を一枚の布でくるんだ属性になってしまった。もしこう改変するのであれば、適合性や期待を根拠の条件に戻さなければならないだろう。

b　推理対象を変更した推理 1、2

TC 4(1) p. 34

संसर्गस्य बहुप्रकारकत्वेऽपि नानभिमतसंसर्गासिद्धिः, तस्य तात्पर्याविषयत्वात्। अन्यथा शब्दाद् अप्यभिमतान्वयबोधो न स्यात्। अत एव विशेषणविशेष्यभाववदर्थकानि तद्बोध-पूर्वकाणि वेति न साध्यम्[1]।

---

[1] साध्यम्] B_1, B_2; स्याध्यम् Ed

---

*32　*TCP* p. 3: “**saṃsṛṣṭatve**ti. yady apy atrāpy asiddhiḥ, saṃsargasyāprakāratvāt, tathāpi liṅgatayā śabdasya bodhakatve saṃsargaprakārakapratītyaṅgīkāraḥ śābdabodha eva tasya vākyārthavidhayā bhānād iti bhāvaḥ.” *TCR* 4(1) p. 33: “atra prakārakatvaṃ viṣayakatvamātram, anyathā svarūpāsiddhiḥ syāt.”

*33　註釈者らの解釈にもとづく。たとえば *TCR* 4(1) p. 33: “**anāptokta** iti. ayogya ity arthaḥ.”

ヴァイシェーシカ学派　連関はさまざまであるが、[君たちニヤーヤ学派において[*34]] 承認されていない連関が成立する（聞き手により推理される）ことはない。それ（承認されていない連関）は指向の対象でないからである。そうでないとすると（任意の連関が理解されてしまうとすると）、[君たちが言うように推理によって連関が理解できないのと同様、君たちが連関理解の手段と考える] 言葉（言語理解）からも、承認されている連関の理解が [生じ] ないことになってしまう。

まさにこれゆえに、「限定者・被限定者関係を有する [語] 意を有する」ということ、および「それ（限定者・被限定者関係を有する語意）の認識に先行される」ということは [推理における] 推理対象にならない。

【解説】本段落の前半では、推理式 Syll_1 で推理対象に組み入れられた「指向対象であるところの」という限定句の目的が説明されている。その内容は p. 152 に記したとおりである。このように、指向を参照することによって連関の特定ができると考えなければ、推理に限らず、ニヤーヤ学派が認める言語理解のプロセスにおいても、適切な連関の選択的理解ができなくなってしまうだろう[*35]。

これと同じ理由で、下記のような推理対象のふたつの別案が否定されている。

推理式 Syll_4

推理主題　（省略）
推理対象　限定者・被限定者関係を有する [語] 意を有するということ。
根拠　（省略）

推理式 Syll_5

推理主題　（省略）
推理対象　限定者・被限定者関係を有する語意の認識に先行されるということ。
根拠　（省略）

いずれも、理解される語意間の連関を限定者・被限定者関係（一方が他方を限定、すなわち修飾する関係）に限定しているが、それでは不充分だと言われている。これが意味するところは明らかでないが、語意間には限定者・被限定者関係以外の関係（たとえば非別異関係）もあ

[*34] V. P. Bhatta 2005 および Mukhopadhyay 1992 は、この “anabhimata” を「話し手によって意図されていない」という意味に理解する。その解釈も可能だろう。一方、マトゥラーナータは、そのような連関の理解が生じることがニヤーヤ学派によって認められていない、という意味に理解しているようである。（*TCR* 4(1) p. 34: “**anabhimate**ti. daṇḍeneityādivākyajanyajñānaviṣayatayā naiyāyikānabhimatety arthaḥ.”）本節では、マトゥラーナータの解釈の方が一貫性が高いと考え、それに従う。マトゥラーナータは次のようなことを言おうとしているのだと考えられる。まず、語意間の連関は、新ニヤーヤ学派の言語理論においては、何らかの言語要素により明示的に示されるのではなく、ひとの認知作用により自然と分かるという前提がある。この作用を、註釈者たちは「連関の規則（saṃsarga-maryādā）」と呼ぶ。たとえば「連れてこい（abhyāja）」という動詞活用形において、動詞は《連行》を、動詞語尾は《決意》（《努力》とも言われる）を表示するとされる。《決意》は《行為対象性》により《連行》と連関し、《連行を対象とする決意》が理解される。この《行為対象性》を理解させるのが「連関の規則」である。（さらに詳しくは拙稿 2016 を参照。）《決意》と《連行》の連関として《原因性》が理解されることは、新ニヤーヤ学派は「認めない」。そしてそのような連関は指向されていないので、指向を参照する言語理解プロセスによっても理解されることはなく、また推理対象に「指向対象となっている」という限定を加えた推理でも推理対象から除外される。この議論については、*TCR* の上掲引用箇所の前後を参照。なお、ジャヤデーヴァとルチダッタは本段落について寡黙である。

[*35] マトゥラーナータの解釈に従う。*TCR* 4(1) p. 34: “**anyathā**. tasya tātparyaviṣayatve.”

り、そちらが指向されていることもあるということか、或いは限定者・被限定者関係にもさまざまな種類がある（たとえば対象として限定していたり、原因として限定していたりといった場合が考えられる）ため、推理対象に指向を組み込んで、指向対象であるところの連関に特定する必要がある、ということが言われているのであろう。なお、これらふたつの推理式の出自は不明である。

c　推理対象を変更した推理 3（ウダヤナに言及される推理式）

TC 4(1) pp. 34ff

यत्तु स्मारितार्थसंसर्गवन्तीति साध्यम्, मत्वर्थश्च लिङ्गतया ज्ञापकत्वम्। न चान्योन्याश्रयः, पूर्वपूर्वानुमिति[1]हेतुत्वेनानादित्वात्। तन्न, ज्ञापकत्वमात्रेणार्थासिद्धेः। प्रमापकत्वे तेनैव[2] व्यभिचारात्।

---

[1] -पूर्वानुमिति-] Ed; -पूर्वतदनुमिति- B_1, B_2　[2] तेनैव] Ed; om. B_1, B_2

対論者　「[当該の諸語によって私が] 想起させられた［語］意の連関を有する」ということが推理対象である。また、［ここでの］所有接辞（「～を有する」を表現する接辞）の意味（すなわち所有者である諸語がもつ、連関に対する関係）は「証相として知らせるものであるということ」である。なお、［ここに］相互依存はない。［連関の推理知と、それを知らせるものであるということの推理知は、］それぞれに先行する推理知を原因とするので、始まりがないからである。

ヴァイシェーシカ学派　それは誤りである。単なる「[証相として] 知らせるものであるということ」によっては意味が成立しない（意味対象である事物の実在性が確定されない）からである。もし「[証相として] 正しく知らせるものであるということ」［が所有接辞の意味である］とするならば、まさにそれ（信頼できない者に述べられた諸語*36）によって逸脱があるからである。

【解説】 対論者は次のような推理式を提起する。

推理式 *Syll*$_6$

推理主題　（省略）
推理対象　［当該の諸語によって私が］想起させられた［語］意の連関。
根拠　　（省略）

これは、ヴァイシェーシカ学派の見解としてウダヤナの『花束』で言及され、相互依存を根拠に却けられる推理式である*37。脚註 *22 に示したことの繰り返しになるが、そこでの批判（おそらくウダヤナ自身による批判）は、推理主題である諸語すなわち文と、推理対象である語意連関すなわち文意の関係に着目するものであった。文の文意に対する関係としては、「証相として知らせるものであるということ」という関係が考えられる。つまり文は文意と、推理の根拠として前者が後者を聞き手に理解させるという関係で結びついている。しかしヴァイシェ

---

*36　註釈にもとづく。*TCA* 8a: "**tenaiva**. anāptoktenaiva."
*37　マトゥラーナータもウダヤナとの関連を指摘している。*TCR* 4(1) p. 34: "ācāryīyaṃ sādhyam āśaṅkya dūṣayati, **yat tv** ityādinā."

ーシカ学派は、ここに相互依存の誤謬があると言う。或る文が或る文意を理解させるということは、その文意を推理により理解してからでないと分からない（推理 1）。しかし、推理式 *Syll*$_6$ によれば、その文意を理解するには、その文がその特定の文意を推理により理解させることを知っていなければならない（推理 2）。ここで言われる相互依存は、推理 1 と推理 2 の、このような依存関係だと考えられる。

『花束』では、上記の相互依存を理由に *Syll*$_6$ が却けられ、*Syll*$_1$ の推理対象を用いた推理式が示された。しかし『宝珠』の対論者は、ここに相互依存はないと言う。その論拠は詳しく説明されていないが、おそらく、上記の推理 2 は推理 1 に依存するのではなく、さらに推理 3 を要請するというように、相互依存ではなく無限後退（anavasthā）の状態にあると言われているようである。そして、始まりをもたない無限後退は論理的過失とみなされない、と考えられていると解釈できる[*38]。

しかし、推理式 *Syll*$_6$ は別の観点から批判される。テキストでの論述はきわめて簡素であるが、概ね次のように理解できるだろう。そもそも、文が文意を推理により理解させるとしても、そうして得られる理解が正しいとは限らない。正しい文意理解を得るには、文と文意の関係をさらに限定し、推理対象が推理主題に存在する関係を「証相として正しく知らせるものであるということ」に設定しなければならない。しかしそのような推理は妥当でない。信頼できない者の述べる偽りの文にも推理の根拠が見出されるため、それらからも正しい文意理解が得られると帰結してしまうからである。

テキストでは推理式の根拠が何であるか述べられていないが、ここでは *Syll*$_1$ の根拠「期待等を有する語の集塊であるということ」が継承されていると考えるのが適当である。そして、*Syll*$_1$ の根拠には適合性が含まれている。偽りの文は、適合性を欠いているため、推理主題から排除されるのではないかと考えられる。註釈者らはこの懸念に言及し、適合性の解釈を改めることにより問題を回避している。『宝珠』では、適合性は「阻害する正しい認識の非存在」等と定義される。多くの場合、それは事実との一致を意味すると理解して実質的な問題は生じない[*39]。こう理解するとき、偽りの文は適合性をもたないと言えるため、批判が成り立たなくなる。一方、適合性を「連関をもたらす形態を有すること（anvaya-prayojaka-rūpa-vattva）」と定義する立場も知られている[*40]。意味内容に立ち入らず、語形または構文レベルで有意味であるということと理解してよいだろう[*41]。註釈者は、ウダヤナも適合性をこのように理解しているとし、偽りの文にもこのような適合性が存在することから、懸念される問題は発生しないと言っている[*42]。

1.2.3　推理により個別的な連関を理解する仕方

a　連関の認識の推理により連関を理解する仕方

TC 4(1) p. 38

ज्ञानावच्छेदकतया च संसर्गसिद्धिः, ज्ञानज्ञानस्य तद्विषयविषयकत्वनियमात्[1] ।

---

[1] -विषयकत्वनियमात्] Ed; -विषयकतात् B_1, B_2

[*38] ルチダッタがそのような前提に言及している。*TCP* p. 3: “anāditvād anavasthā na doṣāyeti bhāvaḥ.”

[*39] 本書第 5 章 4、特に pp. 81ff を参照。

[*40] 適合性論章第 1 節 11（p. 251）で言及されている。

[*41] これを期待とどう差別化するかは、検討されなければならない。

[*42] *TCA* 8a–b: “yady api bādhakābhāvarūpayogyatāgarbho ’tra hetur iti na tatra vyabhicāraḥ, tathāpy

ヴァイシェーシカ学派　また、連関［それ自体］は［連関の］認識の制限者として成立する（認識される）。「認識の認識はそれ（はじめの認識）の対象を対象とする」という法則（niyama）があるからである。

【解説】 有効でない推理式の批判が一通り終わり、本段落より、*Syll*$_1$ の有効性が論証される。本段落および次段落の議論は、『花束』におけるウダヤナの議論を下敷きにしていると考えられる。

まず問題とされるのは次の点である。*Syll*$_1$ の推理により聞き手が認識するのは、連関を対象とする話し手の認識であるが、聞き手が理解すべきは連関そのものである。結局のところ、この推理では連関それ自体を理解できないのではないか。この懸念は次のように除去される。連関の認識において、連関はその認識の制限者、すなわちその認識を限定する要素となっている[*43]。したがって、連関の認識を推理するとき、その認識を限定する連関自体も推理されている[*44]。

「法則」を述べる一文はウダヤナの論述には見られない。ルチダッタとマトゥラーナータは、これを、推理によって連関そのものを知ることができるとするもうひとつの論拠であると考えている[*45]。*Syll*$_1$ によって聞き手に生じる認識は、連関（O_1）の認識（C_1, 話し手の認識）の認識（C_2, 聞き手の認識）であるが、この C_2 もまた、連関（O_1）を対象としている、ということが言われている。

b　汎用的な推理により個別的な連関を理解する仕方

TC 4(1) p. 39f

संसर्गे च सम्बन्धिन एव विशेषकत्वात्, पक्षधर्मताबलाद् व्यापकत्वेनागृहीतस्यापि संसर्गविशेषस्य सिद्धिः।

ヴァイシェーシカ学派　さらに、［個別的な連関は］遍充するもの（すなわち推理対象）として捉えられてはいないけれども、他ならぬ関係項（語意）が連関を個別化するため、推理主題所属性（推理主題に存在するということ）のちからにより、個別的な連関が成立する（認識される）。

【解説】 ここでは、次のような問題が想定されていると考えられる。*Syll*$_1$ により、たとえ上記の仕方で連関それ自体を知ることができたとしても、その連関は「［当該の諸語によって私が］想起させられた語意の連関」という、変項を伴った個別化されない連関である。しかし、聞き手にとって必要な情報となるのは、文それぞれに固有の個別化された連関でなければならない。推理によっては、やはり個別化された連関を理解できないのではないか[*46]。

---

anvayaprayojakarūpavattvayogyatābhiprāyeṇedaṃ draṣṭavyam. ācāryāṇāṃ tasyā eva yogyatāyā abhyupagamāt."

[*43] 「制限者」の理解についてはジャヤデーヴァの解釈に従う。*TCA* 8b: "**jñane**ti. pramārūpajñane 'vacchedakatayā viśeṣaṇatayety arthaḥ."

[*44] ウダヤナは同じ内容を次のように述べる。*NKus* p. 390: "na caivam arthāsiddhiḥ, jñānāvacchedakatayā tatsiddheḥ."

[*45] *TCP* p. 4: "saṃsargabhāne bījāntaram āha. **jñānajñānsye**ti." *TCR* 4(1) p. 38: "anumiteḥ saṃsargāvagāhane pramāṇāntaram āha. **jñānajñānasye**ti."

[*46] *TCP* p. 4: "nanu tathāpi na saṃsargaviśeṣadhīḥ, pravartikā ca sety ata āha. **saṃsarge ce**ti." また、『花束』での同等の議論に対するヴァラダラージャの註釈も参考にした。*NKusBodhanī* p. 390: "nanv etāvatā saṃsargamātraṃ sidhyet, na tadviśeṣa ity atrāha. **na ce**ti."

この懸念は、推理される連関は具体的な語意が関係項となることにより個別化されているので、実際のところ個別的な連関が理解されるのである、という根拠で却けられる。この議論もウダヤナに従っていると考えられる[*47]。

続く「推理主題所属性」云々というくだりはウダヤナの著作には見られないが、上記の議論を、いわゆる「二段階推理」の理論を参照して裏付けているものと理解できる。まず、一般的な例で言うと、たとえば煙にもとづいて山の上に火を推理するとき、遍充の関係項は《山の火》という具体的なものではなく、限定を受けない《火一般》である。私たちが学習する遍充関係は、個別的な《山の火》と《山の煙》、《草むらの火》と《草むらの煙》等々の関係ではなく、《火一般》と《煙一般》の間の関係である。このような一般者間の遍充の知識にもとづいて、私たちは、目の前の山の上に《火一般》があることを推理する。しかし、この推理における証相が存在するのは目の前の山であり、その山に存在するという事実にもとづいて、推理対象は《火一般》から《山の火》に特定される。このような推理のプロセスは「二段階推理」として知られている[*48]。いまガンゲーシャが述べていることも、これと同じように説明できるだろう。*Syll*$_1$ で用いられる遍充の関係項は、個々別々の具体的な連関ではなく、連関一般である。しかし、そうだからといって、推理されるものが個別化されていないわけではない。推理主題（すなわち具体的な諸語）に存在するのは個別化された連関である。その、特定の推理主題に存在するという、まさにそのことによって、連関は個別的な連関に特定される。その連関の個別化は、ここで述べられているように、語意によって行われる。

c 「認識の認識ははじめの認識の対象を対象とする」という法則の検討

TC 4(1) p. 40ff

अथैवं भ्रान्तिज्ञानम् अपि भ्रमः स्यात्। न चेष्टापत्तिः, ईश्वरस्यापि भ्रान्तत्वापत्तेः। इदं रजतम् इति भ्रमाद् इव शुक्तौ रजतज्ञानवान् अयम् इति भ्रमस्य[1] ज्ञानाद् भ्रान्तिज्ञप्रवृत्त्यापत्तेश्च। यत्तु भ्रमविषयविषयकत्वेन न भ्रमत्वम्, भ्रमविषयाणां सिद्ध्यसिद्धिपराहतत्वाद्[2] इति, तत्र वक्ष्यामः। मैवम्। असद्विषयकत्वेन[3] न भ्रमत्वम्, भ्रमविषयाणां सत्त्वात्। किन्तु व्यधिकरणप्रकारकत्वेन। न च भ्रमस्य ज्ञाने व्यधिकरणं प्रकारः[4], रजतत्वप्रकारकत्वस्य भ्रमेऽपि[5] सत्त्वात्। अन्यथा भ्रान्त्युच्छेदः, प्रमाणाभावात्।

---

[1] भ्रमस्य] Ed; om. B_1, B_2 [2] भ्रमविषयाणां सिद्ध्यसिद्धिपराहतत्वाद्] Ed; भ्रमविषयाणां सिद्ध्यसिद्धिभ्याम्पराहतत्वाद् B_1, भ्रमविषयसिद्ध्यसिद्धिपराहतत्वाद् B_2 [3] असद्विषयकत्वेन] Ed; असद्विषयत्वेन हि B_1, B_2 [4] व्यधिकरणं प्रकारः[*49]] Ed; व्यधिकरणः प्रकारः B_2; व्यधिकरणं प्रकारा B_1 [5] ऽपि] Ed; om. B_1, B_2

対論者　もしそうならば（「認識の認識ははじめの認識の対象を対象とする」という法則を認めるならば）、誤って認識していることの認識もまた誤った認識であるということになってしまうだろう。そして、［その］帰結は望むところである、とすることはできない。［私たちが誤った認識をもつことを知っている］主宰神もまた、誤った認識をもつと帰結してしまうからである。また、「これは銀である」という誤った認識にもとづいて［誤っ

[*47] *NKus* p. 390: "tasya ca saṃsṛjyamānopahitasyaivāvacchedakatvān na viśeṣāpratilambha iti."

[*48] これについては狩野 2015 が詳しい。

[*49] 性を合わせるため、B_2 の読みの方が適切に思われるが、*TCA* と *TCP* のプラティーカは "vyadhikaraṇam" としており、また *TCR* ではなぜこれが中性形であるのかが議論されているので、"vyadhikaraṇam" のままとした。

た認識をもつ者が活動意欲を抱くの］と同様に、「この者は貝に対して銀の認識をもっている」という誤った認識の認識にもとづいて、誤って認識していることを認識する者が活動意欲を抱くと帰結してしまうからである。［そもそも］誤った認識の対象を対象とすることを以て誤った認識とすることはできない。誤った認識の諸々の対象が成立している（実在している）としても、成立していない（実在していない）としても、［そうすることは］否定されるからである。

ヴァイシェーシカ学派　それ（「そもそも」以降の帰結）については、これから述べよう。［いずれにせよ］そうではない（対論者の考えるとおりではない）。実在しないものを対象とすることを以て誤った認識とすることはできない*[50]。誤った認識の諸々の対象も実在しているからである。そうではなく、［被限定者性と*[51]］場を異にするものを規定者とすることを以て［誤った認識とすべきである］。そして、誤った認識の認識においては、規定者は［被限定者性と］場を異にするものではない。誤った認識（被限定者）も銀性を規定者としているからである。そうでないとすると（誤った認識は銀性を規定者としていないとするならば*[52]）、誤った認識の認識というものがなくなってしまう*[53]。［それを誤っていると認識する］正しい認識がないことになるからである*[54]。

【解説】 本段落では、先に述べられた「認識の認識ははじめの認識の対象を対象とする」という法則が正しいことが論証される。本段落については議論の流れに理解しがたい点がある。“yat tu” で始まる発言は誰の立場の発言なのか。ヴァイシェーシカ学派の応答はどこから始まるのか。ジャヤデーヴァは解釈を詳しく述べないので、上の和訳と以下の解説は、基本的にルチダッタの解釈に従い、適宜マトゥラーナータや Mukhopadhyay 1992 の註記を参考にしている。

まず、問題とされていることを、例を出して考えてみよう。チャイトラ*[55]が私に「鯨は哺乳類だよ」と言う。これにより、私は「チャイトラは、鯨が哺乳類であると認識している」という認識を得る。この認識は、鯨が哺乳類であるということ（O）の認識（$C_1\{O\}$）の認識（$C_2\{C_1\{O\}\}$）である。この認識を得ている私が、「鯨は哺乳類である」ということをも認識しているということは同意できるだろう。なお、この法則は、C_2 が O のみを対象としていると言っているわけではないと思われる。C_1 に加えて、その対象である O も対象としている、ということを言っているのだろう。

いま、この法則が批判される。対論者は「実在しない事物を対象とする認識は誤った認識で

---

*50 “*A*-tvena *B*-tvam” という構文において、*A*-tva はしばしば *B*-tva の制限者（avacchedaka）を表す。マトゥラーナータは、この第 3 格語尾の意味を非別異性とする解釈と、制限とする解釈のふたつに言及する。*TCR* 4(1) p. 43: “**asadviṣayakatvene**ti. dhānyena dhanavān ityādāv ivābhede tṛtīyā.... ke cit tu **bhramatvaṃ** bhramapadaśakyatvam, tṛtīyārtho ’vacchinnatvam.”

*51 *TCP* p. 44: “**vyadhikaraṇe**ti. viśeṣyatāvyadhikaraṇety arthaḥ.”

*52 マトゥラーナータの解釈に従う。*TCR* 4(1) p. 44: “**anyathā**. rajatatvaprakārakatvasya bhrame ’sattve.” このような仮定を支持する者がいるとは考えにくいため、説得力は弱い。この箇所については註釈者の見解が分かれており、3 者それぞれ幾通りもの解釈に言及し、またそれぞれ異なる解釈を支持している。

*53 *TCR* 4(1) p. 44: “**bhrāntī**ti. rajatatvābhāvavadviśeṣyakatvāvacchinnarajatatvaprakārakatvāśrayajñānoccheda ity arthaḥ.”

*54 *TCR* 4(1) pp. 44–45: “**pramāṇābhāvād** iti. pramāṇaṃ pramā, tasyāṃ rajatatvābhāvavadviśeṣyakatvāvacchinnarajatatvaprakārakatvābhāvād ity arthaḥ, bhramapramātiriktaṃ ca viśiṣṭajñānam aprasiddham iti bhāvaḥ.”

*55 ニヤーヤ学派の文献でしばしば登場する、「太郎さん」に相当する人名。「次郎さん」の役を演じるのはいつも「マイトラ」である。

ある」という前提に立っている[*56]。その批判の趣旨は次のように理解できる。たとえば、道に貝が落ちているとする。私はそれが貝であると知っているが、チャイトラはそれを見間違え、「銀が落ちている！」と言って喜んで駆け寄る。それを見ている私は、「チャイトラは（勘違いして）銀を認識している」という認識を得る。この私の認識は、銀という物または「これは銀である」という事柄（*O*）を対象とするチャイトラの認識（C_1）を対象とする認識（C_2）である。この認識 C_2 は正しい認識であるが、もし法則に従ってこれも実在しない *O* を対象としているとするのであれば、対論者の前提のもとでは C_2 は誤っているということになってしまう。こうして、背理法により法則が否定される。もし C_2 が誤りであるという帰結を認めるならば、つまり上記の私の認識も一種の誤った認識であるとするならば、全知者である主宰神も誤った認識をもっているという、受け容れがたい帰結が得られてしまう。全知者は当然、チャイトラの勘違いについても承知しているからである。また、もし C_2 が銀を対象としているならば、それが実際には銀でないと知っている私も、銀に向かって喜んで駆け寄ることになってしまうということも、この法則の批判根拠である[*57]。

“yat tu” で始まる一節を、ルチダッタは、上記の批判に対するひとつの反論であると解釈する[*58]。マトゥラーナータは、これを対論者の真意と解釈しているようである[*59]。“yat tu” は基本的にそれ以前とは異なる見解を示すときの一般的な書き出しであり、マトゥラーナータの解釈はその慣例から逸脱するが、さまざまな解釈を比べるとこれが最も説得力があるため、いまはマトゥラーナータに従って次のように理解しておく。「実在しない事物を対象とする認識は誤った認識である」という前提に立ち、かつ法則を採用すると、誤った認識（C_1）の認識（C_2）はすべて誤っているということになる。しかし、上記の議論に依らずとも、この帰結はそもそも容認できない。もし C_1 の対象（*O*）が実在するならば、C_2 が誤りではない。またもし *O* が実在しないならば、実在しないものの認識など成り立たないので、「*O* が実在しないから誤っている」という認識に至ることがない[*60]。

ヴァイシェーシカ学派は以上の批判を次のようにして却ける。まず、「実在しない事物を対象とする認識は誤った認識である」という前提が間違っている、と言う。貝を銀に見誤るとき、銀はたとえその場になくとも、どこかには必ず実在しているため、この前提のもとではいかなる認識をも誤っているとすることができない[*61]。では、誤った認識とは何か。ここでヴァイシェーシカ学派が示すのは、「[被限定者性と] 場を異にするものを規定者とすること」を以て認識の誤りとする考え方である[*62]。貝を銀と認識するとき、認識の規定者である銀性は銀に存在し、被限定者性は貝に存在する。両者は場を異にしている。それゆえ、誤った認識であるとされる。一方、「チャイトラは貝を銀と勘違いしている」すなわち「チャイトラは貝に対して銀性を規定者とする認識をもっている」という認識はどうか。これは「銀性を規定者とすること」

[*56] *TCR* 4(1) p. 40: “asadviṣayakaṃ jñānaṃ bhrama ity abhiprāyeṇāśaṅkate. **athaivam** iti.”

[*57] この帰結は、構文上は「誤っていることの認識も誤っている」という命題を是とすることの批判となっているが、そう解釈するのは困難である。

[*58] *TCP* p. 4: “bhramaviṣayakatvena bhrāntijñānasyāpi bhramatvam ity atra pūrvapakṣe kasya cit samādhānayuktiṃ prathamaṃ dūṣayituṃ siddhānty evopanyasyati. **yat tv** iti.”

[*59] *TCR* 4(1) p. 42: “**athaivam** iti pūrvapakṣe ’sadviṣayakatvam eva bhramatvam iti svīkurvato vaiśeṣikaikadeśinaḥ siddhāntam upanyasya dūṣayati. **yat tv** ityādinā.”

[*60] *TCR* 4(1) p. 43: “asattvañ cet tathāpy asata āpādakatāvacchedakakoṭipraviṣṭatvenāpādakatāvacchedakaprakārakāpādakajñānābhāvād āpādanāsambhavāt.” ルチダッタの説明の方が分かりやすいだろう。*TCP* p. 4: “yadi ca bhramaviṣayo ’san tadā ’sadviṣayatvena bhramatvam ity āyātaṃ tad api na sambhavati. asataḥ śaśaśṛṅgavad bhāvāsambhavena tasyāsiddhatvād ity arthaḥ.”

[*61] *TCP* p. 4: “śuktyādīnāṃ sarveṣāṃ pāramārthikatvād ity arthaḥ.”

[*62] 誤った認識についてのこの理解は、ガンゲーシャを含むニヤーヤ学派の理解とも一致する。

を規定者としており、C_2{銀性を規定者とすること/C_1{銀性/貝}} と表記することができるだろう。そしてこの属性は、被限定者であるチャイトラの認識（C_1{銀性/貝}）に存在している。したがって、「被限定者性と場を異にするものを規定者と」してはいないので、誤った認識とはみなされない。同時に、C_2 は C_1 の対象である銀性と貝を対象としていることから、法則は否定されない。

1.2.4　逸脱の回避

TC 4(1) pp. 45ff

ननु प्रतारकवाक्ये व्यभिचारः, विशेषदर्शनेन तत्र संसर्गज्ञानाभावात्। न च संसर्गम् अप्रतीत्य वाक्यरचना न[1] सम्भवतीत्याहार्यं तस्य संसर्गज्ञानं सम्भवतीति[2] वाच्यम्। तावत् पदज्ञानाद् एव शुकस्येव वाक्यरचनोपपत्तेः, अन्यत्रापि तस्यैव तन्त्रत्वाद् इति चेत्। न। एतद्वाक्यम् एतस्य पदार्थसंसर्गं[3] बोधयिष्यतीत्याशयेन वाक्यप्रयोगात् तस्यापि संसर्गज्ञानात्। योग्यताविरहाच्च। अत एव विसंवादिवाक्ये शुकवदुच्चरिते न व्यभिचारः। शब्दात् संसर्गप्रत्ययस्तु योग्यताभ्रमात्। अथ संसर्गज्ञानं विना शुकस्यान्यस्य वा संवादिवाक्ये भ्रान्तप्रतारकवाक्ये च व्यभिचारः, कथं वा[4] तत्र संसर्गप्रमा वक्तृ[5]ज्ञानानुमाना-सम्भवाद् इति चेत्। न[6]। यदि तत्र संसर्गप्रमा तदा वेदतुल्यतेत्युक्तम्।

---

[1] वाक्यरचना न] Ed, B_1; न वाक्यरचना B_2　[2] सम्भवतीति] Ed, B_2; अस्तीति B_1　[3] पदार्थसंसर्गं] Ed, B_1; संसर्गं B_2^{mar}
[4] वा] Ed, B_1; च B_2^{mar}　[5] वक्तृ] Ed, B_1; क्लृप्तवक्तृ B_2^{mar}　[6] न] Ed, B_2^{mar}; om. B_1

対論者　［先に言われた推理では、］嘘吐きの［述べる］文の場合に［根拠が推理対象を］逸脱する。（根拠となる証相が存在するのに、推理対象は存在しない。）特性（viśeṣa. 認識の確定要因のこと）が認識されているので、その場合（嘘吐きの文の場合）は［話し手には］連関の認識が存在しないからである。

想定反論　連関を認識せずに文を構成することはできない。したがって、その者（嘘吐き）には、連関の認識が仮想されたもの（āhārya）として存在しうる。

対論者　そうではない。というのも、まず、語の認識のみからでも、オウム［がそうしている］ように、文を構成することが成り立つからである。その他の場合（オウム以外の、人間の子どもなどの場合*63）も、それ（語の認識）だけが［文を構成する］決め手（tantra）だからである。

ヴァイシェーシカ学派　そうではない。［嘘吐きは］「この文は、これ（この文）の語意の連関を［聞き手に］理解させるだろう」と意図して文を用いるので、その者（嘘吐き）もまた連関の認識をもつからである。また、［嘘吐きの文は］適合性を欠いているからである。まさにこれゆえに（適合性が根拠の条件になっているので*64）、オウムの類に発話された整合しない（すなわち、誤った内容を述べる）文の場合に［も、］逸脱はない。［整合しない文の場合にも］言葉にもとづいて［推理により*65］連関の理解が生じるのは、適

---

*63　マトゥラーナータの解釈を参考にした。*TCR* 4(1) p. 47: “**anyatrāpīti**. pakṣipaśubhinnasya mūrkhabālakāder vākyānukūlakṛtāv apīty arthaḥ.”

*64　マトゥラーナータの解釈に従う。*TCR* 4(1) p. 47: “**ata eva**. hetau bādhābhāvarūpayogyatāviśeṣaṇād eva.”

*65　ルチダッタおよびマトゥラーナータの解釈に従う。*TCP* p. 4: “**śabdād** iti. liṅgatayeti śeṣaḥ.” *TCR* 4(1) p. 48: “**śabdād** iti. prayojakatve pañcamī. **yogyatābhramād** iti. hetubhramād anumitir iti bhāvaḥ.”

合性の誤った認識に起因している。

対論者　［しかしなお、］連関の認識なくして［発話された］、オウムやその他の整合する（すなわち、事実と一致する内容を述べる）文の場合、および誤った認識をもつ嘘吐きの［整合する］文の場合に［も］逸脱がある。それらの場合には、話し手の認識を推理できないのだから、いったいどうして連関の正しい認識が得られようか。

ヴァイシェーシカ学派　そうではない（逸脱はない)。もしその場合に連関の正しい認識があるとするならば、［オウムや嘘吐きの言葉も］ヴェーダと同じことである、と既に述べた。

【解説】推理式 $Syll_1$ の有効性の論証が続く。この段落では、$Syll_1$ の逸脱の可能性が検討される。或る推理に関して、根拠が存在するのに推理対象が存在しないとき、その根拠は推理対象を「逸脱する（vyabhicarati)」と言われる。単に「逸脱（vyabhicāra）がある」と言われる方が多い。最初に指摘される逸脱は、虚偽の発言に関して指摘しうるものである。まず、推理式 $Syll_1$ を再確認しよう。

推理式 $Syll_1$

推理主題　「牛を棒で連れてこい」という［世間的な］諸語、或いはヴェーダの諸語。
推理対象　指向対象であるところの、［当該の諸語によって私が］想起させられた語意の連関［を対象とする話し手］の認識に先行されるということ。
根拠　期待等を有する語の集塊であるということ。

虚偽の発言、たとえば岸辺には果物がないのに「岸辺に果物がある」と言うような発言には、期待等（期待、適合性、近接）が存在すると考えられている。しかし、この話し手は、「岸辺に果物がある」という文を構成する個々の語によって想起される語意の連関、すなわち《岸辺に果物がある》という連関の認識をもってはいない。このとき、この話し手は、岸辺に果物があるかないかを区別するための「特性」、たとえば岸辺を見渡す限り木が生えていないことを認識しているため、《岸辺に果物はない》という正しい認識をもっているためである[*66]。このように、根拠が存在しているのに推理対象が存在しない場合があるため、$Syll_1$ の妥当性は否定される。なお、p. 158 でも問題となったように、適合性を「阻害要因の非存在」と考えるならば、虚偽の発言は適合性を欠いているため推理主題とは認められず、逸脱は生じないことになる。これについて、ルチダッタは、ここでも先と同様、「連関をもたらす形態を有すること（anvaya-prayojaka-rūpa-vattva)」としての適合性が考えられているとする[*67]。一方マトゥラーナータは、ルチダッタの解釈にも言及するが、適合性による逸脱の回避が後に指摘されるので問題ないという解釈を支持しているようである[*68]。

これに対して次のような反論が想定される。その内容を理解せずに文を述べることはできな

---

*66　「特性」は、疑念を晴らすための確定要因を意味して用いられることが多い用語である。たとえば暗闇に見える縦長の物体を見て「人か、杭か」と迷っているとき、それを人と確定するための、人のもつ特徴、例えば手足の存在を「特性」と呼ぶ。『ニヤーヤ・コーシャ』（s.v. viśeṣa, no. 6）は「確定要因となる共通属性（niścāyako sādhāraṇadharmaḥ)」と定義する。

*67　*TCP* p. 4: “anvayaprayojakarūpavattvaṃ yogyateti matvādeśayati. **nanv** iti.”

*68　*TCR* 4(1) p. 46: “na ca bādhābhāvarūpayogyatāviśeṣitahetos tatrābhāvāt kathaṃ vyabhicāra iti vācyam. **yogyatāvirahāc ce**ty anenāsya doṣasyāgre svayam eva vakṣyamāṇatvāt. ke cit tv anvayaprayojakarūpavattvaṃ yogyatā hetau praviṣṭeti bhrameṇāśaṅkate. **nanv** iti.” マトゥラーナータはルチダッタ解釈を批判してはいない。

い。たとえ嘘であっても、その嘘の文の内容を、嘘吐きは理解しているはずである。この反論は容易に却けられる。オウムが言葉を喋るとき、オウムはその意味を理解していないとされる。文を構成するためには、個々の語を音として知っていさえすればよい。子どもが大人の言葉を復唱するときなども、文の意味も、個々の語の意味も知らずに、語を構成する音素の並びだけを聞いて覚え、それを反復して文を構成している。

以上の逸脱の指摘を、ヴァイシェーシカ学派は次のように回避する。基本的に、その方針は上記の想定反論の方針に近い。ひとが文を述べるときは、文 S_1 がその意味 M_1 を聞き手に理解させることを願って発話するものなので、その話し手は事前に当該の文 S_1 の意味を理解しているはずである。したがって、嘘吐きの文の場合にも推理対象が存在しているので、逸脱は該当しない。また、「適合性を欠いているから」というもうひとつの根拠も示されている。これについて、ルチダッタは、ジャヤデーヴァの論述を敷衍するかたちで次のように説明する。いま、*Syll*$_1$ で推理されるべき推理対象は、信頼できない者のもつような連関の誤った認識ではなく、正しい認識でなければならないという批判が想定される。それに答えるため、根拠に適合性を導入すれば（或いは既に導入されているので）問題ないと言われている。このときの適合性は「阻害要因の非存在」と理解すべきである*69。これを条件とすると、正しい認識を包含する推理対象は、嘘吐きやオウムの喋る、事実と一致しない事柄を述べる文の場合には存在しないものの、適合性を包含する根拠も存在していないので、逸脱はない。そういった文からも意味理解が生じるのは、適合性があると聞き手が勘違いしているためである。そうして得られる意味理解は事実を対象としないので、推理対象が成立したことにはならない。霧を煙と見間違えて、そこで火が燃えていると勘違いするのと同じである。

これらふたつの根拠は接続詞「また（ca）」で接続されているので、構文の観点では連言として理解する方が自然である。しかし、ふたつ目の根拠を認めると、話し手の誤った認識を許容するひとつ目の根拠は認められなくなる。それゆえ、推理対象を認識一般とする立場と、正しい認識とする立場のそれぞれに向けて選言として示されたもののように理解した方がよいだろう。

さらに次のような批判が続く。オウムの話す、事実と一致しない事柄を述べる文の場合は、上記の通りで問題はないだろう。しかし、オウムが偶然、事実と一致する事柄を述べてしまった場合はどうか。また、誤った認識をもつ者が、嘘を吐こうとして、逆に本当のことを述べてしまった場合はどうか。これらの場合、適合性は存在しているが、「話し手の正しい認識」を包含する推理対象は存在しない。これもまた逸脱と言える。

ヴァイシェーシカ学派は次のように答える。そのような、偶然に事実を述べる文の場合、それはヴェーダと同じことである。註釈者によれば、こういった文はヴェーダと同様、主宰神の正しい認識の所産であるということが言われている*70。つまり、オウムや嘘吐きを、主宰神が、そのように正しく語らせているのだと言う。或いは、主宰神の認識は恒常であり、すべての現象の原因であると考えられているので、これらの文もまたそれにより生み出されたものだということかもしれない。ヴァイシェーシカ学派は、このことは既に述べたと言っている。実際の

*69 *TCP* p. 4: “nanu saṃsargapramāpūrvakatvaṃ sādhyam, tac ca tatrāsambhavīti vyabhicāratādavasthyam ity ata āha. **yogyate**ti. bādhābhāvarūpāyogyatā tatrābhimatā, tathā ca sādhyabhāvasattve [sic] ’pi hetvasattvān na vyabhicāra iti bhāvaḥ.”

*70 最も簡潔な *TCP* は次のように説明する。*TCP* p. 5: “**yadī**ti. yadi na tatra saṃsargapramā tadā tātparyagarbhākāṅkṣārūpahetuviśeṣaṇavirahād eva na vyabhicāraḥ. yadi tu tatra saṃsargapramā tadeśvaratātparyaṃ tadīyasaṃsargajñānaṃ vādāya sādhyam asty eveti na vyabhicāra ity arthaḥ.”

ところ、これと同じ考えが、『宝珠』真理論章に述べられている[*71]。ただしその見解は、ニヤーヤ学派伝統派のものとして示されている。本段落は構成上、ヴァイシェーシカ学派の発言となっているが、ガンゲーシャがヴァイシェーシカ学派の口を借りて対案を示していると理解する方が適切だろう。

1.2.5 文意理解の協働因

TC 4(1) p. 50

आकाङ्क्षायोग्यतासत्तिश्च ज्ञातोपयुज्यते[1] । अन्यथा शाब्दभ्रमानुपपत्तेर्[2] इति ।

---

[1] ज्ञातोपयुज्यते] Ed, B_1; ज्ञातोपयुज्यन्ते B_2 [2] -नुपपत्तेर्] Ed; -नुपपत्तिः B_1; -नुत्पत्तेर् B_2

ヴァイシェーシカ学派　また、期待、適合性、近接は、［文意の推理において］認識されてはたらく。そうでないとすると、擬似言語理解（言葉にもとづく誤った認識）を説明できないからである。

【解説】文意理解の成立の際、期待等の 3 要素はそれが言葉に存在するだけでよいのか、それとも聞き手に認識される必要があるのか、という問題に、ウダヤナは多くの紙幅を割いて論じている[*72]。そこでは最終的に、ヴァイシェーシカ学派は期待等は認識されてはじめて有効になるという立場をとり、ウダヤナはそれらは存在するだけで有効だという考えに至っている。いま、本段落では、ヴァイシェーシカ学派の結論だけが述べられる。その根拠は、これらの認識を要請しなければ、言葉にもとづいて誤った文意の推理が行われることを説明できないからだと言う。前段落で述べられていたことと同じ考えである。推理の認知プロセスにおいて、言葉に適合性が存在するか否かは問題ではない。それが存在せずとも、存在すると思い込むことにより、推理が行われる。もし適合性の存在自体が問題とされるのであれば、適合性をもたない、虚偽を述べる文からは意味理解のプロセスが成立せず、したがって虚偽を述べる文から誤った文意理解を得るという事態が想定できなくなる。作り話と分かっている小説を読んでも何も理解できない、ということになってしまうだろう。

1.3 語を推理主題とする推理の批判

1.3.1 活動意欲を誘発する認識

TC 4(1) pp. 50f

उच्यते । अर्थज्ञानं प्रवर्तकम्, न तु तज्ज्ञानज्ञानम् । गौरवाद् व्यभिचाराच्च । अतो रजतज्ञान-
वान् अयम् इति ज्ञानं न प्रवर्तकम्, किन्त्विदं रजतम् इति ज्ञानम्[1] ।

---

[1] ज्ञानम्] Ed, B_1; om. B_2

ガンゲーシャ　次のように答えられる。活動意欲を誘発するのは対象の認識であり、それ（対象）の認識の認識ではない。［そう考えることは］冗漫であり、また、逸脱があるからである。それゆえ、［銀に手を伸ばそうという］活動意欲を誘発するのは「この者は銀

---

*71　真理論章抜粋 II 5（p. 284）を参照。
*72　*NKus* pp. 393–395, 398.

の認識をもつ」という認識ではなく、「これは銀である」という認識である。

【解説】 ヴァイシェーシカ学派による言葉の推理還元説の主張が一段落し、いま、ガンゲーシャがそれを批判するターンとなる。ウダヤナが推理還元説を却ける際は、推理式の根拠の条件である期待を文意理解の成立に先立って認識できないため、文意理解の推理は成立しえないという論理を用いていた*73。ガンゲーシャは、ここまでは基本的にウダヤナの議論の枠組みにしたがって論述を進めてきたが、ここでウダヤナとは大きく異なる方針をとる。ガンゲーシャは、*Syll*$_1$ によって聞き手が得るとされる話し手の認識の認識は、ひとの活動意欲（pravṛtti）に対して用を為さない、すなわち仮にそのような推理が行われたとしても、ひとが対象認識から行為へ移るプロセスを説明できないとする*74。たとえば、次のような状況を考えてみよう。インドで断水になり、家にいてもトイレも流れないので外に出ると、友人に遭遇した。水が出なくて困ってるんだよ。すると友人は「大学では水が出たよ」と言う。なんと、いいことを聞いた。私は、大学に行ってみようという活動意欲を起こす。さて、ガンゲーシャの主張に従うと、このとき私が活動意欲を起こすのは、「大学では水が出ることを友人が知っている」という理解を得たからではなく、友人の言葉を介して「大学では水が出る」という事実を知ったからである。

これを前提とすると、ヴァイシェーシカ学派の主張は次のような論理で却けられる。pp. 152ff でみたように、文意理解を推理として説明しようとすると、文意それ自体を推理対象に設定することができず、やむを得ず文意の認識が推理対象とされた。しかし、そのような認知プロセスでは、他者の言葉を聞いて行動を起こすという、ひとの日常的営為を説明できない。これを説明するためには、言葉から事物を直接理解する認知プロセスを考えなければならない。それは推理ではありえない。したがって、推理とは別に、言語理解という認知プロセスを認めなければならない。

1.3.2　反論（対象の認識の認識も活動意欲を誘発する）の検討

TC 4(1) pp. 51ff

इदम् अपि ज्ञानं रजतविषयकम्[1] इति चेत्। सत्यम्। न तु रजतत्वप्रकारकम्, प्रवर्तकञ्च तथा[2]। अन्यथा भ्रान्तस्येव भ्रान्तिज्ञस्यापि प्रवृत्तिप्रसङ्गः। तदुभय[3]सङ्करापत्तिश्च।

---

[1] रजतविषयकम्] Ed, B_1; रजतविषयम् B_2　[2] तथा] Ed, B_2; तथा तन्नास्त्येव भ्रान्तिज्ञस्य B_1
[3] तदुभय-] Ed, B_2; तद्द्वयं B_1

対論者　この認識（「この者は銀の認識をもつ」という認識）も銀を対象としている。

ガンゲーシャ　たしかにその通りではある。しかし、［その認識は］銀性を規定者とするものではない。一方、活動意欲を誘発する［認識］はそうである（銀性を規定者としている）。そうでないとすると、誤った認識をもつ者と同様、誤って認識していることを認識している者も活動意欲［を抱くと］帰結してしまうからであり、また、両者（誤った認識と誤った認識の認識*75）の混交（区別がなくなること）が帰結してしまうからである。

---

*73　*NKus* p. 398.
*74　行為に至るプロセスについては、p. 26 脚註 *55 を参照。
*75　ルチダッタの解釈に従う。*TCP* p. 5: “**taddvaye**ti. bhramo bhramaviṣayakaṃ jñānaṃ dvayaṃ tasya sāṅkaryaṃ pravartakatvena.” ルチダッタの手にしているテキストは B_1 写本の読み（異読註記 3）に近いようである。

【解説】 対論者は、誤って認識していることの認識も、誤った認識の対象を対象としている、と述べる。これは、先に p. 160 で、「認識の認識ははじめの認識の対象を対象とする」と論証されたとおりである。対論者はおそらく、これに依拠して、認識の認識も活動意欲を誘発すると言いたいのであろう。

p. 160 の議論はヴァイシェーシカ学派の立場からなされたものであり、それに対するガンゲーシャの見解は述べられていなかった。ここで初めて、ガンゲーシャはこの法則に対する賛意を示す。しかし、その認識が活動意欲を誘発することは認めない。彼は次のような趣旨を述べる。「この者は銀の認識をもつ」という認識において、《銀性》は対象の一部ではあるが、規定者ではない。この認識の規定者は《銀の認識》である。銀に対する活動意欲を誘発する認識は、「これは銀である」というように、《銀性》を規定者としていなければならない。そう考えなければ、「本当は貝殻があるのに、このひとは銀があると勘違いしている」という認識もまた《銀性》を対象の一部としているので、このような認識をもつ者も、銀を拾おうと貝殻へ向かうことになってしまう。さらに、誤った認識も、それを誤っていると捉える正しい認識も、活動意欲の観点からは区別がなくなってしまう[*76]。

1.3.3 指向を推理対象とする推理の批判

TC 4(1) pp. 53ff

एतेन लक्षणाद्यनुरोधात् तात्पर्यग्रहो वाक्यार्थधीहेतुः, तात्पर्यञ्च पदार्थसंसर्गविशेषप्रतीत्युद्देश्यकत्वम्। तथा च तद्ग्राहकानुमानाद् एव तात्पर्यज्ञानावच्छेदकतया संसर्गसिद्धिरित्यपास्तम्।

ガンゲーシャ　これ（前段落の議論）によって、［以下の主張も］却けられている。

対論者　比喩等［の有効性］に従って、指向の把捉は文意理解の原因である［とされなければならない］。そして指向とは、特定の語意連関の認識を主題（uddeśya）とすることである。したがって、それ（指向）を把捉する推理のみにもとづいて、指向の認識の制限者となっていることにより、連関が成立する（認識される）。

【解説】 たとえば「ガンジス河に牛飼いがいる」という文において、「ガンジス河」は字義通りには《ガンジス河》を意味するが、比喩（lakṣaṇā）により《ガンジス河の岸辺》を意味している。比喩に依拠する意味理解の分析は、『宝珠』言語部の普通名詞の意味論章などで詳しく行われるが、そこでは指向の把捉が大きな役割を果たす。たとえば、字義通りに理解しただけでは文が何を指向しているか、つまり聞き手に何を理解させようとしているのか説明がつかない場合、聞き手は比喩が用いられている可能性を探る、という考えも示されている。このように、正しい文意理解を行うには指向の把捉が必須であるとする考えがある。比喩については本書 p. 33 のほか、詳しくは Das 2011、Guha 2012 を参照。

本文で示されている指向の定義は、ウダヤナが『花束』で支持しているものを参照していると考えられる[*77]。文 S が x を指向すると言うとき、x は S によって得られる特定の連関 R の理

[*76] 活動意欲の観点から、という点は、前掲のルチダッタの解釈を参考にした。どちらの認識もまったく区別がなくなる、ということが言われているのではないだろう。

[*77] “tatparatva” の “tad” を「主題（uddeśya）」とする定義。本書 pp. 86ff を参照。ただし、ウダヤナにおいて意図対象とされるのは聞き手に理解される事柄であったが、ここでは聞き手の理解そのものが意図対象とされている。

解である。対論者の考えでは、「文 *S* は *x* を指向する」すなわち「文 *S* は連関 *R* の理解を聞き手に与えることを主題としている（狙っている）」ということが推理できれば、p. 158 でみた論理により、推理知の制限者として連関 *R* 自体を知ることができる。しかしガンゲーシャは、これを前段落の論理で却ける。聞き手の活動意欲を誘発するのは「この文は大学では水が出ることを私に理解させることを狙っている」という認識ではなく、「大学では水が出る」という認識である。

1.3.4　言語理解と推理の差異

TC 4(1) pp. 54ff

किञ्च व्यापकतावच्छेदकप्रकारिकानुमितिः। अतः स्मारितपदार्थसंसर्गज्ञानपूर्वकाणीत्यनुमितिः स्यात्, न तु रजतज्ञानपूर्वकाणीति। तस्मात् प्रवर्तकं ज्ञानं शब्दाद् एव। अत एव प्रवृत्त्यर्थम् अनुवादकता शब्दस्येत्यपास्तम्। शाब्दानुमित्योर्भिन्नप्रकारकत्वाद् एकविषयत्वाभावेनाननुवादकत्वात्। तस्यैव प्रमाणत्वात्।

ガンゲーシャ　また、推理知（推理によって得られる認識）［というもの］は、［常に］遍充者性の制限者を規定者とする。それゆえ、推理知は「［当該の諸語によって私が］想起させられた語意の連関の認識に先行される」とはなるだろうが、「銀の認識に先行される」とはならない。［これは活動意欲を誘発するものではないので、］したがって、活動意欲を誘発する認識は［推理ではなく］他ならぬ言葉から［得られるはずである］。まさにこれゆえに、「活動意欲のために（すなわち、活動意欲の発生に関わる言葉のはたらきとしては）、言葉は［推理によって得られた認識の対象を］再説する（既に知られていることを改めて説示する）［だけである］」という［主張］も却けられた［ことになる］。言語理解と推理知の両者は規定者を異にするから、対象が同一ではないので、［言葉は］再説者ではない。［推理ではなく］それ（言葉）こそが、［活動意欲を誘発する認識をもたらす］プラマーナだからである。

【解説】活動意欲を誘発する認識に関する議論が続き、この段落では、推理知と言語理解は規定者が異なるという考えにもとづいて、言葉のプラマーナとしての独立性が論証される。また、p. 187 以降で詳細に検討される古ミーマーンサー学派の主張も、ここで先取りされ、併せて否定される。

ガンゲーシャは、推理によって得られる認識は遍充者性の制限者を規定者とする、ということを前提とする。ここでは、「制限者（avacchedaka）」という概念が、典型的なテクニカルな意味で用いられている。いま、「山は火を有する。煙があるから。」という推理を考えよう。煙があるところには必ず火があるので、火は煙に遍充している。火が遍充者であり、煙が被遍充者である。さて、この遍充関係は、何と何の間に成り立っているのか。山に煙を見るとき、私たちが見るのは「山の煙」という特定の煙である。それにより推理されるものも、「山の火」であろう。しかし、遍充関係はこのような個別的な火と煙の間にではなく、火一般と煙一般の間に成立している。それゆえ、他の煙、たとえば庭にある「庭の煙」を見ても火を推理できる。「山の煙」が火の被遍充者であるのは、「山の煙」としてではなく、個別化されない「煙」としてである。このことを、「山の煙」には「煙性により制限された被遍充者性」が存在すると言う。

「制限された」というのは、その被遍充者性が存在する範囲が、煙性の存在する範囲に制限されている、という意味である。「煙性により制限された被遍充者性」は、すべての煙に存在し、煙以外のものには存在しない。そしてこの属性をもつものからは、例外なく、この属性に対応する、つまりこの属性に特定（nirūpaṇa）される遍充者性をもつもの、すなわち火が推理される*78。このとき、対応づけられた遍充者性もまた何らかの属性によりその存在範囲が制限されている。その属性は‘山の火’性や‘庭の火’性ではない。もし‘山の火’性に制限されているとすると、庭の煙を見ても山の火が推理されることになってしまう。遍充者性を制限する属性は、火性に他ならない。それゆえ、どの個別的な煙を見ても、火が推理できる。これを図 1.1 のように図示できる。

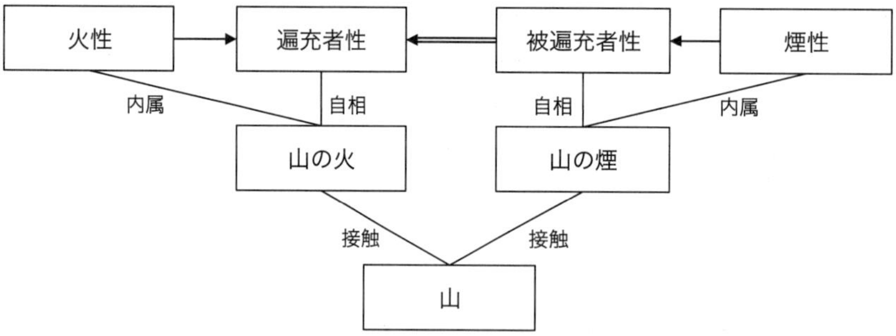

図 1.1

嚙み砕いて言うならば、山の煙は単に煙として火を推理させる、と言えるだろう。この「として」を説明するのが制限者の概念である。推理される火もまた、山の火等として認識されるのではなく、火として認識されることになる。ガンゲーシャが言っているのも、こういうことである。山の上に火が推理されるとき、それは山の火として、つまり‘山の火’性を規定者として認識されるのではない。単に火として、つまり火性を規定者として認識される。

この前提に従って、$Syll_1$ で得られる推理知を考えてみる。$Syll_1$ において、被遍充者は「期待等を有する語の集塊であるということ」、遍充者は「指向対象であるところの、[当該の諸語によって私が] 想起させられた語意の連関 [を対象とする話し手] の認識に先行されるということ」である。この推理を行う者は、プラマーナであるところの言葉すべてについて、それが語意連関の認識に先行されるということを、知識として事前に獲得している。したがって、たとえば「大学には水がある」という友人の言葉にもとづく推理で得られるのは、この文が「『大学には水がある』という認識に先行されている」という認識ではなく、「指向対象であるところの、当該の諸語によって私が想起させられた語意の連関を対象とする話し手の認識に先行されている」という認識である。

p. 158 の議論では、ヴァイシェーシカ学派は、一般的な認識から個別的な連関を抽出できると主張していた。この段落での議論がそれとどう関係するのか、明確でない。ガンゲーシャは、活動意欲を誘発するのは「大学には水がある」という認識のみであると考えている。仮に、「『大学には水がある』という認識に先行されている」という認識から、ヴァイシェーシカ学派の言う仕方で「大学には水がある」という認識を抽出できたとしても、推理によってはそのよ

*78 「特定者（nirūpaṇa）」の説明は p. 19 を参照。また、「制限者」という概念のより精密な解説は和田 1990a: 81–98 を参照。

うな認識が得られない。したがって、そもそも推理によって活動意欲を誘発する認識の獲得を説明しようという企ては誤っている。このようなことを言おうとしているのだろうか。テキストからは、「『大学には水がある』という認識に先行されている」という認識が活動意欲を誘発するかのように読めるが、その考えは先の段落での議論と矛盾するため、そう理解すべきではないだろう。

以上の帰結にもとづいて、p. 187 以降で詳細に検討されることになる古ミーマーンサー学派の見解が、ここでも手短に批判される[*79]。対論者の考えでは、ヴェーダはヴェーダを通してのみしか知りえないことを私たちに伝えるが、それ以外の世間的な言葉は、推理によって知りうることを説くのみである。つまり、世間的な言葉は既知のことを伝えるだけの「再説者(anuvādaka)」に過ぎない。しかし、ガンゲーシャの以上の分析によれば、言葉にもとづく推理によって知りうることと、言語理解を通して知りうることは異なる。したがって、言葉が再説者であるという批判は当たらない。言葉のプラマーナとしての独立性をこのように論証し、ガンゲーシャの応答はいったん終了する。

1.4　語意を推理主題とする推理の提示

1.4.1　推理式

TC 4(1) pp. 57ff

नन्वेते पदार्थास्तात्पर्यविषयमिथःसंसर्गवन्तः, आकाङ्क्षादिमत्पदस्मारितत्वात्, योग्यतासत्तिमत्त्वे सति संसर्गपरपदस्मारितत्वाद् वा।

ヴァイシェーシカ学派　しかし、［次のような推理ならば連関すなわち文意を理解できるだろう。］〔主張〕これらの語意は、指向対象であるところの相互の連関を有する。〔理由〕期待等を有する［諸］語によって想起させられたものだからである。或いは、〔理由〕適合性と近接を有し、かつ、連関が指向された［諸］語によって想起させられたものだからである。

【解説】 以上の批判を受けて、ヴァイシェーシカ学派は語を推理主題とする推理により文の意味対象を認識することができると主張することを諦め、語意を推理主題とする推理を提示する。語を推理主題とする場合、「語が意味の連関を有する」という主張命題を立てられず、「語は連関の認識に先行される」というかたちで、連関は間接的に推理されることとなった。いま、語意を推理主題とすることにより、「語意が連関を有する」という主張命題を立て、連関を直接に推理することができる。こうすることにより、「連関の認識の認識は活動意欲を誘発しない」という先のガンゲーシャの批判を回避することができる。

ただし、直前の段落で述べられた、推理知の規定者は遍充者性の制限者となるため個別的な連関を推理できないという批判は、ここにも適用されるように思われる。いま提示される推理においても、遍充者は「指向対象であるところの相互の連関」という、具体化されない推理対象だからである。註釈者らは、語意を推理主題とする推理はこの批判も回避していると考えているようだが、同意しがたい[*80]。

[*79] マトゥラーナータの指摘に従う。*TCR* 4(1) p. 55: “jaranmīmāṃsakamataṃ nirākaroti. **ata eve**ti.”

[*80] *TCA* 10b: “nanv iṣṭatāvacchedakaprakāreṇa pakṣatāvacchedakena viśiṣṭe pakṣe sādhyasiddhir astv iti noktadoṣadvayāvakāśa iti manasi kṛtyānumānāntaram āśaṅkate. **nanv** iti.” *TCP* p. 5: “rajatatvādipadārtha-

この新たな推理式も、$Syll_1$ と同様、その成立に至る歴史的背景を追うことができる。語意を推理主題とする推理式は、やはり少なくともヴァーチャスパティまで遡る[*81]。その推理は、以下のように分析できる。

推理式 $Syll_{(NVTT)2}$

推理主題　主従関係によって存在する諸々の語意。

推理対象　連関。

根拠　期待、適合性、近接を有し、かつ、諸々の語によって想起させられたものであるということ。

ヴァーチャスパティは、文意に対するプラマーナは語であって語意ではないという理由で、語意を推理主題とする推理を全面的に認めない[*82]。ウダヤナもこのかたちの推理を検討しているが、異なる観点から批判を行う。ウダヤナは「これらの語意は相互の連関を有する（ete padārthā mitaḥsaṃsargavantaḥ）」という主張命題を立てて、その根拠となりうるのは何かを論じる。「文であるということ」、「語意であるということ」、「諸々の語によって想起させられたものであるということ」のいずれも根拠にならないとしたうえで[*83]、「期待等を有する諸々の語によって想起させられたものであるということ」を根拠とする推理式を、ヴァイシェーシカ学派が支持するものとして提示している[*84]。これは $Syll_{(NVTT)2}$ とほぼ同等の推理式である。ウダヤナはこれに関して、推理対象とされる連関は、確定した連関なのか、連関の可能性なのかという選択肢を立てる[*85]。そして、確定した連関とするならば偽りを述べる文の場合に逸脱があり[*86]、また連関の可能性とするならば、それは連関を理解したことにはならないため[*87]、結局のところこの推理は文意を理解するためのものとしては認められないと言う。こうしてウダヤナにより却けられた後、ヴァイシェーシカ学派により反論が為されたのかどうか、明らかではない。ウダヤナより後に活動したヴァイシェーシカ学派のヴァッラバは、もはやこのかたちの推理式に言及しない。この推理式を擁護するのを諦めたか、それとも、ヴァイシェーシカ学派の基本テーゼである「言葉にもとづいて意味を推理する」という認知モデルに沿わないためそもそも関心をもたなかったのかもしれない。

さて、ガンゲーシャが言及する推理式は、次のように分析できる。

推理式 $Syll_7$

---

pakṣatve rajatatvādeḥ pakṣatāvacchedakatayā tatprakārakatvaṃ siddhaṃ syād ityāśayena padārthapakṣakam anumānam āha. **nanv** iti.” *TCR* 4(1) p. 58: “nanu mā bhūd uktānumānād idantvāvacchinne rajatatvādi-prakāreṇa rajatādisaṃsargajñānam, tathāpi viśiṣya padārthapakṣakād īdṛśānumānād bhaviṣyatītyāśayenā-śaṅkate. **nanv** iti.”

[*81] *NVTṬ* p. 366: “syād etat. mā bhūt pratyakṣatodṛṣṭam anumānaṃ vākyārthe, sāmānyatodṛṣṭaṃ bhaviṣyati. yady api ca vākyārthe sādhye padānām apakṣadharmatvam, yady api ca padasmāritāḥ padārthā vyabhicāriṇaḥ tathāpy ākāṅkṣāyogyatāsattiviśeṣaṇāḥ padārthāḥ svasaṃsarge liṅgaṃ bhaviṣyanti. tathā hi yan na duḥkhenetyādibhiḥ padaiḥ smāritāḥ padārthā guṇapradhānabhāvenāvasthitāḥ saṃsargavantaḥ ākāṅkṣāyogyatāsattimattve sati padaiḥ smāritatvād gām abhyājetyādipadasmāritapadārthavat.”

[*82] *NVTṬ* p. 367: “tad etad acaturasram. padānām eva padārthasmaraṇāvāntaravyāpārāṇāṃ vākyārthapramāṃ prati karaṇatayā pramāṇatvāt, teṣāṃ cāpakṣadharmatayā liṅgatvānupapatteḥ.”

[*83] *NKus* pp. 388-389: “yady ete padārthā mitaḥsaṃsargavanto vākyatvād iti vyadhikaraṇam, padārthatvād iti cānaikāntikam, padaiḥ smāritatvād ity api tathā.”

[*84] *NKus* p. 390: “tathāpy ākāṅkṣādimadbhiḥ padaiḥ smāritatvād gām abhyājeti padārthavad iti syāt.”

[*85] *NKus* p. 391: “ete padārthā mithaḥsaṃsargavanta iti saṃsṛṣṭā eveti niyamo vā sādhyaḥ, sambhāvitasaṃsargā iti vā.”

[*86] *NKus* p. 391: “na prathamaḥ, anāptoktapadakadambasmāritair anaikāntāt.”

[*87] *NKus* p. 392: “nāpi dvitīyaḥ, yogyatāmātrasiddhāv api saṃsargāniścayāt. vākyasya ca tadekaphalatvāt.”

推理主題　これらの語意。
推理対象　指向対象であるところの相互の連関。
根拠　期待等を有する［諸］語によって想起させられたものであるということ。

推理式 $Syll_8$

推理主題　（同上）
推理対象　（同上）
根拠　適合性と近接を有し、かつ、連関が指向された［諸］語によって想起させられたものであるということ。

$Syll_7$ は、ヴァーチャスパティとウダヤナの言及する $Syll_{(NVTT)2}$ の推理対象に「指向対象であるところの」という条件を付与したものである。この変更の根拠は、p. 155 で述べられていることと同じと考えてよいだろう。$Syll_8$ に相当する推理式はガンゲーシャ以前の文献に見出されないが、根拠から期待を除去し、代わりに連関に対する指向を加えるこの変更は、p. 153 でみた、ヴァッラバに帰せられる推理式にみられるものと同じである。なお、$Syll_7$ では「期待等」が語の属性となっているのに対し、$Syll_8$ では適合性と近接が語意の属性となっている[*88]。しかし、この後で対論者が示すそれぞれの定義では、いずれも語の属性でも語意の属性でもない。

1.4.2　逸脱の回避

TC 4(1) pp. 63f

अनाप्तोक्ते योग्यताविरहान्न व्यभिचारः, तत्र बाधकसत्त्वात्। तज्जन्यज्ञानस्य भ्रमत्वात्। एकाकारवाक्यस्यापि बाधकसत्त्वासत्त्वाभ्यां[1] योग्यायोग्यत्वात्।

---

[1] -सत्त्वासत्त्वाभ्यां] Ed, B_2; -सत्त्वासत्यत्वाभ्यां B_1

ヴァイシェーシカ学派　信頼できない者に述べられた［文］の場合は、適合性を欠いているので逸脱はない。その場合（信頼できない者に述べられた文の場合）は［連関の］阻害要因が存在するからである。というのも、それ（信頼できない者に述べられた文）から生じる認識は誤っているからである。なぜならば、形態を同じくする文であっても、阻害要因が存在するかしないかによって、適合性を有するときと有さないときとがあるからである。

【解説】語意を推理主題とする推理式については、『花束』において、まずはじめに、信頼できない者に述べられた文（偽りを述べる文）の場合の逸脱が指摘された。『宝珠』でもまた、この逸脱がはじめに検討されるが、『花束』とは逸脱の回避方法が異なる。『花束』では、推理の根拠を「信頼できる者に述べられたということ」によって限定することが提案された[*89]。この限定についてはガンゲーシャも後に本章第 3 節 1.5.3（p. 183）で検討するが、いまは、既に根拠の条件として導入されている適合性によりこの逸脱は回避されると言う。

これは、ガンゲーシャにとっては敢えて指摘するまでもない問題である。p. 155 で解説した

[*88] ジャヤデーヴァによって指摘されている。*TCA* 11a: “nanu yogyatāsattī na śabdadharmāv ity ato hetv-antaram āha. **yogyate**ti.”
[*89] *NKus* p. 391: “anāptoktapadakadambasmāritair anaikāntāt. āptoktyā viśeṣaṇīyam iti cet. na.”

ように、信頼できない者の文には適合性が存在しないため、推理主題として認められないことは明らかである。しかしウダヤナがその点に言及しなかったのは、註釈者らが言うとおり[*90]、彼が適合性を「連関をもたらす形態を有すること（anvaya-prayojaka-rūpa-vattva）」と考えていた、或いは少なくとも「阻害要因の非存在（bādhaka-abhāva）」とは考えていなかったためでもあるだろう。

テキストの連続する三つの第5格が表す論理関係について、註釈者らは納得のいく説明を行わない。さまざまな解釈が可能であろうが、筆者は次のような解釈を提案したい。「阻害要因が存在するから」という第5格は、適合性が存在しないことの論拠を示すものであろう。同語反復のようにも思えるが、これにより、ここでの適合性が「阻害要因の非存在」を意味することを示している。「認識は誤っているから」という第5格は、阻害要因が存在することを根拠づける。或る文について、その文から得られる理解が事実と一致しないことは、その文の述べる内容を阻害する要因が存在することを含意する。ただし、これは結果論であり、推理の根拠の一部である適合性の有無を認知しようという段階では、「それから生じる認識」はいまだ成立していない。最後の「適合性を有するときと有さないときとがあるから」という部分の意図について、マトゥラーナータは「同じ形態の文が場合に応じて適合性を有したり有さなかったりすることはない」と主張する対論者に向けた返答と解釈する[*91]。その対論者とは、適合性を「連関をもたらす形態を有すること」と捉える者たちのことであろう。

1.4.3 批判（期待、適合性、近接は証相の限定者とならない）の検討

a 対論者の主張

TC 4(1) p. 64

अथ प्रतिपत्तुर्जिज्ञासां प्रति योग्यता, सा च श्रोतरि तदुत्पाद्यसंसर्गावगमप्रागभावरूपाकाङ्क्षा। बाधकप्रमाविरहो योग्यता। अव्यवहितसंसर्गप्रतियोगिज्ञानम् आसत्तिः। ताश्च स्वरूपसत्यो हेतवः, न तु ज्ञाताः, गौरवात्, तद्बोधं विनाऽन्वयानुभवे विलम्बाभावात्, संसर्गनिरूप्यत्वेन प्रथमं दुरवधारणत्वाच्चेति न ता[1] लिङ्गविशेषणानीति चेत्।

---

[1] ता[*92]] B_1, B_2^{mar}; तानि Ed

対論者　期待とは理解者（聞き手[*93]）の知りたいという願望に対する適合性である。そしてそれ（そのような適合性）は、聞き手における、それ（当該の文[*94]）より生じるべき連関の理解の未然非存在である。適合性とは阻害要因となる正しい認識の非存在である。近接とは連関の関係項の間隙のない認識である。それら（3要件）はそれ自体として（すなわち、存在するだけで）［文意理解の］原因なのであり、認識されたものが［文意理解の原因なのでは］ない。［認識されたものが原因であると考える方が］冗漫だからである。

[*90] p. 158を参照。

[*91] *TCR* 4(1) pp. 63–64: "nanv evaṃ dravībhūtajalābhiprāyeṇa prayuktaṃ payasā siñcatīti vākyam api pramāṇaṃ na syāt, ayogyatvāt. na hy ekākāravākyasya yogyatvam ayogyatvañ ca sambhavatīty ata āha. **ekākāravākyasye**ti."

[*92] *TCR* のプラティーカは "tāni" という読みを示しており、Ed の編者もおそらくそれを根拠に "tāni" を採用していると思われる。しかし、内容および "hetavas" との対応を考えると、"tā[s]" の読みの方が適切と思われる。

[*93] *TCR* 4(1) p. 64: "**pratipattuḥ**. śrotuḥ."

[*94] *TCR* 4(1) p. 64: **tadutpādye**ti. prakṛtavākyotpādyety arthaḥ.

というのも、それら（3要件）が理解されていなくても、連関の経験に際して遅延が生じることがないためである。また、[3要件は] 連関により特定されるので、はじめに（文意の理解に先立って）確定することができないからである。それら（3要件）はそれゆえ（認識されずに原因としてはたらくので）、[推理における] 証相の限定者とはならない。

【解説】 *Syll*$_7$ および *Syll*$_8$ は、認知プロセスにおいて推理式の根拠を認識することができないので、文意理解を説明する推理としては認められないという批判が示される。この批判は、『花束』でウダヤナが語を推理主題とする推理を批判する際に行った、「根拠の一部である期待は推理が完了するまでは認識できないので、推理は成立しない」と主張する議論と軌を同じくしている。

まず、対論者は3要件それぞれを明確に定義する。期待の定義は、『花束』でウダヤナが確定見解とする定義にほぼ一致する[*95]。適合性と近接は、いずれもガンゲーシャが確定見解とするものに等しい[*96]。

ヴァイシェーシカ学派はp. 166で、これらは聞き手に認識されていなければ文意理解の成立に対する役割を果たさないとした。その論拠は、3要件を具えない、正しくない言葉から誤った言語理解を得てしまうことの原因を、3要件の誤認によって説明するというものであった。しかしいま、この対論者は、これらは存在するだけで文意理解の成立を助けると主張する。その根拠は三つの第5格によって示されており、論理的関係の解釈が難しいが、(1) 冗漫であるから、(2) そもそも3要件を文意の理解に先立って認識することはできないから、という2点を根拠としていると考えられる。それぞれの意味するところについて註釈者らは説明を行わないが、次のように理解できるだろう。まず、上記で示された3要件それぞれの定義が、いずれも語や語意の属性ではなく、聞き手の属性として定義されていることに注目したい。たとえば、期待が存在するとは、これから理解すべき連関を聞き手がまだ理解していないという状態にあることに他ならない。そして、このような状態にあれば、聞き手が「自分はまだその連関を理解していない」という自己認識を得ていなくても、やがて文意理解が成立する。この対論者は、もし3要件を理解しておいた方が理解しないよりも速く文意を理解できるのならば、その理解こそが原因であるとしてもよい、と考えているようである。しかし実際のところ、3要件を認識しなくても遅延は発生しないので、認識が必要と考えるのは冗漫である。また、そもそも、連関を理解する前に「その連関を理解していない」と認識することはできない。適合性と近接も、共に連関との関係によって規定されるので、連関を理解する前に認識することはできない[*97]。

ここまでの議論は、3要件は存在するだけで原因としての役割を果たすということを論証するためのものである。この主張と、3要件が証相の限定者とならないという主張とは、直接は関係しない。このふたつめの主張は、上記の議論の最後の部分、3要件の事前認識はそもそも不可能であるということにより論証される。ここでの「証相」とは、推理主題とされる語意ではなく、推理の根拠となる属性と理解できる。ひとが推理を行うとき、その根拠は、根拠の限定者も含めて、認識されなければならない。たとえば山に火を推理するとき、ひとは煙（根拠）を、それが山肌から立ち上ること（限定者）を含めて、認識していなければならず、煙が存在

[*95] *NKus* p. 398: “ākāṅkṣāpadārthas tarhi kaḥ. jijñāsāṃ prati yogyatā. sā ca padasmāritatadākṣiptayor avinābhāve sati śrotari tadutpādyasaṃsargāvagamaprāgabhāvaḥ.”

[*96] 本書第5章を参照。

[*97] なお、適合性については、次段落で述べられているように、聞き手個人の属性ではなく、すべての自我の属性であると考えるべきだろう。

するだけでは推理は成立しない。しかし、*Syll*$_7$ および *Syll*$_8$ の推理で根拠の限定者となっている 3 要件は、推理の成立前に認識することができない。もしこれらを根拠の限定者として導入しないのであれば、いかなる文からも正しい文意理解が成立することになり、ヴァイシェーシカ学派の立場はたちまち破綻する。

b　ヴァイシェーシカ学派の反論

TC 4(1) pp. 64ff

न। योग्यतादिशून्यत्वेऽपि[1] तदभिमानेन संसर्गप्रत्ययात्। अन्यथा शब्दाभासो[2]च्छेदप्रसङ्गः। राजा पुत्रम् आकाङ्क्षति पुरुषं वेति संशये विपर्यये च वाक्यार्थधीप्रतिबन्धाच्च। योग्यतायाश्च संशयसाधारणं ज्ञानमात्रं हेतुः। स्वपरबाधकप्रमाविरहः क्वचिद् निश्चीयतेऽपि। यथेह घटो नास्तीत्यत्र स्वयोग्या[3]नुपलब्ध्या घटाभावनिश्चयेनान्यस्यापि घटप्रमाविरहो निश्चीयते। क्वचिद् बाधकप्रमामात्रविरहसंशयेऽप्यन्वयबोधः, बाधसंशयस्यादूषणत्वात्[4]।

---

[1] -शून्यत्वेऽपि] Ed; -शून्येऽपि B_1, B_2^{mar}　[2] शब्दाभासो] B_1, B_2; शाब्दाभासो-] Ed　[3] स्वयोग्या- Ed, B_2; स्वायोग्या B_1
[4] -दूषणत्वात् Ed; -दूषकत्वात् B_1, B_2

ヴァイシェーシカ学派　そうではない。適合性等を欠いている場合でも、それ（適合性等）［が存在すると］思い込むことによって、連関が認識されるからである。そうでないとすると、擬似言語（誤った認識をもたらす言葉）というものが存在しえなくなってしまう。また、［“ayam eti putro rājñaḥ puruṣo 'pasāryatām”（ここを王の子が通られる。使用人は下がれ。）という文を聞いて］「“rājan”（王）は “putra”（子）を期待しているのだろうか、それとも “puruṣa”（使用人）を［期待しているのだろうか］」という疑念、或いは誤った認識が存在するときは、文意理解［の成立］が妨害されるからである。

また、適合性については、疑念も含めた認識すべてが［文意理解の］原因である。或る場合には、阻害要因となる正しい認識の、自己および他者における非存在が確定されることもある。たとえば、「ここに壺がない」と［確定される］場合、適合するもの（もし存在すれば知覚されるはずのもの）を自分が知覚しないことにもとづいて、壺の非存在を［自らにおいて］確定し、その確定により、壺の正しい認識が他者にも存在しないことが確定される。［しかし、］阻害要因となる正しい認識すべての非存在に対する疑念が存在しているような場合にも、連関が理解される。阻害に対する疑念は、［連関の理解を[*98]］妨げるものではないからである[*99]。

【解説】 前段落で示された批判にヴァイシェーシカ学派が答える。3 要件は存在するだけではなく認識されている必要があるとするその論拠は一貫しており、そう考えなければ言葉にもとづく誤った理解の発生を説明できないからだと言う。また、実際には期待が存在していても、それを認識していなければ文意理解が成立しないということも経験的に知られると指摘される。

[*98] *TCP* p. 6: “**bādhasaṃśaye**ti. tathā ca pakṣadharmībhūtāyāṃ liṅgavyaktau yasya viśeṣaṇasya saṃśayo bādhasaṃśayaparyavasannas tatsandehasya nānumitipratibandhakatvam upeyam, bādhasaṃśayasya tadapratibandhakatvād ity āhuḥ.”

[*99] *TCA* 11b: nanu yogyatā niścetum aśakyā, tat kathaṃ liṅgaviśeṣaṇatvam ity ata āha. **yogyatāyā iti**. yogyatāyā bādhābhāvarūpāyā anumāne sandehasādhāraṇam eva jñānaṃ prayojakam, sādhyābhāvasandehātmikāyās tasyāḥ pakṣatārūpatvād iti bhāvaḥ.

本文では “ayam eti putro rājñaḥ puruṣo 'pasāryatām” という例が出される。これは、連関構造がふた通りに解釈できる文としてしばしば用いられる例文である。“rājñas” が “putras” を期待するものとして、つまり “rājñas” を “putras” と結びつけて理解すれば、「ここを王の子が通られる。使用人は下がれ。」という意味を理解できる。一方、“rājñas” が “puruṣas” を期待するものとして理解すると、「ここを子どもが通る。王の使用人は下がれ。」という意味が理解できる。実際には、“rājñas” と “putras” の間に期待が存在するとしよう。しかし、聞き手が「“rājñas” は “putras” を期待しているのか、それとも “puruṣas” を期待しているのか」という疑念をもっている状態のとき、文意理解は発生しない。また、「“puruṣas” を期待しているのだ」という誤った認識をもってしまったときは、連関した意味の理解は発生するが、それは事実と異なるので、文の意味対象を認識できたことにはならない。なお、前段落で対論者が示した 3 要件の定義に従うと、文意理解成立の前にそれらを認識することはできない。おそらくそのため、註釈者らは、本段落では 3 要件それぞれの定義が改められていると解釈する[*100]。

しかし、たとえ註釈者らの言うように 3 要件の定義を微修正したとしても、基本的に「内容が事実により否定されないこと」を意味する適合性については、それを認識することがどうしてもできない場合がある。それを考慮して、ヴァイシェーシカ学派はここで、適合性についてはその疑念しかなくても文意の推理は成立すると言う。ただし当然ながら、適合性の存在が確定されていないとき、その文から推理により得られる理解は、その正しさが保証されていない。信頼できない者に述べられた、偽りの内容を述べる文についても、適合性の疑念は存在しうる。本章のこれまでの議論では、ヴァイシェーシカ学派は、偽りを述べる文を排除して、外界に成立している文の意味対象を認識する推理を提示しようと懸命であった。しかしここでは論旨が少し変わり、真偽を問わない文の意味理解が問題とされているようである。

c　3 要件の認識が必要ということの、対論者の前提での論証

TC 4(1) pp. 68ff

किञ्च तवापि योग्यतादिकं प्रामाण्ये प्रयोजकम्, आप्तोक्तत्वस्य तथात्वे गौरवात्, अनाप्तोक्तेऽपि संवादेन प्रामाण्याच्च। एवञ्च ज्ञायमानकरणे प्रामाण्यप्रयोजकतया[1] ज्ञानम् आवश्यकम् इति तासां ज्ञानं हेतुः। तच्च समभिव्याहारविशेषादिनेति।

---

[1] -प्रयोजकतया] Ed; -प्रयोजकवत्तया B_1, B_2; -प्रयोजकरूपवत्तया B_2^{mar}

ヴァイシェーシカ学派　また、君（対論者）［の立場］においても、適合性等が［言語理解の］正しさの原因[*101]である［とすべきである］。というのも、「信頼できる者に述べられたということ」がそうである（言語理解の正しさの原因である）とするのは冗漫だからである。また、［或る文が］信頼できない者に述べられた場合も、［発話内容の事実との］整合（saṃvāda[*102]）によって［その文は］正しい［とされる］からである。

そして同様に（推理還元説の場合と同様に）、［適合性等は］認識されている主原因（言

[*100] *TCR* 4(1) p. 65:“tathā coktarupā nākāṅkṣādayaḥ, kin tu tātparyaviśeṣa ākāṅkṣā, padāvyavadhānam āsattiḥ, tadabhāvapramāvirahaḥ yatra yasya yena sambandhenānvayaḥ tatra tena saṃsargeṇa tadvattvaṃ vā yogyatā.”

[*101] 「言葉の正しさ（プラマーナ性）の決定要因」とも理解できる。p. 185 でガンゲーシャは “śabda-prāmāṇye prayojakam” と言っている。しかしここは、註釈者の解釈に従い、真理論における美質に相当するものとして理解した。*TCA* 12b: “**kiñ ce**ti. yadi tattrayaṃ pramājanane tantram, tadā tata eva tajjñānam āvaśyakam iti bhāvaḥ.” *TCR* 4(1) p. 68: “**prāmāṇye prayojakam**. śābdapramāyāḥ prayojakam.”

[*102] マトゥラーナータは、“saṃvāda” という語は「活動意欲が結果を結ぶこと」と「発話内容が事実

葉）に存在する、［言語理解の］正しさの原因であるので[*103]、［それらは存在するだけではなく、その］認識が必要である。それゆえ、それら（適合性等）の認識が［文意理解の］原因なのである。そしてそれ（適合性等の認識）は、特定の共なる発話等によって［得られる］。

【解説】ヴァイシェーシカ学派の反論が続く。「君」とは、「信頼できる者の教示が正しい言葉である」と考える者であり、ニヤーヤ学派のことを言っているとみてよいだろう[*104]。この「君」は、言語理解を推理の一種とは考えない。それはヴァイシェーシカ学派と対立するが、ヴァイシェーシカ学派は、たとえその前提に立ったとしても、3 要件は存在するだけでなく認識されてはじめて言語理解に資すると考えなければならないと主張する[*105]。

ヴァイシェーシカ学派は、まず、「君」が論じる「言語理解の正しさの原因」は何かという問題を考えてみても、それは「信頼できる者に述べられたということ」ではなく、適合性、期待、近接という 3 要件であるとすべきだとする。そのふたつの根拠が示される。まず、その方が簡潔であると言われる。註釈者らによれば、或る人物を「信頼できる者」と定めるには、心身両面で多くの属性を確定しなければならないからだという[*106]。もうひとつの根拠は逸脱である。信頼できない者に述べられた言葉であっても、それから得られた認識が他の認識により否定されないのであれば、その言葉はプラマーナであるということになる。なお、言葉の正しさの根拠を話し手から切り離すこの考えは、『宝珠』真理論章でガンゲーシャの自説として示される、ガンゲーシャの特徴的な理論である。この箇所は、ガンゲーシャがヴァイシェーシカ学派の口を借り、客観的な立場から自分の考えを論証しようとしているものと思われる。

以上のようにして、適合性等が正しい言語理解の原因であるとするとき、言葉は、聞き手に認識されてはじめて文意理解の主原因としての役割を果たす。ヴァイシェーシカ学派によれば、3 要件はそのような認識されてはたらく主原因に存在しているので、3 要件もまた聞き手に認識されなければならないと言う。この論理は少々錯綜しているように思われる。まず、3 要件は言葉に存在していない。「君」と名指される対論者が先に示した定義では、3 要件は聞き手の属性であった。また、主原因が認識されてはたらくとき、その属性も認識されなければならないという前提の根拠が不明である。

最後の一文を、註釈者らは、3 要件を認識する方法を「君」の立場に立って示していると解釈する。対論者は 3 要件を、連関に相関づけられた属性として定義していた。そして、そのような属性は、連関の理解が成立する前には認識できないということが問題となった。いまここでは、それを可能にする方法が提案されている[*107]。「特定の共なる発話」によって認識できる

により阻害されないこと」というふたつの意味を表しうると考えているようである。p. 196 脚註 *162 を参照。現在の箇所については、マトゥラーナータは “saṃvāda” を後者の意味に理解している。*TCR* 4(1) pp. 68–69: “**saṃvādena**. viṣayābādhena.”

*103 複合語解釈はマトゥラーナータに従った。*TCR* 4(1) p. 69: “**prāmāṇyaprayojakatayā**. śābdapramāprayojakatayā. tathā ca jñāyamānakaraṇaśabdaniṣṭhatve sati śābdapramāprayojakatayety arthaḥ.” 構文としては、「認識されている言葉をプラマーナたらしめる原因」と理解する方が自然であろう。

*104 マトゥラーナータはそう指摘する。*TCR* 4(1) p. 68: “**tavāpi**. naiyāyikasyāpi.”

*105 ルチダッタは「君」の立場を、前々段落で述べられた、3 要件を連関に特定されるものとして定義する立場と理解している。そう考えることもできるだろう。*TCP* p. 6: “ākāṅkṣādikañ ca vakṣyamāṇarītyā saṃsargaghaṭitaṃ bodhyam. parābhyupagatahetvantareṇāpi tāsāṃ jñānaṃ hetur ity āha. **kiñ ce**ti.”

*106 *TCA* 12b: “**gauravāt**. paṭukaraṇatvādipraveśāt.” *TCP* p. 6: “**āptoktatvasye**ti. bhramādyabhāvacatuṣṭayavataḥ prakṛtavākyārthayathārthajñānavataś cāptatvād iti bhāvaḥ.”

*107 註釈者らの解釈にもとづく。*TCP* p. 6: “saṃsargaghaṭitatvāt tāsāṃ kathaṃ dhīr ity ata āha. **tac ce**ti.”

のは期待である[*108]。「等（ādi）」によって、適合性や近接についても何らかの仕方で理解できるということが示唆されている[*109]。

なお、以下の訳文において、「言語理解」と「文意理解」という訳語を用いるが、それぞれ“śābda-bodha”と“vākya-artha-bodha”に対応する。「正しさの原因（prāmāṇye prayojakam）」は必ず「言語理解」の方について言われ、文を理解して得られるものは必ず「文意理解」と言われるので、これらが混在しているが、文意以外のものを対象とする言語理解についてはいま問題とされていないので、どちらも基本的に同じことと考えてよい。

1.5　語意を推理主題とする推理の批判

1.5.1　逸脱の指摘

TC 4(1) pp. 70ff

मैवम्। यत्र विमलं जलम् इत्यश्रुत्वैव नद्याः कच्छे महिषश्चरतीति शृणोति, तत्राकाङ्क्षादि-कम् अस्ति। न च नदीकच्छयोः संसर्ग इति, व्यभिचारात्। अत एव न तन्मात्रं[1] प्रयोजकं प्रामाण्ये।

---

[1] तन्मात्रं] Ed, B_1; तावन्मात्रं B_2

ニヤーヤ学派　そうではない（3要件が言語理解の正しさの原因なのではない）。［たとえば“vimalaṃ jalaṃ nadyāḥ kacche mahiṣaś carati”（川の水は澄んでいる。岸辺を水牛が歩く。）という文に関して、］“vimalaṃ jalam”（水は澄んでいる）という［部分］を聞かずに“nadyāḥ kacche mahiṣaś carati”（川の岸辺を水牛が歩く）という［部分］を聞く場合、［“nadyās”（川の）と“kacche”（岸辺に）の間には］期待等が存在する。しかし、《川》と《岸辺》には連関が存在しない。［それは話し手に意図されていないという意味で[*110]、］逸脱があるからである。まさにこれゆえに（期待等が存在していても連関の正しい理解は得られないので）、それら（期待等）だけが［言語理解の正しさの］原因なのではない。

【解説】本段落以降、$Syll_7$ および $Syll_8$ というかたちで示された、語意を推理主題とする推理もまた、文意を理解する認知プロセスとしては認められないという批判が行われる。はじめに概ねウダヤナの議論に従うかたちでヴァイシェーシカ学派の主張を批判した後、最後に「私たちはこう言おう（vayan tu brūmaḥ）」という書き出しで、おそらくガンゲーシャ自身が考えていることが述べられる。

本段落の議論は、前段落の論題であった、言語理解の正しさの原因（prāmāṇya-prayojaka）は何かという議論の延長線上にある。前段落では、仮に言語理解が推理の一種でないとしても、言語理解の正しさの原因は期待、適合性、近接という3要件にあるとされるべきである、と言われた。ニヤーヤ学派はこれに対し、それら3要件だけでは認識の正しさを保証できないと言う。例として、“vimalaṃ jalaṃ nadyāḥ kacche mahiṣaś carati”という文を考える。この文の全体をみれば、“nadyās”（川の）を“jalam”（水）と結びつけ、全体として《川の水は澄んでいる。岸辺

---

*108　マトゥラーナータの解釈にもとづく。*TCR* 4(1) p. 72: “**samabhivyāhāraviśeṣaḥ** ākāṅkṣāgrāhakaḥ.”
*109　*TCR* 4(1) p. 72: “**ādi**śabdād āsattiyogyatāgrāhakaśrotrāptopadeśaparigrahaḥ.”
*110　マトゥラーナータの解釈にもとづく。*TCR* 4(1) pp. 72–73: “**vyabhicārād** iti. kacche tātparyaviṣaya-nadīsaṃsargābhāvād vyabhicāra ity arthaḥ.”

を水牛が歩く。》という意味を理解できる。しかし、“vimalaṃ jalaṃ” を聞き逃し、“nadyāḥ kacche mahiṣaś carati” だけ耳に入ってきた場合はどうか。“nadyās” は、構文的に係りうる語が “kacche” しか存在しないため、聞き手はそれと結びつけ、《川の岸辺を水牛が歩く》という意味を理解してしまうだろう。しかしこれは誤った認識である。

テキストでは、このとき「期待等（ākāṅkṣādika）」が存在するといわれている。適合性と近接が存在することは明白であるが*111、期待は本当に存在すると言えるのだろうか。ここに期待を認識してしまうのは、期待の誤った認識ではないのだろうか。この点について註釈者は何も論じないが、ウダヤナの議論を参照することにより、ガンゲーシャの論述の意図が見えてくる。ウダヤナが支持する期待の定義は、p. 174 でみた、「当該の文により生じるべき連関の理解の未然非存在」である。この定義を採用するならば、《川》と《岸辺》の連関は「生じるべき連関」ではないとも言えるだろう。しかしウダヤナは、上記とほぼ同じ議論を、「語によって想起させられた［語意］を対象とする知りたいという願望が期待である」という期待の暫定定義を批判する文脈で行っている*112。こう定義されるところの期待は、聞き手の願望により決定されるものであり、たとえ文を部分的にしか聞かなかった者が不適切な「知りたいという願望」を抱いたとしても、そこには期待が存在するということになる。

上記の例では、期待が存在するのに、聞き手が理解する《川》と《岸辺》の連関は実在しない、と言われる。註釈者はここで、実際には「岸辺」は《川の岸辺》のことなのだから、《川》と《岸辺》は連関しているではないかという批判を懸念し、両者の連関は指向対象となっていない、という意味に解釈している*113。ヴァイシェーシカ学派が示そうとしている推理は、様々な連関のうち指向対象となっている連関を理解するための推理であったので、この解釈は適切と言えるかもしれない。しかし、それに続く「逸脱があるからである」という論拠について、納得のいく説明を与える註釈はない。上掲の和訳においては、仮にマトゥラーナータの解釈に従った。

1.5.2　反論（「共に発話されたすべて」によって証相を限定する）の検討

TC 4(1) pp. 72ff

अथ यावत्समभिव्याहृतेत्यपि लिङ्गविशेषणम्, कतिपयपदश्राविणस्[1] तु संसर्गप्रत्ययो लिङ्गाभिमानाद् इति चेत्। न। तत्सन्देहेऽपि वाक्यार्थावगमात्। तत्र संसर्गभ्रान्तिरिति चेत्[2]। अन्यकारणाभावेन[3] पदम् एव भ्रान्ति[4]जनकम्। तथा चादुष्टं सत्तद् एवा[5]भ्रान्तिं जनयत्केन वारणीयम्। असंसर्गाग्रहस्तत्रेति चेत्। न। संसर्गे बाधकाभावात्।

---

1 -श्राविणस्] B_1; -स्मारिणस्] Ed; -स्राविणस् B_2　2 चेत्] B_1, B_2; चेत्। न Ed, B_2^{mar}　3 -णाभावेन] Ed; -णाभावे B_1, B_2
4 भ्रान्ति-] Ed; भ्रम B_1, B_2　5 चादुष्टं सत्तद् एवा-] Ed; चादुष्टं तद् एवा- B_1; चादुष्टा तद् एवा- B_2

対論者　証相には、「共に発話されたすべて」という限定も［与えなければならない］。［すべてでない］少数の語［しか］聞いていない者が得る連関の理解は、証相の勘違いに

---

*111 川の岸辺を水牛が歩いていないことが知られていない、つまり阻害要因が存在しないので、適合性は存在する。また、これらの語意は間隙なく認識されているので、近接も存在する。

*112 *NKus* p. 393: “guṇakriyādyaśeṣaviśeṣajijñāsāyām api padasmāritaviśeṣajijñāsākāṅkṣā.” ibid. p. 395: “na caivambhūtāpy ayam anaikāntiko hetuḥ. yadā hy ayam eti putro rājñaḥ puruṣo ’pasāryatām iti vaktoccārayati, śrotā ca vyāsaṅgādinā nimittenāyam eti putra ity aśrutvaiva rājñaḥ puruṣo ’pasāryatām iti śṛṇoti, tadāsty ākāṅkṣādimattve sati padakadambakatvam, na ca smāritārthasaṃsargajñānapūrvakatvam iti.”

*113 *TCR* 4(1) p. 72: “**nadīkacchayoḥ saṃsarga** iti. tātparyaviṣaya iti śeṣaḥ. anyathā vastugatyā nadīkacchayoḥ saṃsargasattvād alagnakatāpatteḥ.”

もとづくからである。

ニヤーヤ学派　そうではない。それ（「共に発話されたすべて」であるということ）に対する疑念がある場合でも、文意が理解されるからである。

対論者　その場合［に生じるのは］連関の誤った認識である。

ニヤーヤ学派　［そうだとすると、］他に原因がないので、［その］誤った認識を生じさせるものは語のほかにはない。そして、［語］に瑕疵がない以上、他ならぬそれ（瑕疵のないその語）が誤りのない認識を生じさせるのを、どうやって妨げることができようか。

対論者　その場合［に生じるのは］連関ならざるものの非認識である。

ニヤーヤ学派　そうではない。連関を阻害する要因がないからである。

【解説】 前段落でのニヤーヤ学派の批判に対する反論と返答の応酬が始まる。本段落と次段落の内容は、『花束』でのウダヤナの議論のダイジェストになっている。ガンゲーシャの手短な論述だけでは理解しがたい点もあるので、ウダヤナの論述を参考にしながら読み解こう。なお、ここでの対論者は、議論の流れからするとヴァイシェーシカ学派なのであるが、その論述には、「連関ならざるものの非認識」という概念を用いる点をはじめとするミーマーンサー学派の特徴もみられる。この発言者はおそらくウダヤナが想定した匿名の反論者であろうから、ここでは「対論者」とだけ呼ぶことにする。

まず、文意は推理によって理解できるとする対論者により、前段落で示された批判を回避するため、根拠に新たな条件が与えられる。文意を推理しようとするとき、言葉は、共に発話されたすべての言語要素が聞かれていなければならない、という条件である。この条件もまた、聞き手に認識されていなければならない。つまり、聞き手は、自分の聞いたものが共に発話されたすべてであるということを認識していなければならない、と言われているのだろう。対論者によれば、先の例で、部分的にしか聞いていない者が意味理解を得てしまったのは、彼が、自分の聞いたものが「共に発話されたすべて」であると勘違いしたためである。この条件を加えた推理式の 3 要素は、以下のようになる[*114]。

推理式 $Syll_7'$

推理主題　これらの語意。
推理対象　指向対象であるところの相互の連関。
根拠　期待等を有する、共に発話されたすべての語によって想起させられたものであるということ。

推理式 $Syll_8'$

推理主題　（同上）
推理対象　（同上）
根拠　適合と近接を有し、かつ、連関が指向された、共に発話されたすべての語によって想起させられたものであるということ。

[*114] 対応するウダヤナの論述は以下の通り。*NKus* p. 396: “syād etat. yāvatsamabhivyāhṛtatvena viśeṣite hetau nāyaṃ doṣaḥ, tathāvidhasya vyabhicārodāharaṇāsaṃsparśāt. kutas tarhi katipayapadaśrāviṇaḥ saṃsarga-pratyayaḥ. aliṅga eva liṅgatvādhyāropāt. etāvān evāyaṃ samabhivyāhāra iti tatra śrotur abhimānaḥ.”

ニヤーヤ学派は次のように反論する。「共に発話されたすべて」であるということに対する疑念がある場合、たとえば「自分が聞いた “nadyāḥ kacche mahiṣaś carati” というのは、文の全体なのだろうか、それとも一部しか聞いていないのだろうか」と迷っている状態にあっても、聞いた限りの断片の意味を理解することができる。したがって、「共に発話されたすべて」という条件は、或いは少なくともその確定的認識は、文意理解の成立要件ではなく、また証相の限定者にもならない[*115]。

対論者は、そのような状況で得られる内容理解は誤った認識であると言う。『宝珠』刊本では、この対論者の反論に対する応答として、「そうではない (na)」という語が入っている。そのとおりに解釈すると、「川の岸辺を水牛が歩く」という認識は誤っていない、という見解を表明しているように読める。しかし、この箇所とパラレルな議論を行うウダヤナの論述（脚註 *117 で引用する）は、そのような見解を示すものとは解釈しがたい。筆者は、写本に従って “na” を除去し、ウダヤナと同様に次のような見解を述べていると解釈する。ここでニヤーヤ学派の主張者は、相手の言葉尻を捉えて、言語理解の推理還元説を否定する。これが誤った認識だとするならば、それは何により引き起こされたのか。誤った認識とは、ひとが何らかの認識手段によって対象を認識しようとして失敗するときに生じるものである。いま問題になっている認識の場合は、どの認識手段での認識に失敗しているのだろうか。まず、それが知覚でないことは明白である。また、仮に文意理解が推理によって為されるとしても、ここで推理に失敗しているとは言えない。推理対象を導く根拠を、それが存在しないのに存在すると勘違いしているのであれば（ウダヤナの言葉では「証相の勘違い (liṅga-abhimāna)」が存在するのであれば)、推理は失敗するだろう。しかし、「期待はあるのか、ないのか」という疑念を抱いている状態のとき、期待の存在の「勘違い」は存在していない。したがって、推理が失敗する余地もない[*116]。そうすると、もし「川の岸辺を水牛が歩く」という認識が誤りだとするならば、それは推理のプロセスに依らずに、瑕疵（この場合、部分的にしか聞かれていないということ）のある言葉が、それ自体で、誤った認識を引き起こしたと考えなければならない。これはまた、瑕疵のない言葉が、推理のプロセスに依らずに、それ自体で、誤りのない認識を生じさせるということを意味する。ニヤーヤ学派は、このように述べていると考えられる[*117]。

対論者はこれに対し、言葉から得られるのは連関の正しい認識ではなく、連関ならざるものを認識しないということだけである、と反論する[*118]。この反論に対する応答は、『宝珠』での

---

*115 対応するウダヤナの論述は以下の通り。*NKus* p. 396: “na. tatsandehe ’pi śrutānurūpasaṃsargāvagamāt. bhavati hi tatra pratyayaḥ, na jāne kim aparam anenoktam etāvad eva śrutam, yad rājñaḥ puruṣo ’pasāryatām iti.”

*116 推理が証相の勘違い以外の原因、たとえば反省知（parāmarśa）の過誤によって失敗する可能性もあるだろうが、『花束』ではそれは検討されていない。

*117 対応するウダヤナの議論は以下の通り。*NKus* pp. 396–397: “bhrāntir asāv iti cet. na tāvad asau duṣṭendriyajā, parokṣākāratvāt. na liṅgābhāsajā, liṅgābhimānābhāve ’pi jāyamānatvāt. etādṛkpadakadambapratisandhānam eva tāṃ janayatīti cet. yady evam etad evāduṣṭaṃ sad abhrāntiṃ janayat kena vāraṇīyam, vyāptipratisandhānaṃ vināpi tasya saṃsargapratyayāyane sāmarthyāvadhāraṇāt, cakṣurādivat.” この箇所は難解なので、*NKus* の現代の註釈『ヴィスタラ』の次の解釈に従った。*NKusVis* p. 210: “ucyate. na khalv asau bhrāntir api vinā kāraṇaṃ bhavitum arhati. tatra pratyakṣānumānarūpapramitikaraṇadvayamātravādinā bhrāntir iyam indriyadoṣādhīneti durvacam, asyā apratyakṣarūpatvāt. nāpi hetvābhāse hetubhramādhīneti, katipayapadeṣu yāvattvabhrama eva hi hetubhramo vā yaḥ, sa na sambhavati, yāvattvasandehād ity uktatvāt. atha katipayatvarūpadoṣaduṣṭapadakadambapratisandhānam eva bhrāntijanakam iti cet. yady evam ucyate, tarhi yad duṣṭaṃ sad vyāptijñānaparāmarśādinirapekṣaṃ bhrāntiṃ janayati, tadevāduṣṭaṃ sat tathaiva pramitiṃ janayatīti svīkṛtaprāyam. padakadambaṃ doṣāsamavadhānasahakāreṇa vyāptyādinirapekṣaṃ pramitijanakaṃ doṣasahakāreṇa tathābhramajanakatvāc cakṣurādivad iti.”

*118 ニヤーヤ学派も直前の文で、「正しい認識を生じさせる」とではなく「誤った認識でないものを生じさせる」と言っている。この表現を対論者が利用したものとも考えられる。

主張者とウダヤナとで異なる。ウダヤナはまず、反論を受け容れたうえで、仮に「共に発話されたすべて」という限定を加えたとしても、信頼できない者の述べる文の場合に逸脱があると指摘する。また、推理により知られるべき対象を連関ではなく「連関ならざるものの非認識」に変更してこの逸脱を回避しようとする対論者に対し、そのような推理では連関を知るという本来の目的を達成できない、という過失を指摘する*119。一方ガンゲーシャは、「連関ならざるものの非認識」が生じるという見解を、「連関を阻害する要因がない」という理由で却ける。マトゥラーナータはこれを、連関の理解が生じることを妨げる要因がない、と註記する*120。ルチダッタは、ウダヤナの見解に引き寄せた解釈を行っているようである*121。

1.5.3　反論（「信頼できる者に述べられたということ」によって証相を限定する）の検討

TC 4(1) pp. 74ff

अथाप्तोक्तत्वं लिङ्गविशेषणम्, तद् एव वा लिङ्गम्। न च नदीकच्छयोः संसर्ग आप्तोक्तत्वम्। आप्तोक्तत्वञ्च प्रामाण्ये तन्त्रम् इति तद्वत्तया ज्ञायमानस्य[1] हेतुत्वेन तत्र ज्ञानम्[2] आवश्यकम्, व्याप्तिमत्तया ज्ञातस्येव लिङ्गस्य। तदवगमश्च लोके भ्रमाद्यमूलकतया महाजनपरिग्रहेण वेदे स्मृतौ चेति चेत्। न। यत्र कुत्र[3] चिद् आप्तत्वम् अनाप्तस्यापि, सर्वत्राप्तत्वम् अप्रमितम्, भ्रान्तेः पुरुषधर्मत्वात्। प्रकृतवाक्यार्थयथार्थज्ञानवत्त्वञ्चाप्तत्वं प्रथमं[4] दुर्ग्रहम्, भ्रमाद्यमूलकत्वस्य प्रवृत्तिसंवादादेश्च तद्ग्राहकस्याज्ञानात्। प्रवृत्तिश्च सन्देहाद् अपि। किञ्च प्रकृतसंसर्गो[5]ऽयम् अभ्रान्तो यथार्थज्ञानवान् वेति संसर्गम् अप्रतीत्य ज्ञातुम् अशक्यम्, वाक्यार्थस्यापूर्वत्वात्।

---

1 ज्ञायमानस्य] Ed, B_2; ज्ञायमाने B_1　2 तत्र　ज्ञानम्] Ed; तज्ज्ञानम् B_1; ज्ञानम् B_2　3 कुत्र] Ed; क्व B_1, B_2　4 प्रथमं] Ed, B_1; प्रथमे B_2　5 प्रकृतसंसर्गो] Ed, B_2; प्रकृते संसर्गो B_1

対論者　証相は「信頼できる者に述べられたということ」によって限定される。或いは、それ（信頼できる者に述べられたということ）こそが証相である。そして、［"nadyāḥ kacche mahiṣaś carati" という部分的な文から］《川》と《岸辺》の連関［が理解されるとき、その部分的な文には］「信頼できる者に述べられたということ」がない*122。また、［君、すなわちニヤーヤ学派の立場でも］「信頼できる者に述べられたということ」は［言葉の］正しさ*123の決定要因（tantra）である。したがって、それ（信頼できる者に述べられたと

---

*119　*NKus* pp. 397–398: "nāsty eva tatra saṃsargapratyayḥ, asaṃsargāgrahamātreṇa tu tathā vyavahāra iti cet. tarhi yāvatsamabhivyāhāreṇāpi viśeṣaṇe nāpratikāraḥ, tathābhūtasyānāptavākyasya saṃsargajñānapūrvakatvābhāvāt. asaṃsargāgrahapūrvakatvamātre sādhye na vyabhicāra iti cet. evaṃ tarhi saṃsargo na sidhyet."

*120　*TCR* 4(1) p. 74: "**saṃsarga** iti. saṃsargagraha ity arthaḥ."

*121　*TCP* p. 6: "**saṃsarga** iti. tathāpi tatsvīkāre saṃsargoccheda iti bhāvaḥ."

*122　この文は解釈が難しい。自然な構文解釈をすると、《川》と《岸辺》の連関には「信頼できる者に述べられたということ」という属性がない、という意味に理解できるが、この属性は連関ではなく言葉に存在するものであるため、こう理解しても意味をなさない。マトゥラーナータは「"kaccha" という語には、共に発話されたすべての語であり、かつ対象に即した認識をもつ者に述べられたということがない」ということを意味すると解説する。"kaccha" という語に欠けているのは「対象に即した認識をもつ者に述べられたということ（すなわち、信頼できる者に述べられたということ）」ではなく「共に発話されたすべての語であるということ」の方であるが、このように、2 条件の組み合わさった属性もまた存在しないので、辛くもテキストの論述の整合性を説明できていると言える。（*TCR* 4(1) p. 74: "'**āptoktatvaṃ** śrūyamāṇayāvatsamabhivyāhṛtapadakatve sati yathārthajñānavaduktatvam, kacchapada iti śeṣaḥ."）

*123　註釈者は、ここでは明確に、この "prāmāṇya" を認識でなく言葉の属性として理解する。*TCR* 4(1) p. 75: "**prāmāṇye** śabdasya. śābdapramājanakatve."

いうこと）を有するものとして認識される［語］が［文意理解の］原因であるので、それ（信頼できる者に述べられたということ）の認識が必要である。［推理知の成立において、］遍充を有するものとして認識された証相が［原因である］ように。そして、それ（信頼できる者に述べられたということ）は、世間［的な言葉］の場合は誤った認識等*124に基礎を置かないことによって、またヴェーダと伝承聖典の場合は立派な人々（mahājana）の受容*125によって理解される。

ニヤーヤ学派　そうではない。或る任意の［事柄］について信頼できる者であるということ（正しい認識をもつということ*126）は、信頼できない者にも［当てはまる］。あらゆる［事柄］について信頼できる者であるということは［誰についても］知られていない。誤った認識は、人間の特性（つまり、誰にでも具わるもの）だからである。また、「当該の文の意味についての対象に即した認識をもっているということ」としての「信頼できる者であるということ」を［文意の理解に先立って］はじめに認識することはできない。というのも、誤った認識等に基礎を置かないことや、活動意欲の成就（saṃvāda. 期待した結果を得ること）といった、それ（信頼できる者であるということ）を把捉する手段は、［文意理解の成立より前には］認識されないからである。また、活動意欲は、［確定的認識のみではなく］疑念からも生じうる*127。また、当該の連関について、この者は誤った認識をもたないのか、或いはそれとも対象に即した認識をもつのか、ということを、連関を認識せずに認識することはできない。文意は新たに知られるべきものだからである。

【解説】 対論者は、文から事物を認識するための推理における根拠を「信頼できる者に述べられたということ（āptoktatva）」で限定する、或いはそれのみを根拠とするという案を示す。いささか唐突な感があるが、前段落の解説でみたウダヤナの論述を踏まえれば議論の流れをつかめる。ウダヤナは、たとえ「共に発話されたすべて」という限定を導入したとしても、信頼できない者の述べる文において逸脱がある、と指摘する。それに答えるかたちで、対論者はこの新たな限定を持ち出している（と、『花束』の註釈者らは解釈する）*128。本段落の議論も、基本的

*124 誤った言語理解の原因として、註釈者らはしばしば、話し手のもつ（1）誤った認識、（2）錯乱、（3）騙したいという願望、（4）器官の非鋭敏性という四つを挙げる。p. 197 でもこれらがプラバーカラ派の見解のなかで言及されている。マトゥラーナータはテキストの「等」により、これらが言及されているとする。*TCR* 4(1) p. 75: “**bhramādī**ti. ādinā pramādavipralipsākaraṇāpāṭavaparigrahaḥ.”

*125 “mahājana” とは立派な人々のことなのか、多数派のことなのか、その解釈をめぐる研究が行われている。Chemparathy 1987 を参照。

*126 *TCR* 4(1) p. 75: “**āptatvam**. yathārthajñānavattvam.”

*127 直前の文で活動意欲が言及されたが、「信頼できる者に述べられたということ」を理解せずにどうして活動意欲が発生するのか、「信頼できる者に述べられたということ」が確定されていなければ、その文の内容理解にもとづいて活動意欲を抱くことはないのではなかろうか、という批判を想定しての発言と理解できる。ルチダッタはそう解釈する。*TCP* p. 6: “**pravṛttiś ce**ti. tanniścayasya śābdapratītāv anaṅgatvena tatsandehe ’pi vākyād arthapratītau pravṛttir upapadyata evety arthaḥ.” しかし、いま対論者とニヤーヤ学派の間で議論になっているのは、活動意欲を抱く以前に、文の内容理解が成立するか否かという問題である。この齟齬を解消するため、マトゥラーナータは “pravṛtti” を「言葉の活動」、すなわち意味を理解させることと解釈するが、少々無理のある解釈と言えるだろう。*TCR* 4(1) pp. 77–78: “**pravṛttiś ce**ti. śabdasya pravṛttiś cety arthaḥ, pravṛttiś ca phalajananam, śābdabodhajanakatvam iti yāvat.”

*128 本段落に対応するウダヤナの論述は以下の通り。*NKus* p. 398: “āptavākyeṣu setsyatīti cet. na, sarvaviṣayāptatvasyāsiddheḥ. yatra kva cid āptatvasyānaikāntikatvāt. prakṛtaviṣaye cāptatvasiddhau saṃsarga-viśeṣasya prāg eva siddhyabhyupagamād ity uktam.” これを註釈者らは一様に、「信頼できる者に述べられたということ」の限定者としての導入を論じるものと解釈する。たとえば、『花束』に対する現存する最古の註釈は次のように述べる。*NKusBodhanī* p. 398: “nanv āptapraṇītatvenāpi hetuṃ viśeṣayiṣyāmaḥ, tathā ca tasya na vyabhicāra ity āha. **āptavākyeṣv**iti.”

にウダヤナの論述に準じているが、前段落とは反対に、ガンゲーシャの論述の方が詳細である。

推理の根拠をこの条件で限定すれば、ウダヤナの指摘する逸脱は当然回避できる。さらに、期待や適合性といった既存の限定をすべて除去し、この条件のみを推理の根拠とすることもできるだろう。「信頼できる者の教示がプラマーナであるところの言葉である」というニヤーヤ学派の伝統的定義は、それを支持するだろう。

「信頼できる者に述べられたということ」を証相の限定者とするには、正しい推理知の発生のためにそれを確定する必要があること、またその確定が可能であることを示さなければならない。対論者はそのための論述に進む。まず、ニヤーヤ学派の立場においても、「言葉の正しさの決定要因」（おそらく「正しい言語理解の原因（prāmāṇye prayojakam）」のこと）は「信頼できる者に述べられたということ」であると認められると言う[*129]。そしてそう考えるとき、ニヤーヤ学派の立場においても、言語理解の成立の前にこの属性の認識が必要であることになる。その根拠として示される推理と言語理解のアナロジーは、次のように理解できる。たとえば推理知は、遍充関係（おそらく推理の正しさの決定要因と考えられている）をもつものとして理解された証相（おそらく主原因と考えられている）によってもたらされると、ニヤーヤ学派でも認められている。同様に、「信頼できる者に述べられたということ」をもつものとして理解された言葉が言語理解をもたらす、と考えなければならない。では、或る文が「信頼できる者に述べられた」ということをどうやって知ることができるだろうか。対論者は世間的発言と聖典の言葉を分けて、その方法を示している。

ニヤーヤ学派は、或る文が「信頼できる者に述べられた」ということは、どうしても文意の理解に先立って確定することができない、ということを根拠に対論者の反論を却ける。この根拠は、ウダヤナが述べているものと大枠において等しい。まず、「信頼できる者」を「正しい認識をもつ者」と理解したうえで、何についての正しい認識かが問われる。(1) 任意の事柄、(2) すべての事柄、(3) 現在発話対象となっている事柄という三つの候補が示されるが、対論者の意図するのは第 3 のものである。しかしそれを、文意の理解に先立って確定することはできないと言われる。対論者が確定の根拠とする「誤った認識等にもとづかないということ」自体の確定も、また、認識の正しさを検証する汎用的な方法である「活動意欲の成就」の確認も、文意理解より前にはできないためである。ではなぜ、或る言葉が信頼できる者の発言であると分かっていないのに、そこから生じる認識を信じ、活動意欲を抱くことができるのか。ニヤーヤ学派は、発言者の信頼性が確定しなくても、ひとは活動意欲を抱きうると言う。

1.5.4　ヴァイシェーシカ学派の主張の否定

TC 4(1) pp. 77ff

वयन्तु ब्रूमः बाधकप्रमाणाभावो योग्यता। सा च न लिङ्गविशेषणम्, बाधकप्रमाणमात्रविरहस्य सर्वत्र निश्चेतुम् अशक्यत्वात्, तत्संशयेऽपि शब्दाद् अन्वयबोधाच्च। शब्दप्रामाण्ये तु योग्यतायाः संशयनिश्चय[1]साधारणं ज्ञानमात्रं[2] प्रयोजकम् इति शब्दः प्रमाणम् इति।

[1] -निश्चय-] Ed; om. B_1, B_2　[2] ज्ञानमात्रं] Ed; ज्ञानं B_1, B_2

ガンゲーシャ　私たちは次のように言おう。阻害するプラマーナの非存在が適合性であり、それ（適合性）は証相の限定者ではない。というのも、阻害するプラマーナが一切存

[*129] p. 177 の議論でこれはヴァイシェーシカ学派自らによって否定されているが、ここではニヤー

在しないことなど、いかなる場合にも確定できないからである。また、それ（阻害するプラマーナの非存在）に対する疑念が存在する場合も、言葉にもとづいて連関が理解されるからである。言葉の正しさの根拠は、適合性の、疑念と確定的認識のどちらをも含む認識すべてである。以上のように、[推理ではなく] 言葉が [文意に対する] プラマーナである。

【解説】 ヴァイシェーシカ学派の提示する、語を推理主題とする推理式は、それによっては活動意欲を誘発する認識を得られないという根拠で否定された。次いで提示された、語意を推理主題とする推理式は、ウダヤナの議論に沿うかたちで、その論理的欠陥を根拠に否定された。その論述は、正しい言語理解の原因、或いは言葉の正しさの根拠は何かという議論を軸にしている。偽りを述べる文を排除し、言葉にもとづいて正しい認識を獲得するには、正しい言語理解の原因が存在しなければならない。もしその認知プロセスが推理と同じであるならば、推理における証相とその限定者は認識者に認識されていなければならない、という前提に従い、正しい言語理解の原因が証相の限定者として存在することを聞き手は認識していなければならない。ニヤーヤ学派は、期待等の 3 要件だけでは正しい認識の原因と認めるに不充分とし（ただしこの場合、適合性は事実との一致を含意しない）、また「信頼できる者に述べられたということ」を根拠に加えることはできるかもしれないが、聞き手はこの要因を推理完了前には認識できないとして、ヴァイシェーシカ学派の主張を崩した。本段落では、これまでのウダヤナに従った論述から離れ、新たな観点でヴァイシェーシカ学派の主張を批判する。また、言葉の正しさの根拠は何であるかが、ニヤーヤ学派の立場からはじめて明確に規定される。本段落は、ガンゲーシャ自身の見解が示されているものとみてよいだろう。

本段落では適合性がキーワードとなる。ガンゲーシャは次の趣旨のことを述べる。3 要件のひとつ、適合性は、「連関をもたらす形態を有すること」ではなく「阻害するプラマーナの非存在」と理解される必要があり、そしてその適合性はいかなる場合にも確定できないので、証相の限定者に組み入れることができない。また、適合性の存在が確定できておらずとも、それに対する疑念が存在するだけで文意が理解されるので、敢えて組み入れる必要もない。これを組み入れなければ、適合性を欠く文、つまり信頼できない者の述べる文の場合に逸脱があるので、文意を理解するための推理は破綻する。ヴァイシェーシカ学派の主張は、この論述だけで却けることができる。しかしガンゲーシャは論述を続け、言葉の正しさを決定する要因、つまりその言葉から生じる認識の正しさを保証する要因は、疑念でも確定的認識でもよい、適合性の認識一般が存在することだと規定する[*130]。

ここでガンゲーシャが述べる結論は、解釈が困難である。適合性の存在が確定されず、その疑念が存在する状態では、言葉から生じる認識が事実と一致することは保証されない。それを「言葉の正しさの根拠」或いは「正しい言語理解の原因」として認めるのは、無理があるだろう。本書第 8 章で詳細に検討しているように、ガンゲーシャの考えは、言葉から正しい認識が生じるには、適合性が実在し、認識者がそれを正しく認識していなければならないというものと理

ヤ学派の伝統説に言及しているとも解釈できる。マトゥラーナータは次のように説明づけるが、同意しがたい。*TCR* 4(1) p. 75: “na cāptokatvasya prāmāṇyaprayojakatvaṃ pūrvaṃ nirākṛtam iti vācyam. bhramādiśūnyatvaghaṭitāptoktatvasyaiva gauravādinā prāmāṇyaprayojakatānirākaraṇād iti bhāvaḥ.”

*130 p. 176 では、対論者の口を借りて、適合性の存在を確定できる場合があると言われていた。一方、本段落では、いかなる場合もそれは不可能だと言われている。しかしそれが不可能であるならば、確定的認識に言及する必要はなくなる。刊本では「疑念と確定的認識のどちらをも含む認識すべて（saṃśayaniścayasādhāraṇaṃ jñānamātram）」となっているが、2 本の写本は「疑念を含む認識（saṃśayasādhāraṇaṃ jñānam）」という読みを示す。たとえ写本の読みを採ったとしても、“sādhāraṇa” がある以上、確定的認識の含意が示唆されるだろう。

解できる。そして、実際のところその存在を確定することは多くの場合不可能なので、文意を理解する前に（そしておそらく理解した後でも）、その内容を実証せずしてその言葉が事実を述べていることを確かめることなどできない、と言われている。だが、この段落では、適合性の疑念があれば正しい認識が生じることが保証されているかのように言われている。

ここで言われていることをなんとか説明づけるならば、「言葉の正しさの根拠」という語の意味を、多少工夫して理解しなければならないだろう。ひとつの解釈案は、これが言葉にもとづく対象理解の正しさを保証するものではなく、その言葉から意味理解が生じることを保証するだけのものであると考えることである。もし文意理解のプロセスが推理の一種であるならば、証相の限定者である適合性の存在を確定しなければ、推理は行われない。煙が火に遍充されていることを確定していないと、煙を見ても火を推理しないのと同様である。しかし実際のところ、文意理解は、それとは異なる仕組みで行われている。したがって、認知の仕組みが異なることから、言語理解は推理の一種には還元できないと主張されている。このように解釈することができるだろう。

もうひとつの解釈案は、「言葉の正しさの根拠」を「正しい認識の原因」と考えたうえで、「正しい認識」の「正しさ」を事実との一致ではなく、例えば K. Potter が言うような実効性と考えるというものである[*131]。ガンゲーシャの考える認識の「正しさ」が実効性解釈では説明できないことは本書第 1 章に記したが、言葉の正しさ章での議論はヴァイシェーシカ学派やミーマーンサー学派を相手に行われており、「正しさ」概念も相手に応じて揺れる可能性がある。実際に、これまでみてきたヴァイシェーシカ学派との対話においては、たびたび活動意欲が問題とされているため、ミーマーンサー学派の考えるような実用主義的な「正しさ」が想定されているとも考えられる。そう解釈する場合、適合性については疑念が存在する状態でも、実効性のある言語理解が生じる、という主張が理解できる。

この難読箇所をいかに解釈すべきか結論は示せないが、ガンゲーシャの主張のポイントは理解できるだろう。繰り返しになるが、ここで言われているのは、言葉から対象を理解する推理は、適合性が確定できないために成立せず、それゆえ言葉にもとづく対象理解は、言語理解という、推理とは異なる認知機構として説明しなければならないということである。

2　古ミーマーンサー学派の主張の検討

2.1　古ミーマーンサー学派の主張

TC 4(1) pp. 83ff

जरन्मीमांसकास्तु लोके वक्तृज्ञानानुमानात् तदुपजीविसंसर्गानुमानाद् वा वाक्यार्थसिद्धौ शब्दस्यानुवादकत्वम्, वेदे तु तदभावात् स्वातन्त्र्येण प्रामाण्यम्[1] इति वदन्ति।

---

[1] प्रामाण्यम्] Ed; प्रमाणत्वम् B_1, B_2

ガンゲーシャ　一方、古ミーマーンサー学派は次のように言う。

古ミーマーンサー学派　世間［的な文］の場合は話し手の認識の推理にもとづいて、或いはそれ（話し手の認識の推理）に依存する連関の推理にもとづいて文意が成立する（認

[*131] 本書 p. 22ff を参照。

識される）ので、言葉は再説者である。ヴェーダの場合は、それ（話し手の認識の推理[*132]）が［為され］ないので、［言葉は］それ自体としてプラマーナである。

【解説】前段落でヴァイシェーシカ学派を相手どった議論は終わり、本小節では「古ミーマーンサー学派（jaran-mīmāṃsakās）」の見解が、検討のうえ、却けられる。本小節の議論は、ウダヤナが『花束』で、彼が「プラバーカラ派（prābhākarās）」と呼ぶ者を相手に行った議論とほぼ同一である。ガンゲーシャが本小節の論争相手を「古い（jarat）」と呼んでいるのは、それが先師ウダヤナが相手にした、昔のミーマーンサー学派であるからだろう[*133]。一方、古くないミーマーンサー学派の見解は、本章本節 3（pp. 194ff）で検討されることになる。ガンゲーシャは、彼から見て新しい時代のプラバーカラ派の見解を論じる前に、昔のミーマーンサー学派の見解についておさらいをするつもりで、本小節を書いたのかもしれない。

プラバーカラ派は、言葉を世間的な言葉とヴェーダの言葉に分けて考える。ヴェーダの言葉については、ニヤーヤ学派と同様、推理等の承認済みのプラマーナには還元不可能な独立したプラマーナであるとする。一方、世間的な言葉、すなわちヴェーダ以外の言葉については、それは推理により知りうることを改めて説き示す「再説者（anuvādaka）」に過ぎないとする。ここで、ミーマーンサー学派の特殊なプラマーナ観を理解しておかなければならない。彼らにとって、プラマーナは、単に対象を正しく認識させるものであればよいのではなく、未だ知られざる新たな情報を与えるものでなければならない[*134]。世間的な言葉は既知の事柄を再説するだけと考えるプラバーカラ派にとって、それはプラマーナと呼ばれるに値しない。本小節および次の小節におけるガンゲーシャの課題は、言葉が再説者ではないことを論証し、ミーマーンサー学派のプラマーナ観に従ったとしても、世間的な言葉を含むすべての言葉が独立したプラマーナであることを示すことにある。

本段落は、古ミーマーンサー学派のテーゼを示すものである[*135]。「話し手の認識の推理」および「話し手の認識に依存する連関の推理」とは、前小節で検討された、語を推理主題とする推理（1.2.1）に言及するものと考えてよいだろう。語意を推理主題とする推理が言及されないことは不自然に感じられるかもしれないが、『花束』では論述の順番が『宝珠』と異なり、まず語意を推理主題とする推理が否定された後、語を推理主題とするものが検討されている。そのため、語を推理主題とするものがここで言及されることは、むしろ議論の自然な流れに従っていると言える。

ヴェーダの場合、言葉は「それ自体として（svātantryeṇa）」プラマーナである、と言われている。これは真理論で論じられるような自律的な正しさ（svatas-prāmāṇya）に言及しているのではなく、推理のプロセスに依拠せず、それ自体で独立したプラマーナとして認められる、ということを述べているのであろう[*136]。

[*132] *NKus* で “vaktṛjñānānumānānavakāśāt” と言われていることにもとづいて解釈する。本文は脚註 *135 を参照。

[*133] 黒田泰司氏（1989）はジャヤンタの言及する “jaran-mīmāṃsaka” が指す対象について検討し、それがシャーリカナータより前のものであると考察している。ここでガンゲーシャが言うところの “jaran-mīmāṃsaka” は、それと同じ対象を意味するとは限らない。

[*134] ミーマーンサー学派のプラマーナ観については、片岡 2003b が詳しく解明している。

[*135] ウダヤナの対応する議論は以下の通り。*NKus* p. 401: “prābhākarās tu lokavedasādhāraṇavyutpattibalenānvitābhidhānaṃ prasādhya vedasyāpauruṣeyatayā vaktṛjñānānumānānavakāśāt saṃsarge śabdasyaiva svātantryeṇa prāmāṇyam āsthiṣata. loke tv anumānata eva vaktṛjñānopasarjanatayā saṃsargasya siddher anvitābhidhānabalāyāte ’pi pratipādakatve’nuvādakatāmātraṃ vākyasyeti nirṇītavantaḥ.”

[*136] マトゥラーナータもそう理解する。*TCR* 4(1) p. 84: “**svātantryeṇa**. vaktṛjñānādyanumānaṃ vināpi śābdabodhajanakatvena.”

2.2　ニヤーヤ学派による批判

TC 4(1) p. 85

तन्न, वेदे क्लृप्तसामग्रीतो लोकेऽपि संसर्गप्रत्ययात्। अन्यथानुवादकतापि न स्यात्। लिङ्गस्य पूर्णत्वे[1]ऽपि व्याप्तिस्मृतिविलम्बेन तद्विलम्बात्[2]।

[1] पूर्णत्वे*137] B1, B2; पूर्वत्वे Ed　[2] तद्विलम्बात्] Ed, B2; विलम्बात् B1

ニヤーヤ学派　そうではない。世間［的な文］の場合にも、ヴェーダの場合に［連関の認識をもたらすものとして］定まっている原因総体から、連関が認識されるからである。そうでないとすると（世間的な文には連関の認識の原因総体が存在しないとするならば*138）、［世間的な文は］再説者ですらなくなってしまうだろう。［また*139］、証相が充足していても（限定者を含めて理解されていても）、遍充の想起の遅延により、それ（推理にもとづく連関の認識）が［言語理解より］遅延してしまうからである。

【解説】　言葉は再説者であるという見解を却ける。この応答もウダヤナの議論を写しとったものであるため、訳文に示す発言者は「ガンゲーシャ」ではなく「ニヤーヤ学派」とする*140。まず、ヴェーダから言語理解のプロセスにより文意理解が得られるのであれば、世間的な文からもそうできるはずだと言われる。しかしその場合、もし言語理解よりも推理の方が早く文意理解に到達できるのであれば、やはり言葉は再説者ということになってしまう。しかし、ニヤーヤ学派によれば、推理よりも言語理解の方が早く目的を達成できる。推理により文意を理解しようとする場合、言語理解にはない、遍充の想起というステップを踏まなければならないからだと言う。

2.3　反論（世間的な文の場合、原因総体は連関を確定させない）の検討

TC 4(1) pp. 85f

अनाप्तोक्तौ व्यभिचाराद् वेदतुल्यापि[1] सामग्री न निश्चायिकेति[2] चेत्। न। चक्षुरादेस्तथात्वेन तच्छङ्कायाम् अपि प्रमापकत्वात्।

[1] वेदतुल्यापि Ed, B2; तद्वेदतुल्यापि B1　[2] निश्चायिकेति Ed, B2; तन्निश्चायिकेति B1

古ミーマーンサー学派　信頼できない者の発言の場合に逸脱があるので、［世間的な文の場合に存在する］原因総体は、ヴェーダ［の場合に存在する原因総体］と等しくても、

*137　*TCR* は “pūrvatve” という読みに従っており、刊本も “pūrvatve” を採用している。しかし *NKus* の対応箇所が “paripūrṇe ’py avagate” となっていることから、筆者は “pūrṇatve” という読みを採用した。
*138　註釈者らの解釈に従う。*TCA* 15a: “**anythathe**ti. tatsāmagrīviraha ity arthaḥ.”
*139　テキストの構文に従えば、“liṅgasya” 以下の文は “na syāt” の根拠を述べるものと理解するのが自然であるが、それでは論証が成り立たない。*NKus* ではこの箇所を “liṅge tu paripūrṇe...” としているので、この “tu” の意味を補った。
*140　対応するウダヤナの議論は以下の通り。*NKus* pp. 401–402: “tad atisthavīyaḥ.

> nirṇītaśakter vākyād dhi prāg evārthasya nirṇaye ||
> vyāptismṛtivilambena liṅgasyaivānuvāditā ||

yāvatī hi vede sāmagrī tāvaty eva loke ’pi bhavantī, katham iva nārthaṃ gamayet. na hy apekṣaṇīyāntaram asti. liṅge tu paripūrṇe ’py avagate vyāptismṛtir apekṣaṇīyāstīti vilambena kiṃ nirṇeyam, anvayasya prāg eva pratīteḥ.”

［聞き手に連関を］確定させるものではない。

ニヤーヤ学派　そうではない。視覚器官等は、そうである（逸脱を有する）ことによってそれ（対象を確定させないこと[*141]）についての懸念が存在していても、正しい認識をもたらすものだからである。

【解説】古ミーマーンサー学派との議論の応酬が始まる[*142]。これを理解するためには、ウダヤナが文の内容理解と文意（すなわち外界対象）の確定を明確に区別することを理解しておかなければならない。ここでウダヤナに言及される古ミーマーンサー学派は、ヴェーダの場合に意味理解をもたらす原因総体は、世間的な文の場合に存在していても、その意味対象を確定させることはできないと言う。ウダヤナの言葉によって補うと、世間的な文の場合、疑念が生じるため、原因総体が「弱まっている（śithilāyate）」からである。「疑念」がどのような内容の疑いであるのかは、次の段落で説明される。

そして、この反論は類比的論拠によって却けられる。たとえば視覚認識について、ひとは見間違えをすることがあるため、視覚認識をするときに疑念をもつことがあるだろう。そのときも、実際にはひとは正しい認識を得ている。疑念が存在するかどうかは、それがプラマーナであるかどうかに関わらない、というのがニヤーヤ学派（すなわちウダヤナ）の意味するところであろう。

2.4 反論（認識されている主原因は、疑念が存在するとき、対象を確定させない）の検討

TC 4(1) pp. 86f

ज्ञायमानं करणं सन्देहे न निश्चायकं लिङ्गवद् इति चेत्। न। संशयो हि न वाक्ये, तस्य निश्चयात्। न तज्जन्यज्ञानप्रामाण्ये, तस्य तदुत्तरकालीनत्वात्। नाप्तोक्तत्वे, तन्निश्चयस्यानङ्ग-त्वात्[1]।

[1] -स्यानङ्गत्वात् Ed, B_2; -स्यार्थनिश्चयानङ्गत्वात् B_1

古ミーマーンサー学派　［確かに視覚器官等はそうかもしれないが、言葉という、存在するだけでなく］認識されている主原因は、疑念が存在するとき、［対象を］確定させない。たとえば［推理における］証相がそうであるように。

ニヤーヤ学派　そうではない。疑念は、［まず、］文に対しては［生じ］ない。それ（文）は確定されているからである。［また、］それ（文）から生じる認識の正しさに対して［も生じ］ない。それ（文より生じる認識の正しさに対する疑念）はそれ（文より生じる認識）［の成立］より後に［生じる］からである。［また、文が］信頼できる者に述べられたということに対して［も生じ］ない。それ（信頼できる者に述べられたということ）の確定は

[*141] マトゥラーナータの解釈を参考にした。*TCR* 4(1) p. 86: "**tathātvena**. kva cid bhramajanakatvena. **tacchaṅkāyām api**. cakṣuṣtvarūpasādhāraṇadharmadarśanena bhramajanakatvaśaṅkāyām api."

[*142] 対応するウダヤナの論述は以下の通り。*NKus* p. 402: "loke vaktur āptatvaniścayo 'pekṣaṇīya iti cet. na. tadrahitasyāpi svārthapratyāyane śabdasya śakter avadhāraṇāt. anyathā vede 'py arthapratyayo na syāt, tadabhāvāt. na ca loke 'nyāny eva padāni, yena śaktivaicitryaṃ syāt. anāptoktau vyabhicāradarśanāt tulyāpi sāmagrī sandehena śithilāyata iti cet. na. cakṣurādau vyabhicāradarśanena śaṅkāyām api satyāṃ jñānasāmagrītas tadutpattidarśanāt."

［文意理解の成立の］要因でないからである。

【解説】前段落で、ニヤーヤ学派は言語理解を知覚と対照することにより、疑念の存在が対象の確定に影響しないことを示した。古ミーマーンサー学派は、本段落でこの対照に疑義を示し、ニヤーヤ学派はそれを却ける*143。

古ミーマーンサー学派は、「疑念が存在するとき、認識の主原因は対象を確定させない」という法則は、認識されてはじめてはたらく主原因についてのみ当てはまると言う。視覚器官は、認識されずとも、存在するだけでプラマーナとしてはたらくので、そこにこの法則は該当しない。一方、認識されてはじめてはたらく主原因であるところの証相は、遍充関係等に疑念が存在するとき、対象を確定できない*144。そして言葉は、もちろん、証相と同じタイプの主原因である、ということが含意されているのであろう。ニヤーヤ学派（ウダヤナ）は、これに対し、言語理解においてはいかなる疑念も生じえないことを述べる。

2.5　反論（「信頼できる者に述べられたということ」の確定は世間的な文の意味理解の成立要因である）の検討

TC 4(1) pp. 87ff

ननु लोक आप्तोक्तत्वसन्देहे वाक्यार्थधीर्नेति तन्निश्चयो हेतुः। तथा च वाक्यार्थगोचरयथार्थ-ज्ञानजन्यत्वग्राहकात्[1] तदुपजीविनोऽनुमानाद् वाक्यार्थधीरिति चेत्। न। वेदे तद्रहितस्यापि सामर्थ्यावधारणात्। तदनिश्चयेऽपि वेदानुकारेण पठ्यमानमन्वादिवाक्येऽपौरुषेयत्वाभि-मानिनो गौडमीमांसकस्यार्थनिश्चयात्। न चासौ भ्रान्तिः, बाधकाभावात्। पौरुषेयत्वनिश्चय-दशायाम् अपि तस्य तथात्वात्। न चासंसर्गाग्रहमात्रं तत्, अर्थस्य तथाभावेऽप्यसंसर्गाग्रहत्वे संसर्गोच्छेदापत्तेः। न चाप्तोक्तत्वनिश्चयरूपकारणबाधात् संसर्गज्ञानबाधः, व्यभिचारेण हेतु-तायाम् एव बाधात्। लौकिकत्वेन ज्ञाते तदङ्गम् इति चेत्। न। मानाभावात्। वाक्यार्थ-स्यापूर्वत्वेन लिङ्गाभावेन[2] तद्ग्रहासम्भवात्।

---

1 -ज्ञानजन्यत्वग्राहकात् Ed, B_2; -ज्ञानवज्जन्यत्वग्राहकात् B_1　2 लिङ्गाभावेन Ed, B_1; लिङ्गाभावे B_2

古ミーマーンサー学派　世間［的な文］の場合は、「信頼できる者に述べられたということ」に対する疑念が存在するとき、文意は理解されない。それゆえ、それ（信頼できる者に述べられたということ）の確定は［文意理解の］原因である。したがって、［或る文がその］文意を対象とする対象に即した認識から生じたものであるということ（すなわち、信頼できる者に述べられたということ）を理解させる、それ（文意を対象とする対象に即した認識より生じたものであるということ）に依存する推理にもとづいて文意が理解される*145。

---

*143 ウダヤナの対応する議論は以下の通り。*NKus* p. 402: "jñāyamānasyāyaṃ vidhir yat sandehe sati na niścāyakaṃ yathā liṅgam, cakṣurādi tu sattayeti cet. na. vākyasya niścitatvāt. phalaprāmāṇyasandehasya ca phalottarakālīnatvāt. āptoktatvasya cārthapratyayaṃ praty anaṅgatvāt. "

*144 疑念の対象については、マトゥラーナータの解釈に従う。*TCR* 4(1) p. 86: "**liṅgavad** iti. tad yathā vyāptipakṣadharmatāsaṃśayadaśāyān nānumitijanakam ity arthaḥ."

*145 具体的にどのような推理が想定されているのか、明らかでない。マトゥラーナータは "tadupajīvinas" を所有複合語と解釈するが、そうしたところで、やはり推理がどのようなものかは

ニヤーヤ学派　そうではない。［君たちミーマーンサー学派の立場において[*146]、］ヴェーダの場合には、それ（信頼できる者に述べられたということの確定）がなくても［文意を理解させることが[*147]］できると確立しているからである。［また、］それ（信頼できる者に述べられたということ）が確定していなくても、ヴェーダに似せて読誦されるマヌ等の文の場合、［それが］人格存在の作成したものでないと思いこんでいるガウダ地方のミーマーンサー学者は［文の］意味の確定的認識を得るからである。

古ミーマーンサー学派　これ（ガウダ地方のミーマーンサー学者が得る文意の確定的認識）は誤った認識である。

ニヤーヤ学派　そうではない。阻害要因が存在しないからである。というのも、人格存在の作成したものであるということが確定的に認識されている場合にも、それ（マヌ等の文から得られる文意の確定的認識）は相変わらず（人格存在の作成したものでないという誤った認識がある場合に得られる確定的認識と同じ）だからである。

古ミーマーンサー学派　それ（ガウダ地方のミーマーンサー学者が得る文意の確定的認識）は、連関ならざるものの非認識に過ぎない。

ニヤーヤ学派　そうではない。［認識されている］対象がそのとおりである（阻害されていない）のに［ガウダ地方のミーマーンサー学者が得ているものが］連関ならざるものの非認識であるとするならば、［誰も］連関［を認識すること］がなくなってしまうからである[*148]。

古ミーマーンサー学派　「信頼できる者に述べられたということ」の確定という［連関の認識の］原因が阻害されることにより、連関の認識が阻害される。

ニヤーヤ学派　そうではない。逸脱があるので[*149]、［「信頼できる者に述べられたということ」の確定が連関の認識の］原因であるということのみが阻害されている。

古ミーマーンサー学派　［信頼できる者に述べられたということの確定は、文が］世間的なものとして認識された場合［のみ］、それ（連関の認識）の成立要因となる。

ニヤーヤ学派　そうではない。［そう考える］根拠がないからである。というのも、文意は新たに知られるべきものなので、［「信頼できる者に述べられたということ」を確定する］証相が存在しないために、それ（信頼できる者に述べられたということ）を認識することができないからである。

【解説】　前段落で、ニヤーヤ学派により、「信頼できる者に述べられたということ」の確定は文

想定しがたい。*TCR* 4(1) p. 87: "**tadupajīvina** iti. bahuvrīhiḥ. tadupajīvyāt tatpadārthe tatpadārthānumānād ity arthaḥ."

*146　ヴェーダが人格存在の作成したものでないというのは、ミーマーンサー学派の前提である。*TCP* p. 7: "**veda** iti. tvannaya iti śeṣaḥ."

*147　マトゥラーナータの解釈を参考にした。*TCR* 4(1) p. 88: "**sāmarthye**ti. śābdabodhajanakatvānubhavād ity arthaḥ."

*148　この文は難解であり、マトゥラーナータはふたつの解釈の可能性を示している。*TCR* 4(1) p. 89: "**arthasya** viṣayasya **tathābhāve 'pi** abādhitatve 'pi. yad v**ārthasya** vākyārthasaṃsargagrahasya **tathātve 'pi** anubhavasiddhatve 'pi." このうち、はじめの解釈に従って訳した。

*149　ルチダッタの解釈にしたがうと、たとえば先のマヌ法典の場合、「信頼できる者に述べられたということ」の確定が阻害されているが、連関の認識があるので、この事例において逸脱がみられる。*TCP* p. 7: "**vyabhicāreṇe**ti. vedānukārasthale taṃ vināpi śābdānubhavasyānubhūyamānatvād ity arthaḥ."

意理解の成立要因ではないと言われた。ミーマーンサー学派はこれに対し、世間的な文の場合に限定すると、この属性は要因として認められる、と反論する。

本段落もまた、基本的に『花束』の論述に従っているが、『宝珠』の議論の方がいくらか詳しい[*150]。また、“na cāsaṃsargāgrahamātram” 以降は『宝珠』にのみ見られる議論である。この部分と非常に似た議論が p. 180 でも行われている。

「ガウダ地方のミーマーンサー学者」について、『花束』の註釈者は、これが『プラカラナ・パンチカー』を著したシャーリカナータであると述べている[*151]。筆者は、これに相当する論述をいまだ『プラカラナ・パンチカー』に見出せていない。

2.6　反論（「信頼できない者に述べられたということ」の懸念の除去が意味理解の成立要因である）の検討

TC 4(1) pp. 90ff

नन्वनाप्तोक्तत्वशङ्काव्युदासोऽङ्गम्। स च वेदेऽपौरुषेयत्वनिश्चयाल्लोके चाप्तोक्तत्वावधारणाद् इति चेत्। न। तस्याशक्यत्वात्। यदि चापौरुषेयत्वनिश्चये सत्येव वेदाद् अर्थप्रत्ययः, तदा दोषवत्पुरुषाप्रणीतत्वे सत्याकाङ्क्षादिमत्पदस्मारितत्वेन वेदे पदार्थसंसर्गसिद्धिरस्त्विति वेदोऽप्यनुवादकः स्यात्। तदुक्तम्।

व्यस्तपुंदूषणाशङ्कैः स्मारितत्वात् पदैरमी।
अन्विता इति निर्णीते[1] वेदस्यापि न तत्कुतः॥ इति[2]।

न चैवं शब्दस्य प्रमाणत्वम् अपि, अनुमानाद् एव वाक्यार्थप्रमोत्पत्तेरिति।

---

[1] निर्णीते] Ed, B_1; निर्ज्ञाते B_2　[2] इति] B_1, B_2; om. Ed

古ミーマーンサー学派　「信頼できない者に述べられたということ」についての懸念の除去が、［連関の理解が成立する］要因である。そしてそれ（「信頼できない者に述べられたということ」についての懸念の除去）は、ヴェーダの場合は「人格存在に作成されたものでないということ」の確定によって［為され］、世間［的な文］の場合は「信頼できる者に述べられたということ」の確定によって［為される］。

ニヤーヤ学派　そうではない。それ（「信頼できない者に述べられたということ」についての懸念の除去）は［連関を理解する前には[*152]］不可能だからである。また、もし「人格存在の作成したものでないということ」が確定しているときのみヴェーダから意味が理解されるとするならば、「瑕疵を有する人格存在によってもたらされたものでなく、かつ期待等を有する語によって想起させられたということ」［を証相とする推理］により、ヴェーダの場合に、［文意の理解に先立って］語意の連関が成立する（理解される）ことになるだろう。それゆえ、ヴェーダもまた再説者ということになってしまう。これは、次のように言われている。

---

*150　ウダヤナの対応する議論は以下の通り。*NKus* pp. 402–403: “loke ’pi cāptatvāniścaye ’pi vākyārthapratīteḥ. bhavati hi vedānukāreṇa paṭhyamāneṣu manvādivākyeṣv apauruṣeyatvābhimānino gauḍamīmāṃsakasyārthaniścayaḥ. na cāsau bhrāntiḥ, pauruṣeyatvaniścayadaśāyām api tathā niścayād iti.”

*151　*NKusBodhanī* p. 402: “gauḍo mīmāṃsakaḥ pañcikākāraḥ.”

*152　註釈者らの解釈にもとづく。*TCP* p. 7: “**aśakyatvād** iti. vākyārthasyāpūrvatvād iti bhāvaḥ.”

> 「これら（諸々の語意）は連関している。［その話し手であるところの］人格存在の瑕疵に対する懸念が除かれている語によって想起させられたものであるから。」というように［推理によって連関が］確定されるとき、ヴェーダもまたそれ（再説者）でないと、どうして言えるだろうか。（『花束』第3篇15偈）

そして、そうだとすると（ヴェーダの場合も推理によって連関を理解できるとするならば*153）、言葉はすべてプラマーナでなくなってしまうだろう。推理のみによって、文意の正しい認識が生じるからである。

【解説】 前段落では、ニヤーヤ学派が、「信頼できる者に述べられたということ」の確定は文意理解の成立に必要とされないということを論じた。これを受けて、ミーマーンサー学派は、「信頼できない者に述べられたということ」の懸念の除去が必要である、つまり「信頼できない者に述べられたかもしれない」という疑念が存在してはいけない、と述べる。この主張については、ガンゲーシャは『花束』に従っている*154。しかし、それに対する返答には、ウダヤナの返答との差異が見られる*155。そのような懸念は事前に除去できないという点についてウダヤナは言及しないが、ガンゲーシャはこの点をとくに重視し、この段落でも、まずそれを根拠にミーマーンサー学派の反論を否定している。もうひとつの根拠である、ヴェーダも再説者になってしまうという点は、ウダヤナが重視する論点である。ガンゲーシャは『花束』の偈をひとつ引用し、この問題を論じている。

3 プラバーカラ派の主張の検討

3.1 プラバーカラ派の主張

3.1.1 問題提起（正しい言語理解の原因を問う）

TC 4(1) pp. 92ff

प्राभाकरास्तु व्यभिचारिशब्दव्यावृत्तम् अव्यभिचार्यनुगतं प्रमाप्रयोजकम्[1] उपेयम्, यदभावाद् अनाप्तोक्तवाक्याद्[2] अप्रमा। अन्यथा कार्यवैचित्र्यं न स्यात्। तच्च ज्ञातम् उपयुज्यते, ज्ञायमानकरणे ज्ञानोपयोगिव्यभिचारिवैलक्षण्यात्[3] प्रमाहेतुत्वाद् वा, व्याप्तिवच्छब्दशक्तिवच्चेति[4]। अन्यथा शब्दाभासो[5]च्छेदप्रसङ्गः।

---

1 -र्यनुगतं प्रमाप्रयोजकम् B₁, B₂; -र्यनुगतप्रमाप्रयोजकम्] Ed 2 अनाप्तोक्तवाक्याद्] Ed; अनाप्तवाक्याद् B₁, B₂

---

*153 ルチダッタの解釈に従う。*TCP* p. 7: “**na caivam** iti. vede ’pi ced uktānumānād eva saṃsargasiddhis tadā śabdavidhayā bodhakatvam eva duṣkalpam, mānābhāvād ity arthaḥ.” マトゥラーナータは、この一文では対論者を批判する新たな根拠が示されるとしている。*TCR* 4(1) p. 92: “dūṣaṇāntaram āha. **na ce**ti. na vety arthaḥ. **evam**. sarvatra śābdabodhāt prāk padārthasaṃsargānumānasyāvaśyakatve. **pramāṇatvam api**. vākyārthabodhajanakatvam api. sidhyatīti śeṣaḥ.”

*154 ウダヤナの対応する論述は以下の通り。*NKus* p. 403: “syād etat. nāptoktatvam arthapratīter aṅgam iti brūmaḥ, kin tv anāptoktatvaśaṅkānirāsaḥ. sa ca kva cid apauruṣeyatvaniścayāt, kva cid āptoktatvāvadhāraṇād iti cet.”

*155 ウダヤナの返答は以下の通り。*NKus* pp. 403–404: “tat kim apauruṣeyatvasyāpratītau sandehe vā vedavākyād viditapadārthasaṅgater arthapratyaya eva na bhavet, bhavann api vā na śraddheyaḥ. prathame satyādaya eva pramāṇam. na cāsaṃsargāgrahe tadānīṃ saṃsargavyavahāraḥ, bādhakasyātyantam abhāvāt. tathāpi tatkalpanāyām anvayocchedaprasaṅgāt. dvitīye tv aśraddhā pratyakṣavan nimittāntarān nivartsyatīti vede yadi, loke ’pi tathā syād aviśeṣāt. anyathā vedasyāpy anuvādakatāprasaṅgaḥ. tad ucyate. vyastapuṃdūṣaṇāśaṅkaiḥ smāritatvāt padair amī | anvitā iti nirṇīte vedasyāpi na tat kutaḥ ||（以下省略）”

[3] वैलक्षण्यात्] B_1, B_2; वैलक्षण्यत्वात् Ed　[4] चेति] Ed; च B_1, B_2　[5] शब्दाभासो-] Ed; शाब्दाभासो- B_1, B_2

ガンゲーシャ　一方、プラバーカラ派は次のように言う。

プラバーカラ派　［文意の正しい認識の成立を］逸脱する言葉から排除され、逸脱しない［言葉］に共通して存在するものが、正しい認識の原因として求められるべきである。それを欠いた、信頼できない者に述べられた文からは正しくない認識がある［ような要因である］。そうでないとすると、結果の多様性（すなわち、正しい認識が発生したり、しなかったりすること*156）がなくなってしまうだろう。そしてそれ（正しい認識の原因）は認識されてはたらく。［その正しい認識の原因は］認識されている主原因に存在しており、かつ認識を導くが逸脱を有する［要因］とは性質を異にするからである。或いは、正しい認識の原因だからである。遍充や言葉の対象指示力と同様である*157。そうでないとすると、擬似言語（正しくない認識をもたらす言葉）というものがなくなってしまうだろう。

【解説】本段落から、「古いミーマーンサー学派」より後の、比較的新しいプラバーカラ派の見解が検討される。このプラバーカラ派の見解のソースは、いまだ先行文献にトレースできていない。その考え方や語法にはガンゲーシャに近い要素もしばしば見られるため、ガンゲーシャ自身が仮想したプラバーカラ派の見解と捉えることも可能かもしれない*158。

プラバーカラ派はここで、言葉に存在する「正しい認識の原因（pramā-prayojaka）」は何かという問いを立てる。この問題の検討を通して、世間的な言葉を推理に還元しようというのが彼らの戦略である。「正しい認識の原因」は、p. 177 や p. 179 で「正しさの原因（prāmāṇye prayojakam）」と呼ばれていたものと、基本的には同じと言えるだろう。そしてそれは、ガンゲーシャにとっては、真理論で言うところの「美質（guṇa）」に近い、或いは同一の概念とも考えられる。ただし、本小節で対論者となっているプラバーカラ派は、すべての認識は正しいという前提に立つため、正しい認識が美質から生じ、誤った認識が瑕疵（doṣa）から生じるという他律的真理説の枠組みを認めず、正しい認識の原因を美質と呼ぶことはない*159。ただし、ガンゲーシャがどこまでこの点に意識的であったかは分からない。本小節での議論は『宝珠』真理論章での美質に関する議論と重なる部分が多く、実質的に、ガンゲーシャにとっては美質を論ずる場となっていると言えるだろう。

テキストには “apramā” とある。端的には誤った認識（bhrama）のことと理解してよいのだが、

---

*156 *TCA* 16b: “**kāryavaicitryam**. kva cit pramā kva cit tadabhāva ityevaṃrūpam ity arthaḥ.”

*157 これと類似する表現は本章に何度かみられる。p. 202 および p. 219 を参照。そこでは「正しい認識の原因だからである（pramāhetutvāt）」という理由は言及されていない。註釈者らの解釈に従うと、この箇所では、感覚器官の鋭敏性といった、認識されなくてもはたらく原因が排除されているという。感覚器官の鋭敏性は、認識されていない原因（感覚器官）に存在する。*TCP* p. 7: “**jñāyamāne**ti. atra saptamībalena jñāyamānakaraṇaniṣṭhatvaṃ labhyate. tac ca pittādyabhāve cakṣurādiniṣṭhe vyabhicāravāraṇāyopāttam. dhūmviśeṣatvādau vyabhicāravāraṇāya **jñātopayogī**ti. śābdādibhramajanake śabdādiniṣṭhadoṣe vyabhicāravāraṇāya **vyabhicārivailakṣaṇye**ti.” なお、テキストの “jñānopayogi-” は、この箇所に対する *TCP* および p. 219 に対する *TCP* のプラティーカでは “jñātopayogi-” として引かれている。テキスト校合に用いた写本 B_1 と B_2 は “jñāno-” の読みを示すが、いずれの写本も全体的に न と त の違いが不明瞭で、B_2 ではしばしば誤記もみられるため、この箇所について写本により読みを調べることは余り意味がない。内容を考えると “jñāno-” の方が適切と思われる。

*158 第 15 回国際サンスクリット学会で話をした或るパンディットは、筆者にそのように説明していた。

*159 マトゥラーナータがこの点を論じている。*TCR* 4(1) p. 93: “na caivaṃ śābdapramātvāvacchinnaṃ prati kiñcitkāraṇābhyupagame tanmate pramāyā guṇajanyatvāpattiḥ, pramātvaghaṭitadharmāvacchinnakāryatā-pratiyogikakāraṇatāśrayasyaiva guṇatvāt. tathā ca tasyāpasiddhānta iti vācyam. śābdajñānatvam eva hi tasya kāryatāvacchedakam, na tu śābdapramātvam, gauravāt, vyāvṛttyabhāvāc ceti na tasya guṇatvam iti bhāvaḥ.”

誤った認識というものの存在を認めないプラバーカラ派は、そう呼ぶことはない。註釈者らはこの箇所を「正しい認識が生じない」と解釈する*160。しかし、p. 199 には “apramā-anudaya” という表現が見られるため、「正しい認識が生じない」という理解では一貫した解釈が行えない。正確には、「正しい認識ならざるものが生じる」とすべきであろう。「正しい認識ならざるもの」には、実質的に誤っている認識のほか、疑念（saṃśaya）や無認識（ajñāna）も含められると考えられる*161。しかし、ガンゲーシャは基本的に誤った認識を想定しており、訳文の可読性を保つため、仮に「正しくない認識」と訳すことにする。

言語理解に関する「正しい認識の原因」は何か。プラバーカラ派は、「対象に即した指向を有するということ（yathārtha-tātparyakatva）」を確定見解とする。次段落以降、この見解に至る前に、いくつかの前主張を批判する。

3.1.2　前主張の検討

a　前主張 1（「信頼できる者に述べられたということ」）の検討

TC 4(1) pp. 98f

न चाप्तोक्तत्वं तथा। संवादात् प्रमाणे शुकोदीरिते भ्रान्तप्रतारकसंवादि[1]वाक्ये वेदे च तद-भावात्, आप्तोक्तत्वानुमाने व्यभिचारिव्यावृत्तलिङ्गाभावाच्च। भावे वा तद्वत एव शब्दस्य प्रत्यायकत्वात्।

---

[1] संवादि] Ed, B_1; om. B_2

対論者　「信頼できる者に述べられたということ」がそうである（文意の正しい認識の原因である）。

プラバーカラ派　そうではない。整合性（saṃvāda）によりプラマーナとされる、オウムに発話された［文］、誤った認識をもつ嘘吐きの整合を導く文、およびヴェーダには、それ（信頼できる者に述べられたということ）が存在しないからである。また、「信頼できる者に述べられたということ」［を推理対象とする］推理において、［推理対象を］逸脱する［言葉］に存在しない証相が存在しないからである。もし［そのような証相が］存在するならば、それ（そのような証相）を有する言葉こそが［連関を］認識させるものとなるからである。

【解説】或る文から得られる認識の正しさは「信頼できる者に述べられたということ」によっては保証されないことが、ふたつの根拠によって述べられる。ひとつ目の根拠は、信頼できる者に述べられていなくても、整合性のある認識をもたらすならば、或いはその言葉の理解により生じる活動意欲が成就するならば、それはプラマーナであるから、というものである。これは p. 177 で、ヴァイシェーシカ学派がニヤーヤ学派の立場に立って行う議論のなかで既に示されている。テキストの “saṃvāda” について、マトゥラーナータはふた通りの解釈を示している*162。

ふたつ目の根拠は、「信頼できる者に述べられたということ」を推理することができないと

---

*160 *TCA* 16b: “**vyabhicārīti**. pramityajanakavyāvṛttam ity arthaḥ. na tv apramājanakavyāvṛttam, tais tadan-abhyupagamāt.”

*161 誤った認識、疑念、無認識の三つは、ミーマーンサー学派やヴェーダーンタ学派が想定する “apramāṇa” としてしばしばセットで言及される。クマーリラの議論について、片岡 2003b を参照。

*162 *TCR* 4(1) p. 98: “**saṃvādāt**. saṃvādipravṛttijanakatvāt, abādhitaviṣayakatvād vā.”

いうものである。このこと自体はヴァイシェーシカ学派との対論においても繰り返し指摘されていたが、本段落では、これを推理できないとする根拠がこれまでに示されたものと異なる。或る文が信頼できる者に述べられたということを推理するには、信頼できる者に述べられた文に必ず存在し、そうでない文には決して存在しない属性が証相として必要である。しかし、そのような証相は何も思い当たらないと言う。もし仮にそのような証相があるとしたら*163、その場合は「信頼できる者に述べられたということ」ではなくその証相こそが、連関の認識をもたらす原因とされるべきだ、ということが言われていると理解できる。

ふたつ目の根拠を敢えて提示することについて、註釈者らは、オウムの発話が主宰神によってもたらされたものであるとする立場を懸念してのものであると説明する*164。この立場には、『宝珠』真理論章でガンゲーシャも言及している。そこまで読み取れるかは判断しがたいが、ふたつ目の根拠を提示する際は、世間的な正しい言葉はすべて信頼できる者に述べられている、ということが前提とされていると考えられる。なお、プラバーカラ派はヴェーダには作者がいないと考えているので、この推理はヴェーダには適用されない。

b　前主張2（「信頼できる者に述べられたということ」の非存在の非存在）の検討

TC 4(1) pp. 100f

एतेनाप्रमाहेतुत्वं न भ्रमप्रमादविप्रलिप्साकरणापाटवानाम्, परस्परं व्यभिचारात्[1], मिलितस्याव्यापकत्वात्, किन्त्वाप्तोक्तत्वाभावस्याप्रमाहेतुत्वम्, तदभावश्चाप्तोक्तत्वं प्रमाहेतुरित्यपास्तम्। आप्तोक्तत्वस्य[2] प्रथमं लिङ्गाभावेन ज्ञातुम्[3] अशक्यत्वात्।

---

[1] परस्परं व्यभिचारात्] Ed; परस्परव्यभिचारात् B_1, B_2　[2] आप्तोक्तत्वस्य] Ed; आप्तत्वस्य B_1, B_2
[3] ज्ञातुम्] Ed; ग्रहीतुम् B_1, B_2

対論者　正しくない認識の原因は、誤った認識、錯乱、騙したいという願望、器官の非鋭敏性ではない。［それらは］相互に逸脱し、［また、それらすべてが］合わさったものは［正しくない認識の発生に］遍充しないからである。そうではなく、正しくない認識の原因は、「信頼できる者に述べられたということ」の非存在である。そして、それ（「信頼できる者に述べられたということ」の非存在）の非存在であるところの、「信頼できる者に述べられたということ」が正しい認識の原因である。

プラバーカラ派　これ（前段落の論理）によって［以上のことは］却けられる。「信頼できる者に述べられたということ」は、証相が存在しないので、［文意の理解に先立って］はじめに認識することはできないからである。

【解説】本段落では、正しい認識の原因を基準に考えるのではなく、正しくない認識の原因をまず定め、それが存在しなければ正しい認識が生じるはずだとする考え方が取り上げられる。つまり、言葉が聞かれるとき、それから正しい認識が発生することを妨げる要因がとくになければ、正しい認識が生じるはずだというわけである。自律的真理説を説くプラバーカラ派らしい

---

*163 ジャヤデーヴァは、例として「［話し手の］瑕疵等に由来せず、かつ、対象の認識から生じたものであるということ」というものを示す。*TCA* 18b: "nanu doṣāprabhavatve saty arthajñānajanyatvam eva tadanumāpakam astv ity ata āha. **bhāve** veti."

*164 *TCA* 18a–b: "nanu śukodīritādāv asty eveśvaram upādāyāptoktatvam ity asmadāśaṅkām anusṛtya doṣāntaram āha. **āpte**ti."

発想と言えるだろう。

正しくない言葉の原因としてニヤーヤ学派によりしばしば言及される、話し手の誤った認識等の 4 要素は、この対論者によって却けられる。正しくない認識が生じるとき、これら四つが常に揃っているわけではないからである[*165]。そして、その言葉が信頼できる者に述べられたものでなければ、そこから正しくない認識が生じる、という代案が示される。すなわち、「信頼できる者に述べられたということ」が、正しい認識の原因であるということになる。

結果として前段落の前主張と同じことを言っているので、これもまた否定される。このとき、プラバーカラ派の口を借りて、「信頼できる者に述べられたということ」は文意理解の成立に先立って確定することができないという、これまでの議論で繰り返し言われてきた根拠が述べられる。ここから次のことがわかる。プラバーカラ派が求めている「正しい認識の原因」は、ヴァイシェーシカ学派が求めていたものと同じく、文にもとづいて対象を認識するための推理において参照されるものである。プラバーカラ派もまた、世間的な言葉からの意味理解は推理によって説明できると考えている。そして、推理によって文意を知ることができるので、言葉は再説者だと主張している。

c　前主張 3（逸脱に対する懸念の非存在）の検討

TC 4(1) pp. 101f

अत एव व्यभिचारशङ्काविरहो हेतुः, सा च लोके भ्रमादिमूलेत्याप्तोक्तत्वानुमानाद् उच्छि-द्यते, वेदे चापौरुषेयत्वनिश्चयेनेति निरस्तम्। अभिमतवाक्यार्थस्यापूर्वत्वेन साध्याप्रसिद्धेः। वेदे सदोषपुरुषाप्रणीतपदस्मारितत्वेन संसर्गसिद्धेरनुवादकतापत्तेश्च।

対論者　逸脱に対する懸念の非存在が［正しい認識の］原因である。そしてそれ（逸脱に対する懸念）は、世間［的な文］の場合は［話し手の］誤った認識に起因するので、「信頼できる者に述べられたということ」［を推理対象とする］推理によって滅せられる。また、ヴェーダの場合は「人格存在に作成されたものでないということ」の確定によって［滅せられる］。

プラバーカラ派　まさしくこれ（前段落の論理）によって［以上のことも］否定された［ことになる］。［世間的な文の場合、］望まれた（すなわち、当該の[*166]）文意は新たに知られるべきものであるため、［推理を行う時点では］推理対象（すなわち、信頼できる者に述べられたということ）が成立していないからである。また、ヴェーダの場合、「瑕疵を有する人格存在によってもたらされたものでない語によって想起させられたということ」［を証相とする推理］によって連関が成立してしまう（認識されてしまう）ので、［ヴェーダが］再説者であることになってしまうからである。

【解説】 逸脱に対する懸念がなければ、言葉から正しい認識が生じるという見解が批判される。「懸念」とは客観的に判断される「可能性」ではなく、聞き手が逸脱の心配をするかしないかと

---

*165　複数の原因から単一の結果が生じるという多対一の因果関係を厭うニヤーヤ学派の因果論においては、4 要素のそれぞれから、正しくない認識という単一の結果が生じることは認められない。

*166　p. 155 では “abhimata” を「ニヤーヤ学派により承認された」という意味に解釈したが、ここでは「当該の」という意味に解釈する。いずれもマトゥラーナータの解釈に従っている。*TCR* 4(1) p. 102: “**abhimate**ti. prakṛtety arthaḥ.”

いう心理的要素である。このことから、ここで問題とされているのは、活動意欲を抱くような、正しさに対する確信を伴う文意理解が生じることであると考えることができる。

d　前主張4（瑕疵の非存在）の検討

TC 4(1) pp. 102ff

नापि दोषाभावः, भ्रान्तप्रतारकवाक्यजन्यज्ञाने प्रत्यक्षेण गृहीत[1]संवादे तदभावात्। दोषाभावस्य हेतुत्वात् तत्र वाक्यं मूकम् एव[2], व्यवहारस्तु प्रत्यक्षाद् इति चेत्। न। अनुभवापलापापातात्[3], तद्धेतुत्वे[4] विवादात्, वेदेऽप्यनुवादकतापत्तेश्च। किञ्च दोषाभावस्य प्रमाहेतुत्वेऽप्रमायां दोषः कारणम्। तस्य च प्रत्येकं हेतुत्वे[5] व्यभिचारः, मिलितस्य तत्त्व एकस्माद् अप्रमा न स्यात्, भ्रमादीनां प्रत्येकं दोषत्वेऽननुगमः, मिलितस्य तु[6] तत्त्व एकस्माद् अप्रमानुदयप्रसङ्गः।

---

[1] प्रत्यक्षेण गृहीत-] B_1, B_2; प्रत्यक्षेणागृहीत- Ed　[2] एव] Ed, B_1; एव न B_2^{mar}　[3] -पलापापातात्] Ed; -पलापात् B_1, B_2
[4] तद्धेतुत्वे] Ed, B_1; दोषाभावस्य हेतुत्वे B_2　[5] प्रत्येकं हेतुत्वे] Ed, B_1; हेतुत्वे प्रत्येकं B_2　[6] तु] Ed, B_2; om. B_1

プラバーカラ派　また、［正しい認識の原因は］瑕疵の非存在でもない。誤った認識をもつ嘘吐きの文より生じる、整合性が知覚によって把捉された（つまり、確認された）認識の場合は、それ（瑕疵の非存在）が存在しないからである。

対論者　［いや、やはり一般的に言って］瑕疵の非存在が［正しい認識の］原因であるので、その場合（誤った認識をもつ嘘吐きの文の場合）、［当該の］文はまったく無言である（つまり、正しい認識をもたらさない[*167]）。［言葉を聞いて］日常的営為が行われるのは、［文意の正しい認識にではなく］知覚知にもとづいている[*168]。

プラバーカラ派　そうではない。経験からの離反に陥るからである[*169]。また、それ（瑕疵の非存在）が［正しい認識一般の］原因であるということについて、見解の相違があるからである。また、ヴェーダについても、それが再説者であると帰結してしまうからである。

さらにまた、正しい認識について瑕疵の非存在が原因であるならば、正しくない認識については瑕疵が原因となる。そして、それ（瑕疵）のひとつひとつが［正しくない認識の］原因であるとすると逸脱があり、［種々の瑕疵が］合わさったものがそれ（正しくない認識の原因）であるとすると、［ただ］ひとつ［の瑕疵］からは正しくない認識が生じないことになってしまう。［また、この場合の瑕疵は何かということを問い、］誤った認識等のひとつひとつが瑕疵であるとすると不統一（ananugama. 前述の「逸脱」と同じこと[*170]）となり、［誤った認識等の］合わさったものがそれ（瑕疵）であるとすると、［ただ］ひと

[*167] マトゥラーナータの解釈に従う。*TCR* 4(1) p. 102: "**mūkam eva**. pramityajanakam eva."

[*168] 言語理解の代わりに知覚にもとづいて行動を起こすという事態は想像しがたい。マトゥラーナータは、知覚知に加えて「連関ならざるものの非認識」に言及し、p. 181や p. 192 で為されている議論と同じような趣旨を読み取っている。',*TCR* 4(1) p. 103: "**pratyakṣād** iti. asaṃsargāgrahād veti śeṣaḥ. tena sarvatra pratyakṣāsattve 'pi na vyavahārānupapattiḥ."

[*169] 「私は言葉を通してこれを理解した」と経験的に理解しているのに、それが言葉にもとづいていないと想定するのは、経験からの離反であると言えるだろう。マトゥラーナータの解釈に従う。*TCR* 4(1) p. 103: "**anubhave**ti. tadvākyaśravaṇānantaraṃ idaṃ śābdayāmīty anuvyavasāyād iti bhāvaḥ."

[*170] マトゥラーナータの解釈に従う。*TCR* 4(1) p. 104: "**ananugama** iti. pūrvavad vyabhicāra ity arthaḥ."

つ［の瑕疵］からは正しくない認識が生じないと帰結してしまう。

【解説】この段落では、自律的真理説の前提に従って、美質の存在は認めないものの、瑕疵の非存在を認識の正しさ一般の原因と考える立場が批判されていると考えられる。最後に示される逸脱等の議論は、2 番目の前主張（3.1.2b）について為されていたものと同じ趣旨のものであろう。

3.1.3 プラバーカラ派の確定見解

a 確定見解（「対象に即した指向を有するということ」）の提示

TC 4(1) pp. 104ff

तस्माल्लाघवाद् यथार्थतात्पर्यकत्वं शाब्दप्रमाप्रयोजकम्। तच्च यथार्थवाक्यार्थप्रतीति-प्रयोजनकत्वं लोकवेदसाधारणम्। तदभावाद् अप्रमा, स एव दोषः। न हि जात्यैव कश्चिद्दोषः। तद्विघातक[1]त्वाच्च भ्रमादीनां दोषत्वम्। अत एव भ्रान्तप्रतारकवाक्यं शुकादि-वाक्यञ्च प्रमाणं संवादात्। अत एवान्य[2]घटाभिप्रायेण गेहे[3] घटोऽस्तीत्युक्ते यत्र घटान्तरं दृष्ट्वा तम् आनयति, तत्रान्यपरत्वाच्छब्दो न प्रमाणम्। व्यवहारस्तु प्रत्यक्षाद् एव। यष्टीः प्रवेशयेति च[4] मुख्यार्थबोधे न प्रमाणम्, यत्परः शब्दः स शब्दार्थ इति न्यायात्[5]।

---

[1] तद्विघातक-] Ed, B_2; तद्व्याघातक B_1 [2] एवान्य-] Ed, B_2; एव गृहवर्ति- B_1 [3] गेहे] Ed, B_2; गृहे B_1
[4] च] Ed, B_2; om. B_1 [5] शब्दार्थ इति न्यायात्] Ed; शब्दार्थो यतः B_1, B_2

プラバーカラ派　したがって、簡潔性のため[*171]、［言葉が］「対象に即した指向を有するということ」が正しい言語理解の原因である［とされるべきである］。そしてそれ（対象に即した指向を有するということ）は、［言葉が］「対象に即した文意の認識を目的としているということ」［に他ならず］、世間［的な文］とヴェーダに共通している。それ（対象に即した指向を有するということ）の非存在に起因して正しくない認識があり、それ（対象に即した指向を有するということの非存在）こそが瑕疵である。というのも、［何らかの］普遍によるだけでは、何も瑕疵とされないからである[*172]。また、それ（対象に即した指向を有するということ）を損なうものであるため、［話し手の］誤った認識等［も］瑕疵とされる。

まさにこれゆえに（瑕疵が存在していても、正しい言語理解の原因が存在するため[*173]）、誤った認識をもつ嘘吐き［が述べる］文、およびオウム等［が述べる］文も、整合性にもとづいてプラマーナであるとされる。［また、］まさにこれゆえに、［或る人が］他の壺（たとえば青い壺）を意図して「家に壺がある」と言ったのに、［別の或る人が］別の壺（たと

---

*171　註釈者らは、4 種の瑕疵の非存在を想定することに比して簡潔であるからと説明する。*TCP* p. 8: "**lāghavād** iti. bhramādyabhāvāpekṣayedaṃ bodhyam." ただし、前主張はすべて何らかの欠陥により否定されているため、簡潔性のためだけでなく理論的にも、この考えは認められないはずである。マトゥラーナータはそう指摘している。*TCR* 4(1) p. 104: "**lāghavād** ity upalakṣaṇam, visaṃvādiśukavākyavyāvṛttatvāc cety api bodhyam."

*172　瑕疵性という普遍があり、それに属するものとして個々の瑕疵を挙げることはできない、ということと解釈できる。註釈者らの説明を参考にした。*TCP* p. 9: "**na hī**ti. na hi doṣatvajātimān kaś cit padārtho 'pramāhetuḥ. kin tu yasyaiva taddhetutve pramāṇam, tasyaiva doṣatvam iti tadabhāva eva doṣa ity arthaḥ."

*173　註釈者らの解釈を参考にした。*TCA* 20a: "**ata eve**ti. yata eva doṣasattve 'py uktasāmagrīty arthaḥ."

えば黄色い壺）を見てそれ（黄色い壺）を持ってくるときは、他のものを指向しているので、［「家に壺がある」という］言葉はプラマーナではない。［その場合、黄色い壺を持ってきた人の］行動は、［言葉でなく］知覚のみにもとづいている*174。また、「杖（yaṣṭi. 杖をもつ遊行者のこと）たちを中へ入れなさい」という［言葉］は、主たる意味（すなわち、杖を中へ入れること）の理解に対してはプラマーナではない。というのも、「言葉が或るものを指向するとき、それが［その］言葉の意味である」という解釈論理（nyāya）があるからである。

【解説】 本段落で、プラバーカラ派の確定見解が示される。彼らによれば、「対象に即した指向を有するということ」が正しい言語理解の原因であり、或る文がプラマーナすなわち「正しい言葉」であることを保証する要因である。指向とは、詳しくはこの後の第5章（指向）で検討することになるが、言葉がもつ、特定の意味を聞き手に理解させようとする性質である。ニヤーヤ学派によればそれは話し手の願望により恣意的に決定されるため、しばしば「話し手の意図」と訳される。一方、ミーマーンサー学派にとってはヴェーダは作者をもたないとされるが、そのヴェーダの文にも指向は存在する。したがって、それは必ずしも「話し手の意図」ではなく、言葉がそれ自体でもつ性質であると考えなければならない。指向には、語意に対するものと文意（連関）に対するものがある。たとえば多義語は、文脈に応じて異なる語意に対する指向をもつ。一方、多義語でなくても、語 W_1 は語 W_2 の意味 M_2 ではなく語 W_3 の意味 M_3 との連関を指向している、というように、特定の語意との連関に対する指向をもつ。テキストでは、プラバーカラ派は問題とされる指向を文意に対するものに限定している。なお、「目的（prayojana）」による指向の定義はウダヤナが言及したものとして知られており、ウダヤナはこれを否定するのだが、ガンゲーシャはこれを自説として採用している。本書第5章6も参照のこと。

ここでは、ガンゲーシャの引くプラバーカラ派説における、「正しい言葉」の概念の特徴が表れている。プラバーカラ派は3種の特殊な事例に言及する。勘違いした嘘吐きとオウムの言葉の例、聞き手による指向の勘違いの例、比喩の例である。これらの例のいずれも、言葉には、それから理解されるべき意味というものがある、ということを示している。その意味こそが指向の対象である。或る言葉から得られた認識がたとえ正しくても、それが理解されるべき意味、すなわち指向対象でないならば、その言葉は、その意味に対してはプラマーナとはみなされない。なお、指向は必ずしも話し手により決定されるものではない。オウムの言葉にも指向があり、そしてその指向対象が事実と一致するならば、その言葉はプラマーナとされる。

ガンゲーシャはこれらの問題を『宝珠』真理論章で論じ、プラバーカラ派と異なる見解を示している。両者は、勘違いした嘘吐きやオウムの言葉を、それが正しい認識をもたらすならばプラマーナとして認める、という点では一致している。しかしガンゲーシャは、指向を勘違いして得られた認識が偶然正しかった場合も、その言葉はプラマーナであるとしている*175。

---

*174 註釈者らは、指向の勘違いにより行動が起きることも認める。*TCP* p. 9: “**vyavahāra** iti. etac ca yatra tātparyabhramo na jātas tadabhiprāyeṇa bodhyam. anyathā ’nyaparād ityādinā tadbhramāc chābdabhramāṅgī-kārād atrāpi tatsambhave pratyakṣāt tadvyavahāropavarṇanam asaṅgataṃ syād iti.”

*175 『宝珠』真理論章抜粋 II 7（p. 286）を参照。

b　文意理解における指向のはたらき

TC 4(1) pp. 108ff

तच्च तात्पर्यं ज्ञातम् उपयुज्यते, ज्ञायमानकरणे ज्ञानोपयोगिव्यभिचारिवैलक्षण्याद्[1] व्याप्तिवच्छब्दशक्तिवच्च[2]। अन्यथान्यपराद् अन्यान्वयबोधो न स्याद् इति शब्दा[3]भासोच्छेदप्रसङ्गः[4]। तद्भ्रमाच्च शाब्दभ्रमः। अत एव यष्टीः प्रवेशयेत्यत्र लक्षणा नानार्थे विनिगमना च, तयोस्तात्पर्यग्रहमूलकत्वात्। यदि च यत्र वास्तवं तात्पर्यं तं[5] शब्दो बोधयति, तदा लक्षणायां मुख्यार्थान्वया[6]नुपपत्त्युपयोगो न स्यात्। अत एव पचतीत्युक्तेऽन्योक्तेन स्वयं स्मृतेन वा[7] कलायपदेनोपस्थिते कलायं पचतीत्यन्वयबोधो न भवति, तात्पर्यानिश्चयात्।

---

[1] वैलक्षण्याद्] Ed, B_2; वैलक्षण्यत्वाद् B_1　[2] च्छब्दशक्तिवच्च] B_1, B_2; च्छक्तिवच्च Ed　[3] शब्दा] Ed, B_1; साब्दा B_2　[4] -च्छेदप्रसङ्गः] Ed, B_2; -च्छेदः B_1　[5] तात्पर्यं तं] Ed; तात्पर्यं त B_1; तात्पर्यं B_2　[6] मुख्यार्थान्वया-] Ed, B_1; मुख्यान्वया- B_2　[7] स्वयं स्मृतेन वा] Ed; स्वयं वा स्मृतेन B_1, B_2

プラバーカラ派　そしてその指向は、［文意理解において］認識されてはたらく。認識されている主原因に存在し、かつ認識を導くが逸脱を有する［要因］とは性質を異にするからである。遍充や言葉の対象指示力と同様である。そうでないとすると（指向は存在するだけではたらくとすると）、或る［連関］が指向されている［言葉］から、他の連関の理解が生じなくなり、それゆえ擬似言語（正しくない認識をもたらす言葉）というものがなくなってしまうだろう。しかし［実際のところ、］誤った言語理解はそれ（指向）の誤った認識から生じるのである*176。

まさにこれゆえに（指向の理解が正しい言語理解の原因であるので）、「杖たちを中へ入れなさい」という場合、比喩が［文意理解をもたらすこともあり］、さまざまな［直接的］意味からの選択が［文意理解をもたらすこともある］。それら（比喩の意味理解と選択的意味理解）は指向の把捉にもとづいているからである*177。またもし、或る事物に対して事実として指向が存在する、それ（その事物）を言葉が［聞き手に］理解させるとするならば、比喩［を用いた連関の理解］において、主たる意味（すなわち指示対象）の連関不可能性が［比喩の種子として］はたらくことがなくなってしまうだろう。

まさにこれゆえに（指向の把捉が正しい言語理解の原因であるので）、「調理する（pacati）」と言われたとき、別の人に言われた、或いは［とくに理由なく］自ずから想起された「カラーヤ豆」という語によって［《カラーヤ豆を》という意味が］表出して［も］（想起されても）、《カラーヤ豆を調理する》という連関の理解が生じることはない。［聞き手が］そ

---

*176　プラバーカラ派は誤った認識というものを認めないため、註釈者らは、この「誤った認識」は「連関ならざるものの非認識」のことであると説明しているが、はたしてそのような意味でプラバーカラ派が「誤った認識」と言うだろうか。これはむしろ、プラバーカラ派に帰せられている見解が、ガンゲーシャの構想したものであるという疑いを強くするものである。*TCA* 20b: “**tadbhramāt**. tātparyāsaṃsargāgrahāt. **śābdabhramaḥ**. śābdāsaṃsargāgrahaḥ.”

*177　「杖たちを中へ入れなさい」という文においても、指向をどう理解するかによって、《遊行者たちを中に入れなさい》という文意を理解することもあれば、《諸々の杖を中に入れなさい》や《枝々を中に入れなさい》などの、“yaṣṭi” の直接的な意味から何かを選び取って文意を理解することもある、ということが言われているのだろう。この解釈はマトゥラーナータの説明に従っている。*TCR* 4(1) p. 110: “**yaṣṭīḥ praveśayety atre**ti. śakyalakṣyobhayatātparyake yaṣṭīḥ praveśayety atrety arthaḥ. **lakṣaṇā**. kadā cil lakṣyārthasyaivānvayabodhaḥ.... **nānārthe**. nānārthatātparyake. **vinigamanā**. kadā cit kiñ cid artham ādāyaivānvayabodhaḥ. **tayoḥ**. lakṣaṇānānārthavinigamanayoḥ. **tātparyagrahe**ti. tadarthamātre tātparyagrahety arthaḥ.”

のように指向を確定することはないからである。

【解説】「対象に即した指向を有するということ」に含まれる「指向」は、正しい文意理解の成立のために、ただ存在するだけではなく、聞き手に認識されていなければならない、という見解をプラバーカラ派が論証する。たとえば「髭がいるぞ」という文を考える。話し手は「髭」によって《髭の男》を意味しており、この文は全体として《髭の男がいる》という意味を指向している。そこに髭の男がいるのであれば、この文は対象に即した指向を有していると言える。しかし、聞き手がもし「髭」によって《髭の男》が意味されていることを理解しなければ、正しい文意理解は得られない。正しい文意理解が生じるには、その文に、「聞き手によって理解された、対象に即した指向」が存在しなければならないと言える。

このことを論証するためにプラバーカラ派が提示する論拠のうち、はじめのものは、「正しい認識の原因」一般に関して p. 194 で述べられた根拠と同じである。それ以降示されるものは、上で筆者が説明したような、比喩や多義語にもとづくひとの認識の分析に依拠している。聞き手が比喩による意味理解を行う際は、まず指示による理解を試み、指示によって得られる意味の連関が成り立たないことを認識する場合、その次に比喩による意味理解を試みるというプロセスを経るとされる[*178]。この理論の上では、文意認識の過程で聞き手が指向を理解していなければ、比喩による意味理解は行われない。

c　反論（正しい認識の原因は文脈等の認識である）の検討

TC 4(1) pp. 111f

न च तात्पर्यग्राहकस्य प्रकरणादेः[1] प्राथम्याद् आवश्यकत्वाच्च शब्दसहकारिता, न तु तात्पर्यग्रहस्येति वाच्यम्। तेषाम् अननुगतत्वेन परस्परव्यभिचाराद्[2] अहेतुत्वात्। तात्पर्यग्राहकता त्वननुगतानाम् अपि व्याप्यत्वाद् धूमादीनाम् इव।

[1] -ग्राहकस्य प्रकरणादेः] Ed, B_2; -ग्राहकप्रकरणादेः B_1　[2] परस्परव्यभिचाराद्] Ed, B_1; परस्परं व्यभिचाराद् B_2

対論者　［聞き手に］指向を把捉させる文脈等が、［指向よりも］先に［認識される］ので、また［文意理解の成立に］必要であるので、言葉の協働因なのであって、指向の把捉［自体］がそうなのではない。

プラバーカラ派　そうではない。それら（文脈等）は［すべての文に］共通でないので互いに逸脱するため[*179]、［正しい言語理解の］原因ではないからである[*180]。一方、［文脈等が、指向の把捉という結果のすべてに対して］共通でないにも関わらず、指向を把捉させるのは、［それらが指向の理解に］遍充されているということにもとづいている。たとえば［火の推理における］煙等と同様である[*181]。

---

*178　Das 2011、Guha 2012、また本書 pp. 223ff を参照。

*179　指向という要因はすべての文の場合に共通しているが、文脈等については、この場合は文脈が、別の場合には文脈ではなく解釈論理が必要とされる、というように不統一であるから、ということが言われているのだろう。ルチダッタの解釈を参考にした。*TCP* p. 9: “**ananugatatvene**ti. tātparyavyāpyatvena tv anugame lāghavāt tātparyam eva tatheti bhāvaḥ.”

*180　幾度も言われているように、複数の原因［文脈等］から単一の結果［正しい言語理解］が生じるという因果関係は認められないため。

*181　因果関係ではなく、根拠と推理対象の関係は、多対一でも認められるようである。火を推理させるものとして煙や光があり、それらは結果に対して不統一であるが、有効な証相として認められ

【解説】 次の段落以降で詳しく論じられるが、指向は、文脈や聖典解釈論理を用いて理解される。したがって、指向の理解を正しい文意理解の原因とするのではなく、さらにその原因として認められている文脈等の認識を文意理解の原因とすればよいではないか、という反論が検討されている。この段落は、これ以降も繰り返し問題とされる重要な論点を含んでいる。

なお、「文脈（prakaraṇa)」は「状況」、「シチュエーション」と理解した方が適切と思われる。ニヤーヤ学者たちは、《塩》と《馬》の両方を意味する語 "saindhava" について、それが食卓で発話されれば《塩》と理解され、牧場で発話されれば《馬》と理解される、といった事例を想定している。文字で書かれた物語においては「文脈」がそれを示唆するのかもしれないが、日常的な発話においては、それは文脈ではなく、状況と呼ばれるべきものだろう。吉水清孝氏はそれを "context" ではなく "co-text" と理解することを提案している[*182]。

3.1.4 指向を確定する方法

a ヴェーダの場合

TC 4(1) p. 112

तच्च तात्पर्यं वेदे न्यायगम्यम्। यत्र न्यायात् तात्पर्यम् अवधार्यते स एव[1] वेदार्थः।

---

[1] एव] Ed; om. B_1, B_2

プラバーカラ派　そしてその指向は、ヴェーダの場合は解釈論理（nyāya）によって理解される。或る事物に対する指向が解釈論理にもとづいて確定されるとき、他ならぬそれがヴェーダの意味である。

【解説】 正しい文意理解の原因の候補として考えられた「信頼できる者に述べられたということ」は、それが文意理解より前に確定することができないことを根拠に却けられた。いま、「対象に即した指向を有するということ」が正しい文意理解の原因であると主張するプラバーカラ派は、それを事前に確定する方法を説明しなければならない。本段落以降、或る文が指向している対象を確定する方法が論じられる。

ヴェーダにおいては解釈論理によって文の指向が確定される、と言われている。註釈者らは、"yatra" で始まる文を、その根拠を述べるものと解釈している[*183]。解釈論理によって指向が確定できているのだから、それが指向を確定する手段であるということを意味しているのだろうが、これは一種の論点先取と言えるだろう。解釈論理により理解されるものが正しい指向であることは論証されていない。なお、解釈論理とは、マトゥラーナータに依れば、具体的には簡潔性と冗漫性の原則といった、ミーマーンサー学派の用いる聖典解釈の諸原則を意味している[*184]。

る。マトゥラーナータの解釈を参考にした。*TCR* 4(1) p. 112: "**dhūmādī**ti. dhūmālokānām ananugatānāṃ vyāpyatayā yathā vahnigrāhakatvam ity arthaḥ."

[*182] 吉水 2006 を参照。

[*183] *TCP* p. 9: "**yatre**ti. yatparaḥ śabdaḥ sa śabdārtho taya ity arthaḥ." *TCR* 4(1) p. 112: "atra hetum āha. **yatre**ti."

[*184] *TCR* 4(1) p. 112: nyāyaḥ anādimīmāṃsakaparamparāsiddhā yuktiḥ, sā ca lāghavagauravatarkalaghvarthaparapada-samabhivyāhāra ity evamādirūpeti bhāvaḥ.

b　世間的な文の場合

TC 4(1) pp. 112ff

लोके च न केवलं न्यायानुसारि तात्पर्यम् इति न न्यायगम्यम्, किन्तु पुमभिप्राय-नियन्त्रितम्, न्यायाविषयेऽपि पुरुषेच्छाविषये प्रतीति[1]जनकत्वात् पुंवचसाम्। वक्ता च परकीयवाक्यार्थज्ञानोत्पादनेच्छया[2] वाक्यम् उच्चारयति[3]। सा चेच्छा यदि वक्तुर्यथार्थ[4]-वाक्यार्थज्ञानपूर्विका भवति तदैव[5] परं तदुच्चारणस्य पुमभिप्रेतयथार्थवाक्यार्थ[6]ज्ञानपरत्वं यथार्थज्ञानेच्छा[7]व्याप्यं निर्वहतीति वक्तुर्यथार्थवाक्यार्थज्ञानवत्ताम् अविज्ञाय[8] यथार्थप्रतीति-परत्वं ज्ञातुं न शक्यत इति प्रथमम् आप्तवाक्याद् वक्तृज्ञानानुमानपूर्वकम् अर्थतथात्वम् अनुसन्धाय यथार्थतात्पर्यनिश्चयः।

---

1 -च्छाविषये प्रतीति-] Ed; -च्छाविषयप्रतीति- B_1, B_2　2 -ज्ञानोत्पादनेच्छया] Ed, B_2; -ज्ञानोपोदेच्छया B_1
3 उच्चारयति] Ed; रचयति B_1, B_2　4 सा चेच्छा यदि वक्तुर्यथार्थ-] Ed; सा च्चे वक्तुवक्तुर्यदि यथार्थ- B_1; सा वक्तुर्यदि यथार्थ- B_1　5 तदैव] Ed, B_2; तद् एव B_1　6 -वाक्यार्थ-] Ed; om. B_1, B_2　7 -ज्ञानेच्छा-] Ed, B_1; -ज्ञापनेच्छा- B_2
8 अविज्ञाय] Ed, B_2; अपि विज्ञाय B_1

プラバーカラ派　また、世間［的な文］の場合は、指向は必ずしも解釈論理に従うものではないので、［それは］解釈論理によっては理解されない*185。そうではなく、［世間的な文の場合の指向は］ひとの意図（abhiprāya）に左右される。ひとの発言は、解釈論理の扱う対象でなくても、人間の願望の対象についての認識を［聞き手に］生じさせるからである。

また、話し手は、相手方（聞き手）に文意の認識を生じさせることを願って文を発話する。そして、その［話し手の］願望が、話し手の対象に即した文意の認識に先行される場合のみ、最終的に、その発話が、ひと（話し手）の意図している対象に即した文意の［聞き手における］認識を指向することが導かれる。［それは］対象に即した認識［を聞き手に生じさせたいという話し手の］願望に遍充されている［からである］。それゆえ、対象に即した文意の認識を話し手が有することを知らずに、［或る文が］対象に即した認識を指向しているということを認識することはできない。したがって、信頼できる者［に述べられた］文から、話し手の認識の推理に先行される、事物がそのとおりであるということ（artha-tathātva. 言葉に述べられたとおりであるということ）を導いたのち、対象に即した指向を［文意理解の成立に］先立って確定する*186。

【解説】世間的な文の場合、指向は推理にもとづいて確定できるとされる。テキストは難解であるが、次のようなことが言われていると理解できる。まず、テキストでは以下の三つの論理的関係が述べられている。

A　話し手の対象に即した文意の認識に先行されるということ。
B　聞き手の対象に即した認識に対する話し手の願望。
C　話し手が意図する対象に即した文意の、聞き手による認識を指向するということ。

---

*185　必ず解釈論理に従うのでなければ、遍充関係が成立しないので、いかなる場合も解釈論理にもとづいて指向を推理することはできない。ジャヤデーヴァはそう解説する。*TCA* 21a: “na kevalam iti śravaṇāt kadā cid nyāyāvatāre ’pi na tatas tātparyāvadhāraṇam, anumāpakābhāvād ity arthaḥ.”
*186　マトゥラーナータの解釈に従う。*TCR* 4(1) p. 115: “**prathamam**. śābdabodhāt pūrvam, anvayaś cāsya **yathārthatātparyanirṇaya** ity anena.”

このうち *C* を言葉の正しさと考えると、*A* は話し手の正しい認識、*B* は話し手の誠実さに言及するものと理解できる。したがって、ここで述べられている論理は、正しい認識と誠実さの組み合わせで話し手の信頼性を規定する伝統な枠組みに従っていると解釈することができる。テキストでは、*C* は *B* に遍充されると言われている。また、*A* があるときのみ *C* が確定されると言われている。すなわち、*C* が *A* に遍充されているということである。したがって、*C*（言葉の正しさ）が成り立つときは、*A*（正しい認識）と *B*（誠実さ）が共に満たされているはずである。結局のところ、*C* を確定するためには、*A*、すなわち話し手の認識が正しいことを推理しなければならない。次段落では、その推理の詳細が示される。

c　話し手の認識の正しさを推理する仕方

TC 4(1) pp. 115ff

अनुमानञ्चेदं वाक्यं भ्रमादिविशिष्टज्ञानयोरन्यतरजन्यं वाक्यत्वाद् इति। ततो भ्रमादिनिरासे सति परिशेषाद् वाक्यार्थज्ञानानुमानम्। अयं वक्ता स्वप्रयुक्तवाक्यार्थयथार्थज्ञानवान्, भ्रमाद्यजन्यवाक्यप्रयोक्तृत्वात्, अहम् इव। न त्वाप्तत्वात्, साध्याविशेषात्[1]। तत एते पदार्था यथोचितसंसर्गवन्तः, यथार्थज्ञानविषयत्वाद् आप्तोक्तपदस्मारितत्वाद् वा, मदुक्तपदार्थवद् इति।

[1] साध्याविशेषात् Ed, B_1; साध्यं विशेषात् B_2

プラバーカラ派　また、［話し手が正しい認識をもつことを知るための］推理は、［まず、］「この文は、誤った認識等または限定された［対象の］認識のいずれかから生じる。文であるから。」という［かたちをとる］。その後で、誤った認識等［の可能性］が排除される場合[*187]、消去法によって［話し手の］文意の認識が推理される。［たとえば、次のようである。］「〔主張〕この話し手は、自らの用いた文の意味［を対象とする］対象に即した認識をもつ。〔理由〕誤った認識等からは生じない文を用いる者であるから。〔喩例〕私のように。」なお、「信頼できる者であるから」［ということは根拠になら］ない。［それは］推理対象に他ならないからである。これ（いま述べた推理）の後で、［次のような推理が行われる。］「〔主張〕これらの語意は、適切（yathocita[*188]）な連関を有する。〔理由〕対象に即した認識の対象であるから、或いは、信頼できる者に述べられた語によって想起させられたものであるから。〔喩例〕私に述べられた語の意味のように。」

【解説】ここでは、まず、話し手が正しい認識をもつことが消去法により推理できるとされる。このような、話し手を推理主題とする推理式をニヤーヤ学派の文献では目にすることがないが、ヴァイシェーシカ学派では『ニヤーヤ・カンダリー』が、また仏教では仏教論理学者たちがこれに類するものを提示している[*189]。こうしてまず話し手の認識を推理し、すなわち話し手が信頼できる者であるということを確定し、それにもとづいて語意を推理主題とする語意の連関を

[*187] 誤った認識等の可能性を排除する仕方を、ルチダッタは次のように説明する。*TCP* p. 9: “**bhramādī**ti. nāyam atra bhrāntaḥ, pramādīvāsvabhyastavākyārthatvāt [sic]. na pratārakaḥ, sādhutvāt. nāpy apaṭukaraṇaḥ, avahitatvād ityādiveti śeṣaḥ.”

[*188] ヴァイシェーシカ学派の提示する推理式で用いられていた “abhimata” と同じことであろう。*TCA* 22a: “**yathocite**ti. prakṛtajñānaviṣayety arthaḥ.”

[*189] *Nyāyakandalī* p. 502 および戸崎 1985 を参照。

推理する、という 2 段階の推理により文意理解が説明されている。

d　反論（話し手の認識は推理できない）の検討

TC 4(1) pp. 119ff

ननु वक्तुर्ज्ञानविशेषोऽनुमेयः। ज्ञाने चार्थ एव विशेषः, न त्वर्थाधीनोऽन्यः, अर्थेनैव विशेष इत्यौपचारिकी तृतीया, तथा च वाक्यार्थज्ञानविशेषोऽनुमेयः, तस्य चाप्रसिद्ध्या न व्याप्तिग्रहः। अत एवास्मिन्वाक्यार्थेऽयम् अभ्रान्त आप्तो वेति ज्ञातुम् अशक्यम् इति शब्द एव तम् अर्थं बोधयेद् इति चेत्। न। तात्पर्यावधारणार्थं त्वयाप्यशाब्द्या[1] एव संसर्गविशेषप्रतीतेरवश्याभ्युपेयत्वात्[2], अन्यथा क्व तात्पर्यनिरूपणम्। अत एव आप्तोक्तत्वभ्रमाद्यजन्यत्वनिरूपणम् अपि सुकरम्। शाब्दं तु संसर्गज्ञानं प्रथमं न भवति, ज्ञानान्तरन्तु भवत्येव[3]। न चैवं शब्दो न प्रमाणं तदर्थस्य प्राग् एव सिद्धेरिति[4] वाच्यम्। तवापि तुल्यत्वात्।

[1] अशाब्द्या Ed; अशाब्द्य B_1; अस B_2　[2] अवश्याभ्युपेयत्वात् Ed; अभ्युपेयत्वात् B_1, B_2　[3] ज्ञानान्तरन्तु　भवत्येव] Ed, B_1; om. B_2　[4] सिद्धेरिति] Ed, B_2; सिद्धिरिति B_1

対論者　［いま言われた推理では、］推理対象は話し手の特定の認識である。そして、認識においては、対象のみが差異化要素（viśeṣa）であり、対象に依存する他のものは［差異化要素とはなら］ない。「対象のみによって差異がある（arthenaiva viśeṣaḥ）」と言われるときは[*190]、第 3 格語尾は比喩的なもの（aupacārika）［であり、対象こそが差異である、ということを意味している[*191]。］したがって、推理対象は［話し手の］文意の特定の認識ということになるが、それ（文意の特定の認識）は［推理の時点では］成立していないので、［この推理を行うための］遍充は把捉されない[*192]。まさにこれゆえに、この者はこの文意について誤った認識をもたないのか、或いは信頼できる者であるのか、ということを認識することはできない[*193]。それゆえ、［推理ではなく］言葉こそがその意味（文意）を理解させるだろう。

プラバーカラ派　そうではない。指向を確定するために、君もまた、特定の連関を言葉に依らずに認識することを、どうしても認めなければならないからである。そうでないとすると、指向は何に対して特定されるだろうか（指向はどこへ向かっているものとして理解できるだろうか）。まさにこれゆえに、信頼できる者に述べられたということの特定も、誤った認識等から生じるものではないということの特定も、容易に為されるのである。連関の認識は、言語理解としては［指向の把捉に[*194]］先立って生じることはない。しかし、他の認識（この場合、推理知）としてであれば生じるのである。

対論者　そうだとすると（指向の把捉に先立って連関の推理知が生じるとすると）、言葉はプラマーナでなくなってしまう。その意味は、［言語理解より］まさしく前に［推理に

[*190] *NKus* におけるウダヤナの言葉である。*NKus* pt. 4 v. 4: “arthenaiva viśeṣo hi nirākāratayā dhiyām | kriyayaiva viśeṣo hi vyavahāreṣu karmaṇām ||”

[*191] マトゥラーナータの解釈に従う。*TCR* 4(1) p. 119: “**aupacārikī**ti. dhānyena dhanavān ityādāv ivābhedaupacārikīty arthaḥ.”

[*192] これに似た論理が本節 3.1.2c（p. 198）で述べられている。

[*193] これに似た論理が本節 1.5.3（p. 183）で述べられている。

[*194] マトゥラーナータの解釈である。*TCR* 4(1) p. 124: “**prathamam**. tātparyagrahāt pūrvam.”

よって］成立するからである。

プラバーカラ派　そうではない。君の立場でも同じことだからである。

【解説】これまで何度も示されているのと同じ根拠にもとづき、話し手の文意の認識は推理できない、したがって文が対象に即した指向を有するということも推理できないという反論が行われる。これに対し、プラバーカラ派は、反論者（おそらくニヤーヤ学派）の立場においても、言語理解に依らずに指向を理解できると認めなければならないと言う。指向を理解せずには、多義語の文の理解ができないはずだと考えているのだろう。しかし、先に反論者によって指摘された難点を克服する論理は示されていない。

e　反論（一般的な遍充の認識によっては個別的な事物は推理できない）の検討

TC 4(1) pp. 125f

ननु तथापि कथम् अर्थविशेषसिद्धिः, विशेषेण व्याप्त्यग्रहाद् इति चेत्। न[1]। यथा यो यत्र प्रवर्तते स तज्ञानातीति[2] सामान्यतोव्याप्तिज्ञाने पाकादौ प्रवृत्तिदर्शनात् पाक-विषयककार्यताज्ञानानुमानम्। यथा च चेष्टाविशेषदर्शनाद् दशसंख्याभिप्रायमात्रज्ञाने घटे तच्चेष्टादर्शनाद् घटे दशत्वज्ञानम्। तथा[3] सामान्यतोव्याप्त्यात्रापि विशेषसिद्धिः।

---

[1] न] Ed, B_2; om. B_1　[2] जानातीति] B_1, B_2; ज्ञानातीति Ed　[3] तथा] Ed, B_1; तथा च B_2

対論者　そうだとしても、遍充の把捉は個別化しては行われないのだから、どうして個別的な意味が成立する（認識される）ことがあろうか。

プラバーカラ派　そうではない。たとえば「或るもの（*x*）に対して活動意欲を抱く者は、そのもの（*x*）を知っている」という一般的なかたちでの遍充が認識されているとき、［或る者の］調理等に対する活動意欲がみられることから、調理がなされるべきであるという［調理者の］認識が推理される。またたとえば、特定の身体動作（1本の指を立てること等）がみられることから、［動作者が］《十》という数を意図しているということのみが認識されているとき、壺に対するその身体動作がみられることから、壺に対して《十》という数が認識される[*195]。それと同様に、この場合もまた、一般的なかたちでの遍充によって個別［的な文意］が成立する（認識される）のである。

【解説】これと同種の問題が本節 1.2.3b（p. 159）でも論じられていた。そこでは、ヴァイシェーシカ学派に帰せられる発言として、遍充が一般者間に認識されていても、推理主題所属性に依拠して、個別的な文に対応する個別的な連関が成立すると言われていた。つまり、火と煙の間に認識される遍充は、すべての火とすべての煙に関するものであるが、山の上の個別的な煙にもとづいて、同じく山の上に存在する個別的な火の存在が推理されると考えられている。本節 1.3.4（p. 169）で述べられている、推理知は遍充者性制限者属性を規定者とするという見解とも関わってくる。

プラバーカラ派は、いま、この問題を、理論的にではなく経験にもとづいて却ける。他のよく知られた推理の例を見ても、一般的な遍充によって個別的な対象を推理することはよく行わ

---

*195　市場で指を立てて《十》という数を意味するのは、「身振り（ceṣṭā. ハンドサイン等のこと）」の例として知られている。*Nyāyakandalī* pp. 501–502 でシュリーダラもこれに言及している。

れている、と言う。前段落にも見られたが、『宝珠』本章で言及されるプラバーカラ派は、実際にそのような現象が起きているのだからそれを認めるべきだ、という考え方を好むようである。一方、ルチダッタは、この見解の背後にヴァイシェーシカ学派との議論で言われていたことと同じ考えを読み取る[*196]。

f　他の仕方での推理の説明（マハー・アルナヴァに帰される見解）

TC 4(1) pp. 126ff

यद्वा इदं वाक्यं साकाङ्क्षैतदर्थ[1]विषयकैकज्ञानहेतुकम्, आप्तोक्तत्वे सत्येतदर्थप्रतिपादकत्वात्, मद्वाक्यवत्। तत एते पदार्थाः परस्परसंसर्गवन्तः, साकाङ्क्षत्वे सत्येकज्ञानविषयत्वात्, सत्यरजतज्ञानविषयवत्। एवं वक्तुर्यथार्थवाक्यार्थज्ञाने[2]ऽनुमिते प्रकरणादिना वक्त्रभिप्रेतयथार्थप्रतीतिपरत्वज्ञानम्, ततो वेदतुल्यतया शब्दाद् अर्थप्रत्यय इत्यनुवादकः शब्दः, वक्तृज्ञानावच्छेदकतया संसर्गज्ञानानुमानात्[3] तदुपजीविसंसर्गानुमानाद् वा वाक्यार्थस्य प्राग् एव सिद्धेः।

---

[1] साकाङ्क्षैतदर्थ-] B_1, B_2; साकाङ्क्ष्यैतदर्थ- Ed　[2] वक्तुर्यथार्थवाक्यार्थज्ञाने] Ed, B_1; वक्तुर्वाक्यार्थज्ञाने B_2
[3] संसर्गज्ञानानुमानात्] Ed; om. B_1, B_2

プラバーカラ派　或いは、次のように［も言われる］。

他の学者 A　「〔主張〕この文は、期待を有する（すなわち、正しい[*197]）、この意味を対象とする単一の認識を原因とする。〔理由〕信頼できる者に述べられたものであり、かつ、この意味を理解させるものだからである。〔喩例〕私の文のように。」［という推理がまず行われ、］その後、［この推理の推理対象を根拠として用いて］「〔主張〕これらの語意は相互の連関を有する。〔理由〕期待を有しており、かつ、単一の認識の対象だからである。〔喩例〕銀の正しい認識の対象のように。」［という推理が行われる。］このようにして、話し手の対象に即した文意の認識が推理された後、文脈等によって、［当該の文が］話し手に意図された対象に即した認識を指向するものであるということが認識される。その後になって［ようやく］、［同じ原因総体を有するという点において[*198]］ヴェーダと等しいので、言葉から［文］意が認識される。したがって、［世間的な[*199]］言葉は再説者である。というのも、話し手の認識の制限者（限定者）であるということに依拠した［話し手の］連関の認識の推理、或いはそれ（連関の認識の推理）に依存する連関の推理にもとづいて[*200]、文意は［言語理解に］まさしく先立って［推理によって］成立する（理解される）からである。

【解説】文の指向を理解するための推理についての、これまでとは異なる説明が与えられる。マトゥラーナータは、これが『マハー・アルナヴァ（mahā-arṇava.「大海」という意味）』の見解

---

*196　*TCP* p. 10: “**tathā sāmānyata** iti. pakṣadharmatābalād iti bhāvaḥ.”

*197　註釈者らの説明によると、この見解を述べる者にとっては、「期待を有すること」が正しい認識の定義とされているようである。*TCP* p. 10: “sākāṅkṣatvam agṛhītāsaṃsargatvam, tathā ca parasya tādṛśajñānam eva viśiṣṭajñānam, tad eva ca prameti etadarthaviṣayakapramāhetukam iti paryavasito ’rthaḥ.”

*198　マトゥラーナータの解釈に従う。*TCR* 4(1) p. 129: “**vedatulyataye**ti. vedasthale kḷptaśābdānubhavasāmagrīviśiṣṭatayety arthaḥ.”

*199　マトゥラーナータの解釈に従う。*TCR* 4(1) p. 129: “**śabdāt**. laukikaśabdāt.”

*200　ここでふたつの推理が並記される点について、マトゥラーナータは以下のような説明を行ってい

であると言う[*201]。ただし、刊本の脚註によると、『マハー・アルナヴァ』の名前を出す『マートゥリー』の写本は限られているようである。『マハー・アルナヴァ』は書物のタイトルと思われ、このタイトルをもつ著作は *New Catalogus Catalogorum* に多数見つかるが、ここで言及されている『マハー・アルナヴァ』がどの著作なのかは判然としない。ガンゲーシャと関わりの深い『マハー・アルナヴァ』にはプラバーカラ派の学者ヴァテーシュヴァラ（Vaṭeśvara, ca. 1200[*202]）によるものがある。これは D. C. Bhattacharyya 1958: 136 や Umesh Mishra 1965: 308 で紹介されており、ガンゲーシャは『宝珠』知覚部でもこれに言及しているという[*203]。しかしこの著作は出版されておらず、また筆者は写本も手にしたことがないため、詳細は不明である。

g　他の見解（誤った認識を連関の非認識と考える立場）の検討

TC 4(1) pp. 129ff

यत्तु संसर्गाग्रहो[1] भ्रमः[2], तदभावश्च संसर्गग्रह एवेति भ्रमाभावेऽनुमीयमाने संसर्गज्ञानम् एवानुमितम् इत्याप्तत्वानुमानान्तर्गतम् एव वक्तृज्ञानानुमानम्, न तु वक्तृज्ञानानुमाने[3] तल्लिङ्गम् इति। तन्न। भ्रमो हि ज्ञानद्वयम् अगृहीतभेदम्, तदभावश्च गृहीतभेदज्ञानम्[4]। न हि ज्ञानाभावे सुषुप्तौ भ्रमव्यवहारः। ततो भ्रमाभावनिश्चयानन्तरं वक्तृज्ञानानुमानम्। किञ्च यद्याप्तोक्तत्वानुमानम् एव वक्तृज्ञानानुमानम्, तर्हि यादृशं लिङ्गं तादृशम् एव गमकम् अस्त्विति।

---

1 यत्तु संसर्गाग्रहो] Ed; यत्त्वसंसर्गाग्रहो B_1, B_2　2 भ्रमः] Ed, B_2; कर्मधारहभ्रमः B_1　3 वक्तृज्ञानानुमाने] B_1, B_2; वक्तुर्ज्ञाना-नुमाने Ed　4 गृहीतभेदज्ञानम्] Ed, B_2; गृहीतभेदं ज्ञानम् B_1

他の学者 B　誤った認識とは連関の非認識であり、それ（連関の非認識）の非存在が連関の認識に他ならない。それゆえ、誤った認識の非存在が推理されるときは、他ならぬ連関の認識が推理された［ことになる］。したがって、話し手の［連関の］認識の推理は信頼できる者であるということの推理（すなわち、話し手の誤った認識の非存在の推理）にまさしく含まれており、話し手の［連関の］認識の推理において、それ（信頼できる者であるということ）が証相となることはない。

プラバーカラ派　それは正しくない。というのも、誤った認識とは［対象の］差異を捉えない2種類の認識であり、それ（誤った認識）の非存在は差異を捉える認識である[*204]。認識の非存在である熟睡に関して、「誤った認識」という言語的営為は［為され]ないからである。それゆえ、誤った認識の非存在（すなわち、信頼できる者であるということ）を確定した後に、［それとは別に］話し手の［連関の］認識が推理される。

る。*TCR* 4(1) p. 129: “nanu karmatvādiviṣayakaghaṭādiviśiṣṭajñānānumānāt karmatvaghaṭādyos tatsaṃsargasya ca siddhāv api karmatvādau ghaṭādimattvaṃ na siddham ity ata āha. **tadupajīvī**ti. **saṃsargānumānād ve**ti. karmatvādau ghaṭādimattvānumānād vety arthaḥ.” なお、同種の表現が本節 2.1（187）にもみられる。

*201　*TCR* 4(1) p. 126: “mahārṇavoktaṃ prakārāntareṇa vākyapakṣakakarmatvādiviśiṣṭajñānānumānam āha. **yad ve**ti.”

*202　K. Potter のオンライン版 Bibliography による。根拠は不明。

*203　D. C. Bhattacharyya 1958: 94 による。

*204　誤った認識とは、認識の非存在ではなく、或る種の認識であるということ。「2種類の」という点について、マトゥラーナータは、それ自体として差異を捉えない認識と、認識対象として差異を捉えない認識の2種類であると説明する。*TCR* 4(1) p. 133: “**agṛhītabhedam** iti. svarūpato viṣayataś ca bhedagrahābhāvaviśiṣṭam ity arthaḥ. vaiśiṣṭyañ caikakālāvacchedenaikātmavṛttitvam. **gṛhītabhedajñānam** iti. gṛhīto viṣayīkṛto bhedo yeneti vyutpattyā svarūpato viṣayataś ca bhedajñānam ity arthaḥ. jñānadvayābhāvaś ceti śeṣaḥ. viśiṣṭābhāvasya viśeṣaṇābhāvaviśeṣyābhāvobhayarūpatvād iti bhāvaḥ.”

また、もし話し手の［連関の］認識の推理が「信頼できる者に述べられたということ」の推理に他ならないならば、［その推理において］証相となるものが［文意を］理解させるとすればよいではないか[*205]。

【解説】他の学者の見解がもうひとつ言及される。前出の『マハー・アルナヴァ』説は特に批判されなかったが、この見解はプラバーカラ派の主張者により却けられる。この見解では「誤った認識」は認識の非存在であると考えられているが、それは誤っていると言われる。なお、本小節の冒頭において、註釈者はいずれも「正しくない認識」を「正しい認識の非存在」であると解釈していた。

3.2　ガンゲーシャの見解

3.2.1　プラバーカラ派の主張の否定 1（指向を事前に認識できないことにもとづく論述）

a　指向は理解されて正しい認識の原因となるのではないことの論証

TC 4(1) pp. 135ff

अत्रोच्यते। यथार्थवाक्यार्थधीपरत्वं न ज्ञातं प्रमोत्पादकम्, गौरवात्, वाक्यार्थनिरूप्यत्वेन प्रथमं ज्ञातुम् अशक्यत्वाच्च। तस्यापूर्वत्वात्।

ガンゲーシャ　これについて、次のように答えられる。「対象に即した文意の理解を指向するということ」は、認識されて、正しい認識を生じさせるのではない。［そう考えるのは］冗漫だからである。また、［「対象に即した文意の理解を指向するということ」は］文意によって特定されるので、［文意の認識に先立って］はじめに認識することができないからである。というのも、それ（文意）は新たに知られるべきものだからである。

【解説】本段落以降、ガンゲーシャによるプラバーカラ派の説に対する批判が展開される。ガンゲーシャは、「対象に即した指向を有するということ」が正しい言語理解の原因であることを否定するのではない。それが認識されてはたらく、という点を徹底的に批判する。その批判は三つの論点によりなされている。〔1: 本節 3.2.1–3.2.3〕まず、既に何度も言われている、文の指向は事前に認識できないということ、そして、もしそれができるとするならばヴェーダの文の意味も推理により認識できることになってしまうということを論拠に、指向が認識されてはたらくということは理論上認められないことを示す。〔2: 本節 3.2.4〕そのうえで、プラバーカラ派が自説の論拠として示していた推理や知覚との相同性を否定し、プラバーカラ派の論証を崩す。〔3: 本節 3.2.6〕その後、本小節の最後で、「正しい言語理解の原因は何か」という問いに対するガンゲーシャ自らの見解が示される。本節 3.2.5 では、〔1〕および〔2〕の結論に対するプラバーカラ派の反論が検討されている。

本段落では、「対象に即した指向を有するということ」が認識されてはたらくことを否定するために、そう考えることは冗漫であり、またそもそも不可能であると述べる。冗漫というの

---

*205　マトゥラーナータの解釈に従う。*TCR* 4(1) p. 134: “**tarhī**ti. tarhi vahnikaraṇakatvādibhramābhāvavaduktatvasyānumāpakaṃ yal liṅgaṃ tad eva vahnikaraṇakatvādiśābdapramākaraṇam astu, kiṃ yathārthatātparyahetutvena.”

は、それが認識されていないとしても文意理解の成立が説明できるのに、その認識を求めるのは冗漫であるということであろう[*206]。次の段落以降で論じられるのは、ふたつめの論点、つまり、それは認識しなくてもよいのではなく、そもそも文意理解に先立って認識できないという論点である。

b 世間的な文の指向は事前に認識できないということの論証

TC 4(1) pp. 137f

यच्च लोके भ्रमादिनिरासानन्तरं वक्तृज्ञानावच्छेदकतया तदग्रे स्वातन्त्र्येण वा पुमभिप्रेत-वाक्यार्थज्ञाने तत्प्रतीतिपरत्वं प्रकरणादिना ज्ञायत इत्युक्तम्। तन्न। वाक्यार्थम् अज्ञात्वा-त्रायम् अभ्रान्त इति ज्ञातुम्, पुरुषत्वाद् वक्तुर्भ्रमप्रमादसम्भवेन[1] प्रथमं भ्रमाद्यजन्यत्वस्य ग्रहीतुम्वाशक्यत्वात्[2]। प्रवृत्तिसंवादादेर्ज्ञानोत्तरकालीनत्वात्, भ्रमादिजन्यविलक्षणत्वेन च[3] शब्दस्याज्ञानात्, ज्ञाने वा यादृशो लिङ्गत्वं तस्यैव प्रत्यायकत्वम् अव्यभिचारात्।

---

[1] -सम्भवेन] Ed, B_1; -सम्भवे B_2 [2] वाशक्यत्वात्] B_1, B_2; अशक्यत्वात् Ed [3] च] Ed, B_1; om. B_2

対論者　世間［的な文］の場合は、［話し手の］誤った認識等［の可能性］を排除した後、話し手の認識の制限者（この場合は限定者のこと）として、或いは［同じく］それ（誤った認識等の可能性の排除）の後に［話し手の認識の推理という手順を経ずに］独立して、ひと（話し手）に意図された文意が認識されるとき、文脈等によって、［その文が］それ（話し手に意図された文意）の［聞き手による］認識を指向することが［聞き手により］認識される。このことは既に述べたではないか。

ガンゲーシャ　そうではない。文意を認識せずに「これに関してこの者は誤った認識をもっていない」ということを認識することは［できないからである］。また、［世間的な言葉の話し手は］人間であるので、話し手には誤った認識や錯乱が起こりうるため、［その言葉が］誤った認識等から生じるものでないということを［文意の理解に先立って］はじめに認識することもできないからである。というのも、活動意欲の成就（pravṛtti-saṃvāda. 期待した結果を得ること[*207]）等は［文意の］認識より後に［確定される］からであり、また、［プラマーナであるところの］言葉は誤った認識等から生じる［言葉］と［形態上は］性質を異にするものとしては認識されないからである。もしそのようなもの（形態上の性質を異にすること[*208]）が認識されるならば、他ならぬそれ（性質を異にすること、すなわちプラマーナであるところの言葉に特有の性質）が証相であり、［文意を］理解させるものとなる。［それは正しい文意理解の発生を］逸脱しないからである[*209]。

[*206] たとえばルチダッタは次のように言う。*TCP* p. 10: “**gauravād** iti. na hi ghaṭādiprayojakatvaṃ daṇḍādau jñātam upayujyate, mānābhāvāt, tadvad idam iti bhāvaḥ.”

[*207] “saṃvāda” の多義性はしばしば解釈上の問題となるが（p. 196 脚註 *162 を参照）、ここでは認識の整合性ではなく、活動意欲の成就であることが明示されている。

[*208] マトゥラーナータの解釈に従う。*TCR* 4(1) p. 138: “**yādṛśaḥ**. vailakṣaṇyasya.”

[*209] 難解な構文であるが、註釈を参考に解釈した。*TCP* p. 10: “na hi śabda ākārakṛtaṃ vailakṣaṇyam, bhramapramājanyayos tulyākāratvāt, kin tu yogyatādikṛtam, tathābhūtasya ca vyāptidhiyam apekṣya bhramādyabhāvānumāpakatvam.” *TCR* 4(1) p. 138: “**yādṛśaḥ**. vailakṣaṇyasya. **tasyaive**ty evakārād yathārthatātparyavyavacchedaḥ. **pratyāyakatvam**. śābdadhījanakatvam. tathā ca śabdasya nānuvādakatvam iti bhāvaḥ.”

c　ヴェーダの指向は事前に認識できないということの論証

TC 4(1) pp. 138ff

वेदेऽपि वाक्यार्थम् अविज्ञाय तद्यथार्थप्रतीतिपरत्वं न्यायेनापि ज्ञातुम् अशक्यम्, विषयनिरूप्यत्वात् प्रतीतेः, लोके तात्पर्यनिरूपणार्थम् अशाब्दवाक्यार्थप्रतीतेः प्रथमं त्वयापि[1] स्वीकारात्। अन्यथा वक्तृज्ञानानुमानं[2] न स्यात्। न च लोकवद्मानान्तरात् तदवगमः, वेदार्थस्य तदविषयत्वात्, वेदस्य च[3] प्रथमं मूकत्वात्। न च न्यायसिद्धे वेदार्थे मानान्तरात् तात्पर्यग्रहः, वेदस्यानुवादकतापत्तेः शब्दस्याप्रमाणत्वापत्तेर्वा। अज्ञाते वाक्यार्थे तर्कसंशययोरप्य[4]भावात्। अयं पदार्थोऽपरपदार्थसंसृष्टो न वेति संशये तर्के वैककोटौ[5] संसर्ग उपस्थित इति चेत्। न। अनिश्चिते तात्पर्यानिश्चयात् तयोरगृहीतासंसर्गविषयत्वेनासदर्थविषयकत्वेन[6] वा वाक्यार्थाविषयत्वाच्च। अन्यथा लोकेऽपि ताभ्याम् एवोपस्थितिरिति किं वक्तृज्ञानानुमानेन।

---

[1] त्वयापि] Ed, B_1; त्वया B_2　[2] -ज्ञानानुमानं] Ed; -ज्ञानानुमानपेक्ष B_1; -ज्ञानानुमानपेक्षा B_2　[3] च] B_1, B_2; om. Ed　[4] अप्य्] Ed, B_2; om. B_1　[5] तर्के वैककोटौ] Ed, B_1; तन्निश्ञयकोटौ B_2　[6] -विषयकत्वेन] Ed, B_1; -विषयत्वेन B_2

ガンゲーシャ　［また、］ヴェーダの場合も、「対象に即したそれ（文意）の認識を指向しているということ」を認識するのは、文意を認識せずには解釈論理を用いてもできない。認識は対象に特定されるものだからである。というのも、君も世間［的な文］に関して、指向を特定するために、言語理解に依らない文意の認識がはじめにあると認めているからである。そうでないとすると（文意の認識がはじめに成立しないとすると）、［君の立場においては］話し手の認識が推理できないことになるだろう*210。

対論者　世間［的な文の場合］と同様、［ヴェーダの場合も、］他のプラマーナによりそれ（文意）が理解される。

ガンゲーシャ　そうではない。ヴェーダの意味は、それ（他のプラマーナ）の対象領域にはないからである。というのも、ヴェーダは［文意理解の成立の］前には沈黙しているからである*211。

対論者　ヴェーダの意味が解釈論理によって成立する（理解される）とき、他のプラマーナにより指向が理解される。

ガンゲーシャ　そうではない。［そう考えると、］ヴェーダが再説者であると帰結してしまうから、或いは、言葉がプラマーナでないと帰結してしまうからである。［また、］文意が認識されていない段階では、仮言的判断（tarka）や疑念すら生じないからである*212。

---

*210　ルチダッタの註釈を参考にした。*TCP* p. 10: “**anyathe**ti. tathā cānuvādakatāpi na syāt.” マトゥラーナータはこれとは異なる理解を示す。*TCR* 4(1) p. 139: “tādṛśapratītipratīter viṣayanirūpyatve yuktyantaram āha. **anyathe**ti.”

*211　ヴェーダの意味を他の手段により知ることはできない、その意味を言語理解の仕組みでヴェーダから理解するまでは、ヴェーダはいかなるかたちでも、その意味を知らせることができない、ということが言われていると考えられる。註釈者らの説明は以下の通り。*TCP* p. 10: “**mūkatvād** iti. tātparyagraharūpasahakāryabhāvād iti bhāvaḥ.” *TCR* 4(1) p. 139: “**mūkatvād** iti. śābdabodhājanakatvād ity arthaḥ. yathārthatātparyajñānarūpakāraṇābhāvād iti bhāvaḥ.”

*212　第 5 格で終わるこの文が、何に対する根拠を示すものか明らかでない。ルチダッタは、仮言的判断や疑念を駆使してヴェーダの意味を考える方法があるのではないか、という批判を想定しての発言であると解釈しているようである。*TCP* p. 10: “nanu tarkādinā vākyārthopasthitiḥ syād ity ata āha. **ajñāta** iti.” *TCR* 4(1) p. 140: “tātparyagrahasyāpi yatkiñcidaṃśe tarkasaṃśayākāratvābhyupagamād ity ata āha. **ajñāta** iti.”

対論者　「この語意は他の語意と連関しているのか、それともしていないのか」という疑念において、或いは仮言的判断の片方の支分において、連関は表出している（意識に上っている）。

ガンゲーシャ　そうではない。［文意が］確定されていないとき、指向は確定されないからである。また、両者（仮言的判断と疑念）は認識されていない連関ならざるものを対象とする、或いは実在しない事物を対象とするので、文意を対象とするものではないからである。そうでないとすると、世間［的な文］の場合もそれら（仮言的判断と疑念）のみによって［文意が］表出するので、［君が主張するところの］話し手の認識の推理は無意味になってしまう。

【解説】「仮言的判断」と訳した "tarka" は、背理法推理における仮言命題を対象とする認識を意味する。マトゥラーナータは次のような推理を想定している。「もし語 W_1 の意味 M_1 が語 W_2 の意味 M_2 と連関していないならば、意味 M_1 は語 W_2 と共に発話された語の意味とはならないだろう[*213]。」テキストで示されている疑念にしても、この仮言命題の前件にしても、そこに「連関」が組み込まれているので、それが意識に上ることになる、ということが言われていると考えられる。

プラバーカラ派は、ヴェーダの指向は解釈論理によって、文意理解に依らずに確定できるということを前提としている。ガンゲーシャはこれを認めない。指向に文意が含まれる限りは、それを文意理解に先立って認識することはどうしてもできないと考えている。なお、ガンゲーシャも本節 3.2.6e（p. 225）では指向の理解を認めるが、それは指向の「一般的なかたちでの (sāmānya-ākāreṇa)」理解であり、プラバーカラ派の求める、具体的な文意を内包する指向は、やはり事前には理解できないとしている。

3.2.2　プラバーカラ派の主張の否定 2（背理法による論述）

a　背理法的推理の提示

TC 4(1) pp. 142ff

वस्तुतस्तु यदि यथार्थतात्पर्यकत्वं ज्ञातं शाब्दप्रमोत्पादकम्, तदा लोकवेदयोस्तादृशपदस्मारितत्वेन पदार्थसंसर्गानुमितिसम्भवाद् न शब्दः प्रमाणं स्यात्। अपि च पुंवाक्यस्य दोषविशिष्टज्ञानान्यतरजन्यत्वेऽनुमिते परिशेषाद् दोषाजन्यत्वनिश्चयदशायां वेदतुल्या सामग्री पुंवाक्येऽपि वृत्तेति तत एवार्थनिश्चयाद् वेदवत्तस्यापि प्रामाण्यम्, अनुमितानुमानस्य व्याप्तिस्मृत्यादिविलम्बितत्वात्।

ガンゲーシャ　実際のところはこうである。もし、「対象に即した指向を有するということ」が、認識されて、正しい言語理解を生じさせるのであれば、世間［的な文］とヴェーダの［どちらの］場合［も］、「そのような（対象に即した指向を有する）［諸々の］語によって想起させられたこと」によって（つまり、この属性を根拠に）語意の連関を推理することができるので、言葉はプラマーナではないことになってしまうだろう[*214]。さらにま

[*213] *TCR* 4(1) p. 140: "ayaṃ padārtho yady etatpadārthosaṃsṛṣṭo na syāt, etatpadasamabhivyāhṛtavaidikapadārtho na syād iti..."

[*214] マトゥラーナータは、独立のプラマーナでなくなってしまうという意味に解釈する。*TCR* 4(1)

た、［或る］人間の言葉（世間的な文）について、瑕疵または限定された対象の認識のいずれかから生じたものであるということが推理され、消去法により［それが］瑕疵より生じたものでないということが［聞き手により］確定されるとき、ヴェーダ［に存在するもの］と等しい原因総体が人間の言葉にも存在するので、それ（原因総体）のみから［文の］意味が［推理に依らずに］確定される。それゆえ、ヴェーダと同様、それ（世間的な文）もプラマーナである［ということになる］。推理されたものにもとづく推理は*215、遍充の想起等により［言語理解に比べて］遅延するからである。

【解説】ガンゲーシャは、プラバーカラ派の説を背理法により却ける。これと同じ趣旨の議論が、本節 2.2（p. 189）で、古ミーマーンサー学派を相手どって行われている。

本段落の議論は、次のように分析できる。プラバーカラ派の言うとおりだとすると、「対象に即した指向を有するということ」が文意理解の前に認識できることになる。その場合、すべての文について、対象に即した指向を有するか否かを事前に認識すれば、それを根拠として偽りの文を排除し、推理により正しい文意理解を得られることになる。ここで言われているのも、これまで繰り返し述べられてきたことと本質的には同じである。「文意は事前認識できないから指向は事前認識できない」という主張の前提（¬ 文意の事前認識 → ¬ 指向の事前認識）を、その対偶を取って「指向が事前認識できるならば文意も事前認識できる」と言い換えているに過ぎない。この議論におけるガンゲーシャの論理の要点は、世間的な言葉とヴェーダを区別するものはない、ということにある。日常的な言葉の意味が推理できることは、プラバーカラ派の主張するところである。しかしそれを認めるならば、ヴェーダについても同じことになってしまう、とガンゲーシャは言う。ヴェーダを特別扱いしないこの姿勢は、『ニヤーヤ・スートラ』1.1.8*216 で世俗的な教示と超俗的な教示を対等に扱うことが示されて以来、ニヤーヤ学派の考え方の根底に存在している。

b　異論（「阻害されていない意味を指向するということ」が正しい文意理解の原因である）の検討

TC 4(1) pp. 144ff

एतेनाबाधितार्थपरत्वं लोके वेदे च प्रमापकम्। लोके वाक्यार्थो बाधितोऽपि दृष्ट इति श्रोतुः प्रमाणावतारं विना न बाधाभावनिश्चयः। स च क्वचिच्छ्रोतुरिन्द्रियेण, क्वचिद् वक्तुराप्तत्वानुमानेन। वेदे तु न्यायात् तन्निश्चयः, तदर्थस्य प्रमाणान्तराविषयत्वाद् न तत्र शङ्केति[1] सामग्रीभेद इति निरस्तम्। प्रथमं भ्रमाद्यभावस्याप्तत्वस्य वा निश्चेतुम् अशक्यत्वात्, वेदस्यानुवादकतापत्तेश्च।

[1] -विषयत्वाद् न तत्र शङ्केति] Ed, B_1; -विषयत्वाशङ्केति B_2

p. 142: “**na śabdaḥ pramāṇaṃ syād** iti. anumityatiriktānubhavakaraṇaṃ na syād ity arthaḥ.” しかし、言葉が再言及者であることになれば、それはもはやプラマーナとは認められないので、独立性の如何を問わず、プラマーナとしての妥当性が否定されることになるだろう。

*215 まず「瑕疵より生じたものでないということ」を推理し、それにもとづいて、「対象に即した指向を有するということ」を推理する、という 2 段階推理を想定しているものと考えられる。*TCR* 4(1) p. 143: “**anumitānumānasye**ti. paramparayā doṣājanyatvānumānādhīnasya yathārthatātparya-niścayānumānasyety arthaḥ.”

*216 *NS* 1.1.8: “sa dvividho dṛṣṭādṛṣṭārthatvāt.”

対論者　「阻害されていない意味を指向するということ」が、世間［的な文］の場合もヴェーダの場合も、［聞き手に］正しい認識を与える。世間［的な文］の場合は、文意には阻害されているものもみられるので、聞き手は［何らかの］プラマーナを用いずして、阻害の非存在を確定することはない。そしてそれ（確定）は、聞き手の感覚器官により（すなわち知覚により）［為される］こともあれば、話し手が信頼できる者であるということの推理により［為される］こともある。一方、ヴェーダの場合は、それ（阻害されていない意味を指向するということ）は解釈論理によって確定される。それ（ヴェーダ）の意味は他のプラマーナの対象領域にはないため、その場合（ヴェーダの場合）、［指向対象の阻害についての］懸念が存在しない。このように、［世間的な文とヴェーダとでは、文意理解の］原因総体に差異がある。
ガンゲーシャ　これ（前段落の論理）により、以上［の考え］は否定される。誤った認識等の非存在、或いは信頼できる者であるということを、［文意の理解に先立って］はじめに確定することはできないからである。また、ヴェーダが再説者であると帰結してしまうからである。

【解説】 ここでは、正しい認識の原因を「対象に即した意味を指向するということ」ではなく「阻害されていない意味を指向するということ」とする見解が批判される。この立場においても、この属性は認識されてはじめてはたらくものと考えられているとみてよいだろう。ガンゲーシャは、「対象に即した意味」などというものは事前に確定できないと述べてきたが、この見解ではそのような対象との一致の確認を求めるのではなく、阻害されてさえいなければよいとする。そして阻害されていないことは、世間的な文の場合は、知覚により確定されることもあれば、誤った認識等の非存在の推理によって確定されることもある。ヴェーダの場合は、それら他のプラマーナが介在する余地がないので、解釈論理によって（これは推理を意味するのではない）その指向対象が阻害されていないことが知られる。対論者はこのような論理で、世間的な言葉とヴェーダの場合の間にある原因総体の差異を主張するが、ガンゲーシャは先と同じ論理でそれを却ける。「対象に即した意味」を事前に確定できないのと同様、「誤った認識の非存在」を事前に確定することもできない。もしそれが確定できるとするならば、ヴェーダにも同じことが言えるため、ヴェーダはプラマーナではなく再説者ということになってしまう。

3.2.3　正しい言語認識の原因は存在するだけではたらくことの論証

a　主張の提示

TC 4(1) pp. 148f

तस्माद् भ्रमाद्यजन्यत्वम् आप्तोक्तत्वम् अबाधितार्थकत्वं[1] यथार्थतात्पर्यकत्वं निरस्तव्यभि-चारशङ्कत्वम् अन्यद्वा व्यभिचारिव्यावृत्तं यत् प्रमोत्पादकं तत् स्वरूपसत्, न ज्ञातम्। अन्यथा तादृशस्य वाक्यार्थाव्यभिचारितया तादृशपदस्मारितत्वाल्लिङ्गाद् एव संसर्गसिद्धिः स्याद् इति जितं वैशेषिकैः।

---

[1] अबाधितार्थकत्वं] Ed; अबाधितार्थत्वं B_1; अबाधितार्थपरत्वं B_2

ガンゲーシャ　したがって、「誤った認識等から生じるものではないということ」、「信頼できる者に述べられたということ」、「阻害されていない意味を有するということ」、「対象に即した指向を有するということ」、「逸脱に対する懸念が排除されているということ」、或いはその他の、逸脱する［文］には存在しない、正しい認識を生じさせる要因は、それ自体として（つまり、存在するだけで）はたらくのであり、［君の言うように］認識されて［はたらく］のではない。そうでないとすると、そのようなもの（上で言われたような諸属性）は文意を逸脱しないので、「そのような（上で言われたような諸属性のひとつをもつ）語によって想起させられたということ」という証相のみにもとづいて［ヴェーダの場合も］連関が成立して（認識されて）しまうだろう。そして、［君は］ヴァイシェーシカ学派に負けたことになる。

【解説】 これまでの議論を総括し、ガンゲーシャは、正しい文意理解の原因とされるべきものは、認識されている必要はなく、存在するだけではたらくという考えを示す。正しい文意理解の原因が実際のところ何であるにせよ、それを事前に認識することは不可能だからである。もしそれが可能であるとするならば、世間的な言葉とヴェーダの、どちらの意味も推理により認識できるということになり、ヴァイシェーシカ学派に軍配が上がる。

ヴァイシェーシカ学派に負けたことになりたくないのであれば、正しい文意理解の原因を事前に認識すること諦めなければならない。この議論では、このような論理が用いられている。ガンゲーシャはこれまでも、君の見解が正しいとするとヴェーダが再説者ということになってしまうから、君の見解は撤回したほうがよい、という議論を繰り返してきている。

b　連関表示説にもとづく反論の検討

TC 4(1) pp. 149f

अथ व्यवहारानुमितव्यवहर्तृकार्यान्वितज्ञाने उपस्थितत्वेन पदानां हेतुत्वग्रहाद् अन्विताभिधायकत्वं गृहीतम्, न तु लिङ्गज्ञानस्य, तदानीं शब्दस्य लिङ्गत्वेनानुपस्थितेरिति चेत्। न। लिङ्गाभावेनैव[1] शब्दाद् अन्वितज्ञानोपपत्तेर्नाकाङ्क्षादिमच्छब्दत्वेन कारणता, गौरवात्। शब्दस्य लिङ्गत्वं सम्भवद् अपि बालेन न ज्ञातम् इति चेत्। सोऽयं बालस्य दोषः, न[2] वस्तुन इत्यादि वक्ष्यते। किञ्चैवं[3] लोकवद्वेदेऽप्यनुवादकता[4] स्यात्।

---

[1] लिङ्गाभावेनैव] Ed, B_2; लिङ्गाभावेन B_1　[2] न] Ed; न　　तु B_1, B_2　[3] किञ्चैवं] Ed; किञ्चैवम्　　अपि B_1, B_2
[4] अनुवादकता] Ed; अनुवादकतैव B_1, B_2

対論者　［年長者の］言語的営為にもとづいて推理された、当為（kārya）と連関した［事柄についての、言語的営為を為す者（年長者）の］認識において、［諸々の語が］表出することから、［それを観察している子どもは］諸々の語が［文意理解の］原因であると理解する。これにもとづいて、［諸々の語は］連関した意味を述べると理解される。証相の認識が［連関した意味を述べると理解されるの］ではない。その時（連関した意味が理解されるとき）、言葉は証相としては表出していないからである。

ガンゲーシャ　そうではない。証相が存在しないからこそ、連関した［意味］が言葉から認識されるということが理に適うので、期待等を有する言葉であるということが［文意理解の］原因なのではない*217。冗漫だからである。

対論者　言葉が証相であるということは可能ではあるが、子どもはそれを知らない。

ガンゲーシャ　それは子どもの落ち度であり、事実（vastu）の［落ち度］ではない、といったことが後に述べられる。また、以上のとおり（対論者の言うとおり）であるならば、［やはり、］世間［的な言葉］と同様、ヴェーダも再説者となってしまう。

【解説】反論者は、プラバーカラ派の定説である「連関表示（anvita-abhidhāna）説」を根拠に、直前の段落で示された論証を批判する。連関表示説とは、文中における個々の語はそれ自体の意味を聞き手に理解させるのではなく、他の語意と連関した状態の語意を理解させるという考え方である。たとえば “ghaṭam ānaya”（壺を持ってこい）という文において、“ghaṭa” は単なる《壺》ではなく、《運搬の対象としての壺》を聞き手に理解させる。一方、ニヤーヤ学派は、“ghaṭa” は単なる《壺》を、“ānaya” は《運搬》をそれぞれ聞き手に理解させ、聞き手はそれらを「連関の規則（saṃsarga-maryādā）」で結びつけて文意を理解する、という「表示連関（abhihita-anvaya）説」を支持している*218。

ガンゲーシャは『宝珠』言語部の第 10 章（連関表示説批判）でプラバーカラ派の立場を却けるが、この章はまだ研究が進んでいない。いまは、本段落から註釈を頼りに理解できることを整理するに留める。連関表示説においては、観察者は、言葉が連関を理解させるということを認識するが、そのとき、連関の理解が推理という手続きによるものであるということは認識しない。しかし、それは対論者によれば、連関を推理することができるにもかかわらず、言語学習者である子どもがそれを知らないだけである。それに対してガンゲーシャは、子どもが知っているかどうかに関わらず、実際問題として言葉から連関を、推理に依らずに理解できているのだから、文意は言葉から理解できると言えるではないか、と答える。本段落では、このような趣旨のことが述べられていると考えられる。

c　ヴァイシェーシカ学派の説の否定

TC 4(1) pp. 150f

एतेन वाक्यार्थतात्पर्यग्राहकानुमानात् तात्पर्यावच्छेदकतया तदुपजीविनोऽनुमानात् स्वातन्त्र्येण वा[1] वाक्यार्थसिद्धेर्न शब्दः प्रमाणम् इति वैशेषिकमतम् अपास्तम्। यथार्थतात्पर्यग्रहस्य वाक्यार्थबोधाहेतुत्वात्।

---

[1] वा] B_1, B_2; om. Ed

ヴァイシェーシカ学派　文意は、文意に対する指向を把捉させる推理にもとづいて、［或いは］指向の制限者（限定者）であることによってそれ（指向を把捉する推理）に依存する［文意を把捉させる］推理にもとづいて、或いは単独で（すなわち、直接的に文意を把捉させる推理にもとづいて*219）成立する（認識される）ので、言葉は［推理とは別の］プラマーナではない。

ガンゲーシャ　これ（前々段落の論理）により、以上のヴァイシェーシカ学派の考え

---

*217　テキストの第 3 格は、制限者（avacchedaka）を述べるものと理解できる。つまり、文意理解の原因は「期待等を有する言葉であるということ」である、という考えが批判されている。

*218　「連関の規則」については p. 156 脚註 *34 を参照。

*219　マトゥラーナータの解釈に従う。*TCR* 4(1) p. 151: “**svātantryeṇa**. tātparyāghaṭakatayā.”

［も］却けられた［ことになる］。というのも、対象に即した指向の把捉は、文意理解の原因ではないからである。

【解説】 ガンゲーシャは本節1で、ヴァイシェーシカ学派の見解を既に詳細に批判しているが、本段落ではいま一度、現在の議論の流れに沿ってそれを批判しているものと思われる。対象に即した指向の認識は、それを事前に行えない以上、文意理解の原因ではない。それゆえ、この属性にもとづいて行う推理は成立しない、という趣旨が読み取れる。

本段落を含め、ガンゲーシャは同じ内容を繰り返し語っているように思われる。しかし、同じことを何度も言うのは、ニヤーヤ学派の論争術の伝統では、「複説（punar-ukti）」という過失とみなされる。註釈者らは、一見、議論を反復しているように思われる箇所も、実は反復になっていないということを論証しようと、さまざまな解釈を試みている。この段落に関して、マトゥラーナータは、ここでヴァイシェーシカに反論しているのはプラバーカラ派であるという解釈を示して複説の過失を回避しようとしている[*220]。

3.2.4　プラバーカラ派の主張の論拠に対する批判

TC 4(1) pp. 152ff

यत्तु[1] ज्ञायमानकरण इति[2]। तन्न। यथार्थतात्पर्यकत्वादेः प्रथमं ज्ञातुम् अशक्यत्वेनानुमान-स्य बाधितत्वात्, व्याप्त्यसिद्धेश्च। न हि व्याप्तिः शब्दशक्तिश्च[3] कारणम्[4], किन्तु तद्धीः, अतीतेऽनुमितिदर्शनात्, अपभ्रंशादौ शक्तिभ्रमाद् अन्वयबोधाच्च। न च सैवोपयुज्यत इति साध्यम्, प्रथमं तदसम्भवात्। तस्माद् यद् अर्थाव्यभिचारित्वेन ज्ञातं करणं[5] तत्र व्यभिचारिवैलक्षण्यज्ञानम् उपयुज्यते। अन्यथा शब्दस्यार्थाव्यभिचारितया ज्ञातस्य ज्ञापकत्वे लिङ्गतापत्तेर्वज्रलेपायमानत्वात्[6]।

---

[1] यत्तु] Ed; यच्च B_1, B_2　[2] इति] Ed; इत्यादि B_1, B_2　[3] शब्दशक्तिश्च] Ed; शक्तिश्च B_1, B_2　[4] कारणम् Ed, B_2; करणम् B_1
[5] करणं] Ed, B_1; कारणं B_2　[6] -लेपायमानत्वात्] Ed; -लेपत्वात् B_1, B_2

ガンゲーシャ　［先に[*221]］「［正しい認識の原因は認識されてはたらく。その正しい認識の原因は］認識されている主原因に存在し、［かつ認識を導くが逸脱を有する要因とは性質を異にするからである］」［云々］と［言われている］が、それ［も］誤りである。「対象に即した指向を有するということ」等は［文意の理解に先立って］はじめに認識することができないので、［それらが認識されてはたらくという］論証は［経験により］阻害されているからである[*222]。また、［このような性質と、その性質をもつものが認識されてはじめてはたらくこととの］遍充は成り立たないからである[*223]。というのも、［プラバーカラ派がその例として示す］遍充や言葉の対象指示力は、［それらが認識されて推理知や言語

[*220] *TCR* 4(1) p. 150: “evañ ca vaiśeṣikadūṣaṇaṃ prābhākaramata eva syāt, nāsmākam ityāśayenoddhṛtam api dūṣaṇaṃ punar uddharann āha. **etene**ti.”
[*221] 本節 3.1.1（p. 194）および 3.1.3b（p. 202）を参照。
[*222] マトゥラーナータは p. 194 の “jñānopayogi-” を “jñātopayogi-” と読んでいるようなので、この箇所の註釈は上記の解釈とは異なる。*TCR* 4(1) p. 152: “**bādhitatvād** iti. jñāyamānatvaghaṭitadharmāvacchinna-śābdabodhakaraṇatāśrayatvarūpasya jñātopayogitvasya tatrābhāvād iti bhāvaḥ.”
[*223] マトゥラーナータは次のように註記する。*TCR* 4(1) p. 152: “hetvantaram āha. **vyāptyasiddher** iti. yadtadbhyām uktasāmānyavyāpter asiddheś cety arthaḥ. dṛṣṭāntābhāvād iti bhāvaḥ.”

理解の］原因となるのではなく、それら（遍充や対象指示力）の認識が［原因］なのである[*224]。［証相が］過去のものとなって［も］推理知［が生じること］が見られるからであり[*225]、また、アパブランシャ等においては、対象指示力の誤った認識により連関が理解されるからである。

対論者　［だから、］それ（「対象に即した指向を有するということ」の認識）こそが［文意理解の成立に際して］はたらく、ということが論証されるのである[*226]。

ガンゲーシャ　そうではない。［文意理解の成立に先立って］それ（「対象に即した指向を有するということ」を認識すること）は不可能だからである。したがって、対象（すなわち文意）を逸脱しないものとして認識されている主原因についての、逸脱するものとは性質を異にすることの認識が、［文意理解の成立に際して］はたらく［と言われるべきである］。そうでないとすると、対象（文意）を逸脱しないものとして認識されている言葉が［意味を］認識させることになり、［言葉が推理における］証相であるという帰結が確固たるものになってしまうからである[*227]。

【解説】 ガンゲーシャの前段落までの論述は、プラバーカラ派の主張を否定するための論証であった。一方、本段落では、プラバーカラ派が主張の論拠としている前提を批判する。ガンゲーシャの議論において、「xの認識」と「認識されたx」が明確に区別されていることに注意したい。遍充や対象指示力は、認識されたそれらが認識の成立に寄与するのではなく、それらの認識が有用なのだ、と言われている。

3.2.5　反論（文意理解の付加的な原因が必要である）の検討

TC 4(1) pp. 154ff

स्याद् एतत्। अनाप्तोक्ते बाधकेनार्थाभावदर्शनाद् आकाङ्क्षादिमद्वाक्यत्वेन सदर्थकं बाधितार्थकं वेति संशयान्न तावन्मात्राद् अर्थनिश्चयः, न हि संशायकम्[1] एव निश्चायकम् इत्यधिकम्[2] अपेक्षणीयम् इति चेत्। न। अर्थसंशयस्य तद्बाधसंशयस्य वा प्रमाणाप्रतिबन्धकत्वात्। वह्नितद्बाधयोः संशयेऽपि[3] प्रत्यक्षानुमानादिनार्थनिश्चयाद् अन्यथा प्रमाणमात्रोच्छेदः, तत्पूर्वम् अर्थतद्बाधसंशयात्। विनाप्यर्थं वाक्यरचना सम्भवति, अत एतस्यायम् अर्थो न वा, एतत् सदर्थकं न वा, एतज्जन्यज्ञानं सद्विषयकं[4] न वेति संशयस्या-

---

*224　マトゥラーナータは、遍充や対象指示力はそれ自体で原因となっているのではないので、「認識を導く」という性質がないと言う。*TCR* 4(1) p. 152: “**kāraṇam**. anumitiśābdabodhakāraṇam. tathā ca sādhyajñānopayogīty atropayogitvasya kāraṇatārūpatayā sādhanañ ca tatra nāstīti bhāvaḥ.”

*225　マトゥラーナータの解釈に従う。*TCR* 4(1) p. 152: “**atīte** liṅge tanniṣṭhasaṃyogādirūpavyāpter atītatvād iti bhāvaḥ.”

*226　ルチダッタの解釈に従う。*TCP* p. 11: “**saive**ti. tātparyadhīr evety arthaḥ.” マトゥラーナータは “eva” を “iti” に掛けるという変則的な読み方をして、次のように解釈する。*TCR* 4(1) p. 156: “**saive**ti. evakāra itiśabdād anantaraṃ yojyaḥ. **sā**. prakṛtavākyārthayathārthapratītiparatā. **upayujyate**. jñānaniṣṭhaśābdabodhakāraṇatāyā viṣayatayāvacchedikā. **ity eva sādhyam**. ity evānumeyam ity arthaḥ.”

*227　マトゥラーナータはこの箇所について、主原因がただ対象を逸脱しないものとして認識されるだけではなく、逸脱するものとは性質が異なるということも認識されていなければならない、という付帯条件を示すものと理解する。この解釈自体は納得のいくものであるが、それを支える個々の語句解釈には、承服しがたいものが多い。*TCR* 4(1) p. 153: “anumāna upādhim āha. **tasmād** iti. **yad** iti. yadvyabhicārivailakṣaṇyam ity arthaḥ. yatra pramitāv iti śeṣaḥ. **arthāvyabhicāritvena**. arthāvyabhicāritvajñānasahakāreṇa. vyāptijñānasahakāreṇeti yāvat. **tatra**. pramitau. **vyabhicārivailakṣaṇyajñānam** iti. tadvyabhicārivailakṣaṇyasyaiva jñānam ity arthaḥ....”

र्थावगमोत्तरकालीनत्वाच्च।

1 संशायकम्] Ed; संशायक B_1, B_2　2 अधिकम्] Ed, B_1; om. B_2　3 ऽपि] Ed; om. B_1, B_2
4 सद्विषयकं] Ed; सद्विषयं B_1, B_2

ガンゲーシャ　次のように言われるだろう。

想定反論　信頼できない者に述べられた［文］の場合、阻害要因によって［文の］意味対象が実在しないことが経験される。それゆえ、［或る文について］「［この文は］期待等を有する文として実在する意味対象をもつのか、それとも阻害された意味対象をもつのか」という疑念が生じる。そのため、単にそういったこと（期待等を有することの認識*228）だけから意味対象が確定されることはない。というのも、疑念をもたらすものそれ自体が、確定をもたらすものでは［ありえ］ないからである。したがって、［期待等を有することの認識以外に］更なる［文意理解の根拠が］求められなければならない。

ガンゲーシャ　それは誤りである。対象に対する疑念も、それ（対象）の阻害に対する疑念も、プラマーナ［のはたらき］を妨げるものではないからである。というのも、［たとえば］火およびその阻害に対する疑念が存在していても、知覚や推理等によって対象が確定されるからである。そうでないとすると、プラマーナというものがなくなってしまう。それ（対象の確定）の前には、対象およびその阻害に対する疑念が存在するからである。また、対象が実在しなくても［期待等を有した］文を構成することはできるので、「これ（この事物）はこの［文］の意味なのか、そうでないのか」「この［文］は実在する対象を意味しているのか、そうでないのか」「この［文］より生じる認識は実在するものを対象とするのか、そうでないのか」といった疑念は、意味対象の理解より後の時間に生じるからである。

【解説】ここで検討される想定反論は重要な論点を含んでいる。ガンゲーシャはこれまでの議論で、正しい文意理解の原因、すなわち文意理解の正しさを保証するものとして措定できるような、事前認識可能な要因は何ひとつ認められない、ということを論証してきた。しかし、それでは、言葉にもとづいて対象を確定する、ひとの認知プロセスを説明できないだろう、という反論が想定される。もし、文意理解の正しさを保証する要因が文意理解のプロセスで聞き手により考慮されないのであれば、当該の文から生じる認識が正しいのか誤っているのか、判断することができない。したがって、文を聞いても、それにもとづいて対象を確定することはできない。このような懸念が示される。

それに対してガンゲーシャは、それで問題ないではないかと言う。彼の論述は、次のように理解できる。例えば煙から火を推理するとき、「煙があるから、たぶんあそこに火があると思うのだけれども、もしかしたら違うかなあ」という疑念を抱くことがある。その状態から、何らかの仕方で疑念を取り除き、火を確定する。プラマーナというものは、すべてそのようなものだと言う。言葉についても同様に考えることができる。言葉を聞いて、その内容をいったん理解する。そのうえで、「この内容は正しいのか、誤っているのか」という疑念を得る。その後、疑念を排除して、対象を確定する。これこそが文意理解のプロセスだとガンゲーシャは言って

*228 マトゥラーナータの解釈に従う。*TCR* 4(1) p. 155: “**tāvanmātrād** iti. ākāṅkṣādimattvajñānamātrād ity arthaḥ.”

いるのであろう。プラバーカラ派は、そして先に論じたヴァイシェーシカ学派も、対象を確実に捉える理解が言葉を通して成立するプロセスを説明しようとしている。しかしそのようなものを考える必要はない。ガンゲーシャは、疑念が生じるよりも前の、真偽未確定の内容理解を得るプロセスとして文意理解を考えていると思われる。次段落以降で述べられるガンゲーシャ自身の見解も、この前提のうえで示されるものと考えなければ、理解しがたい点が多々ある。

なお、テキストの理解には少々難しい問題がある。ガンゲーシャは、疑念が存在する状態でも確定が成立するということを述べる一方で、対象の確定の前には疑念が存在するとも言う。はたして、疑念と確定は同時に存在するのか、それとも疑念を排除したうえで確定を得るのか。この箇所について、註釈者らは疑念が確定の妨害要因（pratibandhaka）になるか否かという問題を提起し、詳細な議論を繰り広げている。

3.2.6　自説の提示

a　正しい文意理解の原因についての暫定見解

TC 4(1) pp. 170ff

तस्माद् आप्तोक्तत्वं भ्रमाद्यजन्यत्वम् अबाधितार्थकत्वं यथार्थवाक्यार्थप्रतीतिपरत्वं वा ज्ञातम् अनुगतम् अपि न हेतुः, प्रथमं[1] ग्रहीतुम् अशक्यत्वात्। किन्तु तात्पर्यग्राहकत्वे-नाभिमतानां न्यायजन्यज्ञानप्रकरणादीनाम् अन्यतरत्[2] तात्पर्यव्याप्य[3]त्वेनानुगतम्। तथा-काङ्क्षासत्तिनिश्चयः, तद्विपर्यये संशये च शाब्दज्ञानाभावात्। योग्यतायाश्च[4] ज्ञानमात्रं हेतुः[5], तत्संशये विपर्यये प्रमायाञ्च वाक्यार्थज्ञानात्। तथा विभक्त्यादिसमभिव्याहारः सम्भूयो-च्चारणञ्च[6] शाब्दज्ञानमात्रे कारणम् इति[7]।

---

[1] प्रथमं] Ed, B_2; प्रथमे B_1　[2] अन्यतरत्] Ed; अन्यतमत् B_1, B_2　[3] -व्याप्य-] Ed, B_1; -व्याप्त- B_2　[4] च] Ed; om. B_1, B_2
[5] ज्ञानमात्रं हेतुः] Ed; ज्ञानमात्रं B_1; ज्ञानं B_2　[6] च] Ed; om. B_1, B_2　[7] कारणम् इति] B_2; कारणानि Ed, B_1

ガンゲーシャ　したがって、認識された、「信頼できる者に述べられたということ」、「誤った認識等から生じるものではないということ」、「阻害されていない意味を有するものであるということ」、或いは「対象に即した文意の認識が指向されているということ」は、［プラマーナである文に］共通して存在していても、［言語理解の］原因ではない。［それらは］［文意理解の成立に先立って］はじめに把捉することができないからである。そうではなく、指向を把捉させるものとして認められている、解釈論理より生じる認識と文脈等[*229]のいずれかが、指向に遍充されるものとして［言語理解の成立に際して］共通して存在しており、［それこそが言語理解の原因である。］

同様に、期待と近接の確定［も言語理解の原因である］。その顛倒知（誤った認識）がある場合、および［それに対する］疑念がある場合のいずれも、言語理解が生じないからである。また、適合性については［その］認識一般が［言語理解の］原因である。それ（適合性）についての疑念があるとき、誤った認識があるとき、正しい認識があるときのいずれも、文意が認識されるからである。同様に、「語尾等と共に発話されること」［すなわち］

[*229] これまで、解釈論理と文脈が常に対として言及されてきた。それに従うと、「文脈等」についても「文脈等の認識」と言われるべきと思われるが、テキストでは「文脈等」とだけ述べられている。マトゥラーナータもこの点を意識している。*TCR* 4(1) p. 172: “**prakaraṇādīnām**. prakaraṇādijñānānām.”

「まとまって発話されること」も、言語理解一般に対する原因である。

【解説】 プラバーカラ派が立てた「正しい言語理解の原因は何か」という問いに対するガンゲーシャの回答と考えられるが、前段落の解説に示したように、ガンゲーシャは、正しい文意理解が成立することを保証する要因を、文意理解の成立以前に認識することはできないと考えている。この段落での回答も、「正しい文意理解の原因」ではなく、単なる「文意理解の原因」を規定するものと言えるだろう。なぜならば、ここで言われているような解釈論理や文脈等により、文意理解と同時に指向を確定できたとしても、それが「対象に即した文意に対する指向」であるかどうかは判らないからである。それでもなお、ガンゲーシャが解釈論理や文脈等の理解を必要と考えるのは、次段落以降で述べられるように、それがなければ多義語や比喩が用いられている文の内容を理解できないからであろう。

最後に示される「語尾と共に発話されること」と「まとまって発話されること」は、自然な読み方をすれば、並列で挙げられたふたつの要件として理解される。しかし、ここではひとつの要件を述べるものとして解釈した。その根拠のひとつに、これ以降の段落では「共に発話されること」という要件しか論じられず、そしてそれが実質的に「まとまって発話されること」を意味しているということがある。また、写本の異読もこのような解釈を支持する。これら 2 要素の後に接続詞 “ca” を入れるのは刊本だけである。また、刊本および B_1 の読み “kāraṇāṇi” が複数形であるという点も文法的におかしい。ここでは両数形が用いられるべきである。適切な解釈は、これら 2 要素を言い換えと考えたうえで、“kāraṇam” という単数形の読みを採用することであろう。ただし、“ca” が入っていてもこのような理解は可能であるので、上記テキストでは “ca” は刊本のままとした。

b　多義語、両義的表現、比喩の理解の説明

TC 4(1) pp. 173ff

नानार्थे श्लिष्टे चानेकोपस्थितावपि प्रकरणादिवशाद् एकम् अर्थम्[1] आदायान्वयबोधः। लक्षणा च[2] न तात्पर्यानुपपत्त्या, किन्त्वन्वयानुपपत्त्यैव, प्रकरणाद् भोजनप्रयोजनक-त्वेनावगतप्रवेशनस्य यष्ट्यन्वयानुपपत्तेः। अजहत्स्वार्थायां प्रकरणाद् एव छत्रितदितरस्य यान्तीत्यनेन गमनकर्तृत्वम् अवगतम्, तदन्वयानुपपत्तिश्छत्रिमात्रे।

---

1 अर्थम्] Ed, B_2; om. B_1　2 च] Ed; अपि B_1, B_2

ガンゲーシャ　多義語および両義的表現の場合、複数の［語意が］表出しても（想起されても）、文脈等により、［ただ］ひとつの意味を参照して連関が理解される。また、比喩は指向の不可能性に応じて［想定されるの］ではなく、他ならぬ連関の不可能性に応じて［想定される］。［たとえば “yaṣṭīḥ praveśaya”（杖たちを中に入れなさい）という文の場合、］文脈によって食事を目的とするものとして理解された《入室》が、《杖》と連関することは不可能だからである。自らの意味（指示される意味）を破棄しない［比喩］、［たとえば “chatriṇo yānti”（傘を持つ者たちが行く）という文］の場合は、他ならぬ文脈によって、《傘を持つ者とそれ以外》が “yānti”（行く）というこれ（この語）によって、《進行》の行為者であると理解される。それ（《進行》）との連関は、《傘を持つ者のみ》に対しては不

可能である*230。

【解説】 比喩等の特殊な場合の認知プロセスが示される。前段落で解釈論理や文脈等の理解を要件に加えた目的を説明するための議論であろう。

比喩に関する詳しい議論は『宝珠』言語部普通名詞の意味論章でなされているが、いま、概略だけ説明しよう。比喩が用いられるとき、聞き手は次のような認知プロセスを経て意味を理解すると考えられている。まず、指示される語意を想起して、それにより文意理解を試みる。しかしそれでは意味が理解できないとき、比喩が使われているのだと判断し、それにもとづいて文意を理解しようとする。比喩の可能性を疑う契機を「比喩の種（lakṣaṇā-bīja）」と呼ぶ。何が比喩の種になるのか、という問題は各所で議論されているが、「連関の不可能性」と「指向の不可能性」というふたつの候補がしばしば検討される。指示を考慮するだけではまったく文意を理解できないならば比喩が疑われる、という立場では、「連関の不可能性」が種とされる。一方、指示に依るだけでは何を言おうとしているのか判らないときに比喩が疑われるという立場では、「指向の不可能性」がそれだとされる。ガンゲーシャは前者の立場を支持すると考えられており*231、本段落ではその根拠が簡単に例示される。「ご飯の用意ができているから、杖たちを中に入れなさい」という文を聞いたとき、命じられた者は、「杖」の文字通りの意味である《杖》を、食事をさせるために入室させることなどありえない、つまり《杖》と《入室》は連関し得ないと理解する。そのため、この「杖」は文字通り《杖》を意味するのではなく、杖を持った遊行者を意味するのだと考え、《遊行者たちを入室させる》という文意を理解する。前段落では、文意理解の成立の前には指向は理解できないと述べられた。つまり、比喩された意味を理解する段階でも、指向は理解されていない。それゆえ、「指向の不可能性」を比喩の種とする見解は受け容れることはできない。

c 共に発話されることの必要性

TC 4(1) pp. 176f

पचतीत्यस्य कलायम् इत्यन्योक्तेन समं नार्थप्रत्यायकत्वम्, समभिव्याहाराभावात्, तवापि तस्य[1] तात्पर्यग्राहकत्वात्। सहोच्चरितानां[2] सम्भूयार्थ[3]प्रत्यायकत्वस्य व्युत्पत्तिसिद्धत्वात्।

---

[1] तस्य] Ed, B_1; तत्र तस्य B_2 [2] सहोच्चरितानां] Ed, B_2; सहोच्चरिता B_1 [3] सम्भूयार्थ-] Ed; सम्भूय- B_1, B_2

ガンゲーシャ ［“pacati”（調理する）という文において、］“pacati”（調理する）というこれ（この語）が、“kalāyam”（カラーヤ豆を）という第三者の言ったことと共になって意味を理解させることはない。「共に発話されること」が存在しないからである。というのも、君の立場においても、それ（共に発話されること）は指向を把捉させるものだからで

---

*230 比喩には「自らの意味を破棄するもの（jahat-svārtha）」と「自らの意味を破棄しないもの（ajahat-svārtha）」の2種類が知られている。それぞれ、字義通りの意味を保持しない比喩と、それを保持する比喩のことであり、本文中で言及される「杖たちを中に入れなさい」は第1の種類、「傘を持つ者たちが行く」は第2の種類の例文としてよく利用される。「杖たちを中に入れなさい」という文においては、字義通りの語意、すなわち《杖》が入室することは意味されていない。「傘を持つ者たちが行く」という文は、傘をもつ者を含む一群の人びとが道を行くということを意味するが、比喩的に表される意味《傘を持つ者を含む一群の人びと》には、字義通りの意味《傘を持つ者》も含まれている。詳しくは *Muktāvalī* pp. 285–287 を参照。*Tarkasaṅgraha-dīpikā*（p. 51）等では、これに第3のタイプ「自らの意味を部分的に破棄するもの（jahad-ajahat-svārtha）」が加えられる。

*231 Das 2011 を参照。

ある。というのも、共に発話された［諸々の語］がまとまって意味を理解させるということは、言語習得（vyutpatti）によって確立しているからである。

【解説】 前々段落で「まとまって発話されること」が言語理解一般の要件とされたが、その根拠が説明されている。

d　異論（語意に対する指向の理解のみを必要とする見解）

TC 4(1) pp. 177ff

अन्ये तु नानार्थे लक्षणायाञ्च नियतोपस्थित्यर्थं पदार्थे तात्पर्यग्रहापेक्षा, तेन विना तदभावात्। न वाक्यार्थे, तदज्ञानेऽपि[1] प्रकरणादिना[2] सैन्धवपदं तुरगपरं काकपदम् उपघातकपरम् इति हि[3] प्रतियन्ति। अन्यत्रान्वयप्रतियोग्युपस्थितिस्तात्पर्यग्रहं विनैवेति न तदपेक्षा[4]।

---

[1] ऽपि] Ed, B_1; om. B_2　[2] प्रकरणादिना] Ed; प्रकरणादिनस् B_1, प्रकरणादितस् B_2　[3] हि] Ed, B_2; om. B_1
[4] तदपेक्षा] Ed; तदपेक्षेति B_1, B_2

他の者たち　多義語および比喩［が用いられる］場合は、特定［の意味］が表出する（想起される）ために、語意に対する指向の把捉が必要となる。それ（語意に対する指向の把捉）なしには、それ（特定の意味の表出）が［成立し］ないからである。文意に対する［指向の把捉が必要となる］のではない。というのも、それ（文意に対する指向）が認識されていなくても、文脈等によって「［ここでの］“saindhava” という語は《馬》を指向する」、「［ここでの］“kāka” という語は《障碍者》を指向する」というように［聞き手らは］理解するからである。他の場合（多義語や比喩が用いられない場合）は、指向を把捉しなくても連関の関係項が表出するので、それ（指向の把捉）は必要でない。

【解説】 この段落では、語意に対する指向と文意に対する指向を分けて考える、次のような見解が紹介される。文脈等を事前に理解しなければならないとガンゲーシャが懸念する根拠となる、前段落で言及されたような事例は、語意に対する指向の理解を要件とするだけで解決できる。そして、語意に対する指向は文意の理解に先立って確定できる。また、そのような語意の指向の理解が必要とされる場合も、多義語や比喩が用いられる場合のみに限定することができる。この見解は、次の最終段落で却けられることになる。

e　正しい文意理解の原因についての確定見解

TC 4(1) pp. 179ff

वस्तुतस्त्वितरपदस्येतरपदार्थसंसर्गज्ञानपरत्वं तात्पर्यम्। तच्च[1] वेदे न्यायाद् अवधार्यते, लोके न्यायात् प्रकरणादेर्वा। अत एव शाब्दबोधे नानियतहेतुकत्वम्। तच्चेतरपदार्थ[2]-संसर्गज्ञानं वाक्यार्थज्ञानम् एवेति सामान्याकारेण तत्परत्वग्रहो हेतुः, न तु विशिष्य। तच्च स्वपरपदार्थयोः[3] संसर्गानुभवजननं विनानुपपन्नम् इति पदानि सम्भूय जनयन्ति[4]। अत[5] एव नानार्थे विनिगमना[6]। तदनुपपत्तिरेव लक्षणाबीजम्। तदभावाद् एव[7] पचतिपदे[8] न स्मृतकलायान्वयबोध इति सिद्धं शब्दस्य प्रमाणान्तरत्वम्। तस्य च निराकाङ्क्षादौ

संसर्गज्ञानाजनकत्वाद् आकाङ्क्षादिकं सहकारीति।

---

[1] च] Ed, B_1; om. B_2 [2] -पदार्थ-] Ed, B_1; -पदार्थे B_2 [3] स्वपरपदार्थयोः] Ed, B_1; स्वपरार्थयोः B_2 [4] जनयन्ति] Ed; तं जनयन्ति B_1, B_2 [5] अत] Ed; तत B_1, B_2 [6] नानार्थे विनिगमना] Ed; नानार्थविनिगमना B_1; नानार्था विनिगमना B_2 [7] एव] Ed; om. B_1, B_2 [8] पचतिपदे] Ed; पचतिपदेन B_1, B_2

ガンゲーシャ　実際のところはこうである。指向とは、或る語にある、「他の語の意味との連関の認識を指向しているということ」である。そしてそれ（指向）は、ヴェーダの場合は解釈論理にもとづいて確定され、世間［的な文］の場合は解釈論理または文脈等にもとづいて［確定される］。まさにこれゆえに、言語理解の原因が定まっていないということはない。なお、「他の語の意味との連関の認識」とは文意の認識に他ならない。それゆえ、「それ（他の語の意味との連関の認識）を指向しているということ」の一般的なかたちでの把捉が［文意理解の］原因なのであり、具体化しての［把捉］がそうなのではない。そして、それ（具体化しての指向の把捉）は、［或る語］それ自身［の意味］と他の語の意味との連関の経験が発生せずには成立しない。それゆえ、諸々の語は共になって［文意理解を］生じさせる[*232]。

まさにこれゆえに（指向の把捉が文意理解成立の原因であるので）、多義語の場合に［意味の］選択がなされる。［また、］それ（指向）の不可能性こそが比喩の種である。［また、］それ（指向）が存在しない（把捉されない）からこそ、“pacati”（調理する）という語［のみが発話された］場合に、［第三者の言った “kalāyam” という語によって[*233]］想起された《カラーヤ豆》との連関が理解されることはない。

以上のようにして、言葉が［推理等とは］別のプラマーナであると成立した（論証された）。また、期待を欠いた［文］等の場合には、それ（言葉）は連関の認識を［聞き手に］生じさせることがないので、期待等は［言葉の］協働因である。

【解説】ガンゲーシャの最終見解が示される。暫定見解では、指向それ自体の事前認識は不可能だからという理由で、その認識手段である文脈等の認識が原因とされていた。しかしガンゲーシャは、指向の理解を「一般的なかたちでの理解」と「具体化しての理解」とに分け、前者の理解であれば文意理解の成立前にも可能であるとし、改めて「指向の理解」を文意理解の原因とする。なお、ここでもやはり、ガンゲーシャは「正しい文意理解の原因」ではなく、真偽未確定の単なる文意理解の原因を論じているものと考えられる。

暫定見解、および「他の者たち」の見解が却けられる理由は明確ではない。それを推測する手がかりになるのは、この確定見解では「言語理解の原因が定まっていないということはない」と言っている点である。マトゥラーナータによれば、暫定見解と確定見解を比べたとき、暫定見解には原因の不統一性（ananugata）の過失があるという。暫定見解では、解釈論理、文脈、およびその他の要因（“ādi”）が文意理解の原因とされた。原因と結果の関係を一対一または一対

[*232] マトゥラーナータは、一般的なかたちでの指向の理解と共になって、という意味に理解する。*TCR* 4(1) p. 181: “**sambhūya**. tātparyagraheṇa samaṃ militvaiva. tathā cānyonyāśraya iti bhāvaḥ.” しかし、ガンゲーシャのこの表現をそう理解するのは難しい。むしろ、「共に発話されること」が要件として求められているように、文意理解の成立に関与するすべての語が共になって結果を生み出す、という意味に理解すべきではないだろうか。

[*233] ふたつ前の段落、本節 3.2.6c（p. 224）で出されていた例を参照して補った。

多で説明できず、原因の側に複数種の要因を想定するのは、ニヤーヤ学派で常に忌避される悪しき論理である。ただし、暫定見解では、これらの要因は「指向に遍充されるものとして共通して存在している（anugata）」と言われていた。註釈者らは、この説明に説得力を認めないのだろう。各種の要因は、指向の遍充者という共通性はもっているけれども、やはり存在論的には互いに独立しており、複数種の原因として存在している。一方、確定見解は「一般的なかたちでの指向の把捉」という単一の原因を想定できているので、優れていると理解されている[*234]。また、「他の者たち」の見解と確定見解とを比較した場合、前者では因果関係を多義語や比喩が使われている場合と、それ以外の場合とで分けている点に減点要素があると考えられている[*235]。

上記の註釈は、どちらも、理論の優劣を簡潔さの大小で判断しているが、はたしてガンゲーシャもそれだけを考えて確定見解を示したのだろうか。筆者には、少なくとも「他の者」の見解と比べたときは、確定見解を採用しなくてはならない必要性があるように思われる。「他の者」の見解では語意への指向と文意への指向が区別されたが、ガンゲーシャは本段落で文意への指向にしか言及しない。それはつまり、語意への指向の理解だけでは文意理解の成立を説明できないということではないだろうか。いまガンゲーシャがここで論じる文意への指向とは、或る語の意味がどの語の意味と連関するべきか、という構文的な性質を意味している。この指向は、語意への指向の理解ではカバーできない。或る文から複数の構文を解釈できるとき、どちらの構文が理解されるべきか、それを文脈等を参照して決定する。そのプロセスが、ガンゲーシャがここで文意への指向の把捉として考えているものであると思われる。なお、文意に対する指向という発想は、ジャヤンタやウダヤナの考える“tātparya-śakti”にも見られる[*236]。しかし、そのときの指向の主体は文であり、語ではない。いま、ガンゲーシャは、文中の語が他の語意との連関を指向するというかたちで文意への指向を理解している。これは、プラバーカラ派の連関表示説と非常に似た考え方であり、ガンゲーシャがしばしば見せるプラバーカラ派への接近を示すひとつの例となるだろう。

文意への指向の理解を要件として設定することにより、多義語の選択的意味理解も説明している。「共に発話されること」という要件も、文意への指向の理解を求めることでカバーできるとされる。比喩の種は、連関の不可能性から指向の不可能性に改められる。ただし先述のとおり、『宝珠』普通名詞の意味論章での結論では、比喩の種は連関の不可能性とされている。この齟齬は、本段落の確定見解がガンゲーシャの真意ではないかもしれないと疑わせるひとつの大きな根拠である[*237]。

ガンゲーシャの言う、指向の「一般的なかたちでの（sāmānya-ākāreṇa）把捉」と「具体化しての（viśiṣya）把捉」という表現の意味するところが明瞭でない。マトゥラーナータの註釈およびラージャチューダーマニの関連する論述を参考に、次のような理解をひとつの試案として示したい。たとえば「壺を持ってこい」という文において、指向の具体化しての把捉とは、《壺》と《運搬》の連関を対象とする、「『壺を』という語は、《運搬》と連関した《壺》を指向しているのだな」という理解である。これは文意それ自体の理解に等しいので、文意理解が成立する

*234 *TCR* 4(1) p. 179: “etena prakaraṇādīnāṃ śābdabodhahetutvaṃ yat pūrvam uktam, tad apy ayuktam, tathā sati tādṛśapratītiparatvasaṃśaye tadvyatirekaniścaye vā śābdabodhāpatteḥ, prakaraṇādīnām ananugatatayā-nantakāryakāraṇabhāvāpatteś cety asvarasād āha. **vastutas tv iti**.”; p. 180: “**aniyatahetukatvam** iti. ananugata-hetukatvam ity arthaḥ. prakaraṇādeḥ prayojakatve cānanugatahetukatvāpattir iti bhāvaḥ.”

*235 *TCP* p. 12: “kiñ ca śābdānubhavāpekṣayā nānārthalākṣaṇikaśābdānubhavatvasya gurutvāt sāmānyata eva taddhetutvam ity arucer āha. **vastutas tv** iti.”

*236 藤井 2001 および拙稿 2011 を参照。

*237 マトゥラーナータは、この非一貫性を回避するためか、テキストの“eva”（のみ）を“api”（も）の意味に理解せよと言うが、恣意的な曲解であるように思われる。*TCR* 4(1) p. 181: “evakāro ’pyarthe.”

前には得られない。一方、一般的なかたちでの把捉とは、「『壺を』という語は、《運搬》と連関した自己の意味を指向しているのだな」という理解である。この理解において連関自体は表出していないので、文意理解の成立前にも可能である。この理解により、構文的関係と、また「持ってこい」という語の意味とが特定される。それこそが、ガンゲーシャが、指向の理解を要件として立てる目的としていたものと考えられる[*238]。

以上の議論にもとづいて、ガンゲーシャは、世間的な言葉もヴェーダも、推理には還元できない独立のプラマーナであると主張する。しかしながら、その論拠は明確には示されていない。おそらく、「正しい文意理解の原因」を証相として設定する対論者の企てが却けられたことにより、言語理解と推理の相同性は否定されたと考えられているのだろう。

[*238] *TCR* 4(1) p. 180: “**sāmānyākāreṇ**eti. ghaṭapadam ampadam ādheyatvasaṃsargakakarmatvaviśeṣyaka-ghaṭaprakārakapratītiparam ityādirūpeṇety arthaḥ. **tatparatvagrahaḥ**. tādṛśapratītiparatvagrahaḥ. **na tu viśiṣye**ti. na tu ghaṭavatkarmatvapratītiparam ityādirūpeṇa tādṛśapratītiparatvajñānaṃ hetur ity arthaḥ.” ラージャチューダーマニの『マニダルパナ』における論述は p. 102 脚註 *10 を参照。

第 2 章

期待論

目次

§ 1　前主張 230
1　導入 230
2　前主張 1（ウダヤナの第 3 前主張）の検討 230
3　前主張 2（ウダヤナの第 4 前主張）の検討 231
4　前主張 3（ウダヤナの確定見解）の検討 231
5　前主張 4（ソーンダダに帰される見解）の検討 233

§ 2　確定見解 235
1　期待の定義 235
2　同格の 2 語の連関について（“nīlo ghaṭo ’sti” の検討） 235
2.1　他の者の見解（同格の 2 語の意味は連関しない） 235
2.2　ガンゲーシャの見解（非別異性で連関する） 236
2.3　別案（限定者・被限定者関係で捉えられる） 236
3　補充について（“viśvajitā yajeta” の検討） 237
3.1　ガンゲーシャの見解（有資格者は補充される） 237
3.2　別案（有資格者は推理される） 238
4　副次的・比喩的に意味を表示する語の期待 238
5　能力（sāmarthya）について（“ghaṭaḥ karmatvam ānayanaṃ kṛtiḥ” の検討） 238
5.1　言葉それ自体の能力についての説明 238
5.2　近接および適合性と能力の関係 239
6　2 語に期待を有しうる文について（“ayam eti putro rājñaḥ puruṣo ’pasāryatām” の検討） 240
6.1　ガンゲーシャの見解 240
6.2　異論（指向を内包する期待定義） 241

§ 3　新派の見解 242

第1節　前主張

1　導入

TC 4(1) p. 185
अथ केयम् आकाङ्क्षा।

前主張者　さて、この期待とは何か。

【解説】期待とは、主語と述語、他動詞と目的語、形容詞と名詞を結びつける、構文的な性質のことを言う。主語は述語を期待し、述語は主語を期待する。本章では、その期待が定義され、また関連する問題が論じられる。

2　前主張1（ウダヤナの第3前主張）の検討

TC 4(1) pp. 185f
न तावद् अविनाभावः, नीलं सरोजम् इत्यादावभावात्। विमलं जलं नद्याः कच्छे महिष इत्यत्र जलान्वितनद्या अविनाभावात् कच्छे साकाङ्क्षतापत्तेः।

前主張者　［期待とは、］まず、［語意間の］不可離関係ではない。［不可離関係は］“nīlaṃ sarojam”（蓮が青い）等の場合に存在しないからである。［また、］“vimalaṃ jalaṃ nadyāḥ kacche mahiṣaś [carati]”（川の水は澄んでいる。岸辺を水牛が［歩く］）という場合、不可離関係にもとづいて、《水》と連関を結んだ《川》が《岸辺》に対して期待を有すると帰結してしまうからである。

【解説】期待を定義するにあたり、ウダヤナが『花束』で言及した四つの前主張のうち3番目と4番目に相当するもの、およびウダヤナの確定見解が取り上げられ、ガンゲーシャにより批判される[*1]。本段落ではウダヤナの第3前主張「不可離関係」が論じられている。

期待の本質を考えるにあたり、まず問題とされるのが、それが語に対する期待なのか、語意に対する期待なのかという点である。結論として、ガンゲーシャは期待を語に対するものと考え、ウダヤナは語意に対するものと考える。ウダヤナが言及する前主張は、すべて期待を語意に対するものとして定義している。この第3前主張は、期待を、語意と語意の間の、つまり外界の事物間の不可離関係として捉えている。

不可離関係とは、A と B が離れては存在しえないときの、そのような関係のことである。しかし、“nīlaṃ sarojam”という文において、“nīlam”（青い）と“sarojam”（蓮）の間には期待が成立しているが、《青色》と《蓮》の間に不可離関係はない。青くない蓮も存在するからである。また、“vimalaṃ jalaṃ nadyāḥ kacche mahiṣaś carati”（川の水は澄んでいる。岸辺を水牛が歩く）という文において、“nadyās”（川の）は“jalam”（水）を期待し、“kacche”（岸辺に）は期待していないが、《川》と《岸辺》の間には不可離関係が存在する。このように、外界の事物の不可離関係を期待の本質とする定義は否定される。

---

*1　ウダヤナの議論については本書第5章3（p. 74）を参照。

3　前主張 2（ウダヤナの第 4 前主張）の検討

TC 4(1) pp. 186ff

नापि समभिव्याहृतपदस्मारितपदार्थजिज्ञासा, अजिज्ञासोरपि वाक्यार्थबोधात्, विश्वजिता यजेत द्वारम् इत्यत्रापदार्थयोरप्यधिकारिणोऽध्याहृतस्य पिधानस्य चाकाङ्क्षितत्वाच्च। तत्र शब्दकल्पनपक्षेऽपि घटः कर्मत्वम् आनयनं कृतिरित्यत्र जिज्ञासितस्यानयनादेराकाङ्क्षित-त्वापत्तेः।

前主張者　また、［期待とは、或る語と］共に発話された［他の］語によって想起させられた語意に対する［聞き手の］知りたいという願望でもない。知りたいと願わない者でも文意を理解するからである。また、“viśvajitā yajeta”（ヴィシュヴァジト祭によって祀るべし）や “dvāram”（扉を）という場合、［語意補充説の立場では[*2]、それぞれ］有資格者や補充された《閉鎖》が、［共に発話された］語の意味でないにも関わらず、期待されているからである。これに関し、［補充されるものとして］言葉を想定する立場においても、“ghaṭaḥ karmatvam ānayanaṃ kṛtiḥ”（壺、行為対象性、運搬、決意）という場合、知りたいと願われた《運搬》等も期待されていると帰結してしまうからである。

【解説】 ウダヤナの言及する第 4 前主張は「認識者の抱く、知りたいという願望（pratipattur jijñāsā)」である[*3]。本段落の定義は、これをベースにしたものと考えられる。「共に発話されたすべて」という条件には、ガンゲーシャも前章で言及していた。ウダヤナもまたこれを、構文構造の取り違え、すなわち期待を誤って認識することを排除するために導入することを論じている[*4]。

本段落は、不完全な文に対する要素の補充（adhyāhāra）の理論と関連している。“dvāram” の例については本書第 7 章、特に pp. 108ff を、“ghaṭaḥ karmatvam...” の例については第 5 章の pp. 95ff を参照。

4　前主張 3（ウダヤナの確定見解）の検討

TC 4(1) pp. 189ff

अथ जिज्ञासायोग्यता सा। जिज्ञासा च विशेषाज्ञाने भवति। योग्यता च श्रोतरि तदुच्चारण-जन्यसंसर्गावगमप्रागभावः। विमलं जलं नद्याः कच्छे महिष इत्यत्र तात्पर्यवशात् कदाचिद् नद्याः कच्छे संसर्गावगमात् तत्प्रागभावसत्त्वेऽपि तदुच्चारणेन तात्पर्यवशाज्जलान्वितनद्याः कच्छे संसर्गावगमो नेति न तत्प्रागभावः। घटः कर्मत्वम् आनयनम् इत्यत्रापि तथेति चेत्। न। निराकाङ्क्षे तदुच्चारणजन्यसंसर्गावगमप्रागभावस्य सिद्ध्यसिद्धिपराहतत्वात्। किञ्च यत्रैको विमलं जलम् इत्यशुत्वैव तात्पर्यभ्रमेण वा नद्याः कच्छान्वयपरत्वम् अवैति, अपरः समस्तम् एव शुत्वा नद्या जलान्वयपरत्वम् अवधारयति, तत्रोभयोरपि तदुच्चारणजन्यसंसर्गावगमाद् नद्या इत्युभयसाकाङ्क्षं स्यात्। अपि च प्रागभावाभावस्य

[*2] ルチダッタの解釈にもとづく。*TCP* p. 12: arthādhyāhāram āśrityāha. **viśvajite**ti.
[*3] 詳しくは先の定義と同様、本書第 5 章 3（p. 74）を参照。
[*4] 言葉の正しさ章第 3 節 1.5.2（p. 180）を参照。ウダヤナの関連する議論も、同箇所脚註 *114 に引用している。

कारणान्तराभावव्याप्तत्वात् तत एव कार्याभाव इति किम् आकाङ्क्षया। एवञ्च योग्यतासत्ती अपि न हेतू अयोग्येऽनासन्ने च तदुच्चारणजन्यसंसर्गज्ञानाभावेन तत्प्रागभावाभावात्। न चैवं बाधाभावस्यानुमित्यादावपि हेतुत्वम्, प्रागभावाभावेनैव कार्याभावात्। प्रागभावस्य च कार्यमात्रहेतुत्वात् शब्दे नासाधारण्यम्। उत्थितोत्थाप्याकाङ्क्षयोरुत्कर्षापकर्षौ न स्यातां प्रागभावे तदभावात्।

対論者　知りたいという願望に対する適合性がそれ（期待）である。知りたいという願望は、特徴が知られていないときに生じる。適合性とは、聞き手における、その発話から生じるべき連関の理解の未然非存在である。“vimalaṃ jalaṃ nadyāḥ kacche mahiṣaś [carati]”（川の水は澄んでいる。岸辺を水牛が［歩く］。）という場合、或るときは指向に従って《川》の《岸辺》に対する連関が理解されるので、その未然非存在が存在している。しかしそうであっても、［聞き手は］その発話によって、《水》と連関を結んだ《川》の《岸辺》に対する連関を指向に従って理解することはない。よって、その未然非存在は存在しない。“ghaṭaḥ karmatvam ānayanam”（壺、行為対象性、運搬）という場合もまた同様である。

前主張者　そうではない。［文が］期待を欠いている場合、その発話によって生じるべき連関の理解の未然非存在は、［そのような非存在が］成立している場合も成立していない場合も否定されるからである。

さらにまた、［“vimalaṃ jalaṃ nadyāḥ kacche mahiṣaś carati” という場合、たとえば］或る者が “vimalaṃ jalam”（水は澄んでいる）という［部分］を聞かないまま、または指向を誤って認識して、“nadī”（川）は《岸辺》に対する連関を指向していると理解する。別の者は、すべてを聞いた後、“nadī”（川）は《水》に対する連関を指向していると確定する。その場合、どちらもその発話により生じるべき連関の理解が存在しているので、“nadyās”（川の）［という語］は［《岸辺》と《水》の］両方に期待を有することになってしまう。

また、［上述のように考えると、《川》と《岸辺》の連関の理解の］未然非存在の非存在は他の原因の非存在に遍充されているので、それ（他の原因の非存在）のみから結果の非存在が［説明できてしまう］。したがって、期待は［連関の理解の原因として］必要なくなってしまう。

同様に、適合性と近接も［連関の理解の］原因ではない［ことになってしまう］。というのも、適合性が存在しない［文］、および近接が存在しない［文の］場合も、それ（当該の文）の発話によって生じるべき連関の認識が存在しないがゆえに、それ（連関の理解）の未然非存在が存在しないからである。

また同様に、阻害要因の非存在も推理知等についての原因ではない［ことになってしまう］。未然非存在の非存在のみによって結果の非存在が［説明できてしまう］からである。というのも、未然非存在は全ての結果にとっての原因であるから、言葉にとっての特殊なものではない。

［また、］既発現の（utthita）期待と未発現の（utthāpya）期待の間に優劣がなくなってしまう[*5]。未然非存在にはそれ（優劣）がないからである。

[*5] 2 種類の期待については、Raja 1969: 159 等を参照。

【解説】 ウダヤナの確定見解も否定される。ガンゲーシャはその論拠を丁寧に示す。

ガンゲーシャが始めに示す論拠、すなわち「連関の理解の未然非存在はいかなる場合も否定される」ということは、マトゥラーナータの註釈に従い、次のようなパラドクスを意味するものと理解できるだろう。“ghaṭaḥ karmatvam...” というような、期待を欠いているとされる文の場合、これが期待を欠いているということ、すなわちこの文から生じるべき連関が未だ聞き手に理解されていないことを確定するには、この文からどのような連関が生じるべきなのかが知られていなければならない。しかし、期待が存在しないというまさにその理由により、そのような連関を理解することはできない。もしそのような連関を理解できるとすれば、そこには期待があるということになる[*6]。

“yogya”（適合する）というサンスクリット語には、「可能である」という意味と「適切である」という意味とがある。上掲の訳、および本書 p. 76 ではウダヤナの期待定義における「適合性」を「適切さ」の意味に理解したが、もしこれを「可能性」の意味に理解するならば、ガンゲーシャのふたつ目の非難を受けることになる。

5　前主張 4（ソーンダダに帰される見解）の検討

TC 4(1) pp. 202ff

अथ ज्ञाप्यतदितरान्वयप्रकारकजिज्ञासानुकूलपदार्थोपस्थितिजनकत्वे सत्यजनिततात्पर्यविषयान्वयबोधत्वम् आकाङ्क्षा। घटम् आनयतीत्यत्र घटम् इत्युक्ते किम् आनयति पश्यति वा, आनयतीत्युक्ते किं घटम् अन्यद्वेति जिज्ञासा भवति। घटः कर्मत्वम् आनयनं कृतिरित्यत्राभेदेन नान्वयः, अयोग्यत्वात्। घटस्यानयनम् इति तु नान्वयबोधः, घट इति पदात् सम्बन्धित्वेन घटस्यानुपस्थितेः। राज्ञ इति पुत्रेण जनितान्वयबोधत्वाद् न पुरुषम् आकाङ्क्षतीति चेत्। तर्हि नामविभक्तिधात्वाख्यातार्थानां घटकर्मत्वानयनकृतीनां स्वरूपेणोपस्थितिर्नान्वयप्रकारकजिज्ञासानुकूलेति तत्र नाकाङ्क्षा स्यात्। घटः कर्मत्वम् आनयनं कृतिरित्यत्र घटम् आनयतीत्यत्रेवान्वयबोधः स्यात्। न हि तत्र पदार्थस्वरूपाणाम् एतद्वैलक्षण्येनोपस्थितिः। त्रयाणां तुल्यवत्स्मरणे प्रथमं यतो राज्ञ इति पुरुषेण नान्वेति, किन्तु पुत्रेण, तत एवाग्रेऽपि व्यर्थम् अजनितान्वयबोधत्वम् इति।

対論者　期待とは、［或る語から］認識される［語意］とそれとは異なる［語意］の連関を規定者とする知りたいという願望をもたらす語意の表出を生じさせるものであり、かつ、指向対象となっている連関の理解が［聞き手において］未だ生じていないことである。“ghaṭam ānayati”（壺を持ってくる）という場合、“ghaṭam”（壺を）と言われたとき、「持ってくるのか、それとも見るのか」という［知りたいという願望が生じる］。［また、］“ānayati”（持ってくる）と言われたとき、「壺か、それとも他のものか」という知りたいという願望が生じる。

---

*6　*TCR* 4(1) pp. 192–193: “**nirākāṅkṣa** iti. ghaṭaḥ karmatvam ityādāv ity arthaḥ. **taduccāraṇajanye**ti. tajjñānajanyety arthaḥ. **saṃsargāvagame**ti. ghaṭavatkarmatvam ityādibhedānvayabuddhiprāgabhāvasyety arthaḥ. **siddhyasiddhiparāhatatvād** iti. tādṛśaprāgabhāvasya siddhyasiddhibhyāṃ ghaṭaḥ karmatvam ityādivākyaṃ ghaṭavatkarmatvam ityādibhedānvayabodhe nirākāṅkṣam iti vyavahāravilopaprasaṅgād ity arthaḥ, svajñānajanyatādṛśānvayabuddhiprāgabhāvakālīnatvābhāvasya bhavannaye tādṛśavyavahāraviṣayatvāt. svapadaṃ ghaṭaḥ karmatvam ityādyānupūrvīviśeṣaviśiṣṭavākyaparam iti bhāvaḥ.”

“ghaṭaḥ karmatvam ānayanaṃ kṛtiḥ”（壺、行為対象性、運搬、決意）という場合は、非別異性による連関［の理解］は［生じ］ない。適合性を欠いているからである。《壺の運搬》という連関の理解［も生じ］ない。“ghaṭas”（壺）という語から、［連関の］関係項として《壺》が表出することはないからである。

［“ayam eti putro rājñaḥ puruṣo ’pasāryatām”（ここを王の子が通られる。使用人は下がれ。）という場合、《王》と］《子》との連関の理解が既に生じているので、“rājñas”（王の）という［語］は《使用人》に対して期待をもたない。

前主張者　その場合、名詞語幹、名詞語尾、動詞語根、動詞語尾［それぞれ］の意味、［たとえば］《壺》、《行為対象性》、《運搬》、《決意》の、それ自体としての表出は、連関を規定者とする知りたいという願望をもたらすものではない。それゆえ、それ（“ghaṭam ānayati” という文）に期待はないことになる。［しかし、］“ghaṭaḥ karmatvam ānayanaṃ kṛtiḥ”（壺、行為対象性、運搬、決意）という場合に［も］、“ghaṭam ānayati”（壺を持ってくる）という場合と同じ連関の理解が生じてしまうことになる。というのも、そこでは語意のそれ自体の表出は、これ（“ghaṭam ānayati” の場合）と異ならないからである。

三つ（《子》、《王》、《使用人》）が同等に想起させられるとき、はじめに “rājñas”（王の）という［語］は《使用人》ではなく《子》と連関する。まさにそれゆえに、後（《王》と《子》の連関が理解された後）でも「連関の理解が未だ生じていない」［という条件］は意味がない。

【解説】マトゥラーナータは、この見解はソーンダダ（Sondaḍa）のものであると言う[*7]。ソーンダダはガンゲーシャより少し前に活動した新ニヤーヤ学者であると考えられているが、その著作は散逸している[*8]。

この定義の中心となる要素は、ウダヤナの確定定義と同じく、連関の理解の未然非存在である。それに対してまず、ガンゲーシャの批判の焦点であった、どのような連関の理解が生じるべきかは分からないという問題を回避するため、「指向対象となっている」という条件が与えられる。指向対象となっている連関の理解こそが、生じるべき連関の理解である。また、定義の前半部（「かつ」より前の部分）は、“ghaṭaḥ karmatvam...” における問題を回避するために与えられている[*9]。“ghaṭas” という第1格語尾に終わる語を聞くとき、《壺》を想起しはするが、それで完結してしまっており、他の語意とさらに連関することを聞き手は想定しない。それゆえ「知りたいという願望」が生じないので、この文において期待は成立しない。

ガンゲーシャはこの主張者の論述を認めず、次に自らの確定見解を示す。

[*7] *TCR* 4(1) p. 202: “sondaḍīyaṃ lakṣaṇam āha. **atha jñāpye**ti.”
[*8] D. C. Bhattacharyya 1958: 80–81、Umesh Mishra 1965: 228 等を参照。
[*9] *TCP* p. 12: “ghaṭaḥ karmatvetyādāv ativyāptivāraṇāya satyantam.”

第 2 節　確定見解

1　期待の定義

TC 4(1) pp. 208ff

उच्यते। अभिधानापर्यवसानम् आकाङ्क्षा। यस्य येन विना न स्वार्थान्वयानुभावकत्वं तस्य तदपर्यवसानम्। नामविभक्तिधात्वाख्यातक्रियाकारकपदानां परस्परं विना न परस्परस्य स्वार्थान्वयानुभवजनकत्वम्।

ガンゲーシャ　次のように言われる。期待とは意味表示が完結しないことである。或る［語］（W_1）が、或る［語］（W_2）なしには自身の表示対象の［W_2 の表示対象との］連関を［聞き手に］経験させないとき、その［語］（W_1）はその［語］（W_2）［との意味表示を］完結させていない。名詞語幹と名詞語尾、動詞語根と動詞語尾、行為［を表示する語］とカーラカ［を表示する］語は、互いなくしては、互いの自身の意味の連関の経験を［聞き手に］生じさせることはない。

【解説】 定義の解釈については本書 pp. 77f を、「カーラカ」については p. 70 脚註 *4 を参照。

2　同格の 2 語の連関について（“nīlo ghaṭo ’sti” の検討）

2.1　他の者の見解（同格の 2 語の意味は連関しない）

TC 4(1) pp. 224f

परमते नीलो घटोऽस्ति नीलं घटम् आनयेत्यादौ नामार्थानां कारकाणाञ्च न परस्परम् अन्वयबोधः, विशेषणान्वितविभक्त्यर्थानन्वयाद् इति न विशिष्टवैशिष्ट्येनान्वयः, किन्त्वार्थः समाजः।

ガンゲーシャ　他の者たちは次のように考える。

他の者たち　“nīlo ghaṭo ’sti”（青い壺がある）、“nīlaṃ ghaṭam ānaya”（青い壺を持ってこい）等の場合、名詞語幹の意味どうし、およびカーラカどうしの相互の連関は理解されない。というのも、限定者と連関した名詞語尾の意味は［他の何とも］連関しない［という法則がある］からである。したがって、限定されたものの限定関係による連関は［認識されない］ない。そうではなく、意味が合わさって理解されるだけ（ārthaḥ samājaḥ）である。

【解説】 定義を示した後、ガンゲーシャは、期待に関連して問題とされる例文を示して検討を行う。まず始めに検討されるのが、“nīlo ghaṭo ’sti” というものである。“nīla” は《青いもの》を［《青色》ではない］、“ghaṭa” は《壺》を意味する。この文から得られる「壺は青い」という理解は、通常、《青いもの》と《壺》の非別異性を捉えるものと理解される。しかし、“nīla” と “ghaṭa” に期待は存在するのだろうか。“nīlas” は “ghaṭas” がなくても、“asti” の意味と連関した意味を表示できる。“ghaṭas” についても同様である。ガンゲーシャの期待定義では、両者の間に期待が成立していることを説明するのは困難である。

この議論は、非別異性という、属性・期待構造以外のかたちでの構造を、主語と述語の関係として捉えることができるか、という認識論上の重要な問題と関係している*10。この段落で示される見解では、非別異性関係は認識対象の構造として認められないとしている。《青いもの》と《壺》は、連関して理解されるのではなく、ふたつの対象が同時に認識されているだけである。この立場においては、当然、“nīlas” と “ghaṭas” の間の期待も認められない。

テキストの “ārthaḥ samājaḥ” を仮に「意味が合わさって理解される」と理解したが、あくまで試訳である。この表現は他の文献にも用例が見られるので、それらを詳しく調査する必要がある。いまは、諸々の語意が、限定構造を形成せず、同時に理解されるだけ、という意味に理解しておく。

2.2 ガンゲーシャの見解（非別異性で連関する）

TC 4(1) p. 225

अस्माकन्तु नीलघटयोरभेदानुभवबलाद् अभेद एव संसर्गः। विशेषणविभक्तिः साधुत्वा-र्थम्।

ガンゲーシャ　私たちの考えでは、《青いもの》と《壺》の非別異性が経験されるので、他ならぬ非別異性が［両者の間の］連関である。限定者（つまり “nīla”）［に付された］名詞語尾は、［言葉の］正形性（sādhutva）のためのものである。

【解説】一方、ガンゲーシャ自身は、非別異性という連関が、属性・基体構造をとらずに認識されると考えているようである。その非別異性は、第 1 格語尾により表示されるのではなく、経験にもとづいて理解される。マトゥラーナータはこれを「連関の規則（saṃsarga-maryādā）」によるものと説明する*11。なお、ルチダッタは、“nīlas” と “ghaṭas” の間に期待は成立していると理解している*12。

2.3 別案（限定者・被限定者関係で捉えられる）

TC 4(1) pp. 227f

यद्वा समानविभक्तिकयोरभेदानुभवबलाद् विशेषणान्वितविभक्तेरभेदार्थकत्वम्। अतो वि-शेषणविशेष्यभावानुभावकत्वं तत्पदयोः, न परस्परं विना।

ガンゲーシャ　或いはまた、［次のような考えもある。］
別案　同じ名詞語尾を有するふたつ［の名詞語幹の意味］の非別異性が経験されるので、限定者と連関した（つまり、形容詞に付された）名詞語尾は非別異性を意味するものである。それゆえ、そのふたつの語は限定者・被限定者関係［によってそれぞれの意味の連関］を経験させるのであり、互いを抜きにしては［自己の意味の連関を表示しえ*13］ない。

*10　この問題については本書 p. 19 で説明している。
*11　「連関の規則」については p. 156 脚註 *34 を参照。
*12　*TCP* p. 13: “**asmākaṃ tv** iti. tathā cābhedarūpasaṃsargānubhāvakatvaṃ tayor na parasparaṃ vinety ākāṅkṣāsty eveti bhāvaḥ.”
*13　マトゥラーナータの解釈にもとづく。*TCR* 4(1) p. 228: “**na parasparaṃ vine**ti. na svārthatāvacchedakāvacchinnayoḥ parasparaṃ viśeṣyaviśeṣaṇabhāvaṃ vinānubhavajanakatvam ity arthaḥ.”

【解説】この段落で示される考えを、ガンゲーシャが認めているかどうかは分からない。マトゥラーナータは、ガンゲーシャも同意すると理解しているようである[*14]。彼の解釈に従えば、非別異性を《青いもの》と《壺》の連関として認識することもできれば、どちらかの限定者として、つまり属性として認識することもできると言う。分かりやすい例を出すと、「私は日本人である」という認識も成り立てば、「私は日本人に他ならない」という認識も成り立つということが言われている。前者が前の段落での見解、後者がこの段落での見解を示すものである。ジャヤデーヴァは、この別案こそがガンゲーシャの考えを示すと言っている[*15]。

3　補充について（“viśvajitā yajeta” の検討）

3.1　ガンゲーシャの見解（有資格者は補充される）

TC 4(1) pp. 228f

द्वारम् इत्यत्राध्याहारं विना प्रतियोग्यलाभाद् न स्वार्थान्वयानुभावकत्वम्। विश्वजिता यजेतेत्यत्र ममेदं कार्यम् इति प्रवर्तकतात्पर्यविषयज्ञानं नाधिकारिणं विनेति तदाकाङ्क्षा।

ガンゲーシャ　“dvāram”（扉を）という場合、補充を行わなくては［連関の］関係項が得られないので、自身の意味の連関を［聞き手に］経験させられない。［一方、］“viśvajitā yajeta”（ヴィシュヴァジト祭によって祀るべし）という場合は、「これは私によって為されるべきことである」という、活動意欲を誘発する指向の対象［となっている[*16]］認識は、有資格者（adhikārin. 当該の祭祀を為すべき人間）［を表示する語］なしには［聞き手に生じ］ない。それゆえ、それ（有資格者）［を表示する語］に対する期待がある。

【解説】補充の問題は近接論章で詳しく論じられるほか、本章前主張部（第 1 節 3, p. 231–）で簡単に触れられていた。近接論章の議論は本書第 7 章で検討しているので、そちらを参照されたい。

いまこの段落および次の段落で問題となっているのは、「ヴィシュヴァジト祭によって祀るべし」という文において、有資格者が明示されていないが、それに対する期待を想定するかどうかということである。ヴェーダの儀軌（勧告文）は、「天界を欲する者は供儀をすべし」「王国を欲する者は是々の祭祀を為すべし」というように、誰がその祭祀を為すべきかを基本的には規定する。それが与えられないと、何のためにその祭祀を為すのかが分からない。一方、「ヴィシュヴァジト祭によって祀るべし」という文では、それが指定されていない。本段落では、有資格者を指定しなくては願望法語尾の意味表示が完結しないので、有資格者を補充すべきであるということが言われていると考えられる。そこには期待が成立している。

一方、次の段落で示される見解では、有資格者は期待によってではなく、推理によって得られるのだと言われる。したがって、文意を理解する手段も、全体として言語理解ではなく推理だということになる。

[*14] *TCR* 4(1) p. 227: “**yadve**ti. **abhedānubhavabalād** iti. abhedasya saṃsargatayā prakāratayā cobhayathānubhavasvīkārād ity arthaḥ.”

[*15] *TCA* 32a: “sambhavaty arthasādhutve kathaṃ śabdasādhutvam ity arucer āha. **yad ve**ti.”

[*16] 複合語解釈はマトゥラーナータの註を参考にした。*TCR* 4(1) p. 229: “**pravartake**ti. pravartaka-tātparyaviṣayībhūtaṃ jñānam ity arthaḥ.”

3.2 別案（有資格者は推理される）

TC 4(1) pp. 229f

यद्वा कर्तुरिवाधिकारिणोऽप्याक्षेपाद् एव लाभ इति तदन्वयो न शाब्दः, किन्त्वानुमानिकः।

ガンゲーシャ 或いはまた、［次のような考えもある］。

別案 行為者と同様に、有資格者もまた、他ならぬ要請（ākṣepa）*17によって得られる。それゆえ、その連関は言葉によって理解されるものではなく、推理によって理解されるものである。

4 副次的・比喩的に意味を表示する語の期待

TC 4(1) pp. 230f

गौणलाक्षणिकयोरननुभावकत्वपक्षे तदुपस्थापितस्याध्याहृतस्येवेतरपदं विना नानुभावकत्वम्।

ガンゲーシャ 副次的および比喩的［に意味を表す語］は［自己の意味の連関を］経験させられないとする立場において［も］、それ（副次的および比喩的に意味を表す語）によって表出した［意味］は、補充された［意味］と同様、他方の語なくしては［自己の連関を聞き手に］経験させることがない。［よって、それらの場合も期待が認められる。］

【解説】比喩については本書 p. 33 を参照。副次的な意味表示とは、“agnir mānavakaḥ” といった文からの意味理解を説明する際に用いられる概念である。これは字義通りには《若者は火である》という意味を表すが、《若者は火のように血気盛んである》ということを意味する。詩論家等はこれを特殊な意味表示と考えるが、ニヤーヤ学派ではこれは比喩の一種として扱われる*18。

比喩による語意理解が介在する文意理解は、経験ではなく想起であるとする立場がある。この立場においても、理解された語意は、他の語により表示される意味を伴わなくては、連関を理解させることはないことに変わりはない。期待の定義は問題なく当てはまるので、ここにも期待が成立するということが言われていると理解できる。

5 能力（sāmarthya）について（“ghaṭaḥ karmatvam ānayanaṃ kṛtiḥ” の検討）

5.1 言葉それ自体の能力についての説明

TC 4(1) pp. 231ff

घटः कर्मत्वम् आनयनं कृतिरित्यादावभेदेन नान्वयबोधः, अयोग्यत्वात्। तत्तत्पदेभ्यस्तात्पर्यविषयतत्तत्पदार्थस्वरूपज्ञानञ्च पदान्तरं विनैव। घटम् आनयतीत्यत्रेव भ्रमेण तथान्वयतात्पर्येऽपि क्रियाकारकभावेन नान्वयः, नामविभक्तिधात्वाख्यातक्रियाकारकपदानाम् अन्वयबोधे तान्येव पदानि समर्थानि, न तु तदर्थकानि पदान्तराणि। अग्निः करणत्वम्

*17 これ自体が推理を意味すると言われている。*TCP* pp. 13–14: “**ākṣepād** iti. anumānād ity arthaḥ.”
*18 *Tarkasaṅgraha-dīpikā* p. 51 を参照。

ओदनः कर्मता पाकः कृतिः इष्टसाधनतेत्यादिपदेभ्योऽग्निनौदनं पचेतेत्यत्रेवान्वयाबोधात्। अग्निकरणकौधनकर्मकपाकविषयककृतिरिष्टसाधनम् इति तु वाक्यम्, न पदम्। अत एव द्वारम् इत्यत्र पिधेहिपदाध्याहारः, क्रियापदार्थस्यान्यत उपस्थितावपि कारकानन्वयात्। असामर्थ्यञ्च स्वभावात्।

ガンゲーシャ　“ghaṭaḥ karmatvam ānayanaṃ kṛtiḥ”（壺、行為対象性、運搬、決意）といった場合、非別異性による連関の理解は［生じ］ない。適合性を欠いているからである。一方、それぞれの語から［得られる］、指向対象となっているそれぞれの語意それ自体は、他の語なくしても認識される。

［上記のような文において、］誤った認識により、“ghaṭam ānayati”（壺を持ってくる）という場合と同じ、そのような連関に対する指向が［理解された］としても、行為とカーラカの関係による連関は［理解され］ない。名詞語幹と名詞語尾、動詞語根と動詞語尾、行為［を表す語］とカーラカを表す語の連関の理解に対して、それらの語（“ghaṭa”、“am”、“ānī”、“ti” 等）のみが能力を有するのであり、それらを意味する他の語（“ghaṭas”、“karmatvam”、“ānayanam”、“kṛtis” 等）が［そうなのでは］ない［からである］。“agniḥ karaṇatvam odanaḥ karmatā pākaḥ kṛtiḥ iṣṭasādhanatā”（火、手段性、オーダナ、行為対象性、調理、決意、願望達成手段性）といった諸々の語からは、“agninaudanaṃ paceta”（火によってオーダナを調理すべし）という場合のような連関の理解は生じないからである。《火を手段とし、オーダナを対象とする調理を対象とする決意が願望達成手段である》という［意味］は文［が表すの］であり、［構成要素である］語［が表すの］ではない。

まさにこれゆえに、“dvāram”（扉を）という場合は “pidhehi”（閉めよ）という語が補充される［のであり、意味が補充されるのではない］。行為［を表す］語の意味が［動詞以外の］他の何かにによって表出した（想起された）としても、［その想起された意味と］カーラカ［との］連関は［理解され］ないからである。

なお、［言葉が特定の連関の理解に対して］能力をもたないことは、それ自身の性質にもとづいている。

【解説】 註釈者らにより「本来的適合性（svarūpa-yogyatā）」という名で呼ばれるようになる、語の特定の配列が本来的に有する、特定の意味を表示する能力（sāmarthya）がここで論じられる。これについては本書 pp. 95ff で詳しく検討している。

5.2　近接および適合性と能力の関係

TC 4(1) pp. 235f

अनासन्नम् अप्यासन्नतादशायाम् आसन्नत्वभ्रमेण वान्वयबोधसमर्थम् एव। वह्निना सिञ्चतीत्यत्र क्रियाकारकपदयोरन्वयबोधे सामर्थ्येऽप्ययोग्यताज्ञानं प्रतिबन्धकम्, दाहे समर्थस्याप्यग्नेर्मणिरिव। अत एव योग्यताभ्रमात् प्रतिबन्धकाभावे ततोऽप्यन्वयबोधः। न हि स्वभावतोऽसमर्थम् आरोपितसामर्थ्यं वा दहति पचति वेति, प्रकृते तु पदार्थस्वरूपज्ञानं न त्वन्वयभ्रमोऽपि।

ガンゲーシャ　近接を欠いた［文］でも、［各語意の表出すなわち想起が］近接しているときは、或いは［そうでないときも］近接の誤った認識［があるあならば、それ］によって、まさしく連関の理解に対して能力を有する。

"vahninā siñcati"（火によって灌頂する）という場合、行為［を表す語］とカーラカを表す語は、［それぞれの意味の他方の語意との］連関の理解に対して能力を有するが、不適合性の認識が［連関の理解を］妨害する。炎が燃焼について能力を有していても、宝珠が［燃焼を妨害する］のと同じである。まさにこれゆえに、［何ら］妨害要因が存在しない場合には、適合性の誤った認識にもとづいて、それ（"vahninā siñcati"という言語表現）からも連関が理解される。というのも、それ自身の性質からして能力がないもの、または能力があることが誤認されたものは、燃やしたり調理したりすることがないからである。一方、問題となっている場合（"ghaṭaḥ karmatvam ānayanaṃ kṛtiḥ"）では、［それ自身の性質として能力がないので、］語意それ自身は認識されるが、連関の誤った認識も［生じるということ］はない。

【解説】本来的適合性は言葉の形態レベルの性質であり、適合性はそれに関与しない。一方、近接は本来的適合性の要件であるかのように言われている。ただし、ここでの近接が、語意の間の近接を意味するのか、それとも語の間の近接を意味するのか明らかでない。上掲の和訳では、ガンゲーシャの確定見解および註釈に従い、語意間の近接と解釈した*19。

6　2語に期待を有しうる文について（"ayam eti putro rājñaḥ puruṣo 'pasāryatām"の検討）

6.1　ガンゲーシャの見解

TC 4(1) p. 236

पुरुषपदं विनापि राज्ञ इत्यस्य पुत्रेण समं स्वार्थान्वयानुभावकत्वम् इति न तदाकाङ्क्षा।

ガンゲーシャ　（"ayam eti putro rājñaḥ puruṣo 'pasāryatām"（ここを王の子が通られる。使用人は下がれ。）という文の場合、）"puruṣa"（使用人）という語がなくても、"rājñas"（王の）というこ［の語］は"putra"（子）［という語］と共になって自己の意味の連関を［聞き手に］経験させる［ことができる］。それゆえ、［"rājñas"という語の］それ（"puruṣa"という語）［に対する］期待はない。

【解説】本章冒頭で論じられていた"vimalaṃ jalaṃ nadyāḥ kacche mahiṣaś carati"と、本質的に同じ問題を抱える例文が検討される。例文において、"rājñas"は"putra"と"puruṣa"のどちらにも掛けて構文をとることができる。いわゆる複数の構文構造が理解可能な文において、どの構文を理解すべきか。本段落では、"rājñas"は"puruṣa"が与えられなくても連関を理解させられるので、先に来る"putra"を期待すると考えるべきだと言われている。しかし、同じように、"rājñas"

*19 *TCR* 4(1) p. 235: "**anāsannam apī**ti. vyavahitoccaritam apīty arthaḥ. **āsannatādaśāyām**. avyavadhānenānvayapratiyogyupasthitidaśāyām. idañ cānvayapratiyogyupasthityavyavadhānasya svarūpasato hetutvapakṣe, tajjñānasya hetutvapakṣe tv āha. **āsannatvabhrameṇa ve**ti."

は “putra” が与えられなくても連関を理解させられるとも言えるだろう。その場合、《ここを子どもが通る。王の使用人は下がれ。》という意味が理解される。どちらの構文構造を理解するべきか、判断が付かない。おそらく、与えられる語を逐次的に前方から処理して理解するべきだと考えられているのだろう。

6.2　異論（指向を内包する期待定義）

TC 4(1) pp. 237ff

यद्वा त्रयाणां स्मरणेऽजनितान्वयबोधदशायां पुरुषान्वये तात्पर्याभावाद् नान्वयबोध इत्यग्रेऽपि तथा। न च पुत्रस्योत्थिताकाङ्क्षत्वात् तेनैवान्वयबोध इति वाच्यम्। तात्पर्य-वशात् पुरुषेणैव प्रथमम् अन्वयबोधात्। अत एवान्वयबोधसमर्थत्वे सत्यजनिततात्पर्य-विषयान्वयबोधत्वम् आकाङ्क्षेति के चित्। प्रकृतिप्रत्ययाभ्याम् अन्वयबोधे जनितेऽपि वाक्यैकवाक्यतावत् क्रियाकारकपदयोरजनितान्वयबोधत्वम् आकाङ्क्षा।

ガンゲーシャ　或いはまた、［次のような考えもある］。

或る者たち　三つ［の語意］（《子》、《王》、《使用人》）が想起され、［かつ］連関の理解が未だ生じていない状態では、［《王》の］《使用人》との連関に対する指向が［把捉されて］ないので、［《王》の《使用人》との］連関は理解されない。［それは《王》の《子》との連関が理解された］後でも変わらない。（つまり、指向が把捉されないので、《使用人》との連関は理解されない。）

想定反論　《子》に対する［《王》の］期待が発現している（utthita）から、［《王》の］それ（《子》）との連関だけが理解されるのである。［指向の把捉の有無が原因となっているのではない。］

或る者たち　そうではない。指向に従って、まず先に他ならぬ《使用人》との連関が理解されることがあるからである。まさにこれゆえに、連関の理解［を生じさせること］が可能であり、かつ、指向対象となっている連関の理解が未だ生じていないという性質が期待である。

ガンゲーシャ　或る者たちは以上のように言う。［この見解においては、ちょうど複文構造の文において、］文（従属節）が［それを包摂する文の一部となって］ひとつの文を構成するように[*20]、語基と接辞から［語基の意味と接辞の意味との］連関の理解が生じた後でも、行為［を表示する語（すなわち動詞）］とカーラカ［を表示する］語との間には、［それらの表示する意味の］連関の理解が未だ生じていないこととしての期待がある。

【解説】　本段落で引かれる見解では、複数の構文構造からの選択は、指向にもとづいて、つまり文脈等に応じて判断されるべきだと言われる。この考えは「指向を内包する期待（tātparya-garbha-ākāṅkṣā）」説と呼ばれ、後期新ニヤーヤ学派の文献でもよく知られている。ガンゲーシャはこれを「或る者たち（ke cit）」の見解として言及するだけで、支持するかしないかは明言し

[*20] マトゥラーナータの解釈に従う。*TCR* 4(1) p. 240: “**anvayabodhe**. avāntaravākyārthabodhe. **vākyai-keti**. ekavākyatāpannavākyadvayavad ity arthaḥ.”

ない。しかし註釈者らは、ガンゲーシャはこちらを好むと考えているようである[*21]。

第3節　新派の見解

TC 4(1) pp. 241ff

नव्यास्तु पदविशेषजन्यपदार्थोपस्थितिर्घटः कर्मत्वम् आनयनं कृतिरित्येवम्विधपदाजन्य-पदार्थोपस्थितिर्वासत्तिरन्वयबोधाङ्गम् इत्यासत्त्यभावाद् एवम्विधशब्दाद् नान्वयबोधः, त्वयाप्येवम्विधपदार्थोपस्थितेराकाङ्क्षाहेतुत्वेनावश्यम् अभ्युपेयत्वात्। जनितान्वयबोधाद् नान्वयान्तरबोधः, तात्पर्याभावाद् इत्याकाङ्क्षायाः कारणत्वम् एव नास्ति, किन्तु स्वजनकोपस्थितेः परिचायकत्वमात्रम् इति।

ガンゲーシャ　一方、新派の者たちは次のように考える。

新派　［文を構成する］特定の語から生じる語意の表出、或いは "ghaṭaḥ karmatvam ānayanaṃ kṛtiḥ"（壺、行為対象性、運搬、決意）というような諸々の語からは生じない語意の表出［と定義される］ところの近接が連関の理解の要因である。したがって、このような言葉（"ghaṭaḥ karmatvam ānayanaṃ kṛtiḥ" 等）からは、近接が存在しないために連関が理解されないのであり［、期待が存在しないからではない］。君もまた、このような語意の表出を、期待［の認識］の原因として認めなくてはならないからである。

［"ayam eti putro rājñaḥ puruṣo 'pasāryatām"（ここを王の子が通られる。使用人は下がれ。）という文の場合、］既に連関の理解が生じた［語］からは、［他の語意との］他の連関の理解は生じない。［そのような他の語意との連関に対する］指向が存在しないからである。

このように（いずれの事例においても期待は必要とされないので）、期待はそもそも［連関の理解の］原因ではなく、自ら（連関の理解）を生じさせる表出（すなわち、先に定義された近接）を標示するもの（paricāyaka）に過ぎない[*22]。

【解説】最後に、文意理解の成立要件に対する前提を大きく変更する「新派」の見解が紹介される。「新派」とは、ガンゲーシャから見て相対的に新しい学者たちのことを指していると思われる。新ニヤーヤ学派はそう考える、ということが言われているのではない。ジャヤデーヴァは、この「新派」という言い方が、「自分自身はそう思わないのだけれど」という意味を示唆していると言う[*23]。

新派の見解では、本来的適合性の果たしていた役割が近接に移されている。また、構文構造の選択的決定は指向に依拠して行われるとされている。本章で検討された主な問題はこのふたつの要件により解決されるので、期待はもはや必要とされない。ルチダッタの解釈に依れば、それは近接の補助要素として位置づけられている。具体的には、近接の "paricāyaka" と言われ

[*21] *TCA* 34a: "nanv ākāṅkṣāsattve prathamata eva kuto na rājapuruṣānvayabodhaḥ, sāmagrīsattvād ity arucer āha. **yad ve**ti." *TCR* 4(1) p. 237: "nanv evaṃ rājapūtrayor anvayabodhottaraṃ tātparyabhrame 'pi rājapuruṣayor anvayabodho na syāt, pratibandhakasattvād ity arucer āha. **yad ve**ti."

[*22] ルチダッタの解釈に従う。*TCP* p. 14: "**kin tv** iti. anvayabodhajanakopasthiter āsattirūpāyāḥ paricāyakatvam ity arthaḥ."

[*23] *TCA* 34a: "**navyās tv** iti. asvarasodbhāvanam."

ている。"paricāyaka" とは、『ニヤーヤ・コーシャ』によれば、「特定の事柄 x について、x に包摂されないが、x を理解させるもの（tadaghaṭakatve saty arthaviśeṣajñāpakam）」、或いは「標示者（upalakṣaṇam）」のことである[*24]。

---

*24 *Nyāyakośa* s.v. "paricāyakam" を参照。

第 3 章

適合性論

目次

§1 前主張 246
1 導入 246
2 前主張 1 246
3 前主張 2 247
4 前主張 3 248
5 前主張 4 248
6 前主張 5 248
7 前主張 6 249
8 前主張 7 249
9 前主張 8 250
10 前主張 9 251
11 前主張 10 251

§2 確定見解 252
1 暫定定義 252
2 確定定義 254
3 推理に対する言葉の優位性 256
4 批判（適合性はあらゆる正しい認識の原因である）の検討 256
5 適合性は認識されてはたらくということの論証 256

第1節　前主張

1　導入

TC 4(1) p. 245
ननु का योग्यता।

前主張者　適合性とは何か。

【解説】期待が語と語の構文的な、つまり文法的な結びつきを規定するものであるのに対し、適合性はそれを意味の面から保証するものと言えるだろう。これを説明する例文は、いつも “vahninā siñcati”（火で灌頂する）が用いられる。“vahninā” と “siñcati” の間には期待が成立しており、文法的には正しい。しかし、灌頂というものは液体によって行われるものであり、火でそれを行うことはできない。それゆえ、“vahninā” と “siñcati” を結びつけて《火で灌頂する》という意味を理解するのは誤りである。適合性のはたらきを文意理解のプロセスに位置づけると、文意理解の成立の前に、聞き手は《火》が《灌頂》と《手段性》により結びつかないことを知る、つまり《火》は《灌頂》に対して《手段性》による連関に適合性をもたないことを知るため、その時点で “vahninā” と “siñcati” を結びつけることを止める。したがって、《火で灌頂する》という意味が理解されることはない。
　本章では、このような適合性の本質が検討される。

2　前主張1

TC 4(1) pp. 245f
न तावत्सजातीयेऽन्वयदर्शनम्, यथा कथञ्चित्साजात्यस्याव्यावर्तकत्वात्, पदार्थतावच्छेदकेन साजात्यस्याद्यजातः पयः पिबतीत्यदावभावात्, वाक्यार्थस्यापूर्वत्वाच्च।

前主張者　まず、［適合性とは、］同種のものに対する連関がみられることではない。任意の仕方で同種であるということは、［不適合な連関の理解を］排除しないからである。また、語意性制限者によって同種であるということは、“adyajātaḥ payaḥ pibati”（いま産まれた子どもが乳を飲む）といった場合に存在しないからである。また、文意は新たに知られるべきものだからである。

【解説】はじめに批判される前主張は、シャーリカナータが『プラカラナ・パンチカー』で示している定義に相当すると考えられる*[1]。
「水で灌頂する」という場合に《水》が《灌頂》との連関に適合することは、過去に同種のもの、たとえばいまの文では「水」が井戸水を指示しているならば、過去に水道水で灌頂するところを見たことがあるという経験にもとづいて判断できる。この前主張は、そのような趣旨を意味していると考えられる。しかし、「同種」ということはいかにして決定されるのかという点が批判される。たとえば、《火》もまた《井戸水》と同様に実体であるので、同じ実体どうしと

*1　本書第5章4（p. 80）を参照。

いうことで、「同種」とも言えてしまう。

これについて、同種性を「語意性制限者（padārthatā-avacchedaka）」によって決定しようとする考えが言及される。「制限者」については p. 169 の解説を参照のこと。語意性制限者とは、或る語がそれに対応する事物（語意）を、どのようなものとして表示するかを決定する属性である。たとえば、「サンドイッチを作るからパンを買ってきて」という文において、「パン」はサンドイッチを作るのに使える食パンの類を意味している。「パン」という語は《ヤマザキ芳醇》も《ダブルソフト》も《三色パン》も《コロネ》も意味するが、この発話では「パン」は食パンとしてのパンのみを指示している。制限者の概念を用いて言い換えると、この発話では、「パン」は《食パン性》に制限された語意性をもつもの、つまり《ヤマザキ芳醇》や《ダブルソフト》のみを表示する。聞き手はまた、それらを食パンとして理解する。つまり、《食パン性》を規定者として《ヤマザキ芳醇》や《ダブルソフト》を理解する。一方、「ひとはパンのみに生きるにあらず」と言うときは、この「パン」は《食物性》に制限された語意性をもつものすべて、つまり《白米》や《唐揚げ》や《カレー》も表示する。

さて、「水で灌頂する」という先の文において、「水」は特定の水のみを限定して表示するのではなく、また実体ならなんでも表示するわけでもない。「水」はすべての水を表示し、水以外のなにものも表示しない。このとき、「水」の示す語意性制限者は《水性》である。こうすることにより《火》を同種とする誤りは排除される。

しかし、「いま産まれた子どもが乳を飲む」という場合はどうだろうか。「いま産まれた子ども」の示す語意性制限者は《いま産まれた子ども性》であり、これを保持するのは《いま産まれた子ども》しかいない。他の産まれたばかりの子どもが乳を飲むことを見た経験は、ここでは同種のものの経験といえなくなってしまう。このような過失が指摘され、この前主張は却けられる。

3　前主張 2

TC 4(1) pp. 247ff

नापि समभिव्याहृतपदार्थसंसर्गव्याप्यधर्मवत्त्वम्, वाक्यार्थस्यानुमेयत्वापत्तेः। न च वस्तु-गत्या संसर्गव्याप्यो यो धर्मस्तद्वत्त्वम्, तच्च न ज्ञातम् उपयुज्यत इति नानुमेयः संसर्ग इति वाच्यम्। योग्यताभ्रमाच्छाब्दभ्रमानुपपत्तेः।

前主張者　また、［適合性とは、］共に発話された語の意味の連関に遍充される属性を有するということでもない。文意が［言葉ではなく］推理の対象であると帰結してしまうからである。

対論者　「或る属性が実際に連関に遍充されているときの、その属性を有するということ」が［その意味するところであり、］それ（この属性）は［文意理解の成立に際して］認識されてはたらくのではない。したがって、連関が推理の対象だということにはならない。

前主張者　そうではない。適合性の誤った認識から誤った言語理解［が生じること］を説明できなくなるからである。

4　前主張 3

TC 4(1) pp. 250ff

अत एवान्वयनिश्चयविरह एव योग्यता स्वरूपसती हेतुः, तत्र तद्धर्माभावनिश्चये तत्प्रकार-कशाब्दज्ञानानुदयाद् इति परास्तम्।

想定反論　適合性とは連関の確定の非存在に他ならず、［それは］存在するだけで［文意理解の］原因となる。そこ（或る基体）において或る属性の非存在が確定されるとき、それ（その属性）を規定者とする言語理解は発生しないからである。

前主張者　同じ理由で、上記の見解も否定された［ことになる］。

5　前主張 4

TC 4(1) pp. 252ff

नापि समभिव्याहृतपदार्थसंसर्गाभावव्याप्यधर्मशून्यत्वम्, प्रमेयम् अभिधेयम् इत्यादौ संस-र्गाभावस्याप्रसिद्ध्या तदनिरूपणात्, गेहनिष्ठघटाभावे प्रमिते घटोऽस्तीतिवाक्यात् तन्निश्च-येऽप्यन्वयज्ञानानुदयाच्च।

前主張者　また、［適合性とは、］共に発話された語の意味の連関の非存在に遍充される属性をもたないということでもない。“prameyam abhidheyam”（認識対象は言詮対象である）等の場合、［認識対象との非別異性といった］連関の非存在は［いかなる基体においても］成立していないため、それ（上記のように定義される適合性）を特定できないからである。また、家に壺が存在しないことが認識されているときは、それ（上記のように定義される適合性）が確定されていても[*2]、「［家に］壺がある」という文からは連関の認識が発生しないからである。

6　前主張 5

TC 4(1) p. 254

नापि बाधकप्रमाणाभावः, अन्यत्र यद्बाधकं तदभावस्यायोग्येऽपि सत्त्वात्।

前主張者　また、［適合性とは、］阻害するプラマーナの非存在でもない。或る［語意］に［或る連関との］或る阻害要因が存在するとき、それ（その阻害要因）の非存在は［その連関では］適合しない［語意］にも存在するからである。

【解説】ガンゲーシャの暫定定義「阻害する正しい認識の非存在」とほぼ同じ表現であるが、ここではそれを定義とすることが否定されているので、詳しく分析しておく必要があるだろう。ここでは、「非存在」の意味を限定しなければ正しい定義にならない、ということが示されている。

マトゥラーナータの註釈に従って解釈しよう。たとえば、与えられた定義で「火で灌頂する」

---

*2　たとえば、《家の中に存在すること》という連関の非存在に遍充される《象性》という属性をもたないことが《壺》において確定されている状態を想定できる。

という文に適合性が存在しないことを説明できるだろうか。《火》との《手段性》による連関を阻害するプラマーナとは、「火を手段とすることはできない」ということを示すプラマーナである。いまの定義によれば、これの非存在が《灌頂》について存在すれば適合し、存在しなければ適合しないということになる。さて、「火を手段とすることはできない」ということを示すプラマーナは、たとえば《運搬》について存在する。「火で物を運ぶ」ということはできないからである。そして、この《運搬》について存在するプラマーナは、あくまで《運搬》についてのものであるので、《灌頂》については存在しない。つまり、阻害するプラマーナの非存在が成立してしまっている。これでは、「火で灌頂する」という文にも適合性が存在することになってしまう[*3]。

屁理屈のような議論に思われるかもしれないが、「個別的非存在（viśeṣa-abhāva）」と「一般的非存在（sāmānya-abhāva）」を区別する新ニヤーヤ学派においては、しばしば為される類の議論である。たとえば、コップが置いてあるデスクについて、そのデスクにはコップがないと言うこともできる。というのも、デスクにはコップ *A* が置いてあるが、コップ *B* は存在しない。つまり、コップ *B* の非存在が存在する。それゆえ、そのデスクについての「コップがない」という言明は、事実を述べている。一方、コップの一般的非存在を意味する「コップがまったくない」という言葉は、この場合、事実と食い違う。

7　前主張 6

TC 4(1) p. 254
नापि प्रकृतसंसर्गबाधकस्याभावः, प्रतियोगिसिद्ध्यसिद्धिव्याघातात्।

前主張者　また、［適合性とは、］当該の連関の阻害要因の非存在でもない。［非存在の］反存在が存在する場合もしない場合も矛盾するからである。

【解説】 本段落では、《火》の《灌頂》との《手段性》での連関という、まさにその文が述べている連関が阻害されるか否かを適合性の本質とする定義が示される。実際にそれを阻害するものがないのであれば、《火》は《灌頂》との《手段性》での連関に適合する。またその逆であれば、適合性は否定される。

しかしこれも、やはり先と同じ論理で否定される。そうすると、この定義はそもそも前段落で指摘された問題点を克服できていないのではないかと疑われる。マトゥラーナータはそれについて、ここでの非存在を一般的非存在と考えれば問題を回避できるため、ガンゲーシャの議論展開に過失はないと説明する。そして、その場合もこの定義は第 8 前主張での議論により否定されると言う[*4]。

非存在の「反存在」については本書 p. 12 を参照。

8　前主張 7

TC 4(1) pp. 254ff
न च प्रकृतसंसर्गेऽन्यत्र सिद्धस्य बाधकप्रमाणस्याभावः। प्रकृतसंसर्गस्य प्रथमम् अप्रतीतेः,

---

*3　*TCR* 4(1) p. 254: “**anyatra yadbādhakam**. anyaniṣṭhaṃ yadvahnikaraṇatvādisaṃsargābhāvapramā-viśeṣyatvam, tadabhāvasya sekādāv api sattvād ity arthaḥ.”

*4　*TCR* 4(1) p. 255: “sāmānyābhāvas tu **nāpītare**tyādināgre nirākārya iti nāsaṅgatiḥ.”

अयोग्येऽपि तत्सत्त्वाच्च। तत्र बाधकम् अप्यस्तीति चेत्। तर्हि प्रकृतसंसर्गबाधकस्याभावः, तच्चाप्रसिद्धम्। अत एव तत्र बाधकस्याप्यनिरूपणम्।

前主張者　また、［適合性とは、］当該の連関を阻害するプラマーナが他の［語意］において成立しているときの、［そのプラマーナが］存在しないということでもない。当該の連関［なるもの］は［文意理解の成立に先立って］はじめに認識することができないからである。また、適合しない［語意］にもそれが存在するからである。
対論者　そこ（適合しない語意）には阻害要因も存在している。
前主張者　そう言うならば、［前段落で言われた］当該の連関の阻害要因の非存在が［適合性であるということになる］。しかし、それ（そのように理解される適合性*5）は成立しない。まさにこれゆえに、その場合（適合性を欠いた文の場合*6）、阻害要因自体も特定できない。

【解説】はじめの段落での批判は、前段落での定義にも当てはまる。「当該の連関」に言及した時点で、それは言葉の正しさ章で繰り返し言われたとおり、文意理解に先立って理解できなくなる。また、「適合しない語意にもそれが存在する」という批判は、個別的非存在を想定してのものであり、定義における非存在を一般的非存在に変更しない限り、この批判を回避できない。

9　前主張 8

TC 4(1) pp. 256f
नापीतरपदार्थसंसर्गाभावप्रमाविषयत्वाभावोऽपरपदार्थे, केवलान्वयिन्यप्रसिद्धेः।

前主張者　また、［適合性とは、］一方の語の意味における、他方の語の意味との連関の非存在［を対象とする］正しい認識の対象であるということの非存在でもない。否定的事例を挙げられない場合に成立しないからである。

【解説】この定義は、ガンゲーシャの暫定定義に非常に近い。ここで指摘される「否定的事例を挙げられない（kevala-anvayin）場合」の問題を回避したものが、ガンゲーシャの暫定定義であるといえる。

いま問題となるのは、「認識対象は言詮対象である（prameyam abhidheyam）」という文である。ニヤーヤ学派およびヴァイシェーシカ学派は、認識されるものはすべて言葉の対象となり、またその逆も正しいという存在論をもつ。この文はそのことを述べており、適合性が存在すると考えられている。いま、定義が当てはまるか確認しよう。「他方の語の意味」を《言詮対象》とする。これとの連関、この場合は非別異性での連関の非存在は、どこにも存在しない。すべての存在者は《言詮対象》と非別異性関係により連関するからである。ニヤーヤ学派およびヴァイシェーシカ学派では、存在しないものの非存在を考えることはできないとされている。したがって、どこにも存在しないものの非存在は、《認識対象》にあるともないとも言えない。このようにして、この定義は否定される。

---

*5　この中性の代名詞が受ける中性の語が存在しないが、マトゥラーナータは “yogyatva” がそれであるという、少し無理のある解釈をしている。*TCR* 4(1) p. 256: “**tac ca**. tadrūpaṃ yogyatvam.”
*6　マトゥラーナータの解釈に従う。*TCR* 4(1) p. 256: “**tatra**. ayogyasthale.”

10 前主張9

TC 4(1) p. 257

एतेन यत्रासम्बन्धग्राहकं प्रमाणं नास्ति तद्योग्यम् इति निरस्तम्।

前主張者 これにより、「(或る語意 M_1 が) 或る［語意］(M_2) と関係しないことを把捉するプラマーナが存在しないとき、(M_1 は) それ (M_2) に対して適合する」という［定義］も却けられたことになる。

11 前主張10

TC 4(1) pp. 257ff

नापि बोधनीयसंसर्गाभावप्रमाविरहः, प्रतियोग्यप्रसिद्धेः, बोधनीयसंसर्गस्य प्राग् अप्रतीतेः। योग्यता च न स्वरूपसत्युपयुज्यत इत्युक्तम्, अयोग्ये तत्सत्त्वस्यानिरूपणाच्च। अपि च स्वीयबाधकप्रमाविरहस्यायोग्येऽपि सत्त्वात्, बाधकप्रमामात्रविरहस्य योग्येऽपि ज्ञातुम् अशक्यत्वात्। परप्रमाया अयोग्यत्वात्। न च स्वरूपसन्न् एवायं हेतुः, स्वीयबाधक-प्रमाविरहदशायां योग्यताभ्रमेण शाब्दभ्रमानुपपत्तेः। अन्वयप्रयोजकरूपवत्त्वेन बाधक-प्रमामात्रविरहोऽनुमेय इति चेत्। न। सेकानन्विततोये द्रवद्रव्यत्वे सत्यपि बाधकसत्त्वेन व्यभिचारात्, उपजीव्यत्वेन तस्यैव योग्यतात्वापत्तेश्च। न चैवम् एवेति वाच्यम्। आ-काङ्क्षासत्त्यन्वयप्रयोजकरूपवत्त्वे सत्यप्यनाप्तवाक्ये बाधकप्रमायाम् अन्वयाबोधात्। बाधकप्रमाविरहो हेतुरिति चेत्। तर्ह्यावश्यकत्वात् सैव योग्यता।

前主張者 また、［適合性とは、］理解されるべき連関の非存在［を対象とする］正しい認識の非存在でもない。［否定的事例を挙げられない場合には*7］反存在が［どこにも］成立しないからである。［また、］理解されるべき連関は［文意理解が成立するより］前には認識できないからである。また、適合性は存在するだけで［文意理解の成立に際して］はたらくのではないということは既に述べたが、適合性を欠いた［文の］場合、それ（理解されるべき連関の非存在を対象とする正しい認識）の存在は特定できないからである*8。

さらにまた、阻害する自ら（聞き手）の正しい認識の非存在は適合しない［文の］場合にも存在するからであり、［また］阻害するあらゆる正しい認識の非存在は適合する［文の］場合にも認識することができないからである。というのも、他者の正しい認識は認識できないからである。

また、この原因（適合性）は、存在するだけではたらくのではない。［実際には阻害要因が存在するのに］阻害する自ら（聞き手）の正しい認識が存在しないとき、適合性の誤った認識により誤った言語理解［が生じること］を説明できなくなってしまうからである。

---

*7 マトゥラーナータの解釈に従う。*TCR* 4(1) p. 257: "**pratiyogyaprasiddher** iti. prameyam abhidheyam ityādau kevalānvayini pratiyogyaprasiddher ity arthaḥ."

*8 適合性を欠いている場合、定義で言われている「理解されるべき連関」はどこにも存在しないため、その「非存在」というものを想定しえず、それゆえその非存在の「正しい認識」も成立しえない。以上の理解はマトゥラーナータの解釈に従う。*TCR* 4(1) p. 258: "**ayogya** iti. **tatsattvasye**ti. sekādiniṣṭhasya vahnikaraṇatvādisaṃsargasyāprasiddhyā sekādau sekādiniṣṭhasya vahnikaraṇatvādisaṃsargasya yābhāvapramā tatsattvasya jñānāsambhavāc cety arthaḥ."

対論者　阻害するあらゆる正しい認識の非存在は、連関をもたらす形態を有することによって推理できる。

前主張者　そうではない。《灌頂》と連関していない《水》には、液性の実体であるということが存在していても、阻害要因が存在するので、逸脱があるからである。また、[適合性に] 依存されるために、それ（連関をもたらす形態を有すること）こそが適合性であるということになってしまうからである。

対論者　それでよいではないか。

前主張者　そうではない。期待と近接と「連関をもたらす形態を有すること」を具えていても、[それが] 信頼できない者 [に述べられた] 文であるとき、阻害する正しい認識があるならば、連関は理解されないからである。

対論者　阻害する正しい認識の非存在 [も文意理解の] 原因である。

前主張者　そのように言うならば、[阻害する正しい認識の非存在が] 必要とされているので、それ（阻害する正しい認識の非存在）こそが適合性である。

第 2 節　確定見解

1　暫定定義

TC 4(1) pp. 262ff

उच्यते। बाधकप्रमाविरहो योग्यता। सा चेतरपदार्थसंसर्गेऽपरपदार्थनिष्ठात्यन्ताभावप्रतियोगित्वप्रमाविशेष्यत्वाभावः। प्रमेयं वाच्यम् इत्यत्र प्रमेयनिष्ठात्यन्ताभावप्रतियोगित्वप्रमाविशेष्यत्वं गोत्वे प्रसिद्धं वाच्यत्वसंसर्गे तदभावः।

ガンゲーシャ　次のように答えられる。適合性とは、阻害する正しい認識の非存在である。そしてそれ（適合性）は、一方の語の意味 [との] 連関における、他方の語の意味に存在する恒常非存在の反存在性 [を規定者とする] 正しい認識の被限定者性の非存在である。“prameyaṃ vācyam”（認識対象は言詮対象である）というこの場合、認識対象に存在する恒常非存在の反存在性 [を規定者とする] 正しい認識の被限定者性は、《牛性》[との連関] において成立しており、《言詮対象性》との連関にはそれ（被限定者性）の非存在が [存在している]。

【解説】 “payasā siñcati”（水で灌頂する）を例にとって定義の意味するところを考えよう。「一方の語の意味」を《水》、「他方の語の意味」を《灌頂》とする。これを図 3.1 に示した。

《灌頂》には「火を手段としない」といった恒常非存在が存在する。言い換えると、《火》との《それを手段とすること》関係での連関を反存在とする恒常非存在が《灌頂》に存在する。図はこの状況を示している。図における反存在性を規定者とする正しい認識とは、「《火》との《それを手段とすること》関係での連関は《灌頂》に存在する恒常非存在の反存在である（vahni-karaṇakatva-saṃsargaḥ seka-niṣṭha-atyantābhāva-pratiyogī）」という認識である。日常的な表現では「火は灌頂の手段にはならない」と言えるだろう。このような認識の被限定者性は、被限定者で

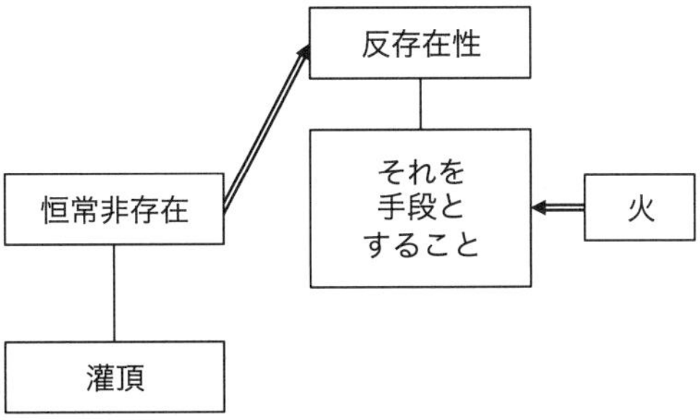

図 3.1

ある《火》との《それを手段とすること》での連関に存在し、《水》との《それを手段とすること》関係での連関には存在しない。つまり、被限定者性の非存在が《水》との《それを手段とすること》関係での連関にはある。よって、《水》は《灌頂》との《それを手段とすること》関係による連関に適合する。一方、《火》は不適合である。なお、マトゥラーナータは、この連関を、《火》に存在する《手段性》の《灌頂》との《特定者性（nirūpakatā）》関係による連関として理解している[*9]。これは、「他方の語の意味」を《火》ではなく、第 3 格語尾の意味である《手段性》と解釈しているためであろう。たしかに、新ニヤーヤ学派の理論では、語意と語意の連関は語によっては表示されず、「連関の規則（saṃsarga-maryādā）」によって自ずから理解されるとされている[*10]。この場合の《手段性》という意味は第 3 格語尾により表示されているので、それは連関とはみなされない。この前提に立つとマトゥラーナータの分析は筆者の上記の解説より適切と思われるが、ガンゲーシャがそこまで細かく分析していたか疑わしいため、ここでは少々簡略化して説明した。

この定義において、「正しい認識」を聞き手のみのものと考えるか、他者も含めてのものと考えるかにより、定義の意味するところが変わってくる。前者だとすると、聞き手が「x は灌頂の手段ではない」という正しい認識をもっていなければ、x は灌頂との連関に適合することになる。たとえば、水羊羹が固体であるということを知らない者は、「水羊羹は灌頂の手段ではない」という正しい認識をもっていないだろう。そのとき、「水羊羹で灌頂する」という文は、適合性を具えた文ということになる。実際に、そのひとは、「水羊羹で灌頂する」という文から意味理解を得るだろう。単に文意の認知プロセスを説明しようとするならば、これでよい。しかし、適合性はプラマーナとしての言葉に課せられた要件であり、真理条件として機能することが求められている。マトゥラーナータは、自分以外の他者も、また主宰神も含めて、すべての認識者が「x は灌頂の手段ではない」という正しい認識をもっていないことが、言葉がプラマーナであるためには必要だと考える[*11]。

続いて、前主張部で問題とされていた、否定的事例が挙げられない “prameyaṃ vācyam”（認識対象は言詮対象である）といった文における適合性を説明できるか、ということが問われる。一見すると、認識対象については「x は認識対象でない」とすべき x が存在しないので（すべ

[*9] *TCR* 4(1) p. 263 を参照。
[*10] 「連関の規則」については p. 156 脚註 *34 を参照。
[*11] *TCR* 4(1) p. 263: “na ca śrotur yadā vahniniṣṭhakaraṇatāyā nirūpakatvarūpasaṃsarge sekaniṣṭhātyantābhāvapratiyogitvapramā nāsti tadātivyāptir iti vācyam. svaparasādhāraṇapramāmātraviśeṣyatvābhāvasya praveśād anādau saṃsāre tadānīm apy avaśyaṃ kasya cit puruṣasya tatra tādṛṣapratiyogitvapramāsattvād antato bhagavatpramāsattvāc ca.”

ての存在者は認識対象であるので)、「認識対象に存在する、*x* との《非別異性》関係での連関を反存在とする恒常非存在」を想定できない。ガンゲーシャの論述はこの問題を解決するものだが、解釈が難しく、註釈者らもさまざまに工夫している。まず、定義で言われている被限定者性は「語意との連関」に存在するはずだが、この一文では《牛性》という語意そのものが被限定者性の保持者として示されている。これは、「との連関」を補うか、第 7 格を保持者ではなく条件を表すものと解釈すれば、辛うじて説明がつくだろう。次に、*x* に当たるものとして《牛》ではなく《牛性》が示されていること、また「《言詮対象》との連関」と言われるべきところで「《言詮対象性》との連関」と言われていることも理解が困難である。マトゥラーナータは《牛性》を「《牛性》の《基体性》関係での連関」とするなどしてなんとか説明づけようとしている*12。また、結局のところどのようにして、《牛》ないし《牛性》を持ち出して「*x* は認識対象ではない」という非存在を例示するのかという疑問が残る。ジャヤデーヴァとルチダッタは、*x* も《認識対象》も「すべての *x*」や「すべての《認識対象》」と考えるのではなく、*x* や《認識対象》の個別的存在 (vyakti) によって考えれば問題がないとしている*13。一方マトゥラーナータは、『宝珠』推理部での一大トピックとなる「場を異にする属性に反存在性が制限された非存在 (vyadhikaraṇa-dharma-avacchinna-pratiyogitāka-abhāva)」の概念を用いてそれを例示しようとする*14。

2 確定定義

TC 4(1) pp. 271f

वस्तुतस्त्वितरपदार्थसंसर्गेऽपरपदार्थनिष्ठात्यन्ताभावप्रतियोगितावच्छेदकधर्मशून्यत्वं यो-ग्यता, लाघवात्, शक्यज्ञानत्वाच्च।

ガンゲーシャ　実のところはこうである。適合性とは、一方の語の意味 [との] 連関における、他方の語の意味に存在する恒常非存在の反存在性の制限属性を有さないことである。[暫定定義に比してこちらの方が] 簡潔なため、また [こちらならば文意理解の成立前に] 認識できるためである。

【解説】註釈者らは、暫定定義では定義に「正しい認識」という要素が入り込んでいるため、「火は灌頂の手段にはなり得ない」という認識が正しいかどうか判定し得ない状態では、適合性を認識できないと言う。そしてそれを回避するため、「正しい認識」という要素を除去した、より「簡潔」な定義解釈が示された、と解釈している*15。

これも「水で灌頂する」を例に考えよう。「他方の語の意味」すなわち《灌頂》には、《火》

---

*12 *TCR* 4(1) p. 269: "**gotve**. gotvādhikaraṇatve.'

*13 *TCA* 39a: "na caitādṛśī yogyatā sambhavati, payasā siñcatītyādāv apy ekapadārthasaṃsargasya yatkiñ-cinniṣṭhātyantābhāvapratiyogitvaniyamena tādṛśapramāviśeṣyatvābhāvajñānāsambhavād iti. maivam. yatpadā-rthaviśeṣaniṣṭhātyantābhāvapratiyogitvapramāviśeṣyatvābhāvas tatpadārthaviśeṣayogyatātvena tadgrahasyāpi bhāvāt. yatkiñcinniṣṭhātyantābhāvapratiyogitvapramāviśeṣyatvābhāvaḥ saṃsargatvāvacchinna iti grahasyāpi sambhavād iti bhāvaḥ."

*14 *TCR* 4(1) p. 269: "**prameyam** iti. **prameyaniṣṭhātyantābhāve**ti. prameyatvāśrayādiniṣṭhapratiyogivy-adhikaraṇābhāvety arthaḥ."

*15 *TCA* 39b: "nanv idaṃ pramāgarbhatvena guru durjñānañ cety ata āha. **vastuta** iti." *TCR* 4(1) p. 271: "atra pramāviśeṣyatvaghaṭitatvena gauravam, tādṛśapratiyogitvapramātvena tādṛśapramāpratiyogitvapramā-nupasthitidaśāyāṃ durjñeyatvañ ca, na hi sarvatra śābdabodhāt pūrvaṃ tādṛśapratiyogitvapramātvāvacchinno-pasthitiniyama ity atas tadaṃśaparityāgena lakṣaṇam āha. **vastutas tv** iti."

との《それを手段とすること》関係での連関の恒常非存在が存在する。そのとき、反存在性が「《火》との《それを手段とすること》関係での連関」に存在しており、その反存在性は「'《火》との《それを手段とすること》関係での連関' 性」によって制限されている。この制限属性は「《火》との《それを手段とすること》関係での連関」に存在するが、「《水》との《それを手段とすること》関係での連関」には存在しない。よって、《水》は《灌頂》との《それを手段とすること》関係での連関に適合する。図示すると図3.2のようになる。

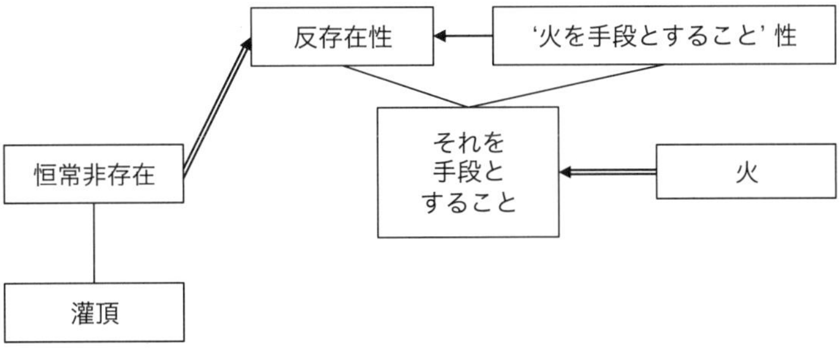

図3.2

図から分かるように、先の暫定定義から大きな変更は見られない。暫定定義では「水は灌頂の手段とならない」という正しい認識が存在しないことが求められていたが、「正しい認識が存在しない」という冗漫な表現を避け、「水は灌頂の手段とならない」ということが誤りであること、という表現に改められている。「正しい認識」の保持者に主宰神をも含めるならば、どちらの定義も事実との一致を意味するものと解釈できるため、実質的には暫定定義と同じことを言っていることになる。

暫定定義からのもうひとつの目立った変更点として、《それを手段とすること》関係に反存在性が存在するか否かが問われるのではなく、反存在性制限者が存在することが問われているということがある。反存在性制限者は、ある非存在について、それが何としてないのか、ということを規定する。たとえば机の上にコップがないとき、それが「机の上にいつものコップがない」と認識されることもあれば、単に「机の上にコップがない」と認識されることもある。前者の場合、机の上に存在する非存在は、《いつものコップ性》に制限された反存在性に特定される非存在である。後者の場合は、その非存在を特定する反存在性は《コップ性》に制限されている。さて、もし反存在性制限者を導入しない場合、たとえば《灌頂》には、氷を手段とすることの非存在が存在する。氷もまた水の一種といえるので、この例を出すことによって「水で灌頂する」という文が適合性を欠いていると言うことができてしまう。それを避けるため、制限者を導入している。《灌頂》には、水一般を手段とすることの非存在は存在しない。水道水や井戸水によって灌頂することがあるからである。

「灌頂の手段とならない」ということが誤り、というように二重否定を用いるのではなく、「灌頂の手段となる」と肯定的に表現した方が簡潔なのではないかと思われるかもしれない。ルチダッタはそのような疑義を述べている[16]。また、『ムクターヴァリー』では大胆に、そのような肯定的性質こそが適合性であると定義されている[17]。

[16] *TCP* p. 17, "atredam cintyam" 以下を参照。
[17] *Muktāvalī* ad *Kārikāvalī* v. 83 p. 309: "ekapadārthe 'parapadārthasambandho yogyatety arthaḥ."

3　推理に対する言葉の優位性

TC 4(1) pp. 274f

न च नरशिरःशौचानुमानबाधात् तदशौचबोधकशब्दाद् अन्वयाबोध इति वाच्यम्। उपजीव्यजातीयत्वेन शब्दस्य बलवत्त्वात् तेनैव तदनुमानबाधात्।

対論者　人頭骨の清浄性［を推理対象とする］推理［によって］阻害されるため、それ（人頭骨）の非清浄性を理解させる言葉からは連関が理解されない。

ガンゲーシャ　そうではない。言葉は［推理に］依存される普遍に属するので、［推理よりも］強力なため、他ならぬそれ（言葉）によってそれ（人頭骨の清浄性）の推理が阻害されるからである。

【解説】この発言は、あらゆる命題について推理より言葉の方が高い信頼性を与えられるというように読めるが、註釈者らはそのようには理解していないようである。ここでの「言葉」はヴェーダに限定され、またさらに、この人頭骨の穢れを述べるヴェーダの特定の文のみに関する見解を示しているとも考えられる*18。

4　批判（適合性はあらゆる正しい認識の原因である）の検討

TC 4(1) pp. 275f

नन्वाकाङ्क्षासत्तिमत्त्वेन शब्दस्य प्रमाणता, न तु योग्यतापि तन्निवेशिनी, बाधाभावस्य प्रमामात्रहेतुत्वाद् इति चेत्। न। बाधे हि प्रमाणदोषोऽवश्यं वक्तव्यः, अन्यथा प्रमाणविषये बाधासम्भवात्। यथानुमाने बाधाद् उपाधिकल्पनद्वारा व्याप्तिविघातः, निरुपाधौ बाधानवकाशात्।

対論者　言葉の正しさは、期待と近接を具えることに［制限されている］のであり、適合性もまたそれ（言葉の正しさ）に入り込むのではない。阻害の非存在は、あらゆる正しい認識の原因だからである。

ガンゲーシャ　そうではない。というのも、阻害が存在するときは、必ずプラマーナに瑕疵が指摘されるはずである。そうでないとすると、プラマーナの対象の阻害が不可能になってしまうからである。たとえば、推理においては、阻害が存在することにもとづいて付帯条件が想定され、それを媒介として遍充が損なわれる。付帯条件がない場合は、阻害の余地がないからである。

5　適合性は認識されてはたらくということの論証

TC 4(1) pp. 284f

सेयं न स्वरूपसती प्रयोजिका, शाब्दाभासोच्छेदप्रसङ्गात्। तन्निश्चयश्च न भवति, उपाया-

---

*18 *TCP* p. 17: “**upajīvye**ti. sādhyaprasiddhyarthaṃ vedasyopajīvyatvāt, tajjātīyatvenāśaucabodhakāgamasyopajīvyatvād ity arthaḥ.” *TCR* 4(1) p. 274–275: “**upajīvye**ti. bhavaduktaśaucānumānasya upajīvyo yo dṛṣṭāntaḥ śaṅkhe śucitārūpasādhyaniścāyako vedas tasya niścitaprāmāṇyakatayā tajjātīyatvenety arthaḥ. **śabdasya**. aśaucabodhakavedasya. **balavattvāt**. niścitaprāmāṇyakatvāt. **tenaiva**. tadvedajñānenaiva. **tadanumānabādhād** iti. śaucānumānasyāprāmāṇyajñāpanād ity arthaḥ.”

भावाद् इति चेत्। न। संशयविपर्ययप्रमासाधारणस्य योग्यताज्ञानमात्रस्य कारणत्वात्। अयोग्यताज्ञानस्य प्रतिबन्धकस्य सर्वत्राभावात्। क्वचित् तन्निश्चयोऽपि योग्यानुपलब्ध्या, यथेह घटो नास्तीति।

ガンゲーシャ　以上のようなそれ（適合性）は、存在するだけで［言語理解を］もたらすのではない。［そうだとすると、］擬似言語理解（誤った言語理解）というものがなくなってしまうからである。

対論者　それ（適合性）は確定されない。［それを確定する］手立てがないからである。

ガンゲーシャ　そうではない。というのも、疑念、誤った認識、正しい認識のどれでもよい、適合性の認識一般が［言語理解の］原因だからである。というのも、［言語理解の成立の］妨げとなる不適合性の認識は、いずれの場合にも存在しないからである。［ただし］或る場合には、「ここに壺がない」というように、適合するもの（yogya. もし存在すれば知覚されるはずのもの）が知覚されないことによって、それ（適合性）が確定されることもある。

第 4 章

近接論

目次

§ 1　近接の定義 **260**

1　定義 260

2　相互依存の回避 260

3　批判（同時想起の不可能性）の検討 261

4　批判（連関表示説）の検討 261

§ 2　補充論 **263**

1　前主張（語補充説） 263

1.1　語補充説の提示 263

1.2　反論（語意 M_1 の連関の理解のためには語 W_1 が必要）の検討 264

1.3　反論（簡潔性と、語意選択の不可能性）の検討 264

1.4　反論（補充された意味との連関への指向の不可能性）の検討 265

1.5　批判（随意に意味を想起してもよいだろう）の検討 265

1.6　批判（語意の補充では語形の特定を説明できない）の検討 265

1.7　反論（経験的言語理解の原因について）の検討 266

2　確定見解（語意補充説） 267

2.1　期待の成立要件にもとづく論証 267

2.2　批判（期待ではなく正形性により説明する）の検討 267

2.3　語形の特定にもとづく語補充説の論証 268

第1節　近接の定義

1　定義

TC 4(1) p. 286
आसत्तिश्चाव्यवधानेनान्वयप्रतियोग्युपस्थितिः ।

ガンゲーシャ　また、近接とは、連関の関係項（語意）が間隙なく表出することである。

【解説】 3 要件の最後、近接が定義・検討される。近接の定義については本書第 5 章 5（p. 83）で考察した。近接について、近接すべきは語なのか、それとも語意なのかという問題がまずある。ガンゲーシャによれば、文意理解の成立のためには語意間の近接が必要である。また、その近接は物理的な近接なのか、それとも意識のなかでの近接なのかという問題も検討されなければならない。ガンゲーシャの場合、近接は、語意すなわち事物の物理的な近接ではなく、意識においてそれらが近接すること、すなわち同時に認識されることを意味している。語意の連関構造体としての文意を認識するにあたり、その構造体の構成要素となる語意をすべて同時に意識に表出させる必要がある、ということが言われていると解釈できる。

2　相互依存の回避

TC 4(1) pp. 286ff
सा च स्मृतिर्नानुभवोऽतो नान्योन्याश्रयः ।

ガンゲーシャ　それ（表出）は想起であって経験ではないので、相互依存はない。

【解説】 マトゥラーナータによれば、次のような相互依存が想定されている。連関の関係項の間隙のない認識は、文意理解に他ならない。よって、文意理解の原因に近接を含めるならば、相互依存となる[*1]。一方、ルチダッタは、次のように考えている。近接の認識を文意理解成立の要件とするならば、諸々の語意が同時に想起されたとき、それを認識しなければならない。しかしこの想起の認識も、諸々の語意を同時に対象としているので、近接に他ならない。このような過失が想定されているという[*2]。マトゥラーナータの言及する対論者の前提、つまり語意の同時認識が文意理解に他ならないという考えが突拍子もないため、ルチダッタの解釈の方が説得力があるように思われる。しかしそうだとすると、ガンゲーシャは諸々の語意が同時に想起されるだけでなく、同時に想起されたことを捉える経験が必要だと考えていることになる。それもまた、説得力に欠ける。

[*1] *TCR* 4(1) p. 291: "nanv avyavadhānenānvayapratiyogyupasthitir āsattir uktā, sā ca śābdabuddhirūpaiva. tathā ca śābdabuddhau jātāyāṃ tajjñānaṃ tajjñāne ca śābdabuddhiḥ, āsattijñānasya śābdadhīhetutvād ity anyonyāśraya ity ata āha. **sā ce**ti."

[*2] *TCP* p. 19: "**sā ce**ti. na caivam ātmāśrayo nānyonyāśraya iti vācyam. uktarūpāsattau sattyāṃ tajjñānam, tajjñāne cānubhavagarbhoktarūpāsattir iti bhāvād ity āhuḥ. etac cāsattijñānahetutāpakṣe."

3　批判（同時想起の不可能性）の検討

TC 4(1) pp. 291ff

अथ नानाविशेषणककर्मकर्तृकरणाधिकरणक्रियादिक्रमिकपदज्ञानजन्यक्रमिकपदार्थस्मृतीनां न यौगपद्यं सम्भवति, आशुतरविनाशिनां क्रमिकाणां मेलकानुपपत्तेरिति कथं तावत् पदार्थान्वयबोधः, विशेषणज्ञानसाध्यत्वाद् विशिष्टज्ञानस्येति चेत्। श्रौत्रप्रत्येकपदानुभवजन्यसंस्कारमेलकाद् एकदैव तावत्पदस्मृतिः, तत एकदैव तावत्पदार्थस्मृतौ सत्यां वाक्यार्थानुभवः। न चान्यविषयकसंस्कारेण नान्यत्र स्मरणम् इति वाच्यम्। वक्यार्थानुपपत्त्या फलबलेन संस्काराणां परस्परसहकारेण तत्रैकस्मरणकल्पनात्। प्रत्येकवर्णसंस्काराणाम् इवानन्यगतिकतया पदस्मरणे।

対論者　［それぞれ］さまざまな限定者を有する、行為対象、行為主体、手段、場所、行為等［を表示する諸々の］語の逐次的な認識から生じる、［諸々の］語意の逐次的な想起が、同時に起きるということはありえない。［発生した後に］即座に消滅する逐次的なもの［どうし］が連合すること*3は理に適わないからである。したがって、そもそもどうして語意連関が理解されるだろうか。というのも、限定されたものの認識は限定者の認識によって成立するからである。

ガンゲーシャ　聴覚器官による個々の語の経験から潜勢力が生じ、［その潜勢力の］連合にもとづいて、まず諸々の語がすべて一度に想起され、その後、諸々の語意がすべて一度に想起されるとき、文意が経験される。

対論者　或るものを対象としている潜勢力によって、［それとは異なる］他のものが想起されることはない。

ガンゲーシャ　そうではない。文意［が実際に理解されていること］の説明がつかなくなってしまうので、諸々の潜勢力が互いに協働して、それ（文を構成するすべての語の意味）に対する単一の想起［が生じること］が、結果（すなわち、文意理解が実際に成立していること）にもとづいて想定されるからである。語の想起について、［語を構成する］音素それぞれ［を対象とする］潜勢力［が互いに協働すること］が、［語の想起を説明する］他の仕方がないので、［認められるの］と同様である。

4　批判（連関表示説）の検討

TC 4(1) pp. 296ff

अथ

यद् यद् आकाङ्क्षितं योग्यं सन्निधानं प्रपद्यते।
तेन तेनान्वितः स्वार्थः पदैरेवावगम्यते॥

न चैवम् अन्वयान्तराभिधानं न स्यात्, विरम्य व्यापाराभावाद् इति वाच्यम्। एवम् अपि प्रथमम् अनन्वये हेत्वनुपन्यासात्, उत्तरस्य हीदं सामग्रीवैकल्यं न पूर्वस्येति

---

*3　*TCR* 4(1) p. 292: **melakaṃ**. milanam.

चेत्। अस्तु तावद् एवम्, तथापि चरमं तावत्पदार्थघटितवाक्यार्थानुभवे उक्तैव गतिः, अनन्यगतिकत्वात्।

対論者

それに期待され、それと適合し、それに近接するものとして理解される、そのような個々［の語意］と連関した自身の意味が、他ならぬ諸々の語によって理解される[*4]。

想定反論　そうだとすると、他の連関（すなわち、全体としての文意[*5]）を述べることがなくなるだろう。［個々の語がもつ意味表示のはたらきが、部分的な連関を表示することによって[*6]］停止した後には、もう［さらなる意味を表示する］はたらきは存在しないからである。

対論者　そうではない。仮にそうだとしても（全体としての文意の理解を説明できないとしても)、［認識された語意が］はじめに［他の語意と］連関しないこと（すなわち、部分的な連関が理解されないということ）について、［君は］根拠を示していないからである。というのも、この（君が考えているような）原因総体の不全性は、時間的に後のもの（全体としての文意の理解）について存在するのであり、時間的に前のもの（部分的な連関の理解）については存在しない。

ガンゲーシャ　そうであったとしよう。しかしたとえそうであっても、［文意理解のプロセスの］最後、それまで［想起された］語意［すべて］で構成される文意が経験されるとき、まさしく先に述べたような仕方をしている（語意の同時想起が成立している)。［文意の経験を説明する］他の仕方がないからである。

【解説】本段落では、連関表示説の立場からの批判が検討される。プラバーカラ派の提唱する連関表示説においては、個々の語は自らの語意を独立して表示するのではなく、他の語意と連関したかたちで表示すると考えられている。その考えに立つと、語意と語意の連関は個々の語の意味表示によって成立するので、独立した語意をすべて一度に想起するという近接のプロセスを想定する必要がなくなる。なお、プラバーカラ派も、3 要件のうちの近接の必要性を認めている。ここでは、ガンゲーシャの定義するような意味での近接は必要ない、ということが主張されていると理解すべきだろう。

これに対して、まず、連関表示説自体を否定する反論が想定される。個々の語が、その意味と他の語意との連関を表示するというところまでは、仮によいとしよう。しかし、それらの断片的な連関を集めて、文意という、大きな連関構造体をどのように理解できるというのか。個々の語の意味表示力は、断片的な連関を表示するところで尽きており、それらの断片をつなぎ合わせる作用はどこにもない。このような論理が考えられている。

連関表示説主張者は、この想定反論を却けるわけではない。たとえその批判が正しかったとしても、断片的な連関が個々の語により表示されることは否定されない、ということを言う。

[*4] これによく似た偈文が『プラカラナ・パンチカー』にある。*PP* p. 384: “yad yad ākāṅkṣitaṃ yogyaṃ sannidhānaṃ prapadyate | tadanvitaḥ padenārthas svakīyaḥ pratipādyate ||”

[*5] マトゥラーナータの解釈を参考にした。*TCR* 4(1) p. 296: “**anvayāntare**ti. punas tasmān mahāvākyārthajñānaṃ na syād ity arthaḥ.”

[*6] マトゥラーナータの解釈に従う。*TCR* 4(1) p. 296: “**viramye**ti. śabdabuddhikarmaṇām. **viramya**. eka-

それゆえ、語意の同時想起というプロセスを否定する論理は崩されていない。

ガンゲーシャはこれについて、連関表示説主張者が保留した、まさにその点を批判する。最終的に全体としての文意が理解されることは、すべての語意が同時に想起される、近接のプロセスを経るという仕方以外では説明ができないと言われている。

第 2 節　補充論

1　前主張（語補充説）

1.1　語補充説の提示

TC 4(1) pp. 300ff

अत्र वदन्ति। सन्निधिर्न पदजन्यैवान्वयबोधहेतुः, द्वारम् इत्यादावध्याहृतेनापि पिधानादिनान्वयबोधदर्शनात्। न च पिधेहीति शब्द एवाध्याह्रियते, अनुपयोगात्। अर्थस्यैवान्वयप्रतियोगित्वेनोपयोगित्वाद् आवश्यकत्वाच्च। अर्थापत्तेरुपपादकविषयत्वात्। न च शब्दमात्रम् उपपादकम्, अपि तु तदर्थः, अवश्यकल्प्यार्थसाहचर्येण दैववशसम्पन्नशब्दस्मृतेरन्यथासिद्धेः। अन्यथा पदबोधितस्यैवार्थस्यान्वयबोधकत्वम् इति नियमशक्तिकल्पनापत्तेः।

ガンゲーシャ　これに関して、次のように言う者たちがいる。

語意補充説論者　近接は、語より生じるものだけが連関の理解の原因なのではない。"dvāram"（扉を）などの場合、補充された《閉鎖》等によっても連関が理解されることが経験的に知られているからである。

語補充説論者　［そうではない。《閉鎖》という意味ではなく］"pidhehi"（閉めよ）という言葉こそが補充される[*7]。

語意補充説論者　そうではない。［補充された語は連関が理解される際に］はたらかないからである。というのも、［語ではなくその］意味こそが連関の関係項であるため、［連関が理解される際に］はたらくからであり、また［その表出が[*8]］必要だからである。［また[*9]］、論理的要請は［それなしでは説明がつかない事柄を］説明づけるものを対象とするからである。そして、［文の断片から理解された不完全な意味を］説明づけるもの（補完するもの）は単なる言葉ではなく、その意味である。［連関のためには、或る意味が他の］意味と共にあることが必ず想定されるので、言葉の偶然の想起は不可欠ではないからである[*10]。そうでないとすると、語から理解された意味のみが連関を理解させる、という制限

---

vāraṃ phalaṃ janayitvā."

[*7] マトゥラーナータによれば、補充とは想起である。*TCR* 4(1) p. 301: "**adhyāhṛyate** smaryate."

[*8] マトゥラーナータの解釈に従う。*TCR* 4(1) p. 301: "arthopasthitidvārā tasyāpy upayogitvam asty evety anuśayād āha. **āvaśyake**ti. pidhehiśabdopasthitiṃ kalpayitvāpi pidhānarūpapadārthopasthitikalpanasyākatvāc [sic] cety arthaḥ."

[*9] *TCP* p. 19: "**arthāpatter** iti. atra cakāro 'nuṣañjanīyaḥ." *TCR* 4(1) p. 301: "hetvantaram āha. **arthāpatter** iti."

[*10] 意味の想起は、それが連関を完成させるものであるため必然性があるが、意味さえ得られれば

付きの意味表示力を想定しなければならなくなってしまう。

【解説】本節で行われている補充論については、本書第7章で詳しく考察しているので、翻訳中における解説は最小限に留める。

1.2 反論（語意 M_1 の連関の理解のためには語 W_1 が必要）の検討

TC 4(1) pp. 303f

स्वार्थान्वयपरत्वाच्छब्दानां द्वारम् इति न पिधानान्वयबोधकम् इति तदन्वयबोधार्थम् अवश्यं शब्दकल्पनम् इति चेत्। न। लक्षणायां व्यभिचारात् तवाप्याक्षिप्तेन कर्त्रान्वयबोधाच्च।

語補充説論者 言葉は自らの意味の［他の意味との］連関を指向しているので、"dvāram"（扉を）という［語］は、《閉鎖》の［他の意味との］連関を理解させるものではない。したがって、それ（《閉鎖》）の連関の理解のために、どうしても言葉を想定（すなわち補充）しなければならない。

語意補充説論者 そうではない。比喩の場合に逸脱が見られるからであり、また、君（ニヤーヤ学派伝統派*11）の立場においても、［"viśvajitā yajeta"（ヴィシュヴァジト祭によって祀るべし）等の場合、想起された行為と］要請された（すなわち推理された*12）行為者との連関が理解されるからである。

【解説】比喩の場合の逸脱とは、マトゥラーナータによると以下の通り。"gaṅgāyāṃ ghoṣaḥ"（ガンジス河に牛飼いがいる）という文の"gaṅgāyām"（ガンジス河に）が省略された"ghoṣaḥ"（牛飼いがいる）という文を想定する。このとき、"gaṅgāyām"という言葉を補充し、そこから比喩の理解を経て《ガンジス河の岸辺に》という語意を想起する必要はなく、《ガンジス河の岸辺に》という意味をそのまま補充すればよい*13。

1.3 反論（簡潔性と、語意選択の不可能性）の検討

TC 4(1) pp. 304f

अथ द्वारपदसहभावमात्रं पिधेहिशब्दस्य कल्प्यते, लाघवात्। न च पिधानाभिधायकानेकशब्दोपस्थितौ विनिगमकविरहः, संस्कारतारतम्यात् पदविशेषस्मृतेरिति चेत्। न। आकाङ्क्षादिमत्प्रतियोग्यन्वितस्वार्थपरत्वस्य क्लृप्तत्वाल्लाघवेनार्थाध्याहारात्।

語補充説論者 "pidhehi"（閉めよ）という言葉が"dvāra"（扉）という語と共にあることだけが想定される。［その方が］簡潔だからである。また、《閉鎖》を表示する複数の言葉が表出するとき、［どれを補充すべきか］決定する要因が存在しない、ということはない。潜勢力の度合いによって、特定の語が想起されるからである。

言葉はとくに必要ないので、たとえ言葉が想起されたとしても、その想起に必然性はない、ということが言われていると考えられる。

*11 マトゥラーナータの解釈に従う。*TCR* 4(1) p. 304: "**tava** naiyāyikasya mate 'pi.... idañ ca prācīnanaiyāyikamatānusāreṇa. navyamate tatrāpi prathamāntacaitrādipadādhyāhārād evānvayabodhād iti bodhyam."

*12 マトゥラーナータの解釈に従う。*TCR* 4(1) p. 304: "**ākṣiptena**. anumitena."

*13 *TCR* 4(1) p. 304: "ghoṣādipadasya tīraśaktapadajñānaṃ vināpi tīrānvayabuddhijanakatvād iti bhāvaḥ."

語意補充説論者　そうではない。［語は］期待等を有する、関係項と連関した自らの意味を指向していると定まっているため、簡潔性にもとづいて、意味の補充［が認められる］からである。

1.4　反論（補充された意味との連関への指向の不可能性）の検討

TC 4(1) pp. 305f
न च श्रुतपदानि लब्धप्रयोजनानीति कथम् अप्यध्याहृते तेषां तात्पर्यम् इति वाच्यम्। श्रुतार्थान्वयानुपपत्त्याध्याहृते तात्पर्यात्।

語補充説論者　諸々の聞かれた語は［それが聞かれたということによって］目的を達成しているので、それら［諸々の語］が補充された［意味と連関した自らの意味］を指向しているということが、いったいどうしてあろうか。
語意補充説論者　そうではない。聞かれた［語だけ］の意味が連関することは理に適わないので、補充されたもの［と連関した意味も］指向されているからである。

1.5　批判（随意に意味を想起してもよいだろう）の検討

TC 4(1) pp. 306
कथं तर्ह्योदनं पचतीत्यत्र समभिव्याहृतमात्रान्वयः, कलायादेरपि स्मृतत्वाद् इति चेत्। न। तात्पर्यनियमाद् इत्यवेहि। यत्परः शब्दः स हि शब्दार्थः, अन्यथा तवापि दैववशस्मृतकलायपदोपस्थापितेनान्वयबोधः स्यात्।

対論者　そうだとすると、“odanaṃ pacati”（オーダナを調理する）というこの場合、どうして共に発話されたものだけの連関が［理解される］のか。［随意に想起した他の語意の連関も理解されてよいだろう。］《カラーヤ豆》等も想起されるからである。
語意補充説論者　そうではない。指向によって制限されるからである、と理解したまえ。というのも、言葉が或るものを指向しているとき、それが言葉の意味である。そうでないとすると、君の立場においても、［実際に述べられた語の意味の、］偶然想起された“kalāya”（カラーヤ豆）という語によって表出した［《カラーヤ豆》との］連関が理解されてしまうだろう。

1.6　批判（語意の補充では語形の特定を説明できない）の検討

TC 4(1) pp. 306f
अयं देवदत्त ओदनम् इत्यादिवाक्ये क्रियापदाध्याहाराभावेन कर्तुरनभिधानात् तृतीया स्याद् इति चेत्। न। अध्याहृतपचतिपदेनापि कर्तुरनभिधानात्। कर्तृसंख्याभिहितेति चेत्। न। देवदत्तस्य पाक इत्यत्रापि तृतीयापत्तेः। तात्पर्यतस्तत्र व्यवस्थेति चेत्। तुल्यम्।

対論者　“ayaṃ devadatta odanam”（このデーヴァダッタはオーダナを）といった文において、［語意補充説に立つならば］動詞が補充されないため、行為主体が述べられないので、第 3 格が用いられるべきである*14。［しかし実際には第 3 格は使用されていない。それは、“pacati”（調理する）という動詞が補充されているからである。］

語意補充説論者　そうではない。［たとえ“pacati”（調理する）という動詞を補充したとしても、］補充された“pacati”（調理する）という語も行為主体を述べないからである*15。

対論者　しかし［補充された動詞によって］行為者の数は述べられている。

語意補充説論者　それは違う。［その理屈に従うと、］“devadattasya pākaḥ”（デーヴァダッタの調理）というここにおいても第 3 格が帰結してしまうからである*16。

対論者　その場合、指向にもとづいて［どの格語尾を用いるかが］確定する。

語意補充説論者　［それでは私たちの場合も］同じことになる。

1.7　反論（経験的言語理解の原因について）の検討

TC 4(1) pp. 307ff

ननु द्वारं पिधेहीत्यादौ पिधानशाब्दानुभवे[1] पिधानोपस्थापकपदत्वेन जनकत्वम् इति चेत्। न। अन्वयप्रतियोग्युपस्थापकपदत्वेन जनकत्वात्, न तु तदुपस्थापकयावत्पदत्वेन, गौरवात्। एवं पिधानान्वयबोधेऽपि। अन्यथा गौणलाक्षणिकयोरन्वयबोधो न स्यात्, तयोरननुभावकत्वाद् इति।

---

[1] शाब्दा B1, B2] शब्दा Ed

語補充論者　“dvāraṃ pidhehi”（扉を閉めよ）といった場合、《閉鎖》の経験的言語理解を生じさせるものであることは、《閉鎖》を表出させる語であるということ［に制限されている］。

語意補充説論者　そうではない。［《閉鎖》の経験的言語理解を］を生じさせるものであることは、［自己の意味との］連関の関係項を表出させる語であるということ［に制限されているの］であり*17、単にそれ（《閉鎖》）を表出させる語であるということ［に制限されているの］ではない。冗漫だからである*18。

［“dvāram”（扉を）という文から得られる］《閉鎖》の連関の理解においても同様である。そうでないとすると、副次的および比喩的に意味を表示する語の場合に連関が理解されないことになってしまう。それらは経験的認識をもたらすものではないからである。

---

*14　以下の文法規則に基づく。*Aṣṭādhyāyī* 2.3.1: “anabhihite.”; 2.1.18: “kartṛkaraṇayos tṛtīyā.”

*15　新ニヤーヤ学派では動詞は決意（kṛti）を表示するものと考えられているので、たとえ動詞を補充したところで、第 3 格の使用は避けられない。*TCR* 4(1) p. 307: “**adhyāhṛteti**. ākhyātasya kṛtāv eva śaktir iti bhāvaḥ.”

*16　“pāka”という派生名詞は、語根“pac”に接辞“ghañ”を付したものである。この接辞は行為者も数も表示しない。“ghañ”の意味は*Aṣṭādhyāyī* 3.3 で規定されている。

*17　つまり、“dvāram”（扉を）という語自体が、その意味と連関する《閉鎖》を表出させる。*TCR* 4(1) p. 308: “tatrāpi pidhānānvayapratiyogyupasthāpakapadasya dvāram ity asyaiva sattvād iti bhāvaḥ.”

*18　*TCR* 4(1) p. 308: “**gauravād** ity upalakṣaṇam, yāvatpadasya kutrāpy asambhavāc cety api draṣṭavyam.”

2　確定見解（語意補充説）

2.1　期待の成立要件にもとづく論証

TC 4(1) pp. 311ff

उच्यते। क्रियापदोपस्थापिता क्रिया कारकपदोपस्थापितञ्च कारकं परस्परम् आकाङ्क्षति, न तूपस्थित[1]मात्रम्। अन्यथा द्वारं कर्मता पिधेहि, द्वारं पिधानं कृतिरित्यत्रापि क्रियाकर्माध्याहार इवान्वयबोधप्रसङ्गः, क्रियायाः कर्मणश्चोपस्थितेस्तुल्यत्वात्।

---

[1] स्थित B_1, B_2] स्थिति Ed.

ガンゲーシャ　次のように答えられる。動詞によって表出させられた行為と、カーラカ［を表示する］語によって表出させられたカーラカとが相互に期待し合うのであり、［任意の仕方で］表出させられたものすべてが［期待し合うの］ではない。そうでないとすると、"dvāraṃ karmatā pidhehi"（扉、行為対象性、閉めよ）、"dvāraṃ pidhānaṃ kṛtiḥ"（扉、閉鎖、決意）というこれらの場合でも、行為や行為対象［という意味］が補充される［とする立場の］ように、連関の理解が帰結してしまうからである。というのも、［正しい文においても、これらの文においても、］行為や行為対象は等しく表出させられるからである。

【解説】ここでは、期待が語意と語意の間に想定されているが、ガンゲーシャの確定見解*19では、期待は語と語の間に存在するものとされている。しばしば行われることだが、期待に関して、ガンゲーシャはここで確定見解の立場に立たず、当時おそらく広く認められていただろう前主張の立場に立って議論していると考えられる。なお、マトゥラーナータはこの前主張を「ウダヤナの考え」に同定するが、ウダヤナは期待を聞き手に存在するものと定義するので、この同定は適切でない*20。

2.2　批判（期待ではなく正形性により説明する）の検討

TC 4(1) pp. 312ff

एवंविधपदोपस्थापिते परस्परम् आकाङ्क्षा नस्तीति चेत्। तर्ह्याकाङ्क्षायां पदविशेषोपस्थापितत्वं तन्त्रम्, न तूपस्थितिमात्रम्। अर्थविशेषेऽसाधुत्वान्नात्रान्वयबोध इति चेत्। न। पिधेहीतिपदं विना द्वारम् इत्यस्याप्यसाधुत्वात्, तदर्थयोगे साधुत्वस्य तुल्यत्वात्, साधुत्वज्ञानस्यान्वयबोधेऽप्रयोजकत्वाच्च। गौरवात्, अपभ्रंशाद् अप्यन्वयबोधाच्च। न चात्रासंसर्गाग्रहः, बाधकाभावात्। तस्मात् क्रियापदस्य कारकपदेन कारकपदस्य क्रियापदेन सहान्वयबोधकत्वम्, न त्वेकं विनाऽपरस्य।

対論者　そのような［諸々の］語によって［語意が］表出させられるとき、［それらが］相互に期待し合うことはない。［したがって、いま言われたような帰結を懸念する必要はない。］

---

*19　期待論章第 2 節 1（p. 235）を参照。
*20　*TCR* 4(1) p. 311: "idañ ca padasmāritapadārthajijñāsākāṅkṣety ācāryamatena." ウダヤナの期待定義については本書第 5 章 3 節（p. 74）を参照。

ガンゲーシャ　そうだとすると、［まさに私たちの言うように］特定の語によって表出させられることが期待の決定要因なのであり、［それらの語意が］表出させられていればよいというものではない[*21]。

対論者　この場合、特定の意味（すなわち、行為・カーラカ関係での連関）に対して非正形であるから［その特定の］連関が理解されないのである[*22]。［つまり、期待がないからではない[*23]。］

ガンゲーシャ　そうではない。“pidhehi”（閉めよ）という語がないときの“dvāram”（扉を）という［文］もまた非正形だからである。また、その意味（《閉鎖》等）［を表示する語］と結びつくときは［“dvāram”（扉を）という文も］等しく正形となるからである。また、正形性の認識は連関の理解において役割を果たさないからである。というのも、［正形性の認識を要件に加えるのは］冗漫だからであり、また、［非正形である］アパブランシャからも連関が理解されるからである[*24]。

対論者　この場合（アパブランシャの場合[*25]）、［生じるのは］連関ならざるものの非認識である。

ガンゲーシャ　そうではない。［連関の理解の成立を[*26]］阻害する要因が存在しないからである。

　したがって、動詞はカーラカ［を表示する］語と共になって、［また］カーラカ［を表示する］語は動詞と共になって連関を理解させるのであり、一方が欠けると他方は［連関を理解させられ］ない。

2.3　語形の特定にもとづく語補充説の論証

TC 4(1) pp. 314ff

अपि च सकर्मकक्रियापदयोगं विना द्वितीयानुपपत्तिः। न हि क्रियापदार्थयोगे द्वितीया, घट आनयनं कृतिरित्यत्रापि द्वितीयापत्तेः। तथा च पुष्पेभ्य इत्यत्र स्पृहयतिपदाध्याहारं विना चतुर्थ्यनुपपत्तिः। यदि स्पृहयतिपदार्थयोगे चतुर्थी, तदा पुष्पम् इच्छतीत्यत्रापि स्यात्, स्पृहयतीच्छतिपदयोरेकार्थत्वात्। अथ साधुत्वार्थं द्वारं पुष्पेभ्य इत्यत्र पि-धेहिस्पृहयतिपदाध्याहारोऽनुमन्यते, न त्वन्वयबोधार्थम्, तस्यान्वयप्रतियोगिविज्ञानाद्

[*21] *TCA* 43b: “pade viśeṣo nānvayāvirodhitvam.... vibhaktyādisamabhivyāhṛtapadatvam eva viśeṣaḥ.” この “viśeṣa” は「本来的適合性（svarūpayogyatā）」の概念に近似する。

[*22] 「特定の意味」でない意味に対しては、文法的に正しいと解釈することができる場合もある。たとえば、“dvāram karmatā” という言語表現は《扉を》という意味を表すには文法的に正しくないが、《扉は行為対象である》という非別異関係での連関を意味するのであれば、文法的に正しい。

[*23] 以下の解釈に従う。Tatacharya 2005: 462: “na ca ‘dvāraṃ karmatvam’ ityādau bhedānvayabodhe ’sādhutvajñānam eva ‘dvāraniṣṭhaṃ karmatvam’ iti bhedānvayabodhapratibandhakam, na tu nirākāṅkṣatvam, padaviśeṣānupasthāpitatvaṃ veti vācyam.” 非正形性を、マトゥラーナータは文法学により規定されるものと考えているようである。*TCR* 4(1) p. 312: “tatrāsādhutvañ ca tadajanakatayā pāṇinyādyabhipretatvam.”

[*24] 難解な論述である。“dvāram” という文は実際のところ非正形であるが、私たちはこの非正形な発話からも意味を理解している、ということを言っていると解釈したい。Tatacharya 2005 はこの箇所を解説する際、テキストの “tadarthayoge sādhutvasya tulyatvāt” の部分をスキップして、このような趣旨を説明している。

[*25] マトゥラーナータの解釈に従う。*TCR* 4(1) p. 313: “**atra**. apabhraṃśasthale.”

[*26] マトゥラーナータの解釈に従う。*TCR* 4(1) p. 313: “**bādhakābhāvād** iti. saṃsargagrahe bādhakā-bhāvād ity arthaḥ.”

एवोपपत्तेरिति चेत्। तर्हि क्रियापदयोगं विना न कारकविभक्तिः, कारकपदयोगं विना न तदन्वययोग्यं क्रियापदम् इति केवलकारकपदे क्रियापदाध्याहारः, केवलक्रियायाञ्च कारकपदाध्याहारः साधुत्वार्थम् आवश्यक इति तज्जन्योपस्थितिरन्वयबोधौपयिकी। तस्मात् क्रियाकारकपदोपस्थापितयोरेव क्रियाकारकयोः परस्परम् अन्वय इति शब्दाध्याहार एव। कर्त्राक्षेपे तु वक्ष्यामः।

ガンゲーシャ　また、他動詞との結びつきがなくては第 2 格［の使用］は成り立たない。というのも、動詞の意味と結びつくときに第 2 格が［使用される］のではない。［そうだとすると］“ghaṭa ānayanaṃ kṛtiḥ”（壺、運搬、決意）というこの場合にも、第 2 格が［使用されると］帰結してしまうからである[*27]。

同様に、“puṣpebhyaḥ”（花々を）というこの場合、“spṛhayati”（好む）という語の補充がなくては第 4 格［の使用］は成り立たない。もし “spṛhayati”（好む）という語の意味と結びつくときに第 4 格が［使用される］のならば、その場合、“puṣpam icchati”（花を欲する）というこの場合も［第 4 格が使用される］だろう。“spṛhayati”（好む）と “icchati”（欲する）という語は意味を同じくするからである。

対論者　“dvāram”（扉を）、“puṣpebhyaḥ”（花々を）というこれらにおいて、“pidhehi”（閉めよ）、“spṛhayati”（好む）という語の補充は正形性のために承認されるのであり、連関の理解のためではない。それ（連関の理解）は連関の関係項の認識のみにもとづいて成立するからである。

ガンゲーシャ　そのように言うのならば、動詞と結びつくことなしにカーラカ語尾［が用いられること］はなく、カーラカ［を表示する］語と結びつくことなしに、それとの連関に適合する動詞［が用いられること］はない。それゆえ、カーラカ［を表示する］語のみ［が用いられている］場合は動詞の補充が、動詞のみ［が用いられている］場合はカーラカ［を表示する］語の補充が、正形性のために必要である。［そして、］それ（補充された語）によって表出させられるということが、連関の理解をもたらすのである。したがって、動詞とカーラカ［を表示する］語によって想起させられる行為とカーラカとが相互に連関するのであり、［意味の補充ではなく］言葉の補充こそが［正しい］。行為者の要請（ākṣepa）については後に述べる。

[*27] “yoga” は「使用」の意味でも用いられるが、ここでは「結びつき」と理解し、本文では連関（anvaya）と区別するため「共にある」と理解した。以下の註釈も参照。*TCR* 4(1) p. 315: “**sakarmakakriyāpadayogaṃ vine**ti. sakarmakakriyāpadaikavākyatābhiprāyaviṣayatvaṃ vinety arthaḥ.”

第5章

指向論（導入と指向の定義まで）

目次

§1　導入 271

§2　指向の定義 272

1　前主張 272

1.1　前主張1（それを成立対象とするということ） 272

1.2　前主張2（それを対象とする活動意欲を成立対象とするということ） 272

1.3　前主張3（それの認識を生じさせるものであるということ） 273

1.4　前主張4（それの認識を生じさせることに適合するということ） 273

1.5　前主張5（それを理解させられるものとするということ） 274

2　確定見解 275

2.1　指向の定義（それを目的とするということ） 275

2.2　目的の定義 275

2.2.1　前主張1（成立対象であるということ） 275

2.2.2　前主張2（聞き手の願望の対象であるということ） 275

2.2.3　確定見解（話し手の願望の対象であるということ） 276

第1節　導入

TC 4(1) p. 319
तात्पर्याधीनं शब्दप्रामाण्यम्।

ガンゲーシャ　言葉のプラマーナとしての妥当性は指向に依存している。

【解説】ガンゲーシャがこの言葉により何を意味するかについて、本書第5章6（p. 84）で詳しく検討した。一般には、ここでガンゲーシャは「文意理解の成立には、指向すなわち話し手の意図の理解が必要である」ということを述べていると理解されているが、筆者はその解釈には問題があると考えている。

本章の議論は、ウダヤナの『花束』での議論に沿うかたちで進められている。ウダヤナの議論は、本書の上掲箇所で分析した。それを参照すれば、ガンゲーシャの議論も多くは明らかであるため、以下の解説は最小限に留める。

第 2 節　指向の定義

1　前主張

1.1　前主張 1（それを成立対象とするということ）

TC 4(1) p. 319

तत्र तत्परत्वं न तत्साध्यकत्वम्, पदार्थतत्संसर्गयोः शब्दासाध्यत्वात्।

ガンゲーシャ　そこ（第 1 節の主張）における「指向」（字義通りには「それを指向するということ」）とは、「それを成立対象（成立させられるもの）とするということ」ではない。語意およびそれ（語意）の連関は、言葉によって成立させられるものではないからである。

【解説】 ウダヤナは「指向とは何か」ではなく「指向対象とは何か」という問いを立てて論じる。その第 1 前主張が「成立させられるもの」である。ガンゲーシャが本段落で示す前主張は、ウダヤナの第 1 前主張に対応する。

1.2　前主張 2（それを対象とする活動意欲を成立対象とするということ）

TC 4(1) pp. 319ff

अथ तद्गोचरप्रवृत्तिनिवृत्तिसाध्यकत्वं तत्परत्वम्। तच्च भाव्यार्थस्य साक्षात्, भूतार्थस्य तु प्रशंसानिन्दावाक्यस्य प्रशस्तनिन्दितार्थप्रतिपादनद्वारा। लाक्षणिकस्य लक्षणीयविषय-प्रवत्तिनिवृत्तिजनकत्वं तत्परत्वम् इति चेत्। न। तत्परत्वे तज्ज्ञानं जनयित्वा तत्र प्रवर्त-कत्वम्, तत्प्रवर्तकत्वञ्च तत्परत्वम् इति परस्पराश्रयात्। लाक्षणिकस्याननुभावकत्वेऽपि लक्षणीयपरत्वात्। काव्यादेः स्वरूपाख्यानमात्रपरत्वेनापि पर्यवसानाच्च।

対論者　では、「それを指向するということ」は、「それを対象とする獲得的活動意欲或いは忌避的活動意欲を成立対象とするということ」である。そしてそれ（それを対象とする獲得的活動意欲或いは忌避的活動意欲を成立対象とするということ）は、これから実現されるべき事柄［を述べる文］（すなわちヴェーダの儀軌）の場合は直接的であり、すでに実現された事柄［を述べる］称讃や非難の文（すなわちヴェーダの釈義）の場合は、称讃或いは非難された事柄を理解させることを媒介としている。［また、］比喩表現を用いている［言葉］の場合は、比喩される対象に対する獲得的活動意欲或いは忌避的活動意欲を生じさせるものであるということが、それを指向するということである。

ガンゲーシャ　そうではない。[言葉が] 或るもの (*x*) を指向しているとき、[その言葉は聞き手に] それ (*x*) の認識を生じさせ、それ (*x*) に対する活動意欲を誘発する。一方、それ (*x*) に対する活動意欲を誘発するというのは、それ (*x*) を指向するということである。このような相互依存に至るからである。また、比喩表現を用いている [言葉] は、[比喩される対象を] 経験させるものでないとしても、比喩される対象を指向しているからである。また、美文藝等は [獲得的活動意欲や忌避的活動意欲ではなく] 自己の説明のみを指向するものとしても定式化 (paryavasāna) されているからである。

【解説】 この前主張を、ウダヤナは第 1 前主張に対する反論の検討のなかで扱っている。

1.3　前主張 3（それの認識を生じさせるものであるということ）

TC 4(1) pp. 322f

ननु तद्बुद्धिजनकत्वं तत्परत्वम्। प्रशंसानिन्दावाक्यम् अपि प्रशस्तनिन्दितस्वार्थधीहेतुत्वेन तत्परम् एव। तच्च ज्ञानं प्रशस्ते सर्वः प्रवर्तते निन्दिताच्च निवर्तत इति स्वविषये प्रवृत्तिनिवृत्ती जनयतीति तत्परम् उच्यत इति चेत्। न। गौणलाक्षणिकयोरननुभावकत्वात्, तद्बुद्धिजनने तत्परत्वम् इत्यन्योन्याश्रयाच्च।

対論者　「それを指向するということ」は、「それの認識を生じさせるものであるということ」である。称讃や非難の文もまた、称讃された、或いは非難された [事柄] それ自体の意味の認識の原因であるので、まさしくそれを指向する。そして、すべて [のひと] は称讃された [事物] に対しては獲得的活動意欲を抱き、非難された [事物] に対しては忌避的活動意欲を抱くように、その認識 (それ自体の意味の認識) は自らの対象に対する獲得的活動意欲と忌避的活動意欲を生じさせるので、[称讃や非難の文は]「それを指向する」と言われる。

ガンゲーシャ　そうではない。副次的および比喩的 [に意味を表示する言葉] は [対象を] 経験させるものではないからである[*1]。また、それの認識を生じさせる場合にそれを指向する、というように相互依存に至るからである。

1.4　前主張 4（それの認識を生じさせることに適合するということ）

TC 4(1) p. 323

तज्जननयोग्यत्वम् इति चेत्। तर्ह्येकत्रोच्चारणे नानार्थे नानार्थपरत्वं, लक्षणायाञ्च मुख्यार्थ-परत्वं स्यात्, योग्यतायाः सत्त्वात्।

対論者　[「それを指向するということ」は、]「それ (それの認識) を生じさせることに適合するということ」である。

ガンゲーシャ　そのように言うならば、多義語がひとつ [の意味だけを意図して] 発話されるとき、複数の意味を指向することになってしまう。また、比喩 [表現を用いている

---

*1　副次的 (gauṇī) 意味表示については、期待論章第 2 節 4 (p. 238) の解説を参照。

言葉］の場合に、主たる（すなわち、指示される）意味を［も］指向することになってしまう。［いずれの場合も、それらの認識を生じさせることに対する］適合性が存在するからである。

【解説】 第3前主張の改善案として示されている。この定義における“tad”（それ）は前段落で言われた“tadbuddhi”（それの認識）を指示しており、“tatparatvam”（それを指向するということ）の“tad”に直接対応するものではないと考えられる。定義をこう改めることにより、前段落の最後に指摘された相互依存を回避できる。

1.5　前主張5（それを理解させられるものとするということ）

TC 4(1) pp. 323ff

नापि तत्प्रतिपाद्यकत्वम्, तात्पर्यं विना न तथेत्यन्योन्याश्रयात्, प्रशंसानिन्दावाक्यस्य प्रवृत्त्याद्यप्रतिपादकत्वात्, लाक्षणिकस्याप्रतिपादकत्वाच्च । अथ गङ्गापदं स्वार्थाविनाभावितीरं प्रतिपादयत्तत्परम् इति चेत् । न । मञ्चाः क्रोशन्तीत्यत्र तेन विनापि पुरुषे तात्पर्यात्, गङ्गादिपदं मत्स्यादिपरं मुख्ये तीरपरञ्च स्यात्, अविनाभावस्य तादवस्थ्यात् । मुख्ये बाधके सतीति चेत् । तर्हि मुख्यार्थपरतैव न स्यात्, न स्याच्च गच्छ गच्छसीत्यत्र गमनाभावपरत्वम् ।

ガンゲーシャ　また、［「それを指向するということ」は、］「それを理解させられるものとするということ」でもない。それを指向するということがなくては、そのようにならない（それは理解されない）ので、相互依存に至るからである。また、称讃や非難の文は獲得的活動意欲等（獲得的活動意欲および忌避的活動意欲）を理解させるものではなく、比喩表現を用いている［言葉］は［比喩された事柄を］理解させるものではないからである。

対論者　“gaṅgā”（ガンジス河）という語は、それ自体の意味との不可離関係を有する《岸辺》を理解させるので、それを指向している。

ガンゲーシャ　そうではない。［たとえば、］“mañcāḥ krośanti”（ベッドが叫ぶ．ベッドの上で人々が叫んでいるということか）というこれにおいては、［《ベッド》との］それ（不可離関係）が存在しなくても［ベッドにいる］《人々》に対する指向が存在しているからである。［また、］“gaṅgā”（ガンジス河）という語が主たる［意味を意図して発話された］とき、《魚》等も《岸辺》も指向するものとなってしまうだろう。［《ガンジス河》とそれらとの］不可離関係は［それらを指向しているときと］変わらないからである*2。

対論者　主たる［意味］が阻害されている場合に［そうなるのである］。

ガンゲーシャ　そのように言うならば、主たる意味を指向するということ自体がなくなってしまうだろう。また、「あなたなんて、もうどこへでも行ってしまえばいいのよ」というこれにおいて、《行くこと》の非存在を指向するということもなくなってしまうだろう*3。

---

*2 マトゥラーナータの構文解釈に従う。*TCR* 4(1) p. 324: “**gaṅgādipadam** iti. gaṅgādipadaṃ matsyādiparaṃ tīraparañ ca mukhye syād iti yojanā. **mukhye**. mukhyamātrābhiprāye mukhyārthapratītīcchayoccāraṇa iti yāvat.”

*3 「あなたなんて、もうどこへでも行ってしまえばいいのよ」はウダヤナが『花束』で言及する例

2　確定見解

2.1　指向の定義（それを目的とするということ）

TC 4(1) p. 325

उच्यते। तत्प्रयोजनकत्वं तत्परत्वम्। तदर्थश्च प्रतीतिः प्रवृत्तिनिवृत्ती च।

ガンゲーシャ　次のように答えられる。「それを指向するということ」は、「それを目的とするということ」である。「それ」［という指示代名詞］の意味は、認識と、獲得的活動意欲および忌避的活動意欲である。

2.2　目的の定義

2.2.1　前主張 1（成立対象であるということ）

TC 4(1) p. 326

प्रयोजनत्वञ्च न साध्यत्वम्, अन्योन्याश्रयात्।

ガンゲーシャ　「目的であるということ」は、「成立対象であるということ」ではない。相互依存に至るからである。

2.2.2　前主張 2（聞き手の願望の対象であるということ）

TC 4(1) pp. 326f

नापि प्रतिपाद्येच्छाविषयत्वम्, यस्य यदिच्छाविषयः तं प्रति तत्परत्वापत्तेः। तदर्थसाध्यत्वेन इच्छानियम इति चेत्। न। इह धूम इत्यत्र जन्यज्ञाप्यभेदेन साध्यस्य बहुविधतया वाक्यभेदप्रसङ्गात्। पुमिच्छाया नियन्तुम् अशक्यत्वात्।

ガンゲーシャ　また、［「目的であるということ」は、］「理解させられる者（聞き手）の願望の対象であるということ」でもない。或る者（*A*, 聞き手）の有する或る事柄（*B*）に対する願望の対象があるとき、その者（*A*）に関してはそれ（*B*）を指向することが帰結してしまうからである[*4]。

対論者　「それ（言葉）の意味によって成立させられること」によって願望を制限すればよい。

ガンゲーシャ　そうではない。“iha dhūmaḥ”（ここに煙がある）というここにおいては、

文であり、恋人にこう言うとき、その言葉は《お願いだから行かないで》という意味を指向しているとされる。本書 p. 85 脚註 *47 を参照。

*4　マトゥラーナータの解釈に従って訳した。*TCR* 4(1) p. 326: “**yasye**ti. śrotuḥ puruṣasyeti śeṣaḥ. **yadicchāviṣayaḥ**. yadyadvastuśabdagocarasamūhālambanecchāviṣayaḥ. **taṃ prati**. tatpuruṣaṃ prati. **tatparatvāpatter** iti. tattadvastuparatvāpatter ity arthaḥ.” ただし意味がとりづらい。筆者の参照した『宝珠』の写本（B_1, B_2）には異読がみられないが、この箇所に相当するウダヤナの『花束』の記述は次のようになっている。*NKus* p. 521: “yasya yad apekṣitam, taṃ prati tasya paratvaprasaṅgāt.”（訳：或る者（*A*）にとって或る事柄（*B*）が求められているとき、その者（*A*）はそれ（*B*）を目的としていることになってしまうからである。）ガンゲーシャはウダヤナと同じことを述べようとしていたとも考えられるだろう。いずれにせよその趣旨は、聞き手が言葉の意味とは無関係に、恣意的に言葉の指向対象を決定できてしまう、ということにあると理解できる。

生じるものと認識されるものとの差異に応じて成立対象が多様であるので、文の区別（vākya-bheda）が帰結してしまうからである[*5]。人間の願望は制限できないからである。

2.2.3　確定見解（話し手の願望の対象であるということ）

TC 4(1) pp. 327f

किन्तु प्रतिपादकेच्छाविषयत्वं। यः शब्दः वक्त्रा यदिच्छया प्रयुक्तः स तत्परः। सा चेच्छा प्रतिपाद्यधीप्रवृत्तिनिवृत्तिविषयेति तत्परत्वम्।

ガンゲーシャ　そうではなく、「目的であるということ」は、「理解させる者（すなわち話し手）の願望の対象であるということ」である。或る言葉（*A*）が或る事柄（*B*）を願って話し手により用いられるとき、それ（*A*）はそれ（*B*）を指向している。そして、その願望は理解させられる者（聞き手）の認識と獲得的活動意欲および忌避的活動意欲を対象としているので、［その言葉は］それ（理解させられる者の認識と獲得的活動意欲および忌避的活動意欲）を指向している。

[*5] 非常に難解な論述である。ルチダッタは、“iha dhūmaḥ” という文から聞き手が何を得るかによって、文の意味が変わってしまうということを言っていると思われる。*TCP* p. 21: “**janye**ti. dhūmajanyo maśakādinivṛttyādijñapyo vadgyādiḥ [sic].” これを参考に、次のように理解できるだろう。「煙が出ているぞ」という言葉から、或る人は「焼き芋を焼かせてもらおう」という獲得的活動意欲を抱く。また或る人は、「火事だから逃げよう」という忌避的活動意欲を抱く。これらの活動意欲が「生じるもの」である。生じるものは、このようにさまざまである。また、“dhūma” は《霧》を意味することもあるので、煙を理解するか霧を理解するか、「理解されるもの」もひとによってさまざまである。このように、同じ言葉であってもひとがそれから何を得るかは異なるので、ひとつの文が複数の意味を表すことになってしまう。「文の区別」とはこのようなことを言っているのだろう。

補遺 2
『宝珠』真理論章
「正しい認識の発生」節
確定見解部より抜粋和訳

I　美質の暫定規定

TC 1 p. 327

उच्यते। प्रमामात्रे च नानुगतो गुणः, किन्तु तत्तत्प्रमायां भूयोऽवयवेन्द्रियसन्निकर्षयथार्थ-लिङ्गसादृश्यवाक्यार्थज्ञानानां यथायथं प्रत्येकम् एव गुणत्वम्, अन्वयव्यतिरेकात्।

ニヤーヤ学派　次のように答えられる。正しい認識のすべてに共通の美質は存在しない。そうではなく、正しい認識のそれぞれについて、［認識対象の］多くの部分と感覚器官の接触、対象に即した証相［の認識］、［対象に即した］類似性［の認識］、［対象に即した］文意（すなわち、文の意味対象であるところの事物）の［話し手による］認識が、場合に応じて、それぞれ美質である[*1]。肯定的にも否定的にも［そのように観察される］からである。

[*1] マトゥラーナータの解釈にもとづき、“bhūyas” を “avayava” に掛けて、また “yathārtha” を各要素に掛けて理解した。*TCR* 1 p. 328: “**bhūyo’vayave**ti. bhūyo’vayavāvacchedenendriyasannikarṣa ity arthaḥ. **yathārthe**ti. liṅgajñānādiṣu sarvatra sambadhyate.”

II　ヴェーダより得られる認識の正しさの原因

1　話し手の認識をヴェーダの美質とする見解

TC 1 p. 341

अपि च लिङ्गसादृश्यवाक्यार्थभ्रमदोषाभावमात्राद् नानुमित्यादिरिति सत्यपरामर्शादिगुण-सिद्धिः। एवं प्रमाया गुणजन्यत्वेन वेदेऽपि प्रमा वाक्यार्थयथार्थज्ञानगुणजन्येति तदाश्रये-श्वरसिद्धिः।

ニヤーヤ学派　また、証相、類似性、文意（文の意味対象であるところの事物）［それぞれの］誤った認識という瑕疵の非存在のみから［正しい］推理知等が［発生することは］ない。それゆえ、正しい反省知といった美質［の存在］が成立する（論証される）。このように、正しい認識は美質より生じるので、ヴェーダの場合もまた、正しい認識は対象に即した文意の認識という美質より生じるものである。したがって、それ（文意の認識）の拠所としての主宰神［の存在］が成立する（論証される）。

2　反論（ヴェーダの場合は瑕疵の非存在が正しい認識の原因）の検討

TC 1 pp. 341ff

ननु प्रत्यक्षादावस्तु गुणजन्यत्वम्, वेदे तु भ्रमाद्यभावचतुष्टयं प्रमाहेतुः। लोके च भ्रमा-द्यभाव एव प्रमोत्पत्तेरिति चेत्। न। तत्र लाघवाद् वाक्यार्थयथार्थज्ञानस्य हेतुत्वेन भ्रमाद्यभावानाम् अन्यथासिद्धत्वात्। आप्तस्य भ्रमाद्यभावमात्रेण वाक्यार्थज्ञानं विना तादृश-वाक्याभावाच्च। अन्यथा तवापि तत्र वक्तृज्ञानानुमानं न स्यात्, तस्याहेतुत्वात्। अस्तु वोभयम् अपि हेतुः, विनिगमकाभावात्। तथापि वेदे गुणसिद्धिः। न च नित्यनिर्दोषत्वाद् दृष्टाद् एव वेदे प्रामाण्योपपत्तौ नापरिदृष्टनित्यज्ञानादिसर्वज्ञकल्पना, गौरवाद् इति वाच्यम्। प्रमाणवतः फलमुखगौरवस्यापि स्वर्गादाविवादोषत्वात्। पूर्वं कारणताग्रहसमये फलानुप-स्थित्या गौरवाज्ञानात्, लोके नित्यत्वाभावाच्च।

対論者　［正しい］知覚知等は美質より生じるものだとしてもよい。しかし、ヴェーダの場合は誤った認識等（すなわち、誤った認識、錯乱、騙したいという願望、器官の非鋭敏性[*1]）の［非存在］という非存在四本柱が正しい認識の原因である。というのも、世間［的な言葉］の場合は、誤った認識等が存在しないだけで正しい認識が生じるからである。

ニヤーヤ学派　そうではない。その場合（世間的な言葉の場合）、簡潔性のゆえに、対象に即した文意の認識が［正しい認識の］原因［とされる］ため、誤った認識等の非存在は不可欠ではないからである。また、［話し手である］信頼できる者に誤った認識等が存在しないことのみによって、［その話し手が］文意（文の意味対象であるところの事物）を認識せずに、そのような文［が述べられること］はないからである。そうでないとすると、君の立場においても、その場合（世間的な言葉の場合）に話し手の認識の推理ができなくなってしまう。［君の立場では、］それ（対象に即した文意の認識）は［世間的な文の[*2]］原因［とはされてい］ないからである。或いは、［簡潔性を決定要因と認めないならば］決定要因が存在しないので、両方（美質および瑕疵の非存在）ともが原因であるとしてもよい。その場合も、ヴェーダに美質［が存在すること］が成立する（論証される）。

対論者　ヴェーダがプラマーナであることが、［それが］常に瑕疵を欠いているという明らかなことのみにもとづいて説明できるならば、恒常的な認識等［を有する］全知者という、あまり明らかでないものを想定することはない。冗漫だからである。

ニヤーヤ学派　そうではない。根拠を有していれば、結果に向かう冗漫性もまた、天界等の場合と同様、過失にはならないからである[*3]。というのも、［結果の成立の］前、原因性が把捉されていないときには、結果が表出していない（すなわち、認識されていない）ので、冗漫性が認識されないからであり、また、世間［的な言葉］には恒常性が存在しないからである。

3　反論（ヴェーダの作者は伝承されていない）の検討

TC 1 pp. 344f

अथ वेदे कर्त्रस्मरणादेर्बाधकाल्लोकेऽपि निर्दोषत्वेनैव प्रमाहेतुत्वम्। वेदे तु नित्यत्वेनैव वक्तुरभावेऽपि निर्दोषत्वम् अवधार्यत इति चेत्। न। बाधकस्य बहुशो निराकरिष्यमाणत्वात्, भ्रान्तप्रतारकवाक्ये घटोऽस्तीति वाच्ये पटोऽस्तीति दोषजन्यवाक्ये च संवादात् प्रमाणे तदभावाच्च। किञ्च दैववशसम्पन्नं चैत्यं वन्देतेत्यादिकं शुकबालादिवाक्यम् अप्येवं प्रमाणं स्यात्। वक्तृदोषाभावात्, प्रमाणानपेक्षत्वेन वेदतुल्यत्वाच्च।

対論者　ヴェーダの場合、作者が伝承されていないということ等が［話し手が存在するということに対する[*4]］阻害要因となるので、世間［的な言葉］の場合も［ヴェーダの場合に合わせて］瑕疵を有さないということのみを正しい認識の原因［とすればよい］。ヴェーダの場合は、［ヴェーダが］恒常であることのみにもとづいて、話し手がいなくとも、

[*1] これらの4要素は註釈者らによりしばしば組として列挙される。ガンゲーシャ自身も言語部（本書補遺 p. 197）で言及している。

[*2] マトゥラーナータの解釈に従う。*TCR* 1 p. 343: “**ahetutvāt**. vākyāhetutvāt.”

[*3] 「結果に向かう冗漫性」については 長尾 1970 が研究している。しかしそれを参照しても、「天界」の例が何を意味しているのか明らかにならない。天界という結果が未だ実現していない状態では、天界を得るための諸々の祭祀の冗漫性は過失とはされない、ということであろうか。

[*4] マトゥラーナータの解釈に従う。*TCR* 1 p. 344: “**bādhakāt**. sakartṛkatve bādhakāt.”

瑕疵を有さないということを確定できる。

ニヤーヤ学派　そうではない。阻害要因とされる事柄が後でいくつもの観点から排除されるからである。また、誤った認識をもつ（つまり、勘違いした）嘘吐きの文や、「壺がある」と言おうとして「布がある」と［言ってしまうときの］瑕疵（この場合、器官の非鋭敏性）により生じる文で、［その文が］整合する（実際にそこに布がある、または活動意欲が成就する[*5]）ことにもとづいてプラマーナであるとされるときに、それ（瑕疵を有さないということ）が存在しないからである。また、オウムや子どもに偶然発話された「仏塔を拝むべし」といった文もまた、同様にプラマーナとされてしまうだろう[*6]。［その場合］話し手の瑕疵が存在しないからであり、また、［その発言の基礎となる他の］プラマーナを要請しないという点で、ヴェーダと等しいからである。

4　批判（オウムの言葉がプラマーナでなくなってしまう）

TC 1 pp. 345ff

ननु तवापि शुकादिभ्रान्तप्रतारकवाक्यं कथं प्रमाणम्, गुणाजन्यत्वात्। न च गुणाजन्यत्वाद् वक्तृतात्पर्याविषयत्वाच्च तदप्रमाणम्, संवादेन साध्ये बाधात्। यत्तु भ्रान्तप्रतारकवाक्ये योग्यतैव नास्ति, वक्तृज्ञातवाक्यार्थाबाधो हि योग्यता, भ्रमविषयश्च बाधित इति। तन्न। घटवति घटो नास्तीति भिन्नविषयतया भ्रमस्याहेतुत्वात्। किञ्च वाक्यार्थाबाधो योग्यता, लाघवात्। वाक्यार्थश्च तत्राबाधित एव। न च शुकबालादिवाक्याद् अर्थबोध एव न भवति, किन्त्वेवम् अयं वदतीत्येवंप्रकारा प्रतीतिरिति वाच्यम्। आकाङ्क्षादेरन्वयबोधसामग्र्याः सत्त्वेऽनुभवानपलापात्, संवादेन यथार्थत्वानुभवाच्च। एवं धूमभ्रमाद् वह्निमत्येव वह्न्यनुमितिर्न प्रमा स्यात्, यथार्थलिङ्गज्ञानाजन्यत्वात्। न च वह्न्यन्तरम् एव तत्र विषयः, प्रत्यभिज्ञानात्, गोत्वाद्येकव्यक्तिके तदभावाच्च। नापि तत्रान्यतादात्म्यारोपः, संसर्गारोपात्। लिङ्गोपधानांशे भ्रमत्वेऽपि साध्यांशे प्रमात्वाद् इति।

対論者　君の立場に立ったとしても、オウム等や誤った認識をもつ嘘吐きの［事実を述べる］文が、どうしてプラマーナとなろうか。［それらは］美質より生じるものではないからである。

想定反論　美質より生じるものでないから、また、話し手の指向（意図）を対象とするものでないから、それ（そのような文）はプラマーナではない。

対論者　そうではない。［そのような文より得られる認識の[*7]］整合性により、推理対象（すなわち、プラマーナでないこと）が阻害されるからである。

想定反論　誤った認識をもつ嘘吐きの文には、そもそも適合性が存在しない。というのも、適合性とは「話し手に認識された文意が阻害されないということ」であるが、誤った認識の対象は阻害されているからである。

対論者　そうではない。壺が存在するとき、［誤った認識をもつ嘘吐きのもつ］「壺がな

[*5] “saṃvāda” の多義性については本書補遺 p. 196 脚註 *162 を参照。

[*6] 「仏塔を拝むべし」は仏教徒の教えであり、偽りを述べる言葉の代表とされる。

[*7] マトゥラーナータの解釈に従う。*TCR* 1 p. 346: “**saṃvādena**. abādhitārthaviṣayakaśābdabodhajanakatvena.”

い」という［認識］は対象を異にする（すなわち、文の述べる事柄と異なる事柄を対象としている）ので、［その嘘吐きのもつ］誤った認識は［「壺がない」という文の］原因ではないからである。また、適合性とは「文意が阻害されないということ」［とすべき］である。その方が簡潔だからである。そして、その場合（誤った認識をもつ嘘吐きの文の場合）、文意はまったくもって阻害されていない。

想定反論　オウムや子ども等の文からは、事実（artha）の理解はそもそも生じず、「この者はこのように話す」というかたちで認識される［だけ］である。

対論者　そうではない。期待等、連関の理解の原因総体が存在しているときに［連関が］経験されることは間違いないからである。また、［生じる認識は］整合するので、［その認識が］対象に即していることが経験されるからである。［また、仮に君の］言う通りだとすると、煙の誤った認識から生じた、まさしく火をもつ［基体］における火の推理知は、正しい認識でないことになってしまうだろう。［その推理知は］対象に即した証相の認識から生じたものではないからである。

想定反論　その場合、［実際に存在する火ではなく］他の火が［推理知の］対象となっている。

対論者　そうではない。［「これは私が推理した火である」という[*8]］回想（pratyabhijñāna）があるからであり、また、牛性といった個物がひとつしかないものについては、それ（異なる個物が認識されているということ）がないからである。

想定反論　他［の火］との同一性をそこ（推理した火）に附託しているのである。

対論者　そうでもない。関係（saṃsarga）が附託されるからである[*9]。［また、推理における］証相に言及する部分については誤った認識であっても、推理対象の部分については正しい認識だからである。

5　批判に対するニヤーヤ学派伝統派の回答（主宰神の認識を持ち出す）

TC 1 pp. 349f

उच्यते। भ्रान्तप्रतारकवाक्ये शुकादिवाक्ये च प्रमाणशब्दत्वेनाप्तोक्तत्वात् वेदवद् ईश्वरस्यैव यथार्थवाक्यार्थज्ञानं जनकम्, तस्य कार्यमात्रे कर्तृत्वात्। शुकादिवाक्यस्य च वेदतुल्यता दोषाभाववादिनापि वाच्या। नन्वेवं शब्दाभासोच्छेदः तस्यापीश्वरवक्तृकत्वाद् इति चेत्। न। तद्वाक्यार्थस्यासत्त्वेन भगवज्ज्ञानागोचरत्वात्। एवं लिङ्गाभासजन्यप्रमायाम् अपि वह्निव्याप्यवत्त्वज्ञानमीश्वरस्यैव जनकम् इति सम्प्रदायविदः।

ニヤーヤ学派　次のように答えられる。誤った認識をもつ嘘吐きの文やオウム等の文の場合、［それらは］プラマーナであるところの言葉であるがゆえに信頼できる者に述べられたものである［はず］なので[*10]、ヴェーダと同様、他ならぬ主宰神の、対象に即した文

---

*8　マトゥラーナータの解釈に従う。*TCR* 1 pp. 346–347: “**pratyabhijñānāt**. yo vahnir anumitaḥ sa evātra iti pratyabhijñānād ity arthaḥ.”

*9　難解な箇所である。マトゥラーナータは、次のような解説を与える。*TCR* 1 p. 348: “atha tatra gotvānumitir eva na bhavati, kin tv anyagotādātmyabhramānumitir eva jāyata iti nirākaroti. **nāpī**ti. **saṃsargā-ropād** iti. saṃsargena samavāyādināropād bhānād gotvavyāptibhānād ity arthaḥ.”

*10　マトゥラーナータの解釈に従う。*TCR* 1 p. 349: “**āptoktatvāt**. yathārthavākyārthajñānajanyatvāt. yaḥ

意の認識が［それらの場合に聞き手に正しい認識を］生じさせる。彼はあらゆる結果物の作者だからである。また、［言語理解の正しさの根拠として］瑕疵の非存在を主張する者も、オウム等の文が［瑕疵から生じたものでないという点で］ヴェーダと等しいと言うべきである。

対論者　そうだとすると、疑似言語（誤った意味理解をもたらす文）というものがなくなってしまうだろう。それ（疑似言語）もまた、主宰神を話し手とするからである。

ニヤーヤ学派　そうではない。そのような文（疑似言語）の意味するものは実在しないので、主宰神の認識の対象ではないからである。同様に、疑似証相により生じる正しい認識についても、他ならぬ主宰神の、［推理主題が］火に遍充されているものを有することの認識が［その正しい認識を］生じさせている。

ガンゲーシャ　［ニヤーヤの］伝統を知る者たちは以上のように［述べる］。

6　批判に対するガンゲーシャの回答（話し手の認識を放棄する）

TC 1 pp. 350f

अत्र ब्रूमः। शाब्दप्रमायां लोके वक्तुर्यथार्थवाक्यार्थज्ञानं न गुणः, किन्तु योग्यतादिकं यथार्थ-तज्ज्ञानं वा, लाघवात्, आवश्यकत्वाच्च। भ्रमप्रमादविप्रलिप्साजन्ये वाक्ये विसंवादिनि न यथार्थयोग्यताज्ञानम्, वाक्यार्थस्य बाधितत्वात्। एवं करणापाटवाद् अन्यस्मिन् वक्तव्येऽन्याभिधाने विसंवादिनि। संवादिनि तु प्रमाणम् एव। योग्यतादिज्ञानम् एव क्वचिन् नास्ति।

ガンゲーシャ　これについて、私たちは次のように言おう。世間［的な言葉］の場合は、正しい言語理解について、美質は話し手の有する対象に即した文意の認識ではなく、適合性等、或いは対象に即したその認識である*11。［その方が］簡潔であり、またそう考える必要があるからである。誤った認識、錯乱、騙したいという願望により生じた文が不整合をきたす場合は、対象に即した適合性の認識が［聞き手に］存在しない。文意が阻害されているからである。同様に、［発声］器官の非鋭敏性に起因して、或る事柄が語られるべきときに他の事柄を述べる、不整合をきたす［文の］場合も、［対象に即した適合性の認識が聞き手に存在しない*12］。一方、整合をきたす場合は、［その言葉は］プラマーナに他ならない。［適合性等が存在するのに］適合性等の認識だけが存在しないこともあり、［その場合、言語理解が生じない*13］。

---

pramāṇaśabdaḥ sa yathārthavākyārthajñānajanya iti niyamād bhrāntapratārakaśukādivākya īśvarīyavākyārtha-jñānam eva janakam ity arthaḥ."

*11　ルチダッタは「その」という代名詞の指示対象を適合性のみと解釈する。*TCP*1T p. 381: "nanu yogyatā svarūpasatī na hetuḥ, ato na guṇa ity ata āha. **yathārthe**ti. yathārthayogyatājñānaṃ vety arthaḥ." マトゥラーナータは、この「適合性」をガンゲーシャがしばしば言及する「阻害要因の非存在（bādhaka-abhāva）」ではなく、実際に連関が存在すること、ただし過去や未来の事柄について述べる文にも対応するため、厳密には「連関の保持者であること」と解釈する。*TCR* 1 p. 350: "yogyatā naikapadārthe 'parapadārthasaṃsargarūpā, atītānāgatasaṃsargasthale vyabhicārāt, kin tv ekapadārthe 'parapadārthasaṃsargādhikaraṇatvarūpā."

*12　マトゥラーナータの解釈に従う。*TCR* 1 p. 350: "**evaṃ** yogyatājñānaṃ na yathārthaṃ vākyārthasya bādhitatvāt."

*13　マトゥラーナータの解釈に従う。*TCR* 1 p. 350: "atha yogyatā ced guṇaḥ, tadā kva cit svarūpasatī

7 批判（偶然事実と一致する聞き手の勘違い）の検討

TC 1 p. 351f

नन्वेवं नानार्थाद् अन्यपरात् तात्पर्यभ्रमे तं विनैव वा यथार्थयोग्यतादिज्ञाने सति संवाद्यपर-शक्यज्ञानम् अपि प्रमेति तत्रापि तद्वाक्यं प्रमाणं स्याद् इति चेत्। न। इष्टत्वात्। तात्पर्यविषये च तद्वाक्यं न तदा प्रमाजनकम् इति न प्रमाणम्। एवं वेदेऽपि यथार्थयोग्यताज्ञानम् एव गुण इति न वैदिकप्रमाया गुणजन्यत्वेनेश्वरसिद्धिः।

対論者　そうだとすると、［聞き手が理解するもの（*A*）とは］異なるもの（*B*）を指向する多義語から、指向の誤った認識があるとき、或いはそれ（指向の誤った認識）がまったくなかったとしても[*14]、対象に即した適合性等の認識が存在するならば、［指向対象とは異なる］他方の指示対象（*A*）の整合する認識もまた正しい認識［ということになってしまう］。それゆえ、その場合（指向対象でない意味の理解が整合する場合）も、その文はプラマーナであるということになってしまう[*15]。

ガンゲーシャ　そうではない。［その帰結は、私たちが］望むところだからである。ただし、指向対象［となっている事柄］については、その文はそのとき（指向が誤って認識される場合や、指向がまったく認識されない場合）、［指向対象を対象とする］正しい認識を生じさせるものではないので、プラマーナではない。

同様にして、ヴェーダの場合も［聞き手のもつ］対象に即した適合性の認識こそが美質である。それゆえ、ヴェーダに由来する正しい認識が美質より生じたということによって、［その正しい認識の拠所としての］主宰神［の存在が］成立する（論証される）ことはない。

8 反論（話し手の認識も美質に含める）の検討

TC 1 pp. 351ff

स्याद् एतत्। वेदे वक्तुर्यथार्थवाक्यार्थज्ञानम् अपि गुणः, लोके प्रमाणशब्दं प्रति तादृशस्य ज्ञानस्य हेतुत्वात्। अत एव तव लोके वक्तृज्ञानानुमानम्। एवं च वेदो वाक्यार्थगोचरयथार्थ-ज्ञानवत्स्वतन्त्रप्रणीतः, प्रमाणशब्दत्वात्, गाम् आनयेति वाक्यवद् इतीश्वरसिद्धिः। मैवम्। प्रमाणशब्दत्वं हि वाक्यार्थयथार्थज्ञानपूर्वकतां विनापि सम्भवत्यावश्यकयोग्यतादिसत्त्वात् यथार्थतज्ज्ञानाद् वेत्युपपादितम्, अतोऽप्रयोजकम् एतद् इति। तथापि लोके वाक्यार्थज्ञानं प्रमाणवाक्ये कारणं गृहीतम् इति तेन विना कथं तद् इति चेत्। न। प्रवृत्त्याद्यर्थं हि प्रयोज्यस्य वाक्यार्थज्ञानम् उद्दिश्यैतादृशपदेभ्यो वाक्यार्थं ज्ञास्यतीति बुद्ध्या वाक्यप्रयोग इत्यन्यथासिद्धं प्रथमं वक्तुर्वाक्यार्थज्ञानम्, न तु तादृशपदावलीप्रयोगे तस्य हेतुत्वम्।

---

yogyatā vartate śābdapramā kathaṃ na jāyata ity ata āha. **kva cid** iti. tathā ca śābdabodhasāmānyakāraṇa-yogyatājñānābhāvād eva kāryābhāva iti bhāvaḥ."

[*14] マトゥラーナータによれば、指向の認識が文意理解に際して必要ないという立場を想定しているという。*TCR* 1 p. 351: "tātparyajñānasyākāraṇatvapakṣa āha. **taṃ vinaiveti**. tātparyabhramaṃ vinaivety arthaḥ."

[*15] たとえば或る話し手が《これは年配の男性の靴だ》という意味で「これはおじさんの靴だ」と言い、聞き手は「おじさん」の意味を勘違いして、《これは彼の親の兄弟の靴だ》と理解する。聞き手は意味を勘違いしているのだが、もしその靴が実際に彼の親の兄弟の靴であるならば、事実と一致する以上、その文もプラマーナということになってしまうではないか、という批判が為されている。

तादृशपदसमूहस्य प्रत्येकपदहेतोरेव शुकादिवद् उपपत्तेः।

ガンゲーシャ　次のように言われるだろう。

対論者　ヴェーダの場合、話し手のもつ対象に即した文意の認識もまた美質である。世間［的な文］の場合、そのような認識が正しい言葉の原因だからである。まさにこれゆえに、君の立場においても、世間［的な文］の場合、話し手の認識が推理される。同様に、［次のような推理が行われる］。〔主張〕ヴェーダは、文意を対象とする対象に即した認識（文の意味対象を捉える、事実と一致する認識）を有する自律的な者によって作成された。〔理由〕正しい言葉であるから。〔喩例〕「牛を連れてこい」という文のように。このようにして、主宰神［の存在］が成立する（論証される）。

ガンゲーシャ　そうではない。というのも、正しい言葉であることは、［話し手のもつ］対象に即した文意の認識に先行されるということがなくても、必要とされる適合性等の存在、或いは［聞き手の］対象に即したそれらの認識にもとづいて［説明］しうる、と既に示した。従って、これ（提示された推理）は無効である。

対論者　そうだとしても、世間［的な文］においては、［話し手のもつ対象に即した］文意の認識は正しい文の原因であると理解されている。したがって、それ（話し手のもつ対象に即した文意の認識）なしに、どうしてそれ（正しい文であること）があろうか。

ガンゲーシャ　そうではない。というのも、［世間においては、］獲得的活動意欲等のために（聞き手が獲得的活動意欲や忌避的活動意欲を抱くことを目的として）、命じられた者（すなわち聞き手）が文意を理解することを意図して（uddiśya）、「これらの語から文意を認識するだろう」と理解した後に［命じる者（すなわち話し手）が］文を使用する（すなわち、発話する）。このように、［言語使用に先立って］はじめに話し手が文意を認識することは不可欠ではなく、そのような諸々の語の連なりの使用に対して、それ（話し手のもつ文意の認識）が原因であるということはない。そのような諸々の語の集合は、オウム等［の言葉］と同様に、［構成要素である］それぞれの語の原因のみにもとづいて説明できるからである。

9　ヴェーダにおける指向

TC 1 pp. 353ff

अथ तात्पर्यविषये वेदः प्रमाणम्, तात्पर्यञ्च तत्प्रतीतीच्छयोच्चारणम्। न चास्मदादेर्वेदं
विनातीन्द्रियवेदार्थगोचरज्ञानम्, येन तत्प्रतीतिच्छयोच्चारणं भवेत्। न च वेदाद् एव तत्,
अन्योन्याश्रयात्। अतः सकलवेदार्थदर्शिना यस्य वेदस्य यदर्थप्रतीतीच्छयोच्चारणं कृतं
स तत्र प्रमाणम् इति तादृशेच्छैव गुणः, तज्जन्या वेदार्थप्रमेति तदाश्रयस्वतन्त्रपुरुष-
धौरेयसिद्धिरिति चेत्। मैवम्। मीमांसादिसकलाङ्गसाचिव्याद् वेदवाक्यार्थज्ञानवताध्याप-
केन तत्तदर्थप्रतीतीच्छया वेदस्योच्चारणम् इति वेदार्थयथार्थविदस्तत्तदर्थे तात्पर्यम् अस्त्येव।
एवं पूर्वपूर्वतादृशाध्यापकेन तत्तदर्थप्रतीतीच्छयोच्चरितत्वं तत्परत्वम् अवगम्योत्तरोत्तरेषां
वेदार्थप्रत्यय इत्यनादिस् तात्पर्यपरम्परेति किम् ईश्वरेण। तर्हि वेदार्थानभिज्ञाध्यापकेनो[1]-
च्चारितवेदस्य न तदर्थप्रतीतीच्छयोच्चारणम् इति तात्पर्याभावान्न प्रमाणं न वा ततोऽर्थनिश्चय

इति चेत्। न। अनादौ संसारे तस्य वेदस्य कदाचित् केनचित् मीमांसाद्यधीनवेदार्थज्ञानवता तत्प्रतीतीच्छयोच्चारणं कृतं तावतैव तत्परत्वम् इति।

[1] -नभिज्ञाध्यापकेनो-] Tatacharya 1973, Gosvāmī 1991; -नभिज्ञापकेनो- *TC* 1

対論者　［ヴェーダの］指向対象［となっている事柄］について、ヴェーダはプラマーナである。また、指向とは、［聞き手による］それの認識を願って発話［があるところのそれ］である。そして、私たちなどのような者たちにとっては、ヴェーダなしには、感覚器官の領域を超えたヴェーダの意味を対象とする認識は［得られ］ない。もしそのようなもの（そのような認識）があるならば、その認識を願って発話が行われるだろう。また、他ならぬヴェーダにもとづいてそれ（ヴェーダの意味）［が理解される］ということはない。相互依存［が帰結する］からである。それゆえ、あらゆるヴェーダの意味を認識した者が、或るヴェーダを、或る意味の［聞き手による］認識を願って発話するとき、それ（そのヴェーダ）がそれ（意味）に対するプラマーナであるので、そのような願望こそが美質であり、それ（そのような願望）からヴェーダの意味についての正しい認識が［聞き手に］生じる。このように、それ（そのような願望）の拠所としての、自律的な至上の人格存在［である主宰神の存在］が成立する（論証される）。

ガンゲーシャ[*16]　そうではない。聖典解釈学をはじめとするあらゆる［ヴェーダ］補助学の助けを借りて、ヴェーダの文の意味の認識をもつ教師により、個々の意味の［聞き手による］認識を願ってヴェーダが発話される。したがって、ヴェーダの意味を対象に即して知る者は、まさしく、個々の意味に対する指向（意図）を有する。このようにして、それぞれ前のそのような［ヴェーダの意味を知る］教師により、個々の意味の認識を願って発話されていること、つまりそれ（個々の意味）を指向していることを理解したのち、それぞれ後の者たちがヴェーダの意味を認識する。このように、指向の無始の連続があるので、どうして主宰神が必要となろうか。

対論者　そうだとすると、ヴェーダの意味をよく理解していない教師により発話されたヴェーダは、その意味の認識を願って発話され［てい］ない。それゆえ、指向（意図）が存在しないのでプラマーナではなく、それにもとづいて意味が確定されることもない。

ガンゲーシャ　そうではない。無始の輪廻において、そのヴェーダ（個々のヴェーダ文）は、その時々で、聖典解釈学等に依拠したヴェーダの意味の認識をもつ誰かしらにより、その認識を願って発話されている。その限りにおいてのみ指向（意図）が存在している。

[*16] 議論の流れから判断すれば、この箇所はガンゲーシャの発言とみなすべきであり、Phillips and Tatacharya（2004: 192）もそう解釈している。しかしここで述べられる内容は、『宝珠』言語部指向論章の本書未訳箇所で示されるガンゲーシャの対論者（ミーマーンサー学派を想定したと考えられる）の見解と一致する。*TC* 4(1) p. 367: “evañ cānādimīmāṃsāsiddhanyāyenāvagatatātparyād vedārthaṃ pratītya pūrvapūrvādhyāpakenoccaritād vedād uttarottarasyāpy adhyayanatadarthapratītir ity anāditaiva, ataḥ kiṃ svatantrapuruṣeṇa, tatprayojanasya paratantrād eva siddheḥ.”

参考文献

Abhyankar, Kāśīnātha Vāsudevaśāstrī and Gaṇeśaśāstrī Ambādāsa Jośī, ed. 1929–1953. *Mīmāṃsādarśana*. 6 vols. in 7. Ānandāśramasaṃskritagranthāvalī 97. Pune: Ānandāśrama.

Akamatsu Akihiko 赤松明彦. 1988. 「ニヤーヤ学派の成立」岩波講座東洋思想 5『インド思想 1』197–204. 岩波書店.

———. 1991. 「ウッディヨータカラの思想——NV 研究 (2) ——apūrva をめぐって——」『伊原照蓮博士古稀記念論文集』377–398(L). 伊原照蓮博士古稀記念会.

Apte, Vaman Shivram. 1998. *The Practical Sanskrit-English Dictionary*. First Compact Edition. Delhi: Motilal Banarsidass Publishers.

Athalye, Yashwant Vasudev, ed. with critical and explanatory notes. 1897 (2003). *Tarka-saṃgraha of Annambhaṭṭa: With the Author's Own Dīpikā, and Govardhana's Nyāya-bodhinī*. Bombay Sanskrit Series 55. First edition, 1897. Second edition, Bombay 1918. Forth impression, Pune: Bhandarkar Oriental Research Institute 2003.

Bandopadhyaya, Nandita. 2008. "*Saṃjñā*, *Śakyatāvacchedaka* and the Realm of Referents: A Navya Nyāya Approach." In *Language and Ontology*, edited by Kanti Lal Das and Anirban Mukherjee, 78–86. N. B. U. Studies in Philosophy 10. New Delhi: Northern Book Centre.

Banerjee, Hiranmoy. 1972. "Mistranslation of the Terms *viśeṣya* and *prakāra*." *Philosophy East and West* 22 (1): 93–96.

Bhandari, Madhava Shastri et al, ed. 1989. *Vaiyakarana Siddhanta Laghumanjusha: With Two Commentaries Called "Kunjika" of Shri Durbalacharya and "Kala" of Balam Bhatta*. 2 pts. 2nd impression. Chowkhamba Sanskrit Series 44. Varanasi: Chowkhamba Sanskrit Series Office.

Bhatta, V. P. 1994. *Gadādhara's Śaktivāda: Theory of Expressive Power of Words (With Introduction, English Translation, Notes and Sanskrit Text)*. Delhi: Eastern Book Linkers.

———. 2001. *The Navya-Nyāya Theory of Verbal Cognition: Critical Study of Gadādhara's Vyutpattivāda (With Introduction, English Translation and Explanatory Notes)*. 2 vols. Delhi: Eastern Book Linkers.

———. 2005. *Word: The Śabdakhaṇḍa of the Tattvacintāmaṇi*. 2 vols. Delhi: Eastern Book Linkers.

Bhattacharya, Dinesh Candra. 1958. *History of Navya-Nyāya in Mithilā*. Mithila Institute Series 3, Studies no. 2, Darbhanga: Mithilā Insititute Post-graduate Studies and Research in Sanskrit Learning.

Bhattacharya, Gopikamohan. 1978. *Navya-nyāya: Some Logical Problems in Historical Perspective*. Delhi: Bharatiya Vidya Prakashan.

Bhattacharya, Kamaleshwar. 1978. "Les Arguments de Jagadīśa pour Établir la Parole comme Moyen de Connaissance Vraie (*Pramāṇa*): *Śabdaśaktiprakāśikā*, *Kārikā* I–V avec la Commentire de l'auteur Lui-même." *Journal Asiatique* 267:155–189.

———. 1987. "Two Notes on the Interpretation of Indian Philosophy." *Annals of the Bhandarkar Oriental Resaerch Institute* 68:305–308.

———. 2013. "Once More Why a False Sentence Can Generate Verbal Cognition, according to Nyāya." *Nagoya studies in Indian culture and Buddhism: Saṃbhāṣā* 30:79.

Bhattacharyya, Sibajiban. 2004a. *Development of Nyāya Philosophy and Its Social Context*. History of Science, Philosophy and Culture in Indian Civilization, Vol. 1, Pt. 3. New Delhi: Project of History of Indian Science, Philoso.

———. 2004b. *Development of Nyāya Philosophy and Its Social Context*. History of Science, Philosophy and Culture in Indian Civilization, Vol. 3, Pt. 3. New Delhi: Project of History of Indian Science, Philoso.

Bhattacharyya, Sibajiban and Karl H. Potter, ed. 2011. *Nyāya-Vaiśeṣika Philosophy from 1515 to 1660*. Encyclopedia of Indian Philosophies, vol. 13. Delhi: Motilal Banarsidass Publishers.

Bilimoria, Puruṣottama. 1988. *Śabdapramāṇa: Word and Knowledge*. Dordrecht/Boston/London: Kluwer Academic Publishers.

Böhtlingk, Otto, hrsg. 1887 (1977). *Pâṇini's Grammatik*. Leipzig: Haessel. Reprint, New York: Olms, 1977.

Bronkhorst, Johannes and Yves Ramseier. 1994. *Word Index to the Praśastapādabhāṣya: A Complete Word Index to the Printed Editions of the Praśastapādabhāṣya*. Delhi: Motilal Banarsidass Publishers.

Chakrabarti, Arindam. 1992. "On Knowing by Being Told." *Philosophy East and West* 42(3): 421–439.

———. 2006. "Knowing from Trusted Tellings and its Preventers." In *Śabdapramāṇa in Indian Philosophy*, edited by Manjulika Ghosh and Bhaswati Bhattacharya Chakraborti, 30–52. New Delhi: Northern Book Centre.

Chatterjee, K[rishna] N[ath]. 1980. *Word and Its Meaning: A New Perspective, in the Light of Jagadīśa's Śabda-śakti-prakāśikā*. Chaukhambha oriental research studies, no. 18. Varanasi: Chaukhambha Orientalia.

———, tran. 1981. *Śiromaṇi's Ākhyāta-śakti-vāda: Text with English Translation*. Varanasi: Kishor Vidya Niketan.

Chatterjee, Satischandra. 1939 (1978). *The Nyāya Theory of Knowledge: A Critical Study of Some Problems of Logic and Metaphysics*. Calcutta: Calcutta University. First edition, 1939. Second edition, 1950. Reprint, 1978.

Chemparathy, George. 1987. "Meaning and Role of the Concept of *Mahājanaparigraha* in the Ascertainment of the Validity of the Veda." In *Philosophical Essays*. Professor Anantalal Thakur Felicitation Volume, 67–80. Calcutta: Sanskrit Pustak Bhandar.

Damodar S'astri, Goswami, ed. with critical notes. 1929. *The Saktivāda by S'ri Gadadhara Bhattāchārya: With the Vivriti Commentary by Pandit Pravara S'ri Harinatha Tarka Siddhānta Bhattācharya*. Kashi Sanskrit Series 77. Benares: Chowkhamba Sanskrit Series Office.

Das, Nilanjan. 2011. "*Lakśaṇā* as Inference." *Journal of Indian Philosophy* 39:353–366.

Dash, Subas Chandra. 1992. *Gaṅgeśa on Yogarūḍhi*. Delhi: Sri Satguru Publications.

Dash, Subash C. and Wada Toshihiro. 2013. *A Navya-nyāya Discussion on the Meaning of the Negative Particle Nañ: A Study of Nañvādakārikā of Udayana*. Nagoya: Nagoya University Association of Indian and Buddhist Studies.

Dasti, Mathew and Stephen H. Phillips. 2010. "Pramāṇa Are Factive: A Response to Jonardon Ganeri." *Philosophy East and West* 60(4):535–540.

Deshpande, Madhav. 1985. *Ellipsis and Syntactic Overlapping: Current Issues in Pāṇinian Syntactic Theory*. Poona: Bhandarkar Oriental Research Institute.

Devanathan, K. E. 2003. "Tātparyajñānasya Śabdabodhahetutvavicāraḥ." In *Intentionality and Verbal Understanding*, edited by V.N. Jhā, 13–21. Delhi: Sri Satguru Publications.

Dharmadatta Sūri, ed. 1915. *Śāstradīpikā*. Bombay: Nirnaya Sagar Press.

Dhundhirāj Śāstrī. 1991. *The Śabdaśaktiprakāśikā by Śrī Jagadīśa Tarkālankāra: With Two Commentaries the Kriśnakānti by Krishnakānta Vidyāvāgiśa and the Prabodhini by Rāmabhadra Siddhānta Vāgiśa*. Kashi Sanskrit Series 109. Varanasi: Chaukhambha Sanskrit Sansthan.

Dvivedī, Brahmadatta, ed. 1990. *Khaṇḍanakhaṇḍakhādyam of Ācārya Śrīharṣa: With the*

Commentary Khaṇḍanabhūṣāmaṇi by Śrī Raghunātha Siromaṇi. Sarasvatībhavana Granthamālā 129. Varanasi: Sampurnanand Sanskrit University.

Endo Kaoru 遠藤薫. 2012. 「〈情報〉と〈世界の創出〉——社会情報学基礎論の三つの貢献」正村俊彦編著編『コミュニケーション理論の再構築身体・メディア・情報空間』185–230. 勁草書房.

Fogg, BJ et al. 2001. "What Makes Web Sites Credible? A Report on a Large Quantitative Study." *Proceedings of the SIGCHI Conference on Human Factors in Computing Systems* 2001:61–68.

Fogg, BJ and Hsiang Tseng. 1999. "The Elements of Computer Credibility." *Proceedings of the SIGCHI Conference on Human Factors in Computing Systems* 1999:80–87.

Frauwallner, Erich. 1970a. "Die Lehre von der zusatzlichen Bestimmung in Gaṅgeśas *Tattvacintāmaṇiḥ*." *Vienna Acad.* 266.2.

———. 1970b. "Raghunātha Śiromaṇi." 1. *Wiener Zeitschrift für die Kunde Süd- und Ostasiens* 10:86–207.

———. 1971. "Raghunātha Śiromaṇi." 2. *Wiener Zeitschrift für die Kunde Süd- und Ostasiens* 11:104–208.

———. 1974. "Raghunātha Śiromaṇi." 3. *Wiener Zeitschrift für die Kunde Süd- und Ostasiens* 14:161–208.

Fujii Takamichi 藤井隆道. 1999a. 「Śālikanātha の anvitābhidhāna 説——想起と意味表示——」『印度學佛教學研究』47 (2): 54–56.

———. 1999b. 「聖典解釈学の文意論——anvitābhidhāna 説と abhihitānvaya 説——」『仏教文化研究論集』3:68–85.

———. 2001. "Jayantabhaṭṭa on itshape Tātparyaśakti-theory." *Indogaku Bukkyōgaku kenkyū* 印度學佛教學研究 [Journal of Indian and Buddhist Studies] 49 (2): 14–16.

Gaṇapati Sāstrī, T., ed. 1913. *The Maṇidarpaṇa (Sabdaparichcheda) of Rājacūḍāmaṇimakhin*. Anantaśayana Saṃskṛta Granthāvalī 34. Trivandrum: Travancore Government Press.

Ganeri, Jonardon. 2006. *Artha: Meaning*. New Delhi: Oxford University Press.

———. 2007. "Review of *Epistemology of Perception: Gaṅgeśa's* Tattvacintāmaṇi, *Jewel of Reflection on the Truth (About Epistemology): The Perception Chapter (*Pratyakṣa-khaṇḍa*), Transliterated Text, Translation, and Philosophical Commentary* by Stephen H. Phillips and N. S. Ramanuja Tatacharya. New York: American Institute of Buddhist Studies, 2004. Pp. 723 + xiv." *Journal of the American Oriental Society* 127(3):349–354.

———. 2010. "The Study of Indian Epistemology: Questions of Method — A Reply to Matthew

Dasti and Stephen H. Phillips." *Philosophy East and West* 60(4):541–550.

———. 2014. "Raghunātha Śiromaṇi and the Origins of Modernity in India." *Nagoya Studies in Indian Culture and Buddhism: Saṃbhāṣā* 30:55–78.

Gauḍa, Jvāla Prasāda, ed. 2004. *Śrīmadgadādharabhaṭṭācāryapraṇītaḥ vyutpattivādaḥ 'dīpikā'-ṭīkāsamalaṅkṛtaḥ*. Caukhambā surabhāratī granthamālā 66. Vārāṇasī: Caukhambā Surabhāratī Prakāśan.

Gerschheimer, Gerdi. 1996. *La théorie de la signification chez Gadādhara: le sāmānyakāṇḍa du śaktvādavicāra*. 2 vols. Publications de l'Institut de civilisation indienne, Série in-8, fasc. 65. Paris: Collège de France.

———. 2007. "Les 'Six doctrines de spéculation' (*ṣaṭtarkī*): Sur la catégorisation variable des systèmes philosophiques dans l'Inde classique." In *Expanding and Merging Horizons: Contributions to South Asian and Cross-cultural Studies in Commemoration of Wilhelm Halbfass*, edited by Karin Preisendanz, 239–258. Österreichische Akademie der Wissenschaften, philosophisch-historische Klasse, Denkschriften, Band 351; Beiträge zur Kultur- und Geistesgeschichte Asiens, Nr. 53. Vienna: Austrian Academy of Sciences Press.

Goekoop, C. 1967. *The Logic of Invariable Concomitance in the Tattvacintāmaṇi: Gaṅgeśa's Anumitinirūpaṇa and Vyāptivāda with Introduction Translation and Commentary*. Dordrecht: D. Reidel Publishing Company.

Gosvāmī, Mahāprabhulāla, ed. 1991. *Tattvacintāmaṇiḥ (pratyakṣa khaṇḍa–Part 1) of Gaṅgeśa Upādhyāya: With Three Commentaries Darpaṇa by Mahārāja Maheśa Ṭhākura, Āloka by Srī Pakṣadhara Miśra and Rahasya by Śrī Mathurānātha Bhaṭṭa*. M. M. Śivakumāraśāstrī-granthamālā 9. Varanasi: Sampurnanand Sanskrit University.

Goswami, Ashok Kumar. 1991. *A Critique on Śabda (Based on Viśvanātha's Bhāṣāpariccheda)*. Delhi: Sri Satguru Publications.

Guha, Nirmalya. 2012. "*Lakṣaṇā* as a Creative Function of Language." *Journal of Indian Philosophy* 5:489–509.

Hibi Mayumi　日比真由美. 2015. 「時間・方角は独立の実体か——バーサルヴァジュニャによる批判を中心に——」『インド哲学仏教学研究』22:31–56.

Hirano Katsunori　平野克典. 2012. *Nyāya-Vaiśeṣika Philosophy and Text Science*. Delhi: Motilal Banarsidass.

———. 2015. 「内属（samavāya）の関係項の〈存在〉構造」『インド哲学仏教学研究』22:57–68.

Hirose Yuki　広瀬友紀. 2004. 「生成文法と統語解析」中井悟・上田雅信編『生成文法を学ぶ人のために』200–239. 世界思想社.

Hovland, Carl I., Irving L. Janis and Harold H. Kelley. 1953. *Communication and Persuasion*. New Haven, CT: Yale University Press. (C.I. ホヴランド『コミュニケーションと説得』辻正三、今井省吾訳、東京：誠信書房、1960 年).

Ingalls, Daniel Henry Holmes. 1951 (1988). *Materials for the Study of Navya-Nyāya Logic*. Harvard Oriental Series 40. Cambridge, Mass.: Harvard University Press. Reprint, Delhi: Motilal Banarsidass.

Iwasaki Yoichi 岩崎陽一. 2009. "From Udayana to Gaṅgeśa on the Independence of itshape Śabda as a itshape Pramāṇa." *Indogaku Bukkyōgaku kenkyū* 印度學佛教學研究 [Journal of Indian and Buddhist Studies] 57 (3): 1183–1187.

———. 2010. 「*Tattvacintāmaṇi* における言葉の妥当性の根拠と確定方法」『インド哲学仏教学研究』17:41–55.

———. 2011. "Some Remarks on Gaṅgeśa's Argument on *Tātparya*." *Indogaku Bukkyōgaku kenkyū* 印度學佛教學研究 [Journal of Indian and Buddhist Studies] 59 (3): 1132–1136.

———. 2012. 「情報の信頼性の問題をインド哲学から考える」『比較思想研究』39:102–110.

———. 2014a. 「ガンゲーシャの言葉補充説」『インド論理学研究』7:301–314.

———. 2014b. "*Svarūpayogyatā* and *Ākāṅkṣā*: On the Meaningfulness of Sentences According to Navya-Naiyāyikas." *Indogaku Bukkyōgaku kenkyū* 印度學佛教學研究 [Journal of Indian and Buddhist Studies] 61 (3): 1162–1166.

———, ed. 2015a. *Jayadevamiśrakṛtaḥ Śabdamaṇyālokaḥ*. 3rd revision. <http://nyaya.shastra.jp/texts/sabdaloka/4/text.html>.

———. 2015b. 「*Tattvacintāmaṇi* における pramāṇa-śabda の意味」『印度學佛教學研究』63(2).

———. 2016. "The *saṃsarga-maryādā* in the *Śabdamaṇyāloka* of Jayadeva." *Indogaku Bukkyōgaku kenkyū* 印度學佛教學研究 [Journal of Indian and Buddhist Studies] 64 (3): 1100–1105.

———. 2017. "The Meaning of "Meaning": A Debate between Navya-Nyāya and Prābhākara Mīmāṃsā." *Indogaku Bukkyōgaku kenkyū* 印度學佛教學研究 [Journal of Indian and Buddhist Studies] 65 (3): 1082–1088.

———. Forthcoming-a. "Problems in Postulating *Tātparyajñāna* as a Requisite for the Generation of Verbal Understanding." *Sanskrit Vimarsah* 7.

———. Forthcoming-b. "Two Perspectives of Naiyāyikas' Theories of Verbal Understanding." *Saṃvit Satyaloka*.

Jetly, J. S. and G. Parikh, eds. 1991. *Nyāyakandalī: Being a Commentary on Praśastapādabhāṣya, with Three Sub-commentaries*. Gaekwad's Oriental Series 174. Vadodara: Oriental Institute.

Jetly, Jitendra S., ed. 1971. *Praśastapādabhāṣyam: With the Commentary Kiraṇāvalī of Udayanācārya*. Gaekwad's Oriental Series 154. Vadodara: Oriental Institute.

Jha, Ujjwala. 2010. *A Primer of Navya Nyāya Language and Methodology (Navya-Nyāya-Bhāṣā-Pradīpa of Mm. Mahesh Chandra Nyayaratna) English Translation (With Graphic Exposition)*. Kolkata: Asiatic Society.

Jha, V[ashishtha] N[arayan]. 1986a. *The Logic of the Intermediate Causal Link: Containing the Sanskrit Text of the Apūrvavāda of the Śabdakhaṇḍa of the Tattvacintāmaṇi of Gaṅgeśa with English Translation and Introduction*. Sri Garib Das Oriental Series, no. 46. Delhi: Sri Satguru Publications.

———. 1986b. *Studies in Language, Logic and Epistemology*. Delhi: Pratibha Prakashan.

———. 1987a. *The Philosophy of Injunctions (Containing the Sanskrit Text of the Vidhivāda of the Śabdakhaṇḍa of the Tattvacintāmaṇi of Gaṅgeśa with Its English Rendering and a Detailed Introduction)*. Delhi: Pratibha Prakashan.

———. 1987b. *Viṣayatāvāda of Harirāma Tarkālaṅkāra*. Publication of the Centre of Advanced Study in Sanskrit, Class C, No. 16. Pune: University of Poona.

———. 1992. *A Linguistic Analysis of the Ṛgveda-Padapāṭha*. Sri Garib Das Oriental Series, no. 142. Delhi: Sri Satguru Publications.

———, ed. 2001. *Jagadīśa-Tarkālaṅkāra-kṛtaṃ Tarkāmṛtam*. Publication of the Centre of Advanced Study in Sanskrit., Class J ;, no. 1. Pune: Centre of Advanced Study in Sanskrit.

Jhalakīkar, Bhīmācārya. 1996. *Nyāyakośa: Or Dictionary of Technical Terms of Indian Philosophy*. Revised and Re-edited by Vāsudev Shāstrī Abhyankar. Forth Edition. Bombay Sanskrit and Prakrit Series 49. Pune: Bhandarkar Oriental Research Institute.

Kamakhyanath [Sharma] Tarkavagish, ed. 1888–1901 (1990). *The Tattvacintāmaṇi of Gaṅgeśa Upādhyāya*. 4 vols. in 6. Calcutta: Asiatic Society. Reprint, Delhi: Chaukhamba Sanskrit Pratishthan, 1990.

Kano Kyo 狩野恭. 2015. 「インドにおける主宰神の存在論証をめぐる論理学的基本問題」『インド哲学仏教学研究』22:191–214.

Kataoka Kei 片岡啓. 2003a. "Critical Edition of the *Vijñānādvaitavāda* Section of Bhaṭṭa Jayanta's *Nyāyamañjarī*." *Tōyō Bunka Kenkyūjo kiyō* 東洋文化研究所紀要 [The memoirs of the Institute of Oriental Culture] 144:(115)–(155).

———. 2003b. "The Mīmāṃsā Definition of *Pramāṇa* as a Source of New Information." *Journal of Indian Philosophy* 31:89–103.

———. 2008. 「ジャヤンタによる論理学の位置付け――*Nyāyamañjarī*「序説」和訳――」『哲學年報』（九州大学大学院人文科学研究院）67:55–90.

Katsura Shoryu　桂紹隆. 1984. "Dharmakīrti's Theory of Truth." *Journal of Indian Philosophy* 12:215–235.

Kaviraj, Gopinath. 1924–1929 (1961). *Gleanings from the History and Bibliography of Nyaya-Vaisesika Literature*. Calcutta: Indian Studies, Past & Present. Reprinted from *Indian Studies: Past & Present* 2 (4), 3 (1).

Kielhorn, Franz. 1985. *The Vyâkaraṇa=Mahâbhâshya of Patanjali*. 4th ed., revised and furnished with additional readings, references, and select critical notes by K. V. Abhyankar. 3 vols. Poona: Bhandarkar Oriental Research Institute.

Kuroda Hiroshi　黒田泰司. 1989. 「旧プラバーカラ派（Jaratprābhākarāḥ）について」『インド思想史研究』6:77–94.

Kurohashi Sadao et al　黒橋禎夫他. 2011. 『情報分析システム WISDOM――Web の健全な利活用を目指して――』. <http://kc.nict.go.jp/project1/WISDOM_TR.pdf>.

Lieu Jingsen and Kimura Tomiko　劉継生・木村富美子. 2012. 『はじめて学ぶ情報社会』昭和堂.

Marui Hiroshi　丸井浩. 1987a. 「命令文の意味を問う議論――新ニヤーヤ学派の「vidhi 論争」研究の序として」高崎直道博士還暦記念論集『インド学仏教学論集』139–154. 春秋社.

———. 1987b. 「命令から行為開始に至るプロセスの解明――ウダヤナの儀軌論――」『東方』3:122–136.

———. 1988a. 「ヴェーダ聖典の命令と神――ウダヤナの儀軌論をめぐって――」『宗教研究』61 (4): 140–141.

———. 1988b. 「命令機能の論理的解明――インド論理學派の儀軌解釋を中心として――」『東方學』76:1–12.

———. 1989a. "What Prompts People to Follow Injunctions? An Elucidation of the Correlative Structure of Interpretations of *vidhi* and Theories of Action." *Acta Asiatica: Bulletin of the Institute of Eastern Culture* 57:11–30.

———. 1989b. 「ニヤーヤ学派における儀軌論争史の一断面――シャシャダラによるウダヤナ説批判――」『印度學佛教學研究』37 (2): (75)–(79).

———. 1990a. "The Meaning of Injunctions and the Problem of Truth in Indian Philosophy of Language." Abstract. *Kokusai Tōhō Gakusha Kaigi kiyō* 國際東方學者會議紀要 [Transactions of the International Conference of Orientalists in Japan] 35:137–138.

———. 1990b. 「儀軌解釈と行為論との連関構造の解明（1）」『武蔵野女子大学仏教文化研究所紀要』8:25–39.

———. 1991a. 「儀軌解釈と行為論との連関構造の解明（2）」『武蔵野女子大学仏教文化研究所紀要』9:47–60.

———. 1991b. 「新ニヤーヤ派が言及する bhāvanā 説」『印度學佛教學研究』39 (2): (101)–(105).

———. 2007. 「宗教伝統の権威論証とインド哲学——護教論理と寛容精神——」『同志社大学 21 世紀 COE プログラム　一神教の学際的研究　文明の共存と安全保障の視点から　研究成果報告書 2006 年度』112–142.

———. 2014. 『ジャヤンタ研究——中世カシミールの文人が語るニヤーヤ哲学』山喜房仏書林.

———. 2015. 「特別号刊行にあたって」『インド哲学仏教学研究』22:i–iv.

Matilal, Bimal Krishna. 1966. "Indian Theorists of the Nature of the Sentence (vākya)." *Foundation of Language* 2:377–393. Included in his *Logic, Language and Reality* (1990) as *The Notion of the Sentenc.*

———. 1968a. "Indian Theories of Knowledge and Truth." *Philosophy East and West* 18(4):321–333. Review of *Gaṅgeśa's Theory of Truth*, by Jitendranath Mohanty, Santiniketan: Center of Advanced Study in Philosophy, Visva-Bharati, 1966.

———. 1968b. *The Navya-nyāya Doctrine of Negation*. Cambridge, Mass.: Harvard University Press.

———. 1971 (2005). *Epistemology, Logic, and Grammar in Indian Philosophical Analysis*. The Hague: Mouton & Co. Reprint, New Delhi: Oxford University Press, 2005.

———. 1975. "On the Navya-nyāya Logic of Property and Location." In *Proceedings of the 1975 International Symposium on Multiple-valued Logic*, 451–461.

———, ed. 1976. *Nyāyasiddhāntadīpa with Ṭippana*. Lalbhai Dalpatbhai series 56. Ahmedabad: L. D. Institute of Indology.

———. 1977. *Nyāya-Vaiśeṣika*. A History of Indian Literature, vol. 6; Scientific and Technical Literature, pt. 3, fasc. 2. Wiesbaden: Otto Harrassowitz.

———. 1985 (1997). *Logic, Language and Reality: Indian Philosophy and Contemporary Issues*. Second edition. Delhi: Motilal Banarsidass Publishers. First edition, Delhi, 1985. Second edition, Delhi, 1990. Reprint, Delhi, 1997.

———. 1986. *Perception: An Essay on Classical Indian Theories of Knowledge*. Oxford: Clarendon Press.

———. 1990. *The Word and the World: India's Contribution to the Study of Language*. New Delhi: Oxford University Press. Second impression 1992, Oxford India Paperbacks 2001.

Mishra, Umesh. 1965. *History of Indian Philosophy*. Volume 2. Allahabad: Tirabhukti Publications.

Mohanty, Jitendra Nath. 1966. *Gaṅgeśa's Theory of Truth: Containing the Text of Gaṅgeśa's Prāmāṇya (Jñapti) Vāda with an English Translation, Explanatory Notes and an Introductory Essay*. Visva-bharati, Santiniketan: Centre of Advanced Study in Philosophy.

———. 1984. "Prāmāṇya and Workability." *Journal of Indian Philosophy* 12. Reproduced with minor alterations in Mohanty 1966, pp. 211-221.

———. 1994. "Is There an Irreducible Mode of Word-Generetad Knowledge?" In *Knowing from Words*, 29–49. Dordrecht: Kluwer Academic Publishers.

Mukhopadhyay, Pradyot Kumar. 1992. *The Nyāya Theory of Linguistic Performance: A New Interpretation of Tattvacintāmaṇi*. Calcutta - New Delhi: K P Bagchi & Company.

Nagao Mutsushi 長尾睦司. 1970. 「Phalamukha-gaurava の例」『印度學佛教學研究』18 (2): 872–874.

———. 1976. 「Nyāya Sūtra 2.2.66 の解釈について」『印度學佛教學研究』25 (1): 78–81.

———. 1999. 「"Śabdaśakti-prakāśika" の Taddhita 章和訳研究 (1)」『熊本音楽短期大学紀要』24:51–70.

———. 2000a. 「"Śabdaśakti-prakāśika" における Caturarthika-taddhita 部分の和訳研究」『熊本音楽短期大学紀要』25:105–123.

———. 2000b. 「"Śabdaśakti-prakāśika" における Śaiṣika-taddhita 部分の和訳研究 (1)」『熊本音楽短期大学紀要』26:63–77.

———. 2001. 「"Śabdaśakti-prakāśika" における Śaiṣika-taddhita 部分の和訳研究 (2)」『熊本音楽短期大学紀要』27:21–36.

Nakamura Hajime 中村元. 1996. 『ニヤーヤとヴァイシェーシカの思想』中村元選集［決定版］第 25 巻インド六派哲学 2. 春秋社.

Nyman, Patrik. 2005. "On the Meaning of Yathārtha." *Journal of Indian Philosophy* 33:553–570.

Okazaki Yasuhiro 岡崎康浩. 2005. 『ウッドヨータカラの論理学——仏教論理学との相克とその到達点——』平楽寺書店.

Okumura Manabu 奥村学. 2010. 『自然言語処理の基礎』コロナ社.

Ono Motoi 小野基. 2012. 「真理論——プラマーナとは何か」桂紹隆・斎藤明・下田正弘・末木文美士編『認識論と論理学』シリーズ大乗仏教第 9 巻, 155–188. 春秋社.

Padmaprasāda Upādhyāya and Dhuṇḍhirāja Śāstrī, eds. 2002. *Nyāyakusumāñjaliḥ (vyākhyācatuṣṭayopetaḥ saṭippaṇaḥ): Śrīmadvaradarājapraṇītayā "Bodhanyā" Mahopādhyāyaśrīvardhamānopādhyāyapraṇītena "Prakāśena" Naiyāyikaśiromaṇiśrīmeghaṭhakkurapraṇītayā "Prakāśikayā" (Jaladena) Mahopādhyāyaśrīrucidattopādhyāyapraṇītena "Makarandena"*

Sarvatantrasvatantraśrīdharmadatta (Baccājhā) praṇītayā ṭippaṇyā ca samullasitaḥ. 2nd ed. Kashi Sanskrit Series 30. Varanasi: Chaukhambha Sanskrit Sansthan.

Pal, Jagat. 2008. "The Nyāya Theory of Denotation (*Śakti*)." In *Language and Ontology*, edited by Kanti Lal Das and Anirban Mukherjee, 68–77. N. B. U. Studies in Philosophy 10. New Delhi: Northern Book Centre.

Paranjape, Shivram Mahadeo, ed. with an introduction and notes, critical and explanatory. 1909. *The Tarkabhasha of Keśavamiśra: With the Commentary of Govardhana*. Poona: Shiralkar. First edition, unknown. Second edition, 1909.

Phillips, Stephen H. 1996. *Classical Indian Metaphysics*. Chicago: Open Court Publishing Company.

———. 2012. *Epistemology in Classical India: The Knowledge Sources of the Nyāya School*. New York: Routledge.

Phillips, Stephen H. and Ramanuja Tatacharya, N.S. 2004. *Epistemology of Perception: Gaṅgeśa's Tattvacintāmaṇi, Jewel of Reflection on the Truth (About Epistemology): The Perception Chapter (Pratyakṣa-khaṇḍa)*. New York: American Institute of Buddhist Studies.

Potter, Karl H. 1957. *The Padārthatattvanirūpaṇam of Raghunātha Śiromaṇi: A Demonstration of the True Nature of the Things to Which Words Refer*. Cambridge, Mass.: Harvard University Press.

———, ed. 1977. *Indian Metaphysics and Epistemology: The Tradition of Nyāya-Vaiśeṣika up to Gaṅgeśa*. Encyclopedia of Indian Philosophies, vol. 2. Delhi: Motilal Banarsidass.

———. 1984. "Does Indian Epistemology Concern Justified True Belief?" *Journal of Indian Philosophy* 12.

———. 1992. "Does Prāmāṇya Mean Truth?" *Asiatische Studien: Zeitschrift der Schweizerischen Asiengesellschaft = Études asiatiques: Revue de la Société Suisse - Asie* 46:352–366.

Potter, Karl H. and Sibajiban Bhattacharyya, eds. 1993. *Indian Philosophical Analysis: Nyāya-Vaiśeṣika from Gaṅgeśa to Raghunātha Śiromaṇi*. Encyclopedia of Indian Philosophies, vol. 6. Delhi: Motilal Banarsidass Publishers.

Prativādibhayaṃkarānantācārya, Śrīkāṃcī, ed. 1904. *Mūlagādādharīye śabdakhaṇḍaḥ: Śabdaprāmāṇyapūrvapakṣagranthaparyantam*. Śāstramuktāvalī 23. Sudarśanamudrākṣaraśālā.

Preisendanz, Karin. 2010. "The Role of Reasoning in Dharmaśāstra, 'Logic' and the Emergence of the Term nyāya." In *Logic in Earliest Classical India: Papers of the 12th World Sanskrit Conference held in Helsinki, Finland, 13-18 July 2003 Vol. 10.2*, edited by Brendan S. Gillon, Petteri Koskikallio, and Asko Parpola, 27–66. Delhi: Motilal Banarsidass.

Rai, Ganga Sagar, ed. 1993. *Ślokavārttika of Śrī Kumārila Bhaṭṭa: With the Commentary Nyāyaratnākara of Śrī Pārthasārathi Miśra*. Ratnabhārati Series 4. Varanasi: Ratna Publications.

Raja, C. Kunhan and S. S. Suryanarayana Sastri, eds. and trans. 1975. *Mānameyodaya of Nārāyaṇa: An Elementary Treatise on the Mīmāṃsā*. Adyar Library Series 105. Adyar, Madras: Adyar Library and Research Centre.

Raja, K. Kunjunni. 1961. "Tātparya as a Separate Vṛtti." In *Proceedings and transactions of All-India Oriental Conference, Twentieth Session, Bhubaneshwar, Octo*, edited by V. Raghavan, 319–332. Vol. 2, Pt. 1. Bhandarkar Oriental Research Institute, Poona: All-India Oriental Conference.

———. 1969. *Indian Theories of Meaning*. 2nd ed. Adyar Library Series, vol. 91. Madras: Adyar Library and Research Center.

Röer, Edward, ed. and tran. 1850 (1980). *Viśvanāthapañcānanakṛtasiddhāntamuktāvalī-sahitabhāṣāparicchedaḥ [Division of the Categories of the Nya'ya Philosophy: With a Commentary by Viswana'tha Pancha'nana]*. Bibliotheca Indica, vol. 9, nos. 32, 35, Calcutta: Asiatic Society of Bengal. Reprint, Osnabrück: Biblio Verlag 1980.

Saha, Sukharanjan. 1991. *Meaning, Truth and Prediction*. Calcutta/New Delhi: Jadavpur University in collaboration with K P.

———. 2003. *Epistemology in Pracina and Navya Nyaya*. Jadavpur Studies in Philosophy, Kolkata: Jadavpur University.

Saha, Sukharanjan and P. K. Mukhopadhyay, eds. 1991a. *Rucidatta's Śabdacintāmaṇi-Prakāśa*. Jadavpur Studies in Philosophy, Second series, Calcutta: Jadavpur University, in collaboration with K P Bagchi & Company (Calcutta/New Delhi). Photographic reproduction of *Prakāśa* from Benares College Edition.

———, eds. 1991b. *The Śabdakhaṇḍa of Gaṅgeśa's Tattvacintāmaṇi*. Jadavpur Studies in Philosophy: Second Series, Calcutta: Jadavpur University in collaboration with K. P. Bagchi & Company (Calcutta/New Delhi).

Śastri, Dhundhiraj, ed. 1997. *Vyāptipanchakarahasyam and Sinhavyāghralakshanarahasyam by Śri Mathūrā Nātha Tarkavāgīśa: With Gangānīrjharini Commentary and Notes by Nyāyachārya Pandit Sri Sivadatt Misra*. Kashi Sanskrit Series 64. Varanasi: Chaukhambha Sanskrit Sansthan.

Sastri, Gaurinath. 1959 (1983). *The Philosophy of Word and Meaning*. Calcutta: Sanskrit College.

Śāstrī, Gaurīnāth, ed. 1979. *Maṅgalavāda by Gaṅgeśa Upādhyāya*. Bibliotheca Indica — A Collection of Oriental Works 308. Calcutta: Asiatic Society.

Śāstrī, Harihara, ed. 1991. *Nyāya Līlāvatī by Vallabhāchārya: With the Commentary of Vardhamānopādhyāya, Śaṅkara Miśra and Bhagīratha Ṭhakkura*. Second edition. Chowkhamba Sanskrit Series, Varanasi: Chowkhamba Sanskrit Series Office.

Sastri, Kuppuswami. 1932. *A Primer of Indian Logic According to Annambhaṭṭa's Tarkasaṃgraha*. Fouth edition. Chennai: The Kuppuswami Sastri Research Institute.

Sen, Saileswar. 1924. *A Study on Mathurānātha's Tattvacintāmaṇi-rahasya*. Wageningen.

Setlur, S. S., ed. 1912. *The Mitākshara with Visvarūpa and Commentaries of Subodhini and Bālambhatti*. Madras: Brafmavadin Press.

Shukla, Baliram Hariram. 1992. *Navyanyāy kī Pāribhāṣik Padārth*. Pune: Yog Enterprises.

———, Ed. and tran. 1996. *Nyāyasiddhāntamañjarī*. Delhi: Eastern Book Linkers.

———, Ed. and tran. 1997. *Tarkāmṛtam: A Basic Course of Indian Logic*. Pune: Nimitta Prakashan.

Singh, Shyam Narayan. 1922. *History of Tirhut: From Earliest Times to the End of the Nineteenth Century*. Calcutta. 電子復刻版 <http://oudl.osmania.ac.in/handle/OUDL/14292> (Accessed on 2015/6/24) を使用.

Steinkellner, Ernst. 1964. "Vardhamāna als Kommentator Gaṅgeśa's." *Wiener Zeitschrift für die Kunde Süd- und Ostasiens* 8:182–223.

Strauss, Otto. 1922. *Siddhāntamuktāvalī*. Leipzig.

Subrahmanya Shastri, ed. 1961. *Prakaraṇapañcikā: Prabhākaraprasthānānusāri Mīmāṃsādarśanam*. Banaras Hindu University Darśana series 4. Benares: Banaras Hindu University.

Śukla, Harirāma, ed. 1997. *Śrīviśvanāthapañcānanabhaṭṭācāryaviracitā Nyāyasiddhāntamuktāvalī: Śrīmahādevabhaṭṭārabdhena Śrīdinakarabhaṭṭaprapūritena Dinakarī (Prakāśa) vyākhyānena Śrīrāmarudrabhaṭṭācāryārabdhena Paṇḍitarāja-Śrīrājeśvaraśāstriprapūritena Rāmarudrī (Taraṅgiṇī) vyākhyānena ca vibhūṣitā*. 5th ed. Kashi Sanskrit Series 6. Varanasi: Chaukhambha Sanskrit Sansthan.

Suryanarayana Sastri, eds and tran. 1942 (1984). *Vedāntaparibhāṣā by Dharmarāja Adhvarin*. Adyar Library Series 34. Adyar: Adyar Library and Research Centre.

Suzuki Takanori 鈴木孝典. 2010. 「Uddyotakaraの推理論再考——健全な推論の根拠としての経験的事実と範疇論体系——」『東海仏教』55:(1)–(16).

Taber, John. 2002. "Mohanty on Śabdapramāṇa." *Journal of Indian Philosophy* 30:161–190.

Tachikawa, Musashi. 1981. *The Structure of the World in Indian Realism: A Study of the Lakṣaṇāvalī and the Kiraṇāvalī*. 4. Dordrecht: D. Reidel.

Tanizawa Junzo 谷沢淳三. 1987. 「インド哲学で説かれたうそつきパラドックスの議論——Bhartṛhari を中心に」『インド学仏教学論集』高崎直道博士還暦記念論集, 155–164. 春秋社.

Tatacharya, N. S. Ramanuja, ed. 1973. *Tattvacintāmaṇi of Gaṅgeśopādhyāya: With Prakāśa of Rucidattamiśra and Nyāyaśikhāmaṇi on Prakāśa of Rāmakṛṣṇādhvarin*. Volume 1: Pratyakṣakhaṇḍa. Kendriya Sanskrit Vidyapeeṭha Series 20. Tirupati: Kendriya Sanskrit Vidyapeetha.

———. 2005. *Śābdabodhamīmāṃsā, Vākyavākyārthavicārātmakaḥ prathamo bhāgaḥ (An Inquiry into Indian Theories of Verbal Cognition, Part I: The Sentence and Its Significance)*. Delhi: Institute Française de Pondichéry and Rashtri.

Thakur, Anantalal, ed. 1996. *Nyāyavārttikatātparyaṭīkā of Vācaspatimiśra*. Nyāyacaturgranthikā 3. New Delhi: Indian Council of Philosophical Research, distributed by Munshiram Manoharlal Publishers.

———, ed. 1997a. *Gautamīyanyāyadarśana with Bhāṣya of Vātsyāyana*. Nyāyacaturgranthikā 1. New Delhi: Indian Council of Philosophical Research, distributed by Munshiram Manoharlal Publishers.

———, ed. 1997b. *Nyāyabhāṣyavārttika of Bhāradvāja Uddyotakara*. Nyāyacaturgranthikā 2. New Delhi: Indian Council of Philosophical Research, distributed by Munshiram Manoharlal Publishers.

Tomonari Yūki 友成有紀. 2010. 「文法学の意義を巡る議論——Nyāyamañjarī 第六日課を中心に——」『印度學佛教學研究』59(1):277–274.

Tosaki Hiromasa 戸崎宏正. 1985. 「ダルモッタラとシャーンタラクシタ——"語にもとづく知" をめぐって——」雲井昭善博士古稀記念『仏教と異宗教』273–284. 平楽寺書店.

Ueda Shuichi and Kurata Keiko 上田修一・倉田敬子, 編著. 2013. 『図書館情報学』勁草書房.

Uno Atsushi 宇野惇. 1996. 『インド論理学』法蔵館.

Varadacharya, K. S., ed. 1969. *Nyāyamañjarī of Jayantabhaṭṭa with Ṭippaṇī—Nyāyasaurabha by the Editor*. Vol. 1. Universiry of Mysore, Oriental Research Institute Series 116. Mysore: Oriental Research Institute.

———, ed. 1983. *Nyāyamañjarī of Jayantabhaṭṭa with Tippaṇī—Nyāyasaurabha by the Editor*. Vol. 2. Universiry of Mysore, Oriental Research Institute Series 139. Mysore: Oriental Research Institute.

Vattanky, John S. J. 1995. *Nyāya Philosophy of Language: Analysis, Text, Translation and Interpretation of Upamāna and Śabda sections of Kārikāvalī, Muktāvalī and Dinakarī*. Sri Garib Das Oriental Series 187. Delhi: Sri Satguru Publications.

Vidyabhusana, Satis Chandra. 1920 (1988). *A History of Indian Logic*. Delhi: Motilal Banarsidass.

Viraraghavacharya, Uttamur T., ed. 1980. *Nyāya Kusumāñjali of Udayanācārya with the Kusumāñjalivistara, a Lucid Commentary, and Annotation on Particular Topics*. Tirupati: Kendriya Sanskrit Vidyapeetha.

Wada Toshihiro 和田壽弘. 1990a. *Invariable Concomitanice in Navya-Nyāya*. Sri Garib Dass Oriental Series 101. Delhi: Sri Satguru Publications.

———. 1990b. 「インド哲学における言語分析(1)」『名古屋大学文学部研究論集』108:73–92.

———. 1993a. 「インド哲学における言語分析（2）——*Nyāyasiddhāntamuktāvalī*「言語論の章」和訳研究——」宮坂有勝博士古稀記念論文集刊行会編『インド学密教学研究』宮坂有勝博士古稀記念論文集, 265–283. 法藏館.

———. 1993b. 「インド哲学における言語分析（3）——*Nyāyasiddhāntamuktāvalī*「言語論の章」和訳研究——」『名古屋大学文学部研究論集』117:17–33.

———. 1994a. 「初期新ニヤーヤ学派のシャシャダラによる vyapti の第二確定定義」『印度學佛教學研究』43 (1): 433–437.

———. 1994b. “A Source of Gaṅgeśa’s Conclusive Definition of *vyāpti*.” *Indogaku Bukkyōgaku kenkyū* 印度學佛教學研究 [Journal of Indian and Buddhist studies] 42 (2): 9–13(L).

———. 1995a. “Gaṅgeśa and Mathurānātha on Siṃhavyāghralakṣaṇa of *vyāpti* (1).” *Journal of Indian Philosophy* 23:273–294.

———. 1995b. 「インド哲学における言語分析（4）*Nyāyasiddhāntamuktāvalī*「言語論の章」和訳研究」『南都仏教』71:1–12.

———. 1996. 「インド新論理学派における直接表示機能の把握手段と作用対象——インド哲学における言語分析（5）——」『東海仏教』41:120–108.

———. 1997. “Gaṅgeśa and Mathurānātha on Siṃhavyāghralakṣaṇa of *vyāpti* (2).” *Journal of Indian Philosophy* 25:375–391.

———. 1998a. “Gaṅgeśa and Mathurānātha on Siṃhavyāghralakṣaṇa of *vyāpti* (3).” *Journal of Indian Philosophy* 26:131–159.

———. 1998b. “Gaṅgeśa and Mathurānātha on Siṃhavyāghralakṣaṇa of *vyāpti* (4).” *Nagoya Studies in Indian Culture and Buddhism: Saṃbhāṣā* 19:1–21.

———. 1999a. “Gaṅgeśa and Śaśadhara’s Second Conclusive Definition of *vyāpti*.” In *Wisdom in Indian Tradition: Prof. K. P. Jog Felicitation Volume*, edited by Hino Shoun and Lalita Devdhar, 301–309. Delhi: Pratibha Prakashan.

———. 1999b. “Gaṅgeśa and Mathurānātha on Siṃhavyāghralakṣaṇa of *vyāpti* (5).” *Journal of Indian Philosophy* 27:397–409.

———. 1999c. 「新ニヤーヤ学派の起源と分析方法」『インド思想史研究』11:15–41.

———. 2000a. “Gaṅgeśa and Mathurānātha on Siṃhavyāghralakṣaṇa of *vyāpti* (6).” *Journal of Indian Philosophy* 28:77–98.

———. 2000b. 「新ニヤーヤ学派ヴァースデーヴァの「遍充五定義」(1)」加藤純章博士還暦記念論集刊行会編『アビダルマ仏教とインド思想：加藤純章博士還暦記念論』473–483. 春秋社.

———. 2002. 「初期新ニヤーヤ学派における遍充（vyāpti）——シャシャダラによる第三確定定義——」『印度學佛教學研究』51 (1): 83–87.

———. 2005. 「新ニヤーヤ学派ヴァースデーヴァの「遍充五定義」(2)」長崎法潤博士古稀記念論集刊行会編『仏教とジャイナ教：長崎法潤博士古稀記念論集』365–378. 平楽寺書店.

———. 2006. “A Rule of Substitution in Navya-Nyāya: *x-vat-tva* and *x*.” In *Nyāya-Vaśiṣṭha: Felicitation Volume of Pro. V. N. Jha*, edited by Ujjwala Jha, Wada Toshihiro, Nirmala Kulkarni and Arun Ranjan Mishra, 356–369. Kolkata: Sanskrit Pustak Bhandar.

———. 2007a. *The Analytical Method of Navya-Nyāya*. Gonda Indological Studies 14. Groningen: Egbert Forsten.

———. 2007b. “Gangeśa on the Meaning of Verbal Suffixes (1).” In *Expanding and Merging Horizons: Contributions to South Asian and Cross-Cultural Studies in Commemoration of Wilhelm Halbfass*, edited by Karin Preisendanz, 415–429. Vienna: The Austrian Academy of Sciences.

———. 2008. 「新ニヤーヤ学派における表現の簡略化——x-vat-tva と x の同一性について——」『印度哲学仏教学』23:1–18.

———. 2012. “Gangeśa on the Meaning of Verbal Suffixes (2).” In *Saṃskṛta-sādhutā: Godness of Sanskrit: Studies in Honour of Professor Ashok Aklujkar*, edited by Watanabe Chikafumi, Michele Marie Desmarais, and Honda Yoshichika, 528–544. New Delhi: D. K. Printworld.

———. 2013a. “Gangeśa on the Meaning of Verbal Suffixes (3).” *Nagoya Studies in Indian Culture and Buddhism: Saṃbhāṣā* 30:1–14.

———. 2013b. "Gangeśa on the Meaning of Verbal Suffixes." In *Sanskrit Studies 3*, edited by Shashiprabha Kumar, 178–209. New Delhi: Special Centre for Sanskrit Studies, Jawaharlal Nehru University / D. K. Printworld.

———. 2014. "Gangeśa's Theory of the Meaning of Verbal Suffixes (*ākhyāta*)." *Nagoya Studies in Indian Culture and Buddhism: Saṃbhāṣā* 31:61–76.

———. 2015. 「サンスクリット語の構造から見るインド的唯名論」中村靖子編『虚構の形而上学：「あること」と「ないこと」のあいだで』11–48. 春風社.

Yamamoto Kazuhiko　山本和彦. 1991. "Maṇikaṇṭha Miśra on Pakṣatā (1)." 大谷大学大学院研究紀要 8:17–26.

———. 1992. 「Maṇikaṇṭha Miśra の主題性定義における abhāva について」『印度學佛教學研究』41 (2): 134–136.

———. 1994. 「インド新論理学における svarūpasambandha について」『宗教研究』299:209–211.

———. 1995a. 「ガンゲーシャの主題性定義について」『印度學佛教學研究』44 (1): 69–73.

———. 1995b. 「インド論理学派における関係論——限定・被限定関係から自相関係へ——」『佛教学セミナー』61:116–96.

———. 1996. 「インド新論理学における推理知成立の妨害要因」『印度學佛教學研究』45 (1): 108–112.

———. 1997. 「インド新論理学における推理知の成立過程」『印度學佛教學研究』46 (1): 65–71.

———. 1998. 「インド新論理学における主題性（pakṣatā）と推理知」『インド思想史研究』10:27–52.

Yamamoto Yusuke and Tanaka Katsumi　山本祐輔・田中克己. 2010. 「ウェブ検索結果の信憑性判断支援」<http://blog.hontolab.org/download/WebDB2010.pdf> (Accessed on 2017-09-05.).

Yoshimizu Kiyotaka　吉水清孝. 1999. 「Śrutārthāpatti による認識の対象について」『佛教學』40:(1)–(22).

———. 2006. "The Theorem of the Singleness of a Goblet (*graha-ekatva-nyāya*): A Mīmāṃsā Analysis of Meaning and Context." *Acta Asiatica* 90:15–38.

索引

語句

あ

アパブランシャ 97, 109–111, 220, 268
誤って認識していることの認識（bhrānti-jñāna） 160, 167, 168
意味論 31, 34, 37, 46–48, 57–59, 62, 64, 85, 168, 224, 227
已滅（dhvaṃsa） 13
オウム 56, 99–103, 122, 124, 125, 133, 136, 147, 163–165, 196, 197, 200, 201, 283–285, 287

か

カーラカ（kāraka） 70, 77, 235, 239–241, 267–269
概念作用を伴う認識（savikalpaka-jñāna） 15, 16, 20, 39, 41
概念作用を伴わない認識（nirvikalpaka-jñāna） 15
拡大適用（anuṣaṅga） 73, 107, 108
瑕疵（doṣa） 25, 56, 121, 122, 125, 181, 182, 193–195, 197–200, 215, 256, 281–283, 285
活動意欲誘発者（pravartaka） 56, 58, 86, 166–171, 186, 237, 273
関係非存在（saṃsarga-abhāva） 13
勘違いした嘘吐き 122, 124, 136, 147, 201
儀軌（vidhi） 44, 46–48, 56–58, 60–62, 86, 87, 118, 237, 272
擬似言語理解（śābda-ābhāsa） 166, 257
居在決定関係（vṛtti-niyāmaka-sambandha） 15
居在非決定関係（vṛtty-aniyāmaka-sambandha） 15, 19
禁令（niṣedha） 86
形而上学 6, 7
解脱（mokṣa） 6, 7
言語的営為（vyavahāra） 13, 40, 58, 210, 217
恒常非存在（atyanta-abhāva） 13, 55, 81, 82, 252, 254, 255
語句継続（anuvṛtti） 73, 107
語用論 41, 85, 105

さ

自我（ātman） 12, 15, 84, 92, 175
指向の勘違い（tātparya-bhrama） 201
指向を内包する期待説（tātparya-garbha-ākāṅkṣā-vāda） 79, 241
指示（śakti） 31–38, 40, 57–61, 71, 87, 153, 195, 202, 203, 219, 220, 223, 224, 246, 247, 274, 275, 285, 286
自然言語処理 70, 71, 79, 94, 136
自体関係（svarūpa-sambandha） 14, 17, 19, 37
釈義（arthavāda） 57, 58, 86, 88, 89, 95,

272
呪句（mantra） 57
主宰神（īśvara） 13, 81, 82, 86, 88, 101–103, 118, 119, 121, 122, 131, 137, 138, 160, 162, 165, 197, 253, 255, 281, 284–288
信頼性（credibility） 25, 30, 115, 117, 120–122, 124, 125, 127–134, 185, 206, 256
信頼できる者（āpta） 116–121, 125, 131, 136, 146, 147, 173, 177, 178, 183–186, 190–194, 196–198, 204–207, 209–211, 216, 222, 282, 284
真理論（prāmāṇya-vāda） 6, 17, 22–26, 28, 30, 52–54, 63, 85, 100, 101, 115, 121–123, 125, 137, 145, 166, 177, 178, 188, 195, 197, 201
正形性（sādhutva） 94, 97, 98, 109–111, 236, 267–269
制限者（avacchedaka） 8, 13, 19, 45, 56, 61, 159, 161, 168–171, 208, 209, 212, 218, 246, 247, 255
整合・成就（saṃvāda） 26, 102, 115, 117–121 , 125, 133, 148, 163, 164, 177, 178, 183–185, 196, 199, 200, 212, 283–286
相互非存在（anyonya-abhāva） 13
存在論 11, 12, 16, 23, 25, 44, 62, 100, 138, 227, 250

た

特定者（nirūpaka） 8, 19, 29, 45, 160, 170, 175, 178, 207, 211, 213, 228, 253, 255

な

内属（samavāya） 9, 12–14, 16, 19, 20, 37, 38, 60, 152
認識論 6, 9, 20, 22–25, 28, 29, 40, 89, 91, 100–102, 115, 117, 120, 121, 124, 125, 127, 134–137, 147, 148, 236

は

媒介作用（vyāpāra） 21, 22, 40, 57, 69, 92, 112, 148
パダールタ 13
反存在（pratiyogin） 12, 55, 81, 82, 249, 251, 252, 254, 255
範疇 9, 11–15, 17, 54
比較哲学 45
美質（guṇa） 25–28, 101, 121–123, 125, 177, 195, 200, 279, 281–283, 285–288
非別異性関係（abheda-anvaya） 19, 60, 161, 234–237, 239, 248, 250, 254
非別異性関係（abheda） 19, 38, 236, 250
比喩（lakṣaṇā） 33, 34, 41, 59–62, 73, 85, 89–93, 99, 100, 108, 136, 168, 201–203, 207, 223–225 , 227, 238, 264, 266, 272–274
比喩の種（lakṣaṇā-bīja） 202, 224, 226, 227
不可離関係（avinābhāva） 75, 76, 78, 230, 274
仏教 5–7, 24, 44, 122, 128, 148, 206, 283
文献学 44
文法 28, 31–35, 39–41, 44, 51, 58–60, 70, 72, 73, 76, 79, 97, 98, 108–111, 223, 246, 266, 268
補充（adhyāyāra） 55, 79, 83, 84, 94, 98, 105–112, 231, 237–239, 263–269

ま

未然非存在（prāg-abhāva） 13, 76–78, 174, 180, 232–234

ら

例文

A

"ayam eti putro rājñaḥ puruṣo 'pasāryatām" 176, 177, 180, 234, 240, 242

C

"chatriṇo yānti" 223

D

"dvāraṃ pidehi" 109

G

"gaccha gacchasi cet kānta panthānaḥ santu te śivāḥ" 85
"gaṅgāyāṃ ghoṣaḥ" 264
"ghaṭaḥ karmatvam ānayanaṃ kṛtiḥ" 95–97, 231–234, 238–240, 242

M

"mañcāḥ krośanti" 274

N

"nīlam sarojam" 75, 76, 230
"nīlo ghaṭo 'sti" 235

P

"prameyam abhidheyam/vācyam" 248, 250–253
"puṣpebhyaḥ spṛhayati" 110, 269

V

"vahninā siñcati" 55, 240, 246
"vimalaṃ jalaṃ nadyāḥ kacche mahiśaś carati" 55, 75, 179, 180, 182, 183, 230, 232, 240
"viśvajitā yajeta" 105, 231, 237, 264

Y

"yaṣṭīḥ praveśaya" 223

書名

A

Aṣṭādhyāyī 21, 35, 110, 266
　Mahābhāṣya 35

B

Bhāṣāpariccheda 12, 32, 40, 43, 82, 94, 96, 99, 255
　Nyāyasiddhāntamuktāvalī 12–14, 32, 40, 82, 96, 102, 112, 224, 255
　Dinakarī 37

J

*Jaiminisūtra*s 57, 72, 73, 83
　Śābarabhāṣya 86, 107
　Ślokavārttika 151
　Tantravārttika 73, 83

K

Khaṇḍanakhaṇḍakhādya 146

M

Mahārṇava 80, 210, 211
Manameyodaya 112
Maṇidarpaṇa 91, 102, 228

N

Nirukta 116
Nyāyakośa 16, 22, 26, 106, 164, 243
Nyāyakusumāñjali 8, 48, 51, 74–76, 85–88 , 108, 118, 119, 152, 157–160, 166–168, 172, 173, 175, 180–184, 188–191, 193, 194, 207, 230, 272, 274, 275
　Bodhanī 76, 159, 184, 193
　Vistara 87, 182
Nyāyalīlāvatī 152–154
Nyāyamañjarī 32, 132, 152
Nyāyasiddhāntadīpa 8, 93
*Nyāyasūtra*s 6–9, 32, 35, 36, 52, 56, 57, 69, 73, 74, 116–118, 134, 147, 148, 151, 152, 215
　Bhāṣya 6, 7, 26, 32, 116, 117, 151
　Vārttika 36
　Tātparyaṭīkā 73, 74, 116, 118, 120, 151, 152, 172
　Tātparyapariśuddhi 74, 118, 119

P

Padārthadharmasaṅgraha 14, 151
　Kiranāvalī 9, 152
　Nyāyakandalī 206, 208
Prakaraṇapañcikā 79–81, 83, 84, 106, 107, 193, 246, 262
　Viṣamasthalaṭippaṇī 106

S

Śabdaśaktiprakāśikā 47, 95, 103
Śaktivāda 37, 47
Śāstradīpikā 107

T

Tarkāmṛta 46, 96, 97
Tarkasaṅgraha 9, 10, 21, 24, 43, 46
　Dīpikā 13, 32, 224, 238
　Nyāyabodhinī 21

V

Y

人名（古典）

B

Bhartṛhari 31, 149

G

Gadādhara 10, 20, 37, 47, 63, 64
Gautama 6, 35, 52, 59

J

Jagadīśa 10, 11, 38, 46, 47, 64, 95, 102–104
Jayanta Bhaṭṭa 87, 127, 128, 132–134, 151, 188, 227

K

Kātyāyana 34, 35
Kauṭilya 6
Kumārila 73, 83, 107, 149, 151, 152, 196

M

Maṇikaṇṭha 8, 51

N

Nāgeśa 108

P

Pārthasārathi 107
Patañjali 35, 36

R

Raghunātha 10–12, 17, 31, 44, 47, 48, 63–65
Rājacūḍāmaṇi 102, 103, 227, 228

S

Śabara 73, 83, 86, 107
Śālikanātha 58, 79–84, 106–108, 188, 193, 246
Śaśadhara 8, 51, 93
Sondaḍa 80, 233, 234
Śrīharṣa 51, 146

U

Udayana 8–11, 24, 48, 51, 63, 73–80, 83, 85–89, 93, 99, 108, 118–121, 125, 133, 135, 137, 147, 152, 157–160, 166–168, 172–175, 179–186, 188–191, 193, 194, 201, 207, 227, 230, 231, 233, 234, 267, 272–275
Uddyotakara 36, 148, 149, 151

V

Vācaspati Miśra 24, 57, 73, 74, 80, 116, 118–120, 148, 149, 152, 172, 173
Vallabha 46, 83, 152–154, 172, 173
Varadarāja 159
Vardhamāna 44, 51, 63, 154
Vātsyāyana 6, 35, 116, 117, 151

人名（現代）

A

Athalye, Yashwant Vasudev 43, 46

B

Bandopadhyaya, Nandita 31
Banerjee, Hiranmoy 18
Bhatta, V. P. 46, 47, 156
Bhattacharya, Dinesh Candra 51, 63, 64, 210, 234
Bhattacharya, Gopikamohan 44
Bhattacharya, Kamaleshwar 47, 95, 103, 115
Bhattacharyya, Sibajiban 24, 46, 47, 51, 54, 63, 64
Bilimoria, Puruṣottama 74, 95

C

Chakrabarti, Arindam 115, 125
Chatterjee, Krishna Nath 47
Chatterjee, Satischandra 43
Chemparathy, George 184

D

Das, Nilanjan 108, 168, 203, 224
Dash, Subash Chandra 46–48
Dasti, Mathew 27
Deshpande, Madhav 111
Devanāthan, K. E. 104

F

Fogg, BJ 129
Frauwallner, Erich 44

G

Ganeri, Jonardon 14, 25–27, 31
Gerschheimer, Gerdi 37, 47
Goekoop, C. 44
Goswami, Ashok Kumar 46
Guha, Nirmalya 168, 203

H

Hovland, Carl I. 129

I

Ingalls, Daniel Henry Holmes 16, 19, 44, 45, 51, 64

J

Janis, Irving L. 129
Jha, Ujjwala 46
Jha, Vashishtha Narayan 17, 32, 39, 46, 47

K

Kamakhyanath Tarkavagish 63, 64
Kelley, Harold H. 129

M

Matilal, Bimal Krishna 14, 15, 18, 25, 35, 44, 45, 47, 95
Mishra, Umesh 11, 63, 64, 210, 234
Mohanty, Jitendra Nath 15, 17, 22–25
Mukhopadhyay, Pradyot Kumar 46, 47, 63, 64, 156, 161

N

Nyman, Patrik 24

P

Pal, Jagat　31
Paranjape, Shivram Mahadeo　44
Phillips, Stephen H.　24, 26, 27, 125, 146, 288
Potter, Karl H.　15, 17, 23, 24, 31, 46, 47, 51, 54, 63, 64
Preisendanz, Karin　5

R

Raja, K. Kunjunni　58, 74, 87, 106, 232
Röer, Edward　43, 45, 46

S

Saha, Sukharanjan　26, 63, 64
Śastri, Dhundhiraj　62
Sastri, Gaurinath　31, 54
Sastri, Kuppuswami　44, 46
Sen, Saileswar　44
Shukla, Baliram Hariram　46
Singh, Shyam Narayan　51
Steinkellner, Ernst　44
Strauss, Otto　43

T

Taber, John　115
Tatacharya, N. S. Ramanuja　24, 26, 27, 106, 268, 288
Tseng, Hsiang　129

V

Vattanky, John S. J.　46, 138
Vidyabhusana, Satis Chandra　46, 47, 54, 64

あ

赤松明彦　6, 116
宇野惇　37, 46
遠藤薫　29
岡崎康浩　150
小野基　20

か

片岡啓　6, 24, 86, 188, 196
桂紹隆　24
狩野恭　160
黒田泰司　188
黒橋禎夫　129

さ

鈴木孝典　151

た

立川武蔵　18
谷沢淳三　149
戸崎宏正　206
友成有紀　97

な

長尾睦司　36, 47, 282
中村元　6

は

日比真由美　14
平野克典　14
広瀬友紀　71
藤井隆道　58, 87, 227

ま

丸井浩　5–7, 26, 28, 44, 57, 128, 132

や

山本和彦　14, 44
山本祐輔　130
吉水清孝　106, 204

わ

和田壽弘　8, 19, 40, 44–48, 60, 170

言葉の「正しさ」をめぐって――インド新論理学派による言語情報の哲学――
〔インド学仏教学叢書 22〕

2017 年 9 月 29 日　初版第一刷発行

著　者　岩 﨑 陽 一

発行者　インド学仏教学叢書 編集委員会
代表　蓑輪顕量
〒113-0033 東京都文京区本郷 7-3-1
東京大学文学部インド哲学仏教学研究室内

発売所　山 喜 房 佛 書 林
〒113-0033 東京都文京区本郷 5-28-5
電話 03-3811-5361

ISBN 978-4-7963-0286-9